Ensaios
literários

Ensaios literários

Manuel Bandeira

Apresentação
Antonio Hohlfeldt e Ana Cláudia Munari

Coordenação Editorial
André Seffrin

São Paulo
2016

© **Condomínio dos Proprietários dos Direitos Intelectuais de Manuel Bandeira**
Direitos cedidos por Solombra – Agência Literária (solombra@solombra.org)
1ª Edição, Global Editora, São Paulo 2016

Jefferson L. Alves – diretor editorial
Gustavo Henrique Tuna – editor assistente
André Seffrin – coordenação editorial, estabelecimento de texto e cronologia
Flávio Samuel – gerente de produção
Jefferson Campos – assistente de produção
Flavia Baggio – assistente editorial
Elisa Andrade Buzzo – preparação
Arlete Sousa e Tatiana F. Souza – revisão
Fernanda Bincoletto – índice onomástico
Tathiana A. Inocêncio – projeto gráfico

A Global Editora agradece à Solombra – Agência Literária
pela gentil cessão dos direitos de imagem de Manuel Bandeira.

Obra atualizada conforme o
NOVO ACORDO ORTOGRÁFICO DA LÍNGUA PORTUGUESA.

CIP-BRASIL. CATALOGAÇÃO NA PUBLICAÇÃO
SINDICATO NACIONAL DOS EDITORES DE LIVROS, RJ

B166e

    Bandeira, Manuel, 1886-1968
Ensaios literários / Manuel Bandeira ; coordenação André Seffrin ; apresentação Antonio Hohlfeldt ; apresentação Ana Cláudia Munari. – 1. ed. – São Paulo : Global, 2016.

    ISBN 978-85-260-2247-8

    1. Ensaio brasileiro. I. Seffrin, André. II. Hohlfeldt, Antonio. III. Munari, Ana Cláudia. IV. Título.

15-28247   CDD: 869.94
                                                      CDU: 821.134.3(81)-4

Direitos Reservados

global editora e distribuidora ltda.
Rua Pirapitingui, 111 – Liberdade
CEP 01508-020 – São Paulo – SP
Tel.: (11) 3277-7999 – Fax: (11) 3277-8141
e-mail: global@globaleditora.com.br
www.globaleditora.com.br

Colabore com a produção científica e cultural.
Proibida a reprodução total ou parcial desta obra
sem a autorização do editor.

Nº de Catálogo: **3853**

Sumário

Ensaios exemplares de um poeta sobre a Poesia –
Antonio Hohlfeldt e Ana Cláudia Munari 9

Uma questão de métrica 17

À margem dos poetas 25

Por amor de um verso 29

Prefácio da *Antologia dos poetas brasileiros da fase romântica* 36

Prefácio da *Antologia dos poetas brasileiros da fase parnasiana* 47

A autoria das *Cartas chilenas* 60

Discurso de posse na Academia Brasileira de Letras 98

Centenário de Júlio Ribeiro 123

Oração de paraninfo (1945) 141

Apresentação da poesia brasileira 148

Vida e trabalhos da Academia Brasileira de Letras 292

Saudação a Peregrino Júnior 310

Oração de paraninfo (1949) 329

Silva Ramos 334

Juventud, divino tesoro... 338

A rima 342

Volta ao Nordeste 347

Prefácio [a *Versificação portuguesa*]... 350

Prefácio às cartas de Mário de Andrade a Manuel Bandeira 354

Impressões literárias... 358

Cronologia.. 378

Índice onomástico... 385

Ensaios exemplares de um poeta sobre a Poesia

Quando da publicação da obra completa de Manuel Bandeira, em 1958, a Editora Aguilar incluiu alguns textos até então inéditos em livro, selecionados e organizados pelo próprio poeta, que resultaram nestes *Ensaios literários*. A Global Editora teve, agora, a feliz iniciativa de reimprimir, em volume autônomo, o conjunto dos *Ensaios*. Com isso, a Global permitirá, aos admiradores do poeta, conhecer suas reflexões teóricas e, sobretudo, evidenciar seu profundo conhecimento da teoria e da arquitetura poética, isto é, das inúmeras regras e princípios que regem a composição de um poema (e não só as rimas, atenção), o que permite concluir que, por detrás de um poema aparentemente fácil e simples, encontram-se fortes estruturas de procedimentos literários que lhe permitem *parecer* simples e fácil, mas que, na verdade, amparam-se num suporte suficientemente eficiente para chegar a tais resultados. Agora, pela primeira vez, tais textos aparecem em volume independente.

Duas observações iniciais: enquanto, nos *Ensaios literários*, Manuel Bandeira dedica-se exclusivamente às reflexões em torno do verso e da poesia, nas "Impressões literárias", coleção de artigos semanais resultantes de sua colaboração com o *Diário de Notícias*, do Rio de Janeiro, até por força de se constituírem em colaborações jornalísticas que respondiam ao ritmo dos lançamentos literários das editoras de então, o poeta permite-se *impressões* a respeito de obras em prosa, notadamente, mas não exclusi-

Ensaios literários

vamente, de romances. Como tal gênero não é a sua especialidade (embora a leitura das *impressões* evidenciem a sensibilidade do poeta leitor também para a prosa), corretamente Bandeira preferiu denominá-las de *impressões*, enquanto os textos que formam este volume que ora o leitor tem em mãos, pela sua especificidade e evidência de observações técnicas e especializadas (sobre o verso e a poesia), denominou *ensaios*.

Nestes *Ensaios literários*, que ora se reeditam em volume independente, de que se deve aqui ocupar, vão-se encontrar reflexões mais densas, publicadas em jornal – algumas das quais inclusive constituindo-se em polêmicas literárias, como ainda acontecia eventualmente nas primeiras décadas do século XX –, discursos variados e prefácios a livros que o próprio Manuel Bandeira organizara.

Incluem-se entre os ensaios tanto os três primeiros textos aqui apresentados, quanto aquele a respeito da autoria das *Cartas chilenas*, por exemplo. Para um jovem leitor do século XXI, acostumado às facilidades da internet, certamente parecerão esses textos demasiadamente prolixos e técnicos. Não se lhes pode tirar a razão, a esses leitores. Mas chama-se-lhes a atenção para o fato de que eles evidenciam o domínio teórico e técnico, o profundo conhecimento que o poeta do "Pneumotórax" possuía das diferentes técnicas e escolas de poesia, vigentes, não apenas em Portugal e no Brasil, mas na França, na Espanha, na Inglaterra e até na Alemanha, bastando atentar-se para os diferentes exemplos e citações de que o poeta lança mão, de tão diferentes e múltiplos autores, de práticas tão aproximadas em tão variados idiomas, na busca por sustentar e evidenciar suas posições. Mais do que isso, sua pacienciosa atividade de cotejar textos, prática que se deve aos melhores exegetas da literatura e que os levam a estabelecer, com segurança, autorias e contextos históricos e sociais da produção literária, evidencia o cuidado de suas análises e a segurança de seus argumentos.

A adoção da forma do *ensaio*, como sabiamente ele os denomina, remete à origem dessa prática e, por consequência, do conceito que sobre o ensaio temos hoje em dia. Trata-se de uma reflexão teórica e prática, originária da França (século XVI), advinda do largo conhecimento que alguém tenha sobre o tema, permitindo-lhe citações gerais e indiretas, sem a necessária formalidade acadêmica que se exige hoje em dia. Essa opção possibilita maior leveza ao texto e, ao autor, maior liberdade de caminhada e de abordagem justamente por seu domínio do tema, como sempre se espera de um ensaísta, maior abrangência de reflexões que, partindo de um ponto determinado, podem se alargar quase infinitamente em observações as mais variadas.

Quanto aos discursos, aqui os vamos encontrar em diferentes momentos, mas que podem ser sintetizados em dois blocos: atividades da Academia Brasileira de Letras, em que foi recebido em 30 de novembro de 1940, e agradecimentos a homenagens de que, mais do que justamente, foi alvo, por parte de jovens estudantes, não necessariamente de Literatura, em reconhecimento por sua poesia. Mais uma vez, vamos descobrir o ensaísta de amplos horizontes e conhecimentos variados, não apenas aqueles ligados à Literatura e, mais especialmente, à Poesia, mas à própria vida: afinal, Bandeira, nesses momentos, já é um sujeito maduro, experimentado, com amplo discernimento da vida. Esses textos, assim, constituem-se em pontes entre a vida pessoal e a vida artística, entre passado, presente e futuro, no qual se projetam. Ei-los materializados no "Discurso de posse na Academia Brasileira de Letras", em que homenageia o patrono de sua cadeira, o romancista Júlio Ribeiro, de *A carne*, tema a que volta, mais adiante – e melhormente, diga-se de passagem – no discurso pronunciado por ocasião do centenário do mesmo escritor; "Vida e trabalhos da Academia Brasileira de Letras", em que faz balanço das atividades da instituição que integra, na passagem dos 50 anos da entidade; a saudação a Peregrino Júnior, quando ele entra na Academia; ou as orações de paraninfo, que pronuncia, pelo menos em duas diferentes ocasiões. Aqui, os registros selecionados para este volume nos permitem conhecer um pouco das atividades de professor universitário que Manuel Bandeira desenvolveu, especialmente na Universidade do Brasil, no Rio de Janeiro. Também encontramos a preocupação com o aspecto humano dos escritores, a vinculação da vida com a obra, de que sempre destaca a coerência e a responsabilidade ética, tanto quanto registra os aspectos positivos e negativos das instituições, sem querer "tapar o sol com a peneira", como se diz, especialmente quando se trata de refletir a respeito da própria Academia.

Por fim, temos um bloco formado por prefácios redigidos para livros organizados pelo próprio autor: são os casos das introduções às antologias da poesia romântica ou da poesia parnasiana e, muito especialmente, a "Apresentação da poesia brasileira" que, tanto por sua extensão, quanto por sua abrangência e, consequentemente, importância, constitui-se no texto mais significativo de tantos quantos aqui se acham reunidos. Nos dois primeiros, como seus títulos bem indicam, o poeta preocupa-se em registrar e, de certo modo, justificar as escolhas para as antologias organizadas. Seus padrões se valem tanto dos critérios mais generalizados e reconhecidos de valorização dos poetas mencionados e já destacados em obras que antecederam às suas, quanto dá especial atenção a critérios bem pessoais, sobretudo àqueles que, indiretamente, já havia apresentado ao leitor nos primeiros ensaios do volume: o domínio técnico do poema, sua novidade (no sentido de trazer novas experiências à prática poética brasileira), mas, acima de tudo, a sonoridade e o ritmo, isto é, a melodia, que Manuel Bandeira valoriza, no caso da poesia, acima de tudo. Este é, para ele, o grande critério de qualidade. E assim ele se permite trabalhar não só na escolha dos autores, mas também na seleção dos poemas de cada escritor, preocupado em fugir do lugar-comum das demais antologias, buscando evidenciar a real contribuição de cada poeta à literatura brasileira. Nesse sentido, defende, na melhor tradição de José de Alencar, a existência e a importância de uma fonética e de uma sintaxe brasileiras, de um modo *nacional* de dizer, escrever e expressar-se que, sem fazer que o poeta fuja do registro mais geral da língua portuguesa, tal como se consolidou em Portugal, permite-lhe agregar novas sonoridades, novos ritmos e novas maneiras de dizer.

Como que partindo da experiência das duas primeiras antologias, chega-se, assim, àquele ensaio maior sobre a poesia brasileira como um todo, o que significa dizer à coletânea que documenta o surgimento e a evolução da poesia brasileira, tal como ocorrera desde seus primeiros registros, ainda no século XVI, até as novas experiências do Concretismo, seu contemporâneo. Bandeira se preocupa em explicitar critérios e juízos de valor. Assim, se menciona Anchieta, Bento Teixeira ou Botelho de Oliveira, os arcádicos e Santa Rita Durão, deixa claro que, para ele, quem, de fato, deve ser considerado o primeiro dos poetas brasileiros, é Gregório de Matos, do mesmo modo que, entre os inconfidentes, destaca a correção formal de Cláudio Manuel da Costa, a antecipação romântica de Silva Alvarenga, mas valoriza sobremodo Tomás Antônio Gonzaga.

Tais critérios o conduzem também no estudo dos românticos, repetindo, aliás, o que já escrevera antes, registrando os pioneiros, como Domingos José Gonçalves de Magalhães e Apolinário Porto-Alegre, mas destacando especialmente os poemas de Castro Alves, Gonçalves Dias, Álvares de Azevedo, Raimundo Correia, Casimiro de Abreu, Fagundes Varela – todos jovens poetas, na maioria precocemente falecidos – que ele comenta segundo tendências e grupos, conforme suas novas articulações sonoras ou temáticas.

Faz o mesmo com os poetas parnasianos, até porque também já os estudara antes; mostra a maneira pela qual a sintaxe brasileira buscava recriar a sintaxe portuguesa ou enriquecer-se das sintaxes de outras poesias, especialmente a francesa; não se coloca preconceituoso em face dessas tendências (até porque ele mesmo é caudatário das mesmas, valendo para o parnasianismo e o simbolismo tal observação), destacando inclusive a contribuição de poetas mais *populares* e menos *vernaculares*, quer dizer, menos ligados à gramática, como Catulo da Paixão Cearense: Bandeira está sempre preocupado com a valorização da melodia da sintaxe brasileira, certa mimésis de nossa fala que o poeta seja capaz de recriar, enriquecendo, assim, a sintaxe da própria poesia.

Não será diferente quando Bandeira chegar ao Modernismo e suas várias tendências e correntes, de que é, não apenas contemporâneo, mas participante e, nesse sentido, testemunha. Aqui, o tom se amplia, porque marcado por memórias e depoimentos pessoais. Mas sempre com o cuidado da valorização estética. O poeta não se inclui na seleção, motivo pelo qual a Editora Aguilar escolhera o crítico Otto Maria Carpeaux para escrever a seu respeito.

Dos anos 1960 para cá, completamos mais meio século. As conquistas e as novidades trazidas pela poesia brasileira, nestas cinco novas décadas, multiplicaram-se em quantidade e qualidade. Uma nova antologia seria um desafio ainda maior do que aquele enfrentado por Manuel Bandeira em sua iniciativa. Mas necessária. As antologias que eventualmente têm sido organizadas, em geral, são polêmicas, não porque seus organizadores tenham seguido seus próprios critérios – isso é natural numa obra de tal característica – mas talvez porque esses critérios não tenham sido os melhores para permitir uma boa seleção ou uma reflexão produtiva em torno dos autores e poemas produzidos nesse período, até por sua variedade.

Nesse sentido, a antologia de Manuel Bandeira fica como uma espécie de modelo. Ela seguiu, sim, critérios de seu organizador. Mas seu organizador evidenciou conhecer e dominar, de maneira suficiente, a teoria, a história e a prática da poesia. Pode-se concordar ou discordar dele. Mas não se poderá, jamais, criticá-lo por falta de critérios ou uso de critérios subjetivos. Essa é a grande lição que os ensaios coletados neste volume nos dão. Lição que certamente perdura, meio século depois, a justificar a edição deste livro.

Antonio Hohlfeldt e Ana Cláudia Munari

Ensaios
literários

Uma questão de métrica*

É coisa muito sabida a influência que sobre as letras brasileiras exercem as francesas. Toda escola nova que aparece à beira do Sena, logo aqui acha os seus entusiastas, os seus imitadores, ou, na melhor hipótese, os seus adaptadores. Causa até estranheza que não tenham ainda estourado por cá os futuristas... A nossa literatura é apenas um reflexo.

Todavia, é curioso notar, na poesia, o pouco caso que os poetas fizeram das inovações em matéria de técnica. Abra-se exceção única para os parnasianos. Esses assimilaram integralmente os processos dos mestres franceses. Os srs. Bilac, Alberto de Oliveira, Emílio de Menezes, João Ribeiro têm sonetos perfeitos e à altura dos melhores modelos franceses.

Os românticos e os simbolistas, por desleixo ou repugnância, não apropriaram as novidades de rima e ritmos. Os românticos são lamentáveis... Lembre-se que Castro Alves nasceu em 1847. Banville tinha então vinte e quatro anos. Mas não era precisa a lição de Banville.

Castro Alves, Gonçalves Dias, Casimiro de Abreu, Álvares de Azevedo sabiam de cor Hugo, Musset e Vigny.

E no entanto, nem se davam ao esforço de rimar os primeiros e terceiros versos das quadras, o que só mais tarde Teixeira de Melo e Machado de Assis vieram a fazer regularmente.

Os alexandrinos eram, por via de regra, errados. As rimas paupérrimas e, não raro, defeituosas; é comum vê-los rimar "virgem" e "vertigem". Podem-se

---

* Publicado em *O Imparcial*, Rio de Janeiro, 25 de dezembro de 1912.

admitir essas consonâncias, se queridas, buscadas, por sugestões de estética, como nos versos de Bataille, de Charles Guérin. Não é o caso aqui.

Elas entravam por inadvertência, se não descuido.

Os simbolistas, que no domínio das ideias e sensações trouxeram-nos alguma coisa nova, são, no que respeita à forma, apenas parnasianos.

Quando hoje, na Europa, há um anseio geral por outros ritmos, aqui o alexandrino de cesuras móveis ainda é mal aceito ou repelido. Reputa-se errado todo aquele que foge à elisão mediana. Sei de um poeta que concilia as coisas, dando-lhes o nome de "dodecassílabos", reservando aos elididos o nome de alexandrino. Se tal se passa no mundo das letras, imagine-se fora dele. Ainda mesmo a parte inteligente e culta dos leitores reclama a cadência fácil e embaladora.

Não querem a harmonia; a melodia basta-lhes. São como os nossos amadores de música que não aturam Debussy, porque se habituaram a ouvir o "Romance" do sr. Artur Napoleão. Os tratados de versificação recentes nada adiantaram ao de Castilho.

Auguste Dorchain, que não é suspeito no assunto, porquanto não poupa sarcasmos aos cultores do metro livre, expôs com uma clareza e uma lógica irrefutáveis a feitura do alexandrino. Mostrou como todas as audácias dos rebeldes de hoje se acham em gérmen no mais puro dos clássicos – Racine. Lendo o capítulo de *L'art des vers*, cada um poderá acompanhar a evolução imperiosa que trouxe o alexandrino à abolição facultativa da cesura única e obrigada. Vale resumir os pontos capitais:

Abramos uma obra clássica e apliquemo-nos a escandir bem os versos segundo a sua construção gramatical, sem outro cuidado que fazer cair as paradas principais da voz nas sílabas em que o próprio pensamento para naturalmente. Quase sempre a voz e o pensamento pararão juntos no hemistíquio segundo o preceito de Boileau, mas não sempre. Aqui e ali, sentiremos alguma resistência a essa concordância, perceberemos uma luta entre dois elementos tornados opostos: de um lado o instinto do ouvido, fortificado pelo hábito, que tende a dissociar as palavras postas no meio do verso, segundo a lei do menor esforço; – de outro lado a lógica do pensamento que pede ao contrário a aproximação dessas palavras que o ouvido queria separar. Mas como o pensamento é, ao cabo, o criador e soberano senhor do ritmo, é mister que o ouvido ceda e se resigne a uma divisão menos simétrica ou mais complexa que a divisão em 6 + 6.

É assim que vemos aparecer nos clássicos mais presos à forma regular, duas formas excepcionais:

1º O alexandrino de cesura única, porém móvel, isto é, variável quanto ao lugar e cortando o verso em partes desiguais: o "dímetro regular";

2º O alexandrino de cesuras móveis, dividindo-o em três partes ora iguais ora desiguais: é o "trímetro" ou "ternário".

Os dímetros irregulares são assaz raros. Eis, no entanto, alguns exemplos de alexandrinos dessa espécie, que não podem ser cortados nem em duas partes iguais, nem em três partes, mas unicamente em duas partes desiguais, como as indico:

Le plus honnêtement du monde | avec que moi
8 mais 4 (Molière, *Le Misanthrope*).
Je l'écoute longtemps dormir, | et me rendors!
8 mais 4 (Lamartine, *Jocelyn*).
Et le noir tremblement de l'ombre | nous contemple.
9 mais 3 (V. Hugo, *Torquemada*).

Nota-se aí um enfraquecimento da tônica fixa, reduzida a não ter senão um acento secundário em consequência da sua não coincidência com a "cesura psicológica", e o transporte da cesura propriamente dita ao lugar onde a parada do sentido trará a tônica mais forte:

Et le noir tremblement | de l'ombre | nous contemple.

Estudaremos mais de perto esse fenômeno no alexandrino de duas cesuras móveis, no trímetro.

O trímetro mais frequente nos clássicos é o que oferece três divisões iguais, em 4 mais 4 mais 4:

Tu sentiras | combien pesante | est ma colère
(Ronsard, *Les amours*).
Toujours aimer | toujours souffrir, | toujours mourir
(Corneille, *Suréna*).
Il ne finisse | ainsi qu'Auguste | a commencé
(Racine, *Britannicus*).
Sophocle enfin, | donnant l'essor | à son génie
(Boileau, *Art poétique*).

Em que, no abandono de cesura mediana, se funda aqui a segurança do ouvido dando-lhe a sensação imediata do verso? Sobre dois elementos: 1º a dupla cesura móvel, confessando a cesura fixa desaparecida; 2º uma sílaba forte no hemistíquio, lembrando-a.

Note-se que as duas cesuras móveis têm de particular que, contrariamente à regra que rege a cesura mediana, é-lhes permitido ser *enjambantes*.

Com os parnasianos, chegou-se a permitir simples enclíticas na sexta sílaba, com grande indignação de Victor Hugo:

Où l'on jouait sous | "la" charrette | abandonné
(F. Coppée, *Olivier*).

Depois, essas enclíticas sendo sílabas átonas, não haveria mais razão para exigir que se pusesse no hemistíquio um fim de palavra; podia-se da mesma maneira colocar uma sílaba interior:

Serait allé | en "Palesti | ne les pieds nus.
(Jean Aicard, *Othéllo*).

Outro corolário: desde que não havia mais, na sexta sílaba, essa cesura que não tinha o direito de ser *enjambante,* a sétima podia dora em diante ser uma muda não elidida:

Mais n'ayant plus | de branches ver | tes pour grandir.
(Charles de Pomairols).

Enfim, a sexta sílaba poderá ser uma muda:

Et tout à coup | l'ombre des feui | lies remués.
(Jean Moréas).

A evolução do trímetro está terminada pela libertação completa do binário de cesura mediana.

Releiam agora todos esses versos, na mesma ordem, acentuando bem as duas tônicas, formando cesura, e dir-me-ão se não perceberam, sempre, "exatamente o mesmo ritmo", se não ouviram a mesma música:

Toujours punir | toujours trembler | dans vos projets.
On s'adorait | d'un bout à l'au | tre de la vie.
Où l'on jouait | sous la charrete | abandonnée.
Serait allée | en Palesti | ne les pieds nus.
Mais n'ayant plus | de branches ver | tes pour grandir.
Et tout à coup | l'ombre des feui | lles remuées

Em vez de trímetro regular, poderíamos tomar outros, irregulares, 3 mais 5 mais 4, por exemplo:

L'orgueilleu | se m'attend encore | à ses genoux.
(Racine).
Quelque cho | se comme une odeur | qui serait blonde
(Coppée).
Un moulin | qui se désespère et | gesticule.
(H. de Régnier).
Et c'était | comme une musi | que qui se fane.
(A. Samain).

A mesma demonstração se poderia fazer com versos portugueses. Basta citar três versos de um soneto de Artur Azevedo, precisamente um adversário da abolição da cesura mediana:

O inces | to drama em "seis" ac | tos acto primeiro
2 mais 5 mais 5
O mance | bo "descobre" o peito: | uma medalha!
3 mais 5 mais 5
À cena o autor | à cena o autor | à cena o autor
4 mais 4 mais 4

Todos esses guardaram um subacento na cesura mediana. Vou lhes citar agora um, de cesura *enjambante,* do jovem poeta Afonso Lopes de Almeida:

Ser infinitamente bom | ser todo amor...

Dir-me-ão agora, de boa-fé, se é possível maior suavidade em matéria de ritmo.

***

Em português, o mesmo se dá com o octossílabo, para o qual os compêndios de versificação exigem o acento mediano na quarta sílaba:

Porque me vens | com o mesmo riso.
Porque me vens | com a mesma voz...
(Bilac).

Para muitos dos nossos poetas todo o octossílabo a que faltar esse requisito é errado. Os franceses fizeram do seu octossílabo um instrumento de rara e perfeita flexibilidade. Por que lhes não seguimos o exemplo?

Respondem-nos que a índole da nossa índole o não permite. Não percebo o alcance da objeção...

A verdade é que, como no alexandrino, podemos acompanhar no octossílabo a evolução da cesura fixa mediana, para as cesuras móveis com a faculdade do *enjambement*; o ponto de transição, da mesma maneira, a

Uma questão de métrica

substituição de uma sílaba forte por uma sílaba átona na cesura mediana. Vejamos:

Octossílabos em que o ritmo psicológico coincide com a cesura na quarta sílaba:

> Lá vem nascen | do a lua cheia;
> Vem tão redon | da, tão redonda
> Ouço dizer | que de onda em onda,
> À tua luz | se ouve a sereia...

Octossílabos que, embora conservando uma sílaba forte na quarta sílaba, perdem o ritmo 4 mais 4:

> Das pe | dras "onde" as u | nhas crava.
> 2 mais 4 mais 2
> (A. de Oliveira).
> Que ti | nha "sobre" o co | lo nu.
> 2 mais 4 mais 2
> (Machado de Assis).

Octossílabos em que a quarta sílaba é uma palavra átona:

> Mais pró | xima "e" desde que ao mundo
> 2 mais 6
> E fe | bre "do" desconhecido.
> 2 mais 6
> (A. de Oliveira).

Octossílabos em que a quarta sílaba é uma sílaba interior ou final:

> Com a fri | a "im"passibilidade.
> 2 mais 6

Rolan | do a "pro"fundez das águas

2 mais 6

Em seu a"po"calip | se o sonho.

6 mais 2

O intér | pre"te" do sentimento.

2 mais 6

(A. de Oliveira).

Todos esses versos do eminente parnasiano fazem parte de uma só poesia – "O hino à lua" – (*Poesias*, 2ª série – editor Garnier, pp. 142 e seguintes).

Propositadamente trouxe por modelo o poeta reputado entre nós mais apurado em matéria de forma. Poderia citar uma vintena de octossílabos de Machado de Assis, cujo gosto era tão seguro. Os interessados releiam a "Mosca azul" e a poesia intitulada "Flor da mocidade", aquela das *Ocidentais*, esta das *Falenas*.

Essas notas que aí ficam têm por fim chamar a atenção dos nossos intelectuais para essas questões do ritmo em poesia. É preciso esclarecer e educar o público na compreensão dos novos ritmos. Será talvez difícil numa terra em que os ouvidos se afeiçoaram à cantilena infinitamente meiga e saudosa, mas pobre, dos sabiás...

À margem dos poetas*

O sr. Mário Mendes Campos acaba de publicar um volume de versos com o título de *Estalactites*. Esses primeiros poemas não se distinguem nem pela profundeza do sentimento nem pela originalidade das ideias. Do ponto de vista da forma, podem-se-lhe notar também defeitos de expressão, como seja a adjetivação excessiva e muitas vezes imprópria. Porém quanto à técnica da arte do verso, é força reconhecer que o estreante a conhece e sabe praticar. Sente-se nele o sentimento justo do ritmo poético: este não precisará contar um verso pelos dedos para saber se está certo. Não carecerá receber de ninguém quinaus de métrica.

Por isso, imagino o espanto com que terá lido uma crítica recentemente aparecida no *Jornal do Comércio* de Juiz de Fora, na qual se lhe atribui o desconhecimento da sinérese e se lhe censura a medida deste verso: "na cambiante irial das nuvens vão".

Ora, todos os poetas de verdade sabem que quando ocorre o hiato no interior de um vocábulo, a absorção de uma vogal na outra é facultativa. Tudo o que se poderá dizer é que a sinérese dá mais nervo e rijeza ao verso.

Querer torná-la obrigatória é puro arbítrio de sistematizadores apressados ou de estreito sentimento rítmico. Acima dessas mesquinhas regras de pedagogo estão as amplas e misteriosas leis do ritmo, como o sabem em sua divina intuição os poetas de raça.

---

* Publicado em *Correio de Minas*, Juiz de Fora, 30 de junho de 1917.

Aí estão para o provar os poemas dos melhores artistas do verso em nossa língua:

Leia-se o belo soneto "O voador" de Olavo Bilac:

Em Toledo. Lá fora a vida tumultua
E canta. A multidão em festa se atropela.
E o pobre que o *suor* da agonia enregela
Cuida o seu nome ouvir na aclamação da rua.

Agoniza o *Voador. Piedosamente* a lua
vem velar-lhe a agonia através da janela.
....
E entre as névoas da morte uma visão flutua.

– "*Voar*! Varrer os céus com asas poderosas,
Sobre as nuvens, galgar o chão das nebulosas,
Os continentes de ouro e fogo da amplidão!..."

E o pranto do *luar* cai sobre o catre imundo,
E em farrapos, sozinho, arqueja moribundo
Padre Bartolomeu Lourenço de Gusmão.

Como se vê, Bilac fez a sinérese em *Voador* e em *piedosamente*; deixou de fazê-la em *suor*, em *voar* e em *luar*.

Queira o autor da citada crítica enviar o soneto acima ao mestre Alberto de Oliveira para que lhe diga ele se são defeituosos os primeiros versos dos tercetos e o terceiro da primeira quadra...

Envie-lhe também a quadra final do "Plenilúnio" de Raimundo Correia:

Um *luar* amplo me inunda e eu ando
Em visionária luz a nadar.
Por toda a parte, louco, arrastando
O largo manto do meu *luar*...

Pergunte-lhe se o grande lírico das *Aleluias* cometeu barbarismo contando duas sílabas em *luar*...

Remeta-lhe também uma cópia do "Cântico de amor" do próprio Alberto de Oliveira:

> Creio no bem, creio em ti,
> Quando o teu lábio sorri,
> E falas, e me parece
> Que a tua voz é uma prece!
> ....
> Vissem-te os maus, e duvido
> Que os peitos seus, alquebrados
> Por males *continuados,*
> Tivessem mais um gemido!
>
> Quem te pudera levar
> Para te pôr num altar!...
> ....
> Creio no bem, na *piedade,*
> Pois tudo que é grande e santo
> Te empresta não sei que encanto
> Que graça, que claridade...

Lindo cântico, na verdade, onde a par da sinérese em *piedade* e da rude sinalefa em

> Que a tua voz é uma prece...

vem o hiato no verso:

> Por males continuados

Queira o crítico indagar do impecável artista se houve ignorância ou relaxamento de sua parte neste e em tantos outros versos de sua formosa obra...

***

O crítico quis dar uma lição ao poeta: mas a verdade é que dos dois quem precisa aprender é o crítico...

Por amor de um verso*

Por causa de umas poucas linhas em que rebati injusta crítica assacada ao jovem poeta sr. Mário Mendes Campos, o sr. Machado Sobrinho fez gemer os prelos de dois jornais mineiros. Na verdade, para um adversário tão desprezível como se afigura ao crítico este seu criado, – *c'est trop d'honneur*!

Ao seu artigo do *Correio* nada havia que responder. Dizia-me nele que sou um bilontra e um pernóstico: como pilhéria é delicioso, e, com franqueza, nunca pensei que o sr. Machado Sobrinho tivesse tanto espírito; mas, como argumento, vale tanto como aquela pedra que os arruaceiros arremessaram um dia ao gabinete de estudo de Mr. Bergeret. O sr. Machado Sobrinho atribuiu-me intenções cruéis e acabou por me chamar de monstro e antropófago. Confesso que nessas alturas tive medo de mim mesmo...

No artigo do *Jornal do Comércio* o sacerdote da sinérese foi ainda bastante malvado para me reduzir despiedosamente a cinzas. Ociosa tarefa!

Bem sei que não sou senão cinzas. Amanhã não serei mais nem sombra de cinzas. Mas isto só me entristece com pensar que é o destino de todos e de tudo, – dos poetas humildes e dos críticos ignorantes, das civilizações e até dos sistemas planetários. Para todos nós vem o dia em que não seremos nem a lembrança de uma sombra de cinzas...

Que importa? Esta melancólica reflexão aumenta tanto mais em nós o amor de todas as coisas lindas e frágeis da vida. E entre as mais frágeis

---

* Publicado em *Correio de Minas*, Juiz de Fora, 15 de julho de 1917, p. 1.

e lindas estão os bonitos versos. Eles me são caros. Ora, o sr. Machado Sobrinho tentou macular um verso sem defeito. Feio gesto!

Repito que o verso do sr. Mendes Campos é sem defeito. Quer o crítico que lhe conte pelos dedos? Aqui o tem:

Na-cam-bian-te i-ri-al-das-nu-vens-vão

Estou certo de que assim o contará também o sr. Mendes Campos; fá-lo-á por motivos que escapam ao sr. Machado, mas que ambos nós sentimos e, todavia, mal poderíamos analisar.

Adverte o sr. Machado que em meu livro contei apenas três sílabas em *cambiante*.

É verdade. Mas poderia em outro caso contar diferentemente, como fez Raimundo Correia no seguinte verso da "Missa da Ressurreição":

E o vivo colorido cambiante...

Pergunta o meu colérico adversário o que entendo por sentimento justo do ritmo. Respondo ser esse dom que diante de um verso como o do sr. Mendes Campos dispensa as muletas da métrica e faz ler certo à primeira vista. Em que critério assento os princípios do ritmo? No ouvido. Que ensinamentos apresento para seu uso lógico e racional? Para responder cabalmente a este ponto, careceria escrever todo um tratado de versificação. Em todo o caso posso satisfazer-lhe a vontade, cingindo-me tão só ao objeto da discussão, que é a sinérese. Toda a vez que ocorre hiato no interior de um vocábulo, é facultativo fazer a elisão de uma vogal na outra. Nisto consiste a figura denominada sinérese. Dela fazem largo uso os poetas: não é, contudo, razão bastante para que se invertam as coisas e se queira erigir a licença em regra e a regra em licença.

O ritmo é, nem só em poesia como também em música, uma noção sutil, e cada vez mais se torna sutil à proporção que, de geração em geração, se apuram os ouvidos. O sr. Machado suspira pela fixidez, que é a morte. Como é insensato querer roubar às coisas o encanto da sua mobilidade!

Por culpa dessa deplorável tendência sistematizadora, os hiatos *tu as* e *tu es*, tão comuns na linguagem francesa, estiveram por dois séculos banidos da poesia. Cuidará o sr. Machado que assim o lamente um Laforgue ou outro que tal decadista? Não! É o puro parnasiano das "*Noces corinthiennes*" quem o lastima em sua "*Vie littéraire*" (artigo sobre Jean Moréas):

> *Faut-il blâmer les symbolistes de se permettre l'hiatus quand l'oreille le permet? Non pas: ils ne font là que ce que faisait le bon Ronsard. Il est pitoyable, quand on y songe, que les poètes français se soient interdit pendant deux cents ans de mettre dans leurs vers* tu as *ou* tu es. *Qui ne sent au contraire que certains hiatus plaisent à l'oreille?*

E a seguir cita estas sábias palavras de Banville:

> *J'aurais voulu que le poète, délivré de toutes les conventions empiriques, n'eut d'autre maître que son oreille délicate, subtilisée par les plus douces caresses de la musique. En un mot, j'aurais voulu substituer la science, l'inspiration,* la vie toujours renouvelée et variée à une loi mécanique et immobile.

E o sr. Machado quer hoje ganhar a palma de mártir na mesquinha empresa de substituir leis mecânicas e imóveis à vida sempre renovada e variada! Que lhe preste.

O sr. Machado Sobrinho afirma que em exemplos de Alberto de Oliveira, Bilac e Raimundo Correia se encontram milhares de versos com rigoroso emprego de sinérese contra uma meia dúzia de exemplos em contrário, "*raros casos de mera condescendência*". Mas que história é esta de condescendência?

Pois então o que é mera condescendência em Alberto de Oliveira passa a ser defeito grave no sr. Mendes Campos? A verdade é que não há tal condescendência. O que há é arte legítima e da melhor. Não se trata de uma meia dúzia de versos, como falsamente sustenta o sr. Machado. Tome-se, por exemplo, o volume das *Poesias escolhidas* de Raimundo Correia, segunda edição, 1906. Muito de propósito apanho tal livro porque, feita a seleção pelo próprio autor, é natural haja escolhido o que de melhor havia, no fundo e na forma, em sua obra.

Logo no segundo poema vêm vários exemplos, e para desfastio deste longo debate o transcrevo na íntegra:

Ser moça e bela ser, por que é que lhe não basta?
Por que tudo o que tem de fresco e virgem gasta
E destrói? Por que atrás de uma vaga esperança,
Fátua, aérea, fugaz, frenética se lança
A voar, a voar?...
Também a borboleta,
Mal rompe a ninfa, o estojo abrindo ávida e inquieta,
As antenas agita, ensaia o voo, adeja,
O finíssimo pó das asas espaneja;
Pouco habituada à luz, a luz logo a *embriaga;*
Boia do sol na morna e rutilante vaga;
Em grandes doses bebe o azul, tonta, espairece
No éter, voa em redor; vai e vem; sobe e desce;
Torna a subir e torna a descer; e ora gira
Contra as correntes do ar; ora, incauta, se atira
Contra o tojo e os sarçais; nas puas lancinantes
Em pedaços faz logo as asas cintilantes;
Da tênue escama de ouro os resquícios mesquinhos
Presos lhe vão ficando à ponta dos espinhos;
Uma porção de si deixa por onde passa;
E, enquanto há vida ainda, *esvoaça, esvoaça,*
Como um leve papel solto à mercê do vento;
Pousa aqui, voa além, até vir o momento
Em que de todo enfim se rasga e dilacera...
Ó borboleta, para! ó mocidade, espera!

Nessa poesia, tida com razão como uma joia da nossa língua, vem um verso nas mesmíssimas condições do verso inculpado do sr. Mendes Campos:

Pouco *habituada* à luz, a luz logo a *embriaga*...

O sr. Machado Sobrinho e os seus companheiros de desdita ficarão perplexos sem saber como recitar o formoso alexandrino; acoimarão o verso de *frouxo, cambaio* e *confuso*; atirarão aos manes de Raimundo Correia a pecha de *ilógico e disparatado*. Os poetas de verdade, esses lerão sem pestanejar:

Pou-co ha-bi-tua-da à-luz-a-luz-lo-go a em bri-a-ga

Ao correr dos olhos se me depararam mais os seguintes exemplos:

Voltam todas em bando e em *revoada*... (pág. 16)
Extenuando os ventos e nos flancos (pág. 18)
Napoleão que galopando passa (pág. 19)
Do *impaciente* látego os cavalos... (pág. 20)
O *luar* dessas noites vaporosas... (pág. 23)
Ó *sensuais* visões da adolescência... (pág. 33)
Jura então que do *ciúme*... (pág. 24)
De *esbrazeada* arena... (pág. 27)
No *teatro* de Eurípedes rugindo... (pág. 30)
E onde do Himeto a tribo *sequiosa* (pág. 30)
De *Anacreonte* as rosas... (pág. 31)
Da Arábia o incenso e a mirra da *Etiópia* ... (pág. 31)
E *buindo* o deserto incandescente... (pág. 31)
Pinta-a *ideando-a* só: o heril recacho (pág. 33)
De *Yonia* em seu profundo e salso leito... (pág. 34)
Como a Banville e a Mendes *gloriosos* (pág. 36)
Fuge a *cruenta* pompa... (pág. 37)

No mole coche *triunfal* tirado... (pág. 38)

Penetro o *suntuoso*... (pág. 38)

O filho *incestuoso* de Cíniras... (pág. 38)

Da *embriaguez* divina que há no fundo... (pág. 39)

Nisto o *ciúme*, fera que eu não domo... (pág. 40)

Não foi por falta de *religião*... (pág. 41)

Hirtos nos frouxos véus do *nevoeiro*... (pág. 43)

Cabecear de sono... (pág. 53)

Passava *gazeando, chilreando*... (pág. 44)

Quanto *suave* aroma... (pág. 45)

Onde pavões garridos *pompeavam*... (pág. 45)

E em *triunfo* ostentavam... (pág. 45)

E o vivo colorido *cambiante*... (pág. 45)

Transeuntes brutais nos arredavam... (pág. 47)

Que *chiavam* tirados... (pág. 47)

Era tarde! *Troando* pelo espaço... (pág. 47)

As girândolas rápidas *voavam*... (pág. 47)

Mistérios *nupciais* só vos devassa... (pág. 49)

Todas as *saliências* destacadas... (pág. 51)

Ontem *criança* ainda era Jessica... (pág. 54)

Hauriste a essência, o espírito *suave*... (pág. 57)

Suntuosos, magníficos haréns... (pág. 58)

Nos bazares, *quiosques* e mesquitas... (pág. 59)

Cauda, rainha *triunfal* parece... (pág. 61)

Lanceolados, ríspidos e agudos... (pág. 61)

A par dos lábios *sensuais* que osculam... (pág. 61)

Realçam no marfim da ventarola... (pág. 66)

Musa *aldeã*... (pág. 67)

E *sensuais*... (pág. 69)

Enquanto a chuva cai grossa e *torrencial*... (pág. 75)

Claro como o *luar*... (pág. 75)

Toalha friíssima dos lagos... (pág. 76)

Mas já se me cansa a mão de transcrever tanto verso. O volume tem 203 páginas e estamos apenas à página 76! Não fecharei, porém, a série sem aduzir de quebra meia dúzia de versos de fatura idêntica ao irmão refugado das *Estalactites:*

Sociedade de bobos e de *hienas...* (pág. 164)
Trigo que eu *semeei, apieda-te* de mim! (pág. 180)
De Cleópatra o *diadema...* (pág. 78)
Virgínias *desleais, desleais* Eleonoras... (pág. 101)
O luar enche o *oceano...* (pág. 136)
Intangível *ideal, cruel* desejo... (pág. 154)

***

O sr. Machado tomou por lema os famosos versos:

Le poète est ciseleur
Le ciseleur est poète.

Reclama nos versos a precisão escultural da cinzeladura. Está no seu direito. A mim me seduz de preferência o conceito musical do verso.
De la musique avant toute chose! – como dizia Verlaine.
Creia o sr. Machado Sobrinho que se pode falar destas coisas sem dizer nomes feios, sem fazer alusões a práticas ignóbeis como, apesar de toda a sua castidade, não se pejou de praticar pelas colunas deste jornal. Porque isto levaria a pensar que em matéria de boas maneiras a sua ignorância é tão completa como em assuntos de prosódia poética.

Prefácio da *Antologia dos poetas brasileiros da fase romântica**

Sílvio Romero, em sua *História da literatura brasileira*, nomeia e estuda os seguintes poetas da fase romântica: Maciel Monteiro, Sapucaí, Odorico Mendes, Francisco Moniz Barreto, Barros Falcão, os irmãos Queiroga, Francisco Bernardino Ribeiro, Firmino Rodrigues Silva, Álvaro Teixeira de Macedo, José Maria do Amaral, Magalhães, Porto-Alegre, Teixeira e Sousa, Joaquim Norberto, Dutra e Melo, Francisco Otaviano, Paranapiacaba, Gonçalves Dias, Álvares de Azevedo, Aureliano Lessa, Bernardo Guimarães, José Bonifácio, o Moço, Laurindo Rabelo, Junqueira Freire, Antônio Augusto de Mendonça, Francisco de Sá, Teixeira de Melo, Casimiro de Abreu, Pedro de Calasãs, Bittencourt Sampaio, Gomes de Sousa, Elzeário Pinto. Franklin Dória, Trajano Galvão, Gentil-Homem de Almeida Braga, Bruno Seabra, Joaquim Serra, Joaquim de Sousa Andrade, Juvenal Galeno, Pedro Luís, Fagundes Varela, Luís Gama, Rosendo Moniz Barreto, Tobias Barreto, Castro Alves, Vitoriano Palhares, Melo Morais Filho, Luís Guimarães e Luiz Delfino. Registra ainda os nomes de Joaquim José Teixeira, Manuel Pessoa da Silva, Torres Bandeira, Augusto Colin, Padre Correia de Almeida, Sinfrônio Olímpio Álvares Coelho, Antônio Félix Martins, José Maria Velho, Agrário de Menezes, Castro Lopes, Machado de Assis, Macedo Soares, Santa Helena Magno, Vilhena Alves, Severiano Bezerra, Costa Ribeiro, José Coriolano, Ferreira de Menezes, Macedo, Constantino Gomes de Sousa, Eduardo de Sá, Pires Ferrão, Rodrigues

---

* 3ª edição. Biblioteca Popular Brasileira, vol. XXVII. Departamento de Imprensa Nacional, Rio de Janeiro, 1949.

Prefácio da *Antologia dos poetas brasileiros da fase romântica*

da Costa, Gualberto de Passos, Dias Carneiro, Gomes de Castro, Marques Rodrigues, Benício Fontenelle, Pais de Andrade, Joaquim Esteves, Pedro Moreira, José Jorge, Justiniano de Melo, Eugênio Fontes, Epifânio Bittencourt, Lisboa Serra, Celso de Magalhães, Antônio da Cunha Rabelo, Augusto Raiol, A. Vale de Carvalho, A. César de Berredo, A. A. de Carvalho Oliveira, Aires da Serra Souto Maior, Caetano Catanhede, Sousa Gaioso, Cestino Franco de Sá, Coriolano Rosa, Eduardo de Freitas, Sotero dos Reis, José Jauffert, Belfor Serra, José Pereira da Silva, José Mariano da Costa, J. Emiliano Vale de Carvalho, Silva Maçarona, João Antônio Coqueiro, Jesuína Serra, Vieira da Silva, Vieira Ferreira, Luís Quadros, Maria Firmina dos Reis, Pereira e Sousa, Pedro Catanhede, Raimundo Brito Gomes de Sousa, R. Alexandre Vale de Carvalho, Carvalho Figueira, Raimundo Pereira e Sousa, Ricardo Henriques Leal, Valentiniano Rêgo, Severiano de Azevedo, Pimentel Beleza, Plínio de Lima, Sousa Pinto, Generino dos Santos, Múcio Teixeira, Luís Murat... Não sei se me terá escapado algum.

Na *História da literatura brasileira* o movimento romântico está discriminado em seis fases. Na *Evolução da literatura brasileira* (Campanha, 1905) o crítico não fala mais em seis fases: assinala "momentos", cinco momentos. Primeiro momento (a partir de 1830 ou pouco depois): *Segunda Escola Fluminense,* com o triunvirato inicial de Magalhães, Porto-Alegre e Gonçalves Dias; três divergentes – Moniz Barreto (em torno do qual se grupou a *Segunda Escola Baiana),* Maciel Monteiro e Laurindo Rabelo. Segundo momento (a partir de 1848 ou pouco antes): *Primeira Escola Paulista*, com o triunvirato byroniano de Álvares de Azevedo, Aureliano Lessa e Bernardo Guimarães. Terceiro momento (a partir de 1855 ou pouco antes): os epígonos de Byron, Musset e Lamartine, com Junqueira Freire, Casimiro de Abreu, Pedro de Calasãs, Constantino Gomes, Antônio Augusto de Mendonça etc., e aos quais se prende, logicamente, Fagundes Varela. Quarto momento (a partir de 1858 ou pouco antes): os sertanistas, tradicionalistas e campesinos (*Escola Maranhense*), com Trajano Galvão, Gentil-Homem, Dias Carneiro, Joaquim Serra etc., aos quais se prendem, logicamente e cronologicamente, Franklin Dória, Bittencourt Sampaio, Juvenal Galeno, Bruno Seabra e Melo Morais Filho. Divergentes do segundo e terceiro momentos imediatamente anteriores – José Bonifácio, o Moço e Luiz Delfino, precursores do hugoanismo condoreiro, e aos quais se prendem Pedro Luís e Gomes de Sousa; Teixeira de Melo, Machado de Assis e Luís Guimarães, precursores do parnasianismo. Quinto momento (de 1862 a 1870 e anos próximos): os condoreiros, com Tobias Barreto, Castro Alves, Vitoriano Palhares, Carlos Ferreira, Quirino dos Santos, Elzeário Pinto etc. Muitos dos poetas citados entre os românticos na *História da literatura brasileira* aparecem na *Evolução da literatura brasileira* filiados aos movimentos de reação contra o romantismo: assim, Teixeira de Sousa, Celso de Magalhães, Generino dos Santos, Luís Murat, Múcio Teixeira.

José Veríssimo, que escreveu a sua *História da literatura brasileira* depois de 1900 (a introdução traz a data de 4 de dezembro de 1912), foi mais discreto do que Sílvio Romero na fixação dos valores românticos. Estudou Magalhães, Porto-Alegre, Teixeira e Sousa, Pereira da Silva, Joaquim Norberto (estes dois mais como criadores da nossa história literária), Macedo e José Maria do Amaral, nomeando a seguir Joaquim José Teixeira, José Maria Velho da Silva, Antônio Félix Martins, Firmino Rodrigues Silva, Sapucaí, Antônio Augusto Queiroga, Francisco Moniz Barreto e Maciel Monteiro; demora-se em Gonçalves Dias e o grupo maranhense – Gomes de Sousa, Lisboa Serra, Trajano Galvão, Franco de Sá, dedicando a cada um deles algumas linhas, e menciona em seguida os nomes de Gentil-Homem, Celso de Magalhães, Marques Rodrigues, Dias Carneiro, Augusto Colin, Frederico Correia, Frei Custódio Ferrão, Vieira da Silva, Sousa Andrade e Antônio Henriques Leal, – todos classificados na primeira fase romântica. Na segunda fase estuda Veríssimo os seguintes poetas: Bernardo Guimarães, Álvares de Azevedo, Laurindo Rabelo, Junqueira Freire, Casimiro de Abreu, e a seguir, como "poetas menores", Francisco Otaviano, José Bonifácio, o Moço, Pedro Luís, Teixeira de Melo e Aureliano Lessa. Como "últimos românticos" classifica e estuda Tobias Barreto, Castro Alves, Fagundes Varela, Machado de Assis e Luís Guimarães.

Ronald de Carvalho, muito mais moço que Romero e Veríssimo, contemporâneos ainda dos últimos românticos, mais sensível do que os dois à essência e à técnica da poesia, pôde apresentar em sua *Pequena história da*

Prefácio da *Antologia dos poetas brasileiros da fase romântica*

literatura brasileira, escrita por volta de 1920, um balanço mais claro do nosso movimento romântico. Discrimina quatro fases: *a)* Magalhães e a poesia religiosa, onde estuda ainda Porto-Alegre e nomeia Teixeira e Sousa, Pereira da Silva e Norberto; *b)* Gonçalves Dias e a poesia da natureza; *c)* Álvares de Azevedo e a poesia da dúvida, onde estuda também Laurindo Rabelo, Junqueira Freire, Casimiro de Abreu e Fagundes Varela, a quem assinala como figura de transição, com Machado de Assis e Luís Guimarães, entre o romantismo e o parnasianismo; *d)* Castro Alves e a poesia social, e neste capítulo estuda também a figura de Tobias Barreto. Nomeia a seguir, com uma ou outra anotação rápida, Francisco Otaviano, Paranapiacaba, Dutra e Melo, Aureliano Lessa, José Bonifácio, o Moço, Bernardo Guimarães, Teixeira de Melo, Pedro Luís, Trajano Galvão, Bittencourt Sampaio, Gentil-Homem, Melo Morais Filho, Vitoriano Palhares, Moniz Barreto (o repentista), Luís Gama, Bruno Seabra e Joaquim Serra, a todos os quais qualifica de "poetas menores".

O critério a que obedeci na organização desta antologia coincide sensivelmente com o juízo de Ronald de Carvalho, que é, creio, o consenso da atualidade. Os nossos grandes poetas da fase romântica são Gonçalves Dias, Castro Alves, Álvares de Azevedo, Junqueira Freire, Casimiro de Abreu e Fagundes Varela; vêm depois Bernardo Guimarães e Laurindo Rabelo. Esses, os que deixaram obra que, em bloco, testemunha forte e decidida vocação poética. Ao lado das suas produções, as dos outros, mesmo as dos que se exprimiram com mais correção de linguagem e de forma, como um Teixeira de Melo, por exemplo, soam fraquíssimas aos nossos ouvidos – poesia de diletantes em suma. Poesia morta e enterrada. No entanto Otaviano, parco versejador, deixou dois pequenos poemas – o soneto "Morrer, dormir..." e as "Ilusões da vida" que resistiram ao tempo; o segundo forneceu mesmo à nossa língua uma frase feita – a "branca nuvem". Maciel Monteiro, talvez o mais diletante de todos, resiste no famoso soneto que vai incluído neste volume. Alguns, como Melo Morais Filho, sobrevivem ainda em uma ou outra modinha.

Machado de Assis, Luís Guimarães e Luiz Delfino soçobraram como puros românticos. As *Ocidentais*, onde se contêm alguns dos mais admiráveis poemas da nossa língua, não devem nada ao romantismo. Luís Guimarães corrigiu-se e depurou-se com os parnasianos. Luiz Delfino constitui um caso singular em nossa poesia: ao seu rico fundo romântico incorporou o brio parnasiano e mais tarde alguma coisa do nosso simbolismo – há um pouco de tudo isto nos seus mais belos sonetos.

Notar-se-ão neste volume algumas exclusões, que me cumpre justificar. Porto-Alegre, em primeiro lugar. É inegável a influência por ele exercida ao lado de Magalhães. Os temas das *Brasilianas* são todos tomados à natureza e à vida nacional. "Cultivando este gênero de poesia", escreveu o autor do prefácio do *Colombo* (edição do Instituto Histórico, Rio de Janeiro, 1892), "foi seu principal intento despertar o gosto pela poesia americana, e cumpre reconhecer que o realizou, criando imitadores, entre os quais o nosso saudoso poeta Gonçalves Dias, que não ocultava as suas primeiras inspirações às *Brasilianas*". Esse o seu principal mérito. As qualidades melhores de Porto-Alegre não são de poeta, no fundo frio, mas de desenhista e pintor. Pode-se admirar no poema *Colombo* o seu vigor descritivo, o seu domínio da língua e da métrica. Poucos escritores nossos usaram de tão rico vocabulário. Mas essa mesma riqueza está constantemente a prejudicar a clareza dos seus quadros ou a emoção que nos pretende comunicar. Os condoreiros vão aqui escassamente representados. A verdade é que o único verdadeiro condor foi Castro Alves. Os outros eram uns falsos condores. Não me animei a colocar a famosa "*Terribilis dea*", o menos mau dos poemas de Pedro Luís, ao lado do "Navio negreiro", das "Vozes d'África" ou de "O gênio da humanidade". Os falsos condores foram muitos. A abolição e a guerra do Paraguai – sobretudo a guerra do Paraguai – suscitou toda uma literatura de invectivas empoladíssimas: basta correr os olhos no *Correio Mercantil* de 1865. Nabuco – até Nabuco – insultou, patrioticamente, o López (*Correio Mercantil*, número de 30 de janeiro de 1865).

***

Teixeira de Melo era já ao tempo em que Romero escrevia a *História da literatura brasileira* um poeta esquecido. E o crítico sergipano, que, a despeito de seu temperamento combativo, tinha no fundo uma alma boa e

Prefácio da *Antologia dos poetas brasileiros da fase romântica*

generosa, tentou corrigir o que lhe parecia uma injustiça dos seus contemporâneos. A sua apologia, porém, não é convincente. Depois de citar três estrofes medíocres das *Sombras e sonhos*, aponta, como "melhor ainda", estas duas sextilhas:

> Onde haja musgo em que teça
> Um ninho em que eu adormeça
> Com meus amores implumes;
> Onde não vinguem espinhos;
> Onde o sol entre carinhos
> Viva de azul e perfumes!
>
> Procurei no mundo todo
> Um ponto, perla no lodo,
> Onde o amor fosse verdade!
> Onde a vida fosse um lago!
> Nosso baixel... um afago!
> Nossa brisa... a mocidade!

E comenta: "É o lirismo alado do XIX século". Acrescenta a seguir: "Eis ainda superior:

> A cada riso dela eu via o mundo
> Sumir-se a nossos pés e o céu se abrir!
> Então eu m'esquecia de mim mesmo,
> Do mundo que a esperava e do porvir!
>
> A tarde era uma aurora mais risonha,
> A insônia minha eterna companheira,
> Sílfide o tempo, as ilusões um berço
> Em que pensei dormir a vida inteira..."

A mim me parece que nada há a reter dessa poesia de lugares-comuns.

No entanto Romero lhe achava "alguma coisa que lembra Victor Hugo nos bons tempos, quando ele não tinha ainda gongorismos, a fase em que escreveu *Sara la baigneuse* e outras joias desse quilate".

Erro de contemporâneo. Houve muitos na fase romântica. Assim, Norberto, no "Bosquejo da história da poesia brasileira", em *Modulações poéticas*, Rio de Janeiro, 1841, diz a propósito da "Voz da natureza", de Porto-Alegre: "É a natureza exprimida pelo gênio! E há quem negue uma imaginação ardente, repleta de poesia, ao sr. Manuel de Araújo Porto-Alegre!". No prefácio aos *Voos icários*, de Rosendo Moniz Barreto, Francisco Otaviano escreve:

> De minha mocidade, que se gastou nas lutas políticas, nada salvei, senão a fidelidade ao culto dos grandes engenhos que iluminaram o meu caminho, e sobretudo daqueles que eu já reconhecia estrelas de primeira grandeza, quando começaram a cintilar quase imperceptíveis, com Gonçalves Dias, José Bonifácio, Macedo, Álvares de Azevedo, Casimiro de Abreu, Carlos Guido, Junqueira Freire, Silveira de Sousa, Pedro Luís.

Nos prefácios do tempo é comum encontrarem-se nomes como o de Silveira de Sousa emparelhados com os de Gonçalves Dias e Castro Alves.

No grupo nortista que cultivou a poesia campesina, sertanista, não encontrei nada aproveitável senão o "Cajueiro pequenino", de Juvenal Galeno, e a "Açucena", de Bruno Seabra. De todos esses poetas se pode dizer o que Machado de Assis escreveu no *Diário do Rio de Janeiro*, 1886, nº 79, de certas canções de Galeno: "postas na boca de um tipo imaginado, exprimem apenas os sentimentos do autor". Falta-lhes a indispensável ingenuidade.

Voltando à lista de Sílvio Romero: li todos esses poetas. Dos que não deixaram livro, pesquisei-lhes as produções em coletâneas, revistas e jornais: não me parece que se tenha dado nenhum caso de injusto esquecimento. Por mim, reclamaria maior atenção para Bernardo Guimarães, cujo "O devanear do céptico" é um dos poemas importantes do romantismo, e

Prefácio da *Antologia dos poetas brasileiros da fase romântica*

para "A bodarrada", de Luís Gama, que reputo a melhor sátira da poesia brasileira.

***

Esforcei-me por que nesta antologia se refletisse todo o movimento romântico, tanto nos seus processos de técnica poética – construção do poema, de estrofe e do verso –, como na sua inspiração e sensibilidade geral, nos seus temas principais – a sua religiosidade, o seu amor da natureza, o seu liberalismo, o seu lirismo amoroso etc.

Não sobrecarreguei este prefácio de considerações críticas sobre cada um desses pontos, todos suscetíveis de largos debates. Todavia, quero passar para estas páginas o que Capistrano de Abreu anotou acerca do nosso indianismo. Está na 1ª série dos *Ensaios e estudos*, edição da Sociedade Capistrano de Abreu, Rio de Janeiro, 1931, páginas 93 a 95, mas tenho verificado que é mal conhecido.

O indianismo [escreveu o mestre em *O Globo* de 18 de dezembro de 1875], um dos primeiros pródromos visíveis do movimento que enfim culminou na independência: o sentimento de superioridade a Portugal. Efetivamente era necessária grave mudança nas condições da sociedade, para que a inspiração se voltasse para as florestas e íncolas primitivos, que até então evitara, mudança tanto mais grave quanto o indianismo foi muito geral para surgir de causas puramente individuais.

A verdadeira significação do indianismo é dada pelos contos populares. Neste ponto serei forçosamente incompleto, pois as observações referem-se apenas à nossa província; mas a lacuna será uma confirmação indireta, porque se no Ceará, onde o movimento emancipador foi lento, a florescência foi tão exuberante, podemos calcular qual e quão importante seria em outras províncias que lhe serviram de centro.

Esses contos, tendo por herói eterno o caboclo e o marinheiro, são os documentos mais importantes para a nossa história, e escrevê-la sem estudar os contos satíricos é tão ilusório como apanhar o caráter nacional sem interpretar os contos *épico--fantásticos*.

Nos contos satíricos facilmente se reconhecem três camadas. Na primeira o *marinheiro* aparece em luta contra a Natureza brasileira, abarcando *enxuí* por ema, comendo os *ovos do pássaro biabo*, pasmo de vê-lo saber ler; na segunda aparece o caboclo em luta contra a civilização, reproduzindo cenas semelhantes às que Molière pintou em *Mr. de Pourceaugnac*.[1] Nestas duas correntes antagônicas pode-se, *a priori*, ver sintomas e resíduos das lutas e rivalidades. Um fato que agora mesmo se está passando confirma *a posteriori* esta sugestão. Refiro-me ao que sucede em São Paulo e em Minas: paulistas e mineiros antipatizam-se mútua e hereditariamente. Pois bem: vazam os seus sentimentos em contos exatamente iguais aos que resultaram do antagonismo dos colonos portugueses.

Na terceira camada o herói é ainda o caboclo; mas o ridículo como que está esfumado, e através, sente-se não só a fraternidade como o desvanecimento. É a estes últimos contos que se prende o indianismo, cujo espírito se assemelha ao que levou *Gueux*[2] e *Sans-culotte* a adotarem, vangloriando-se, o nome com que os tentaram estigmatizar.

Como se vê, para Capistrano o indianismo, longe de ser a planta exótica mal transplantada pelos românticos, tinha raízes fundas em nossa literatura popular. A idealização do índio correspondia perfeitamente ao sentimento nacional: ela é anterior ao romantismo e não desapareceu com ele. Será, se quiserem, um erro nacional. O que me parece inadmissível é

---

1 Está "*Pourceaupines*" (pág. 17).
2 Está "*Gneva*" (pág. 18).

Prefácio da *Antologia dos poetas brasileiros da fase romântica*

querer filiar o indianismo romântico à simples influência de Chateaubriand e Fenimore Cooper.

Sobre o lirismo amoroso dos românticos convém ler o capítulo "A mulher e o homem" em *Sobrados e mucambos*, de Gilberto Freyre (Companhia Editora Nacional, São Paulo, 1936). O sociólogo pernambucano mostrou como se ajustava ao patriarcalismo da nossa formação aquele culto diferenciador da mulher, o qual,

> bem apurado, é, talvez, um culto narcisista do homem patriarcal, do sexo dominante, que se serve do oprimido – dos pés, das mãos, das tranças, do pescoço, das coxas, dos seios, das ancas da mulher, como de alguma coisa de quente e de doce que lhe amacie, lhe excite e lhe aumente a voluptuosidade e o gozo. O homem patriarcal se roça pela mulher macia, frágil, fingindo adorá-la, mas na verdade para sentir-se mais sexo forte, mais sexo nobre, mais sexo dominador.

Ainda sobre o lirismo amoroso dos românticos, leia-se o que escreveu Mário de Andrade em *O Aleijadinho e Álvares de Azevedo*, R. A. Editora, Rio de Janeiro, 1935, 2ª parte. Aí estuda o poeta paulista o tema que chamou do amor e medo, mostrando aliás que, salvo em Álvares de Azevedo, ele era "mais assunto poético que realmente sentido". No fundo, a mesma coisa que observou Gilberto Freyre: o sexo "forte" fingindo-se medroso para melhor dominar o sexo "fraco". Fingimento bem transparente em Casimiro.

Autocrítica

O Ministro Gustavo Capanema deixará assinalado por duas obras o centenário do nosso romantismo: esta antologia e a edição crítica, já no prelo, dos *Suspiros poéticos*, confiada ao professor Sousa da Silveira.

Não se pode negar a boa vontade com que o sr. Manuel Bandeira procurou desempenhar-se da tarefa que lhe foi cometida. Vê-se que se esforçou por recorrer às melhores fontes, cotejou edições, assinalou variantes etc... Todavia, quem ler com aten-

Ensaios literários

ção o seu trabalho, facilmente descobrirá não pequeno número de descuidos e enganos, alguns bem graves. Assim, citando a obra de Mário de Andrade *O Aleijadinho* e *Álvares de Azevedo*, dá-a como editada pela R. A. Editora, São Paulo. Ora, aquelas duas iniciais pertencem à *Revista Acadêmica*, que se edita no Rio. À página 222 anota sobre o soneto "Luz entre sombras" de Machado de Assis: "Este soneto não foi incluído pelo autor nas *Poesias completas*, edição Garnier". Como não foi?

A edição que possuo é de 1902, e creio que foi a única. Pois lá está, à página 88, o soneto das *Falenas*. Na poesia "Oito anos", de Casimiro de Abreu, falta o quinto verso da quarta estrofe: "Em vez das mágoas de agora". Na nota à página 299 lê-se: "Don'Ana, filha de um rico comerciante português, estabelecido havia muito no Maranhão, Domingos Ferreira do Vale, era irmão do Visconde do Desterro, e veio a ser tio de Teixeira Mendes".

Isto está uma embrulhada. Don'Ana era irmã do Visconde e veio a ser tia de Teixeira Mendes. A nota foi redigida certo por Onestaldo de Pennafort, mas o sr. Manuel Bandeira não reviu com devido cuidado o texto do seu amigo. Sei que o sr. Manuel Bandeira anda dizendo por aí que teve um trabalho danado com esta antologia, e que a reviu mil e vinte e quatro vezes. Pois então devia tê-la revisto mil e vinte e cinco.

Certas exclusões não me parece que estejam suficientemente justificadas. O poema "*Terribilis dea*", apesar dos seus defeitos, marcou a sua geração e merecia, por isso, figurar nesta coletânea. Marcou tanto que inspirou a Castro Alves uma réplica famosa – a "Deusa incruenta".

Parece-me que o sr. Manuel Bandeira deveria ter obedecido a um critério mais objetivo na organização da sua antologia. Fez uma obra talvez demasiadamente pessoal, deixando-se levar pelas suas preferências.

Manuel Bandeira

Prefácio da *Antologia dos poetas brasileiros da fase parnasiana**

A reação contra o romantismo remonta entre nós aos últimos anos da década de 60. A chamada "escola coimbrã", a publicação da *Visão dos tempos* e das *Tempestades sonoras*, de Teófilo Braga (1864), e das *Odes modernas,* de Antero de Quental (1865), tiveram aqui o seu eco em poemas onde era manifesta a intenção de fugir às sentimentalidades do lirismo puramente amoroso. A partir de 70, a reação procura organizar-se doutrinariamente na poesia científica ou filosófica de Sílvio Romero, Martins Júnior, Aníbal Falcão, Prado Sampaio e outros. Logo depois, ao lado dessa corrente, surgida ao norte, em Pernambuco, aparecia ao sul, em São Paulo e no Rio, outra que se pretendia sobretudo realista. Até o momento de se firmar definitivamente o prestígio de mestres, de Alberto de Oliveira com os *Sonetos e poemas* (1886), de Raimundo Correia com os *Versos e versões* (1887) e de Olavo Bilac com as *Poesias* (1888), "realismo" é a palavra de combate mais comum na boca da nova geração, para a qual o romantismo já era um mundo morto.

Em 78 se trava pelas colunas do *Diário do Rio de Janeiro* a "Batalha do Parnaso". Não se entenda aqui "Parnaso" como sinônimo de parnasianismo. A batalha chamou-se do Parnaso porque os golpes se desfechavam em versos (quase sempre incorretos, na gramática e na metrificação, segundo os cânones parnasianos posteriores). Esse termo "parnasiano" não aparece

---

* 3ª edição. Biblioteca Popular Brasileira, vol. XXVIII. Departamento de Imprensa Nacional, Rio de Janeiro, 1951.

no artigo "A nova geração", publicado em 79 por Machado de Assis na *Revista Brasileira*; não aparece nem nos prefácios nem nas críticas senão pelos meados da década de 80. Tive o cuidado de rastreá-lo nas revistas e jornais do tempo, e fui encontrá-lo pela primeira vez numa nota crítica de Alfredo de Sousa sobre um livro de versos de Francisco Lins. "Os românticos", dizia o crítico poeta, "não suportam os parnasianos porque não os entendem. Coitados! pensam que alma humana é só o sentimento e a lágrima, e não falam, porque não ouvem com certeza, da música, da rima, da harmonia do metro, da variação das vogais, da escolha dos vocábulos, de tudo enfim que seria longo dizer e que, dando ao verso som, forma, movimento, cor, vida real mais que humana, cria essa coisa inefável e sublime que se chama – *Poesia*" (*A Semana*, 6 de fevereiro de 1886). Essa data de 86 marca, com a publicação dos *Sonetos e poemas*, de Alberto de Oliveira, a cristalização do movimento antirromântico em moldes chamados parnasianos porque os seus orientadores vitoriosos se reclamavam dos parnasianos franceses. Até então não se falava de parnasianismo: falava-se sempre e muito era de "realismo", "Nova ideia", "ciência", "poesia social".

Algumas transcrições da "Batalha do Parnaso" darão ideia do espírito do movimento em 78:

A GUERRA DO PARNASO

A poesia de hoje, a que chamam realista,
Uma causa defende – a causa da Justiça,
E no seu combater arvora uma conquista
– É a do direito, sempre impávida na liça.
A poesia de ontem de Abreus e de Varelas,
Coberta com o véu do triste idealismo,
Só fazem-nos do amor as mórbidas querelas
Sem olhar que a nação caminha prum abismo.
....

Prefácio da *Antologia dos poetas brasileiros da fase parnasiana*

> O moderno ideal por sol tem as ciências
> Que as sendas lh'iluminam;
> O velho só tem flor, extratos e essências,
> Passarinhos que trinam...
>
> ....
>
> E' tempo de caírdes, romantismo,
> Insosso, frio, lívido lirismo,
> Aos do passado imensos boqueirões;
> Levantai-vos, Fontoura e Azevedo,
> Lins, Patrocínio, sem mostrardes medo,
> Para acabar os líricos chorões.

Assim escrevia, muito pouco parnasianamente, Arnaldo Colombo no nº de 16 de maio do *Diário do Rio de Janeiro*. No dia seguinte era Valentim Magalhães que zurzia o romantismo em nome da Ideia Nova. Em 12 de maio um poeta que se escondia sob o pseudônimo de "Seis Estrelas do Cruzeiro" derramava-se nesta versalhada:

> Eu tenho horror à musa amante das Ofélias
> À musa que inspirava o *moço* do Farani.
> À musa almiscarada, à musa Frangippane,
> De cabeleira solta e faces de camélias.
> Não posso suportar o terno romantismo,
> A estrofe miudinha, o perfumoso ritmo;
> Prefiro procurar um gordo logaritmo
> A ler depois do chá uns trapos de lirismo.
>
> ....
>
> Se não tenho na estante a triste *Nebulosa*,
> Às *Falenas* do Assis...
>
> ....
>
> Bardos, vinde, chegai de ambos os polos
> Que nós do realismo – os da moderna ideia
> Havemos de, à luz da esplêndida epopeia,
> Encher os nossos colos.

Os ataques eram às vezes ferinos. Assim, este assinado "Erckmann-
-Chatrian", no nº de 13 de maio:

> Viveis desse *ideal* nevrálgico de Onã,
> Nós desse amor febril e lúbrico de Pã,
> – Sonhais a Virgem Santa, e nós Marion Delorme!

O mesmo escárnio se repete no nº de 18 do mesmo mês, numa sátira intitulada "Romântica":

> Não pode ainda casar
> Com sua pálida Elvira;
> Pois se ele não tem que dar!
> Se vive de tocar lira!...

De Artur Barreiros, no nº de 15 de maio:

> .... O velho romantismo
> Entende inda viver à luz do realismo...
> O romantismo é isto: uns astros invisíveis,
> Uns anjos ideais... a divindade em Cristo...
> Como falavam os românticos?

Em 8 de maio escrevia "Três Estrelas do Cruzeiro":[1]

> Poetas da Pauliceia,
> A musa da Nova Ideia
> Tem tomado surra feia,
>   Que praga!
> Se lhe não trazeis auxílio:

---

1   Nota do Coordenador: Os dois pseudônimos – "Seis Estrelas do Cruzeiro" e "Três Estrelas do Cruzeiro" – de fato aparecem nas respectivas datas (8 e 12 de maio de 1878, *Diário do Rio de Janeiro*) informadas por Bandeira neste prefácio.

Prefácio da *Antologia dos poetas brasileiros da fase parnasiana*

> A escola que fez *Basílio*
> E que baniu o idílio
>   Naufraga.

"Flor de Lis" verseja em 11 do mesmo mês:

> Em vão, ó Musa suavíssima!
> As lufadas do realismo
> Tentam lançar sobre o abismo
> Os teus ideais em flor!
> ....
> Dizem-te anêmica e histérica,
> Pífia, vil, sensaborona,
> Que és a musa da sanfona
> Das reles canções de amor.

Artur de Oliveira, que de volta de Paris, onde frequentou os mestres parnasianos, exerceu enorme fascinação sobre as rodas literárias, para as quais foi sem dúvida o revelador da corrente já dominante em França: Teófilo Dias, Artur Azevedo, Fontoura Xavier, Valentim Magalhães e Alberto de Oliveira tomaram parte na "Batalha do Parnaso", o último sob os pseudônimos de "Lírio Branco" e "Atta Troll", segundo declarou em entrevista concedida a Prudente de Morais Neto (*Terra Roxa e Outras Terras,* nº de setembro de 1926). Alberto de Oliveira enganou-se nessa entrevista quando datou a "Batalha do Parnaso" de 1880 a 1882. As influências da escola coimbrã, a que nos referimos atrás, foram confessadas pelo poeta fluminense, a par da influência do naturalismo, "cujo verdadeiro introdutor no Brasil" foi o campineiro Tomás Alves Filho, que também formou na "Batalha do Parnaso" sob o pseudônimo de "Hop Frog", e das *Miniaturas*, de Gonçalves Crespo.

Em "A nova geração" Machado de Assis estuda a poesia de Carvalho Júnior, Teófilo Dias, Afonso Celso, Fontoura Xavier, Valentim Magalhães, Alberto de Oliveira, Mariano de Oliveira, Sílvio Romero, Lúcio de Mendonça, Francisco de Castro, Ezequiel Freire, Artur Azevedo e Múcio Teixeira, e, embora reconhecendo haver na geração "uma inclinação nova nos espíritos, um sentimento diverso do dos primeiros e segundos românticos", afirma não discernir "uma feição assaz característica e definitiva no movimento poético". Uma crença comum a todos esses novos: o romantismo era coisa morta. Como disse Machado de Assis, "esta geração não se quer dar ao trabalho de prolongar o ocaso de um dia que verdadeiramente acabou". E o mestre dava-lhes razão: "Eles abriram os olhos ao som de um lirismo pessoal, que, salvas as exceções, era a mais enervadora música possível, a mais trivial e chocha. A poesia subjetiva chegara efetivamente aos derradeiros limites da convenção, descera ao brinco pueril, a uma enfiada de cousas piegas e vulgares". Seu atilado senso crítico soube, no entanto, distinguir o "cheiro a puro leite romântico" que havia nos poetas que em 79 combatiam a grande moribunda que os gerara.

Na *Revista de Ciências e Letras*, de São Paulo, dirigida pelos acadêmicos de Direito Raimundo Correia, Alexandre Coelho, Randolfo Fabrino e Augusto de Lima, escrevia este último em 11 de agosto de 1880: "Aquela geração pujante de poetas românticos" (falava de Goethe, Byron, Lamartine, Mickiewicz, Victor Hugo, Schiller, Oehlenschläger) "desaparecera sem descendência. A poesia foi-se pouco e pouco degenerando num sentimentalismo exagerado, que não tardou em tornar-se piegas e balofo..." E a essa poesia dessorada opunha o articulista "os *Poemas filosóficos* de Louise Ackermann, a *Epopeia terrestre* de Lefèvre, as *Obras* gigantescas de Leconte de Lisle e as *Odes modernas* de Antero de Quental".

Em 1881, Alberto de Oliveira ainda fazia versos como estes, que apareceram na *Gazetinha* de 1º de fevereiro:

> Tens vinte anos, talvez;
> Mas pelo encarnado lindo
> De rosa que vai-se abrindo,
> Não dão-te mais do que dez.

As *Fanfarras,* de Teófilo Dias, surgiram em 1882, e com esse livro o movimento antirromântico começa a se definir no espírito e na forma dos parnasianos franceses, já esboçados em alguns sonetos de Carvalho Júnior,

Prefácio da *Antologia dos poetas brasileiros da fase parnasiana*

falecido em 79. Machado de Assis, criticando as *Fanfarras* pela revista *A Esta*ção, nº de 15 de junho de 82, assinala a influência de Baudelaire, mas a palavra "parnasiano" não aparece ainda. Na *Gazetinha* de 24-25 de abril, U. (provavelmente Urbano Duarte) julga os novos versos de Teófilo Dias inspirados em Hugo, Leconte de Lisle, Baudelaire, Banville, Coppée, Musset e Junqueiro.

Nesse ano de 82 é na *Gazetinha* que vamos encontrar uma como continuação da "Batalha do Parnaso".

Morto! morto! desgraça! é morto o Romantismo!

exclama em alexandrinos o sr. Tomás Delfino no nº de 11 de janeiro.

No nº de 20-21 de fevereiro Raimundo Correia publica o soneto "No sarau do conde...", incluído neste volume, e no qual se fala de um certo Barreto, bardo romântico, que talvez seja o poeta dos *Voos icários*, Rosendo Moniz Barreto, pois no nº de 4 de março vem uma longa "Epístola ao bardo Moniz", do mesmo Raimundo Correia, toda em redondilhas esdrúxulas:

Larga essa lira caquética!
Ouve! e desculpa esta epístola!
Ó professor de dialética!
Larga essa lira caquética!
Por que antes não curas hética,
Pústula, escrófula e fístula?
Larga essa lira caquética!
Ouve! e desculpa esta epístola!

Nesse momento os românticos mais visados pelos partidários da Ideia Nova são Rosendo Moniz e Melo Morais Filho. Deste último diz Silvestre de Lima no nº de 3-4 de fevereiro da *Gazetinha*: "Seus sentimentos fracos são incompatíveis com a alma moderna, ávida de impressões violentas e de expansibilidades nervosas". No nº de 12 de março L. Gonzaga Duque Estrada fala em realismo atacando Rosendo Moniz.

Nesse longo evolver da Ideia Nova para as formas parnasianas o primeiro marco importante foi, como já dissemos, as *Fanfarras*, de Teófilo Dias. O segundo e o terceiro são as *Meridionais* (1883) e os *Sonetos e poemas* (1886), de Alberto de Oliveira. O quarto são os *Versos e versões* (1887), de Raimundo Correia. Bilac, que nessa época tem vinte e dois anos, escreve sobre o livro de Raimundo em *A Semana* de 20 de agosto de 87: "Raimundo Correia com os *Versos e versões* e Alberto de Oliveira com os *Sonetos e poemas* marcaram definitivamente a nova fase da poesia brasileira e assinalaram a direção que de hoje em diante será seguida por todos os poetas que se lhes sucederem. São dois parnasianos os reformadores..."

Mas é o próprio Bilac que completa em 1888, com a publicação de suas *Poesias*, o triunfo assinalado naquelas suas palavras. Alberto de Oliveira e Raimundo Correia haviam pecado abundantemente contra o rigor parnasiano nos seus primeiros livros: Machado de Assis assinalou-o nos seus prefácios e notas críticas, e é muito provável que na correção gramatical que passou a distinguir os três grandes parnasianos tenha entrado muito a influência de Machado de Assis, gramaticalmente correto desde a sua estreia com as *Crisálidas*.

As *Poesias* de Bilac lograram enorme êxito. Era a vitória da nova técnica, praticada aqui sem uns tantos excessos de rigidez formal (termos peregrinos, *enjambements* e inversões) que apareciam com frequência nos novos poemas de Alberto de Oliveira. Se a primeira parte, "Panóplias", traía na "Profissão de fé" e nos longos poemas descritivos a influência dos parnasianos franceses, a segunda e a terceira, "Via-Láctea" e "Sarças de fogo", revelavam outra fonte de lirismo mais próximo e aparentado ao nosso: a dos grandes mestres portugueses. Em especial Bocage. Pode-se dizer que Bilac e Raimundo Correia, se quebraram o fio romântico da nossa poesia, foi integrando-a no velho lirismo português que vem desde os cancioneiros.

Em 8 de outubro de 88, R. (talvez Raimundo Correia) escreve na *Gazeta de Notícias*: "Olavo Bilac não é um parnasiano, embora pareça dizê-lo a 'Profissão de fé' com que abre o volume: 'Invejo o ourives quando escrevo...'. Tem a forma fácil e a inspiração ardente, traços que o removem para longe da escola dos *Émaux et camées*. Seria até um atrasado, se houvesse

Prefácio da *Antologia dos poetas brasileiros da fase parnasiana*

datas para o talento, porque, como não tem a impassibilidade parnasiana, não tem do mesmo modo a tortura da concepção que caracteriza os modernos sentimentalistas franceses."

Pelo jornal *Novidades*, n<u>o</u> de 10 de outubro, M. A. (decerto Machado de Assis) classifica o poeta entre os parnasianos: "é um parnasiano e parnasiano de uma definida espécie: a sua ambição consiste em exprimir o pensamento por uma forma correta e elegante. A harmonia fica no segundo plano. A correção domina essencialmente. É-lhe preciso o termo justo, a palavra adequada e precisa, que diga perfeita, mas unicamente, o que há de ser dito. Este é o esquema do seu *processus*."

"Parnasiano incontestável", escreve também Araripe Júnior no n<u>o</u> de 18 de outubro do mesmo jornal. "Ao asiático do Romantismo, ele, como todos os seus companheiros de armas, substitui o ático do Realismo..."

A etiqueta de "parnasiano" suscitou controvérsias desde os primeiros momentos, não só aqui como também em França. Os poetas que chamamos parnasianos não se ajustam ao conceito de impassibilidade com que se definiu o vocábulo. O que eles combatiam, era, como disse Leconte de Lisle no discurso de recepção na Academia Francesa, "o uso profissional e imoderado das lágrimas", que "ofende o pudor dos sentimentos mais sagrados".

Como caracterizar a poesia dos nossos parnasianos? Será fácil discerni-la nos poemas escritos em alexandrino. Mas nos outros metros tradicionais na língua portuguesa, e sobretudo nos decassílabos, o que separa um parnasiano de um romântico aproxima-o dos clássicos. Quanto ao fundo mesmo a diferença dos parnasianos em relação aos românticos está na ausência não do sentimentalismo, que sentimentalismo, entendido como afetação de sentimento, também existiu nos parnasianos, mas de uma certa meiguice dengosa e chorona, bem brasileira aliás, e tão indiscretamente sensível no lirismo amoroso dos românticos. Esse tom desapareceu completamente nos parnasianos, cedendo lugar a uma concepção mais realista das relações entre os dois sexos. O lirismo amoroso dos parnasianos foi de resto condicionado pelas transformações sociais. Com a extinção da escravidão, acabou-se também em breve o tipo da "sinhá", que era a musa inspiradora do lirismo romântico, e a moça brasileira foi perdendo rapida-

Ensaios literários

mente as características adquiridas em três séculos e meio de civilização patriarcal. Nas imagens também os parnasianos se impuseram uma rígida disciplina de sobriedade, de contiguidade. Repugnava-lhes a aproximação de termos muito distantes, assim como toda expressão de sentido vagamente encantatório, elementos que encontramos na poesia de Luiz Delfino e B. Lopes, os quais, a despeito de sua métrica parnasiana, escandalizavam um pouco, pela presença daqueles elementos, o gosto um tanto estreito de Alberto de Oliveira, Bilac e Raimundo Correia e seus discípulos e epígonos. O hermetismo de um Mallarmé era de todo impenetrável e inaceitável para eles. Em 88 lia-se em *Novidades,* jornal dirigido por Alcindo Guanabara: "Os senhores sabem o que vem a ser a escola decadente na poesia atual da França?" Seguia-se a transcrição do soneto *"Le tombeau d'Edgard Poe"*, comentado depois nestes termos: "se entre os leitores deste soneto houver quem goste de decifrar enigmas, receberemos com muito gosto a significação dessas palavras que aí ficam numa língua que já não é, ou que ainda não é a bela língua de Racine".

Quanto à forma, doutrinaram e praticaram os mestres parnasianos o mesmo ideal de clareza sintática, de conformismo às gramáticas portuguesas. Essa concepção simplista do idioma levou Bilac a alterar, numa conferência pronunciada na Academia Brasileira, um verso de Gonçalves Dias.

> Possas tu, descendente maldito
> De uma tribo de nobres guerreiros,
> Implorando cruéis forasteiros,
> Seres presa de vis aimorés.

Bilac, julgando errado o "possas tu... seres", emendou o último verso para "Ser o pasto de vis aimorés". (*Conferências literárias,* 2ª edição, Livraria Francisco Alves, Rio de Janeiro, 1930, página 12.)

A métrica dos parnasianos, jamais infiel à sinalefa (nunca disseram "a água", "o ar", contando o artigo como sílaba métrica a exemplo de Camões, que desse hiato tirou muita vez grande efeito) e praticando quase sistematicamente a sinérese, ganhou em firmeza, perdendo em fluidez. Foi

Prefácio da *Antologia dos poetas brasileiros da fase parnasiana*

esse processo que deu à poesia parnasiana aquele caráter escultural, censurado por Lúcio de Mendonça nos versos dos *Sonetos e poemas*, de Alberto de Oliveira, quando escreveu em *A Semana* de 13 de fevereiro de 86: "A poesia impassível é a redução da mais rica e poderosa das belas-artes às condições de uma das mais pobres – a estatuária". Nesse ponto pode-se dizer que Raimundo Correia e Vicente de Carvalho foram muito mais artistas que Alberto de Oliveira e Bilac. A métrica daqueles, com ser igualmente precisa, é muito mais rica e sutil, muito mais musical do que a destes. Usaram ambos do hiato interior com fino gosto. Lembrem-se do verso da "Ária noturna": "A toalha friíssima dos lagos...". Em notas no fim deste volume fazemos alguns comentários sobre a técnica dos octossílabos, dos decassílabos e dos alexandrinos nos mestres parnasianos. A estes, porém, não se deve fazer carga de certos defeitos que apareceram mais tarde nos discípulos e acarretaram o descrédito da escola, em especial da rima rica. Os nossos subparnasianos quiseram imitar a riqueza de rimas dos mestres franceses. Mas não havendo entre nós a tradição da rima com consoante de apoio (Goulart de Andrade tentou introduzi-la já no crepúsculo do parnasianismo), lançaram mão da rima rara. A rima rica francesa não implica o sacrifício da simplicidade vocabular: ela se pode obter com as palavras de uso comum. A rima rara portuguesa é quase sempre um desastre. Não há uma poesia sequer de Emílio de Menezes que não esteja irremediavelmente prejudicada por esse rico ornato de péssimo gosto.

Só incluímos nesta antologia os poetas nascidos até 1874, isto é, os poetas que começaram a versejar mais ou menos parnasianamente antes do advento do simbolismo (*Broquéis*, de Cruz e Sousa, 1893). A nossa intenção aqui foi fixar a fase realmente renovadora e criadora do Parnaso. Ao lado de Luiz Delfino e Machado de Assis, românticos passados a parnasianos, pusemos, a título de precursor, a figura de Carvalho Júnior, cujos poucos sonetos traem a influência de Baudelaire. Dele disse Machado de Assis que "era poeta de raça. Crus em demasia são os seus quadros; mas não é comum aquele vigor, não é vulgar aquele colorido", embora se mostrasse a sua poesia "sempre violenta, às vezes repulsiva, priapesca, sem interesse".

B. Lopes é classificado na *Pequena história da literatura brasileira,* de Ronald de Carvalho, entre os simbolistas. Pendemos mais para o juízo de Sílvio Romero, no estudo "A literatura", *Livro do centenário,* Imprensa Nacional, Rio de Janeiro, 1900, página 109: "De tudo evidencia-se não dever ser o lugar do poeta dos *Brasões* entre os simbolistas. É apenas transição para eles; seu posto mais exato deverá ser entre os parnasianos." As notas simbolistas são de fato escassas e superficiais em B. Lopes: a grande maioria dos seus poemas revelam indisfarçavelmente o gosto da perfeição formal parnasiana. Mas ele sabia fazer cantar os belos vocábulos num lirismo alumbrado, de que só foi capaz entre os parnasianos Raimundo Correia, e isso mesmo uma vez apenas, no "Plenilúnio". Isso, porém, tanto o aparenta, a ele e a Luiz Delfino, aos simbolistas, como a Castro Alves, o romântico daqueles versos:

> Vem, formosa mulher, camélia pálida
> Que banharam de pranto as alvoradas!

Vai decerto chocar muitos leitores o fato de incluirmos aqui o brasileiro naturalizado Filinto de Almeida e excluirmos o brasileiro nato Gonçalves Crespo. Tenho que este pertence literariamente ao movimento português, ao passo que aquele pertence ao nosso, onde combateu ombro a ombro com os renovadores da nossa poesia.

Difícil é alinhar os nomes dos poetas aqui aparecidos sob o signo parnasiano e por ele influenciados. Os livros da nossa história literária atestam a dificuldade da classificação. Basta dizer que José Veríssimo e Ronald de Carvalho não mencionam sequer o nome de Vicente de Carvalho, grave omissão, pois o poeta paulista merece ficar, e ficará ao lado de Alberto de Oliveira, Raimundo Correia e Bilac. Sílvio Romero, que o menciona apenas no *Livro do centenário,* omitiu-o na *Evolução da literatura brasileira,* que é de 1905. Por outro lado classifica o crítico sergipano a Afonso Celso entre os parnasianos, ao lado de Teófilo Dias, Raimundo Correia, Olavo Bilac, Alberto de Oliveira, Artur Azevedo, João Ribeiro, Adelino Fontoura, Guimaraens Passos, Rodrigo Octavio, Magalhães de Azeredo, Mário de Alencar,

Prefácio da *Antologia dos poetas brasileiros da fase parnasiana*

Luís Guimarães Filho, Paulo de Arruda e Osório Duque-Estrada, e dá como divergentes mais ou menos pronunciados do parnasianismo Luís Murat, Múcio Teixeira, Emílio de Menezes (sim, Emílio de Menezes!), Teotônio Freire, França Pereira, João Barreto de Menezes...

Lendo as revistas, jornais e almanaques do tempo (*A Semana, O Besouro, Revista de Ciências e Letras, A Vespa, A Estação, Revista Brasileira, A Gazetinha,* o *Diário do Rio de Janeiro,* a *Gazeta de Notícias,* o *Novidades,* o almanaque da *Gazeta de Notícias...*), encontramos os nomes de Silva Ramos, Jaime Sertório, Soares de Sousa Júnior, Bento Ernesto Júnior, Artur Lobo, Demóstenes de Olinda, Silva Tavares, Luís Rosa, Alcides Flávio, Temístocles Machado, Júlio César da Silva, Ulisses Sarmento, Antônio Sales, Damasceno Vieira, Virgílio Várzea, Ernesto Lodi, Artur Mendes, João Saraiva, João Andreia, Alfredo de Sousa, Henrique de Magalhães, Faria Neves Sobrinho, Narcisa Amália, Plácido Júnior, Paula Ney, Pardal Mallet, Brito Mendes, Zalina Rolim, Júlia Cortines, Gervásio Fioravanti, Lucindo Filho, Sabino Batista, Figueiredo Pimentel, Ramos Arantes, Paulo de Assis, Severiano de Resende, Vítor Silva, Xavier da Silveira Júnior, Oscar Maleagro, Alberto Silva, Castro Rebelo Júnior, Alfredo Leite, Artur Duarte, Leôncio Correia, Afonso Melo, Bernardo de Oliveira, Oscar Rosas, Carlos Coelho, Oliveira e Silva, Medeiros e Albuquerque, Alcindo Guanabara, Eduardo Ramos, Constâncio Alves, Emiliano Pernetta, Mário Pederneiras, Mário de Alencar... Alguns desses nomes vão figurar com brilho no movimento simbolista; outros se tornaram ilustres em outros domínios que não os da poesia. Haverá entre eles muita figura indecisa entre românticos e parnasianos.

A autoria das *Cartas chilenas*

Prova de estilo favorável a Gonzaga

Em seu trabalho "Critério objetivo para determinar a autoria e a cronologia na dramática espanhola" pondera Sylvanus Griswold Morley, muito acertadamente, que as impressões pessoais ou subjetivas são falíveis no problema de distinguir o produto de um espírito do de outro. O crítico há que apoiar-se em critério puramente objetivo. No caso de um produto poético como as *Cartas chilenas*, os elementos esclarecedores são fornecidos pela poética e pela linguagem: a poética, através do exame da estrofação, das rimas, da estrutura do verso com os seus fenômenos de sinérese, diérese, sinalefa, hiato, *enjambement*, distribuição de acentos etc.; a linguagem, mediante a análise das peculiaridades de vocabulário e de sintaxe.

Infelizmente a estrofação e as rimas faltam nas *Cartas*: a obra foi escrita em decassílabos brancos, tipo de verso muito raramente empregado por Gonzaga e Cláudio Manuel da Costa. O crítico só se pode socorrer da estrutura interna do decassílabo e suas relações com os versos afins. Aqui, por mais que apurasse a atenção e o ouvido, não pude assinalar diferenças sensíveis entre os dois poetas: ambos se valem de hiatos, sinéreses, *enjambements*, e não há ritmo das *Cartas* que não se encontre com maior ou menor frequência num e noutro. Apenas poder-se-á notar que o estribilho só é usado por Cláudio três vezes – na "Despedida de Fileno de Nize", na cantata "O pastor divino" e na cantata "Galateia" –, ao passo que abunda na obra de Gonzaga e três vezes também aparece nas *Cartas*, o que me parece muito característico, dada a natureza da obra, uma na Carta 8 ("Por que, meu Silverino? Por que largas,/ Por que mandas presentes, mais dinheiro?"), outra na Carta 11 ("Jelônio se mudou, Jelônio é outro"), e a terceira na Carta 12 ("Maldita sejas tu, pouca-vergonha,/ Que tanto influxo tens sobre este Leso!").

Mas no domínio da linguagem se sente o crítico mais favorecido pela cópia de material.

Em meu estudo comparativo, servi-me dos seguintes textos: para as *Cartas,* da edição de Luís Francisco da Veiga; para Gonzaga, da edição Sá da Costa; para Cláudio Manuel, da edição Garnier (1903).

Preliminarmente excluí de cotejo algumas produções da terceira parte de *Marília de Dirceu,* cuja autenticidade parece duvidosa. São elas: a Lira 3, a 10, a 27, a 28, sobre as quais o anotador da edição, o erudito crítico português, sr. Rodrigues Lapa, manifesta alguma dúvida, que me parece fundada, e as Liras 25 e 26, dois sonetos que aparecem como de Cláudio na edição Garnier. De fato me sabem a Cláudio não só esses dois sonetos, como o da Lira 16 e a Lira 27. Na lira 16 vejo a preposição "desde" com o sentido de ponto de origem, e a palavra "açucenas", frequentes em Cláudio e não encontradiças em toda a obra de Gonzaga; na lira 27, a expressão "do meu Jequitinhonha", que o sr. Rodrigues Lapa estranha em Gonzaga e que eu encontrei no canto VII do poema *Vila Rica,* de Cláudio (página 239, verso 7).

Isto posto, passo a expor os pontos que feriram a minha atenção e me confirmaram na crença de que as *Cartas* são efetivamente de Gonzaga.

1. Lê-se na Carta 1, página 37, v. 8-9:

> Inda que o vento, que d'alheta sopra,
> Lhes inche os soltos, desrinzados panos?

"Alheta" são "os dois madeiros curvos que formam a volta da popa da nau pela parte de fora" (Bluteau). "Rizes" são "ilhós em dois terços das velas de navio por onde havendo muito vento a encolhem, e fazem de menor altura" (Morais). De "rizes" se deriva "enrizar", e deste o antônimo "desenrizar", que os dicionários registram. Nos dicionários que consultei (Morais, Aulete, Constâncio, Viterbo, Cândido de Figueiredo, João de Deus, Simões da Fonseca, Séguier, Dicionário Enciclopédico, Dicionário Ilustrado de Almeida, Brunswick e Pastor) não se encontra a forma "desrinzar", nem mesmo "desrizar".

Abra-se agora a edição Sá da Costa da *Marília de Dirceu*, e à página 176, na terceira estrofe da lira 7 da Parte III, se verá que aparecem as duas expressões "soprar o vento de alheta" e "desrinzar-se":

> Verás ao deus Netuno sossegado,
> Aplainar c'o tridente as crespas ondas;
> Ficar como dormindo o mar salgado;
> Verás, verás *d'alheta*
> *Soprar o* brando *vento;*
> Mover-se o leme, *desrinzar-se* o linho...

As duas expressões não se encontram na obra de Cláudio.

2. Na Carta 11 serve-se Critilo da imagem da dormideira para pintar o sono:

> Estende (o sono) na Cidade as negras asas
> *Em cima dos viventes, espremendo*
> Viçosas *dormideiras.* (pág. 184).

A mesma imagem se nos depara em Gonzaga:

> *Em cima dos viventes* fatigados
> Morfeu as *dormideiras espremia.* (pág. 178).

Não aparece a imagem em Cláudio.

3. Num passo da Carta 11, página 195, alude Critilo à saia de Aquiles:

A autoria das *Cartas chilenas*

> Talvez, talvez não fosse tão formosa
> A mesma, que obrigou o forte Aquiles
> A que terno vestisse a mole saia.

Em *Marília de Dirceu* são duas as alusões ao famoso episódio do herói grego:

> Também o grande Aquiles veste a saia (pág. 23).
> Lá tens Aquiles ao lado,
> De uma saia disfarçado. (pág. 162).

Não se encontra a alusão em Cláudio.

4. Luiz Camilo de Oliveira fez, em *O Jornal* de 31 de dezembro de 1939, um cotejo entre alguns trechos das *Cartas* e um ofício de Gonzaga à rainha Dª Maria, mostrando que este compendia as irregularidades atribuídas ao governador Luís da Cunha Meneses e expostas e comentadas naquelas. Dos confrontos de Luís Camilo de Oliveira, cumpre destacar um em que as expressões são as mesmas:

No ofício: "... enfim, Senhora, ele *não tem outra Lei*, e razão, *mais que* o ditame de sua *vontade*".

Na Carta 9, página 163:

> ... um bruto Chefe,
> Que *não tem outra Lei mais que a vontade?*

5. Na Carta 6, página 122, falando das obras dos maus tiranos, alude Critilo à atrocidade de Mezêncio, rei de Agila:

> Mezêncio ajuntava os corpos vivos
> Aos corpos já corruptos...

Gonzaga, na "Congratulação com o povo português na aclamação de Dª Maria", alude ao mesmo fato, dizendo que entre os lusos não "houve um só Mezêncio, que mandasse/ Que ao morto o vivo corpo se ligasse" (página 213).

Não aparece a alusão em Cláudio.

6. Descrevendo o despertar de um sonho, escreve Critilo na Carta 6:

> ... *então acordo;*
> E vendo-me às escuras sobre a cama,
> *Conheço* que isto tudo foi um sonho. (pág. 113).

Duas vezes se serve Gonzaga das mesmas expressões para igual situação:

> *Acordo* com a bulha... Então *conheço*
>   Que estava aqui sonhando. (pág. 146).
> Vou a descer a escada, oh! céus, *acordo!*
> *Conheço* não estar no claro Tejo. (pág. 181).

Não ocorre a situação em Cláudio.

7. Pintando uma noiva no ato do casamento, acentua Critilo na Carta 11 o pejo que lhe enrubesce as faces:

> Ah! formosa Marília, agora, agora
> Se aumentam tuas graças; pois te aviva
> A cor da linda face um novo pejo! (pág. 196).

O mesmo faz Gonzaga na lira em que figura na imaginação a cerimônia do seu casamento com Marília:

> Pintam que entrando vou na grande igreja;
> Pintam que as mãos nos damos, e aqui vejo
> Subir-te à branca face a cor mimosa,
>   A viva cor do pejo. (pág. 145).

Não se depara tal pormenor em Cláudio.

8. A expressão "todos os três" aparece à página 192 das *Cartas*:

Que em *todos os três* banhos o dispensa.

Aparece em Gonzaga:

A *todas as três* vencera. (pág. 18).

O professor Sousa da Silveira, a quem li este meu trabalho, advertiu-me que não há perfeita similaridade entre os dois casos, pois num vem o substantivo declarado, e no outro não. É no último caso que se tornou de regra suprimir o artigo, o que dá tanto interesse ao exemplo de Gonzaga. Como quer que seja, a expressão não aparece em Cláudio, nem num nem no outro caso.

9. A expressão "restaurar o acordo" no sentido de "voltar a si do espanto, da admiração, do medo", aparece nas *Cartas* ("Ainda bem o *acordo não restauro*", pág. 43) e em Gonzaga ("Mal *o acordo restauro*", pág. 159). Não aparece em Cláudio.

10. Não se depara em Cláudio e é frequente nas *Cartas* e em Gonzaga o emprego de "mais" equivalente à copulativa "e".
Nas *Cartas*:

Outro despe a casaca, *mais* a veste (pág. 58).
A porta *mais* a rua deste Chefe (pág. 58).
Os homens, *mais* as feras (pág. 113).
Nos trate por incultos, *mais* ingratos (pág. 125).
Para dar-lhe o vestido, *mais* a capa (pág. 188).
Da raça dos suevos, *mais* dos godos (pág. 200).
Porém o bom Matúsio, *mais* seu amo (pág. 206).
Por que mandas presentes, *mais* dinheiro? (pág. 139).

As casas, os cativos, *mais* as roças (pág. 142).

Tu vences os pequenos, *mais* os grandes,

Tu vences os estultos, *mais* os sábios. (pág. 174).

Em Gonzaga:

Que fere os Cacos, que destronca as Hidras,

    Mais os leões, que abraça. (pág. 27).

As terras, *mais* os mares. (pág. 57).

Os voos, *mais* os passos. (pág. 58).

A modéstia, *mais* a graça. (pág. 77).

11. Os substantivos "verdade", "direito", "virtude" aparecem nas *Cartas* frequentemente qualificados pelo adjetivo "são".

Um exemplo de amor à *sã* virtude (pág. 61).

Quem ama a *sã* verdade, busca os meios (pág. 81).

E prezas, como eu prezo, a *sã* verdade (pág. 138).

Com as disposições do *são* direito (pág. 141).

Pois se isto nos faculta o *são* direito (pág. 173).

Não zela, Doroteu, a *sã* justiça (pág. 207).

Assim também em Gonzaga:

Ornam seu peito

As *sãs* virtudes (pág. 96).

Tu vences, Barbacena, aos mesmos Titos

Nas *sãs* virtudes (pág. 124).

A *sã* virtude, que enobrece os louros (pág. 205).

Não se depara tal aproximação em Cláudio.

12. Outra aproximação curiosa é a dos adjetivos "sábio" e "oculto", aplicados por Critilo ao seu incógnito ("Por *sábia, oculta* Musa em um

Poema!", pág. 192), e por Gonzaga à Providência ("A *sábia, oculta* mão da Providência", pág. 104). Não aparece em Cláudio.

13. Frequentemente deparamos nas *Cartas* com a incidente "que é mais" ou equivalentes, "que ainda é mais", "que vale":

> Sem botar, *que inda é mais,* abaixo um livro (pág. 60).
> Não se assenta, *que é mais,* a ilustre esposa (pág. 44).
> Produzem, *que inda é mais,* sem que os bons Chefes (pág. 133).
> E os dinheiros, *que é mais,* de estranhas partes (pág. 146).
> Tu vences, *que inda é mais,* as mesmas feras (pág. 174).
> E às pobres, *que é mais,* às pobres moças (pág. 203).

Exemplos colhidos em Gonzaga:

> Perdi, *que mais vale,*
> O bem de te ver. (pág. 147).
> Dou leis, *que é mais,* num coração divino. (pág. 149).
> Mas se existem separadas
> Dos inchados, roxos olhos,
> Estão, *que é mais,* retratadas (pág. 103).

A incidente não aparece em Cláudio, mesmo na forma atual "o que é mais".

14. O verbo "bacear", tornar baço, não foi usado por Cláudio. Critilo emprega-o à página 84 ("Amarela-se a cor, *baceia* a vista"), e Gonzaga à página 111 ("E a clara luz dos olhos se *baceia*"), ambos os exemplos referidos ao sentido da vista.

15. Lemos nas *Cartas* as expressões "chegar-se o dia", "chegar-se a noite", "chegarem-se as horas":

> *Chegou-se o dia* da funesta posse (pág. 45).
> *Chegam-se,* enfim *as horas* do festejo (pág. 114).

Chega-se finalmente *a tarde* alegre (pág. 123*)*.

Chegou-se, Doroteu, *a noite* alegre (pág. 203).

A expressão aparece também em Gonzaga:

Chegou-se o dia mais triste (pág. 182).

Não aparece em Cláudio.

16. A expressão "bom Dirceu", que vem nas *Cartas* (pág. 64), encontra-se três vezes em Gonzaga:

> Dança com esta
> *O bom Dirceu?* (pág. 46).
> Não as cantasse
> *O bom Dirceu.* (pág. 70).
> Já morto estava
> *O bom Dirceu.* (pág. 132).

17. Cinco vezes assinalei nas *Cartas* o vocábulo "Augusto" no sentido de soberano, rei:

> Ignora a Lei do Reino que numera
> Entre os direitos próprios dos *Augustos* (pág. 72).
> Só julgam que os decretos dos *Augustos* (pág. 96).
> Não quero, Doroteu, lembrar-me agora
> Das Leis do nosso *Augusto* (pág. 141).
>   Tu só queres
> Mostrar ao sábio *Augusto* (pág. 143).
> que a pessoa *do Augusto* representam (pág. 165).

Com igual acepção encontramos o vocábulo duas vezes em Gonzaga:

> Arrasa os edifícios dos *Augustos* (pág. 55).

E tanto pode ser herói o pobre,
Como o maior *Augusto.* (pág. 65).

Há um exemplo de Cláudio, não nas poesias, mas na dedicatória da écloga "Albano" (pág. 204).

18. Nas *Cartas* o vocábulo "congresso" é quatro vezes empregado no sentido de reunião de amigos, reunião de recreio em casa de família:

"E a exemplo destes o *congresso* todo" (isto é, todas as pessoas presentes à recepção de Fanfarrão Minésio em casa do antecessor no governo da Capitania), pág. 44;

"Todo o *congresso* se confunde e pasma" (isto é, todos os presentes à nova recepção em casa daquele antecessor); pág. 47;

Noutro tempo
Ninguém se retirava dos amigos
Sem que dissesse adeus: agora é moda
Sairmos dos *congressos* em segredo. (pág. 103)

"Que os membros do *congresso* são prudentes" (trata-se de um grupo de amigos que se reuniam ao cair da tarde em certa ponte de Vila Rica), pág. 181.

Em Gonzaga o vocábulo é usado na mesma acepção na Lira 12 da Segunda Parte:

Quando vires igualmente
Do caro Glauceste a choça,
Onde alegres se juntavam
Os poucos da escolha nossa,
Pondo os olhos na varanda
Tu dirás de mágoa cheia:
Todo o congresso ali anda,
Só o meu amado não. (pág. 102).

Cláudio só emprega a palavra uma vez, para designar uma assembleia de chefes, no poema *Vila Rica*, C. II, pág. 229.

19. A locução "pegar em" aparece nas *Cartas* ("*Pega na* pena, e desta sorte voa", pág. 64) e é também empregada três vezes por Gonzaga:

> *Pega na* lira (pág. 56).
> *Pega na* lira sonora (pág. 76).
> Suspiro, *pego no* pente (pág. 117).

Não aparece em Cláudio.

20. Por outro lado, não vemos uma só vez nas *Cartas* expressões que são verdadeiros chavões de Cláudio: "penha", "aleivosia" e "desde" indicando a relação de origem.

Assinalei 50 exemplares de "penha" na obra de Cláudio: *Obras*, vol. I, págs. 113 (duas vezes), 119, 131 (duas vezes), 132, 151 (duas vezes), 170, 171, 181 (duas vezes), 194, 200, 203, 210, 224, 235, 237, 240, 243, 248 (três vezes), 249 (duas vezes), 252, 261 (duas vezes), 296, 300, 308, 309, 389; vol. II, págs. 10, 14, 54 (duas vezes), 117, 129 (duas vezes), 191, 192, 193, 195, 218, 221, 223, 239, 241. A palavra não aparece em Gonzaga.

"Aleivosia", "aleivoso", que caberiam tão bem no assunto das *Cartas*, não aparecem nelas uma vez sequer, e no entanto, são frequentíssimas em Cláudio: *Obras*, vol. I, págs. 114, 122, 138, 141, 181 (duas vezes), 270, 300, 309, 320, 345; vol. II, págs. 52, 130, 201, 204, 225.

"Desde", na relação assinalada, aparece uma só vez em Gonzaga, num soneto sobre cuja autenticidade tenho as minhas dúvidas (Lira 16 da Terceira Parte):

> Ergue-te, ó pedra, *e desde* a margem fria (pág. 193).

Em Cláudio os exemplos abundam: *Obras*, vol. I, págs. 183, 191, 203 (duas vezes), 237, 299, 341; vol. II, págs. 10, 70, 71, 79, 80 (duas vezes), 217 (duas vezes), 218 (duas vezes), 222, 232, 234, 240, 243, 246, 252; no livro *O inconfidente Cláudio Manuel da Costa*, págs. 72, 78, 104 e 120.

O vocábulo "obséquio" só aparece duas vezes nas *Cartas*, às páginas 104 e 105. No entanto, "obséquio" e "obsequioso" são bordões de Cláudio: *Obras*, vol. I, páginas 107, 113, 172, 188, 198, 239 (duas vezes), 285, 320, 326, 334, 339; vol. II, páginas 16, 46, 58, 108, 128, 140, 141, 148, 257; em *O inconfidente Cláudio Manuel da Costa*, págs. 72, 78, 82, 101, 124. Uma de suas produções se intitula *O Parnaso obsequioso*. "Obséquio" só aparece duas vezes na obra de Gonzaga, às páginas 118 e 163.

21. Nas *Cartas* aparecem vários casos de infinito pessoal regido de adjetivo ou de outro verbo: "cansados de sofrerem" (pág. 158), "dignos de animarem" (página 183), "Vivem de darem" (pág. 109), "não te rias de veres" (pág. 109), "entravam a fazerem" (pág. 171), "carecem de mandarem" (pág. 178).

Em Gonzaga encontrei "és digno de cantares" (pág. 76) e "de o verem se pasmaram" (pág. 216). Em Cláudio assinalei o seguinte exemplo: "Foste tirana em renderes" (*Obras*, vol. I, pág. 135).

22. Há nas *Cartas* uma sintaxe de que não achei exemplo nem em Cláudio nem em Gonzaga: o verbo "haver" seguido diretamente de um infinito: "Haviam pôr os Céus tão grande caco" (pág. 42); "Havia praticar ação tão feia" (pág. 44); "a sua Esposa/ Não havia sentar-se com barbados" (pág. 110).

23. Em seu livro *O inconfidente Cláudio Manuel da Costa*, Rio de Janeiro, 1931, Caio de Melo Franco repete o argumento estilístico de Varnhagen em favor de Cláudio, a saber, que a repetição de um vocábulo no mesmo verso, frequente nas *Cartas*, "existe em todas as obras e em quase cada página" de Cláudio (pág. 190): "é também uma das características de Cláudio, notadas por Varnhagen e constante em quase todas as poesias do fundador da Colônia Ultramarina" (pág. 208).

De fato é vezo característico das *Cartas* repetir no mesmo verso ou de verso a verso um vocábulo ou locução, seguidamente ou pondo-lhe de permeio um vocativo, aposto ou incidente. Mas a leitura atenta da obra poética de Cláudio, se atesta a presença numerosa de tais repetições, não confirma a generalização de que elas "existem em todas as obras e em quase cada página"; de que elas são "constantes em quase todas as poesias" de Cláudio. O cotejo a que neste ponto submeti as *Cartas*, a obra de Cláudio e a de Gonzaga, resulta em percentagem favorável ao último, como passo a demonstrar.

Consideremos em primeiro lugar as *Cartas*, e alinhemos os exemplos nelas colhidos:

Respirai, respirai (pág. 23).

Roma, Roma (pág. 25).

Tu, Severo Catão, *tu repreendes* (pág. 29).

Critilo, o teu *Critilo* é quem te chama (pág. 35).

Que cousas, tu dirás, *que cousas* podes (pág. 35).

Também, prezado amigo, *também* gosto (pág. 36).

Acorda, Doroteu, *acorda, acorda* (pág. 36).

Ah! *tu,* Catão severo, *tu* que estranhas (pág. 39).

Então, então o Chefe (pág. 55).

Aonde, louco Chefe, *aonde* corres (pág. 56).

Ah! *tu,* meu Sancho Pança, *tu* que foste (pág. 60).

Não são, não são morgados (pág. 61).

Esta grande cadeia? *Não, não* sabes (pág. 68).

Assim, prezado amigo, *assim* devia (pág. 65).

... sim, *prepara,*

Prepara o branco lenço (pág. 73).

Maldito, Doroteu, *maldito* seja (pág. 77).

A carta, Doroteu, *a* longa *carta* (pág. 78).

Que peito, Doroteu, *que* duro *peito* (pág. 80).

... sim, *nós temos,*

Nós temos mil exemplos (pág. 80).

Muitos, muitos (pág. 80).

Ah tu, piedade santa, *agora, agora* (pág. 83).

... *aonde* um Nero,

Aonde os seus sequazes (pág. 83).

E nós, indigno Chefe, *e nós* veremos (pág. 92).

Não esperes, amigo, *não esperes* (pág. 93).

Um monstro, um monstro destes (pág. 98).

Que peito, Doroteu, *que peito* pode (pág. 98).

Não podem, Doroteu, *não podem* tanto (pág. 98).

Há dinheiro, senhores, *há dinheiro* (pág. 99).

Só tu, maroto Alberga, *só tu* podes (pág. 100).

Quando as amas lhe dizem: *cala, cala* (pág. 100).

O Bispo, o velho *Bispo* atrás caminha (pág. 102).

Mil cousas, Doroteu, *mil cousas* feias (pág. 110).

Recreia, Doroteu, *recreia* a vista (pág. 110).

A minha, a minha Nize (pág. 111).

Oh quanto, oh quanto é bela (pág. 111).

Não é, não é como ela tão formosa (pág. 111).

Esse teu tratamento *imita, imita* (pág. 112).

Aqui, prezado amigo, *aqui* não lutam (pág. 115).

... o novo *dia,*

O dia em que se correm bois e vacas (pág. 121).

Amigo Doroteu, *é tempo, é tempo* (pág. 121).

Indigno, indigno Chefe (pág. 122).

... *que ditosa,*

Que ditosa violência (pág. 123).

Maldito, Doroteu, *maldito* seja (pág. 128*).*

E como, louco Chefe, *e como* sabes (pág. 129).

Só tu... Porém, amigo, *é tempo, é tempo* (pág. 130).

Não são, não são fazendas (pág. 133).

Talvez, talvez que aflito (pág. 135).

Por que, por que razão o nosso Chefe (pág. 139).

Agora, Fanfarrão, *agora* falo (pág. 142).

Indigno, indigno Chefe (pág. 143).

Talvez, meu Doroteu, *talvez* que entendas (pág. 143).

Eu vou, prezado amigo, *eu vou* mostrar-te (pág. 144).

Agora, Doroteu, *agora* estava (pág. 148).

Castigou, castigou o meu descuido (pág. 149).

Ora, pois, Doroteu, *eu passo, eu passo* (pág. 149).

O meio, Doroteu, *o* forte *meio* (pág. 150).

Não há, não há distúrbio nesta terra (pág. 151).

Prudente Maximino, *não, não* mudes (pág. 153).

Aonde, aonde estão as diligências (pág. 154).

Quais são os teus serviços? *Quais*, Responde (pág. 154).

Mas *não, não* me respondas (pág. 154).

Se algum, se algum consente (pág. 155).

Também tu, digno Irmão, *também* cavalgas (pág. 155).

O santo amor das armas. *Muitos, muitos* (pág. 156).

Eu sei, eu sei, amigo, que alguns destes (pág. 158).

Estão, estão também nos Regimentos (pág. 159).

        ... de uns pastores,

De uns pastores, incultos (pág. 159).

Que império, Doroteu, *que império* pode (pág. 160).

Não quer, não quer o Chefe (pág. 161).

        ... que governo,

Que governo nos fazes? (pág. 164).

E tu, e tu trabalhas (pág. 164).

Maldito, Doroteu, *maldito* seja (pág. 165).

Suponho, Doroteu, *suponho* ainda (pág. 169).

Ah, pobre, ah pobre povo (pág. 174).

Qual é, qual é dos homens (pág. 174).

Aqui, meu bom amigo, *aqui* se pensam (pág. 180).

Aqui, aqui de tudo se murmura (pág. 181).

        ... só a casa,

A casa onde habita (pág. 184).

Lhe diz: *eu pago, eu pago* (pág. 185).

Tu já, tu já batucas (pág. 185).

Neste ponto *também, também* conhece (pág. 189).

Mas ah! meu doce amigo, *quanto, quanto* (pág. 194).

Talvez, talvez não fosse (pág. 195).

Aqui, aqui *só* entram as virtudes (pág. 195).

... sim, *são estas,*

São estas e não outras (pág. 196).

Ah! formosa Marília, *agora, agora* (pág. 196).

Ainda, ainda mais que o terno Adônis (pág. 197).

Murmuro, Doroteu, mas é *do dote,*

Do dote, sim, *do dote* (pág. 198).

São estes, Doroteu, os grandes cabos,

De quem a triste Pátria fiar deve

A sua salvação? *São estes?* (pág. 199).

Assim, assim também o teu Critilo (pág. 200).

... assopra *a chama,*

A chama ativa (pág. 200).

Então, amigo, *a quem? a quem?* (pág. 203).

E *às pobres,* que é mais, *às pobres* moças (pág. 204).

Eis aqui, eis aqui, amigo, como (pág. 205).

Comeu este dinheiro. *Longe, longe* (pág. 206).

Não pôs, não pôs, amigo (pág. 206).

Em torpe lupanário. *Não, não* sela (pág. 208).

Agora, agora sim, *agora* é tempo (pág. 209).

Devagar, devagar com essas cousas (pág. 209).

Ficar na mancebia? *Já, já* viste (pág. 210).

*Então, ent*ão o Chefe enfurecido (pág. 211).

Um velho professor, tão bem-aceito,

Um velho professor, além de sábio (pág. 212).

Ainda, caro amigo, *ainda* existem (pág. 213).

Ainda, ainda lemos que elegera (pág. 213).

Também, também sabemos que este sábio (pág. 213).

Mafoma, o vil *Mafoma* astuto segue (pág. 214).

Ao todo 106 casos de repetição em 3.899 versos (descontados os que se repetem em estribilho), ou seja, 2,7%.

Ensaios literários

Recolhamos agora os casos de repetição na obra de Cláudio. Tomemos o primeiro volume da edição Garnier.

Dos 86 sonetos em português, só em 11 se nos deparam exemplos. Em XI:

> *Veja*, para desculpa dos que choram,
> *Veja* à Eulina.

Em XIII:

> *Mostrai, mostrai*-me a sua formosura
> *Nize? Nize?* onde estás? *aonde? aonde?*

Em XXXI:

> *Vinde*, olhos belos, *vinde*

Em XLII:

> *Lize* presente vi, *Lize*, que um dia

Em XLV:

> *A cada instante*, Amor, *a cada instante*

Em LI:

> *Adeus*, Ídolo belo, *adeus*, querido

Em LXXI:

> Eu *cantei*, não o nego, em algum dia
> *Cantei* do ingrato Amor

Em LXXXII:

Vos contei... Mas *calai, calai* embora

Em XCVIII:

Temei, penhas, *temei*

Em XCIX:

Será *delírio! não, não é delírio*

Em C:

Musas, canoras *Musas*

No Epicédio I, que consta de 393 versos, assinalamos 8 casos de repetição:

Feliz, ó Portugal, *feliz* mil vezes (pág. 155).
Este das Minas, *este* o áureo hemisfério (pág. 157).
E *quem*, ó Céus! *quem* há que não presuma (pág. 161).
Tu, Vila Rica, *tu*, a mais saudosa (pág. 162).
O céu o chora, *o Céu* (pág. 162).
E *quem sabe* se lá no eterno seio,
Quem sabe (pág. 163).
Deva ao bálsamo, *deva* o benefício (pág. 164).
Não pode, excelso Herói, *não pode* esta ânsia (pág. 164).

No Epicédio II, que contém 134 versos, não há exemplo.
No Epicédio III, constante de 84 versos, aparece uma vez:

E em breve instante, oh dor! *em breve instante* (pág. 170).

No Romance, de 47 quadras, três casos:

> Mas *que muito,* Ministro inimitável,
> *Que muito* (pág. 177).
> ... *quanto,*
> *Quanto* ao destino (pág. 179).
> Ah! *cerre* embora,
> *Cerre* a porta o futuro (pág. 179).

Nenhum caso na "Fábula do Ribeirão do Carmo", composta de 198 versos.

Na Écloga I, em que os versos somam 404, encontram-se 5 exemplos:

> Ao longe *eu vejo,* espera, meu Montano,
> *Eu vejo* aparecer (pág. 193).
> *Cheguemos* desde agora,
> Cheguemos a encontrá-las (pág. 195).
> *Deixa,* Pastor amado, *deixa* o pranto (pág. 195).
> *Pronta* me hás de encontrar, *pronta* a servir-te (pág. 195).
> *Adeus,* Montano, *adeus* (pág. 200).

Nenhum caso na Écloga II, composta de 85 versos.
Na Écloga III, onde há 514 versos, deparamos 2 exemplos:

> *Não é este* o meu verso, *não é este* (pág. 218).
> *Feliz,* ó Portugal, *feliz* mil vezes (pág. 219).

Nenhum caso na Écloga IV, com 138 versos.
Na Écloga V, com 185 versos, dois casos:

> Eu vi, Alcino, *eu vi* que na mudança (pág. 230).
> Que *um voto* lhe consagre o Pastor pobre,
> *Um voto* que se escreva (pág. 233).

Nenhum caso na Écloga VI, que compreende 154 versos, nem na seguinte, com 130 versos.

Na Écloga VIII, composta de 49 versos, vê-se um exemplo:

Tudo, tudo ofereço (pág. 246).

Na Écloga IX, de 168 versos, aparecem três repetições:

Oh *não* a creias, *não* (pág. 250).
Tu só, tu só estragas com jactância (pág. 251).
Quanto, quanto a lembrança fatigada (pág. 252).

Nenhum caso na Écloga X, constante de 130 versos.
Na Écloga XI aparecem dois casos:

Será de minha dor, *será tão* forte (pág. 261).
Não verás, filho amado...
Adorado meu bem, caro Salício,
Não verás (pág. 266).

Na Écloga XII são em número de 9 os casos de repetição em 663 versos:

Quero morrer, Amigo, *arranca, arranca* (pág. 271).
Este meu coração: é *justo, é justo* (pág. 271).
Tu, dize, *tu,* mimosa (pág. 274).
Com quanta dor, *com quanta* (pág. 275).
Oh quanto me atormenta, Amor, *oh quanto* (pág. 279).
Não venho, amada, *não* (pág. 283).
Vai-te, inimigo, *vai* (pág. 283).
Terás, bela Amarílis, *terás* parte (pág. 285).
Sim, meu Frondélio, *sim* (pág. 285).

Na Écloga XIII há dois exemplos em 244 versos:

> *Não* chores, *não* (pág. 289).
> *Quem senão tu,* Algano, *quem* pudera
> *Senão tu* (pág. 290).

Nenhum caso na Écloga XIV, composta de 140 versos.
Na Écloga XV de 127 versos, um caso:

> *Adeus,* Belisa, *adeus* (pág. 304).

Na Écloga XVI, um exemplo em 158 versos:

> *Não* fiques, *não*, Marino (pág. 310).

Na Écloga XVII, um exemplo em 103 versos:

> Ah! *não*, Laurênio, não: *não* passa a tanto (pág. 314).

Na Écloga XVIII, um exemplo em 100 versos:

> *Nize? Nize?* Meu bem? (pág. 315).

Na Écloga XIX, um exemplo em 66 versos:

> *Quanto* te invejo, *quanto* (pág. 320).

Nenhum caso na Epístola I, composta de 78 versos.
Na Epístola II aparecem três casos em 66 versos:

> *É tudo* horror, *é tudo* (pág. 328).
> Que *tanto* pode, *tanto* (pág. 328).
> *Apressa, apressa* o passo (pág. 329).

Nenhum exemplo nas Epístolas III, IV, V e VI, respectivamente com 72, 102, 96 e 206 versos.

Passemos ao segundo volume.

Nenhum exemplo nos três romances "Lize", "Antandra" e "Alteia", respectivamente com 54, 20 e 56 versos.

No romance "Anarda", com 80 versos, aparecem dois casos de repetição:

> *Não o posso, não o posso* (pág. 12).
> *Assim,* cândidas ovelhas.
> *Assim* clamarei (pág. 14).

Em "À lira desprezo", com 72 versos, deparam-se-nos 3 repetições:

> *Que busco,* infausta Lira,
> *Que busco* no teu canto (pág. 15).
> *Tu foste* (eu não o nego).,
> *Tu fostes* em outra idade (pág. 15).
> Ah *quantas* vezes, *quantas* (pág. 16).

Dois exemplos também em "À lira palinódia", de 72 versos:

> *Não há de* a tanto excesso,
> *Não há de,* não, minha alma (pág. 20).
> Ah! *quantas* ânsias, *quantas* (pág. 20).

Em "Fileno a Nize", com 135 versos, 2 casos:

> *Quantas* memórias, *quantas* (pág. 24).

Na Cantata I, com 111 versos, 2 casos:

> *Onde,* Enigma adorado,
> *Onde* guias perplexo (pág. 45).

Vem, Pastor belo,
Vem a meus braços (pág. 48).

Na Cantata III, aparece um caso em 40 versos:

Vem, ó ninfa ditosa,
Vem, vem (pág. 51).

Nenhum caso na Cantata IV, de 26 versos.
Na Cantata V, de 23 versos, um exemplo:

Volta, volta a meu peito (pág. 53).

Na Cantata VI, com 72 versos, 2 casos:

Oh quanto, Lize, oh quanto (pág. 54).
Palemo? (lhe gritei) olha, Palemo (pág. 54).

Na Cantata VII, com 55 versos, 4 exemplares:

Onde, ó Nize divina,
Onde te encontrarei? (pág. 57).
Nize? Nize? suspiro (pág. 57).
Nize? Nize? Meu bem (pág. 57).
Quantas vezes, oh Céus, quantas (pág. 58).

Nenhum caso no "Epicédio à memória de Frei Gaspar da Encarnação", com 168 versos.
Na "Ode ao sepulcro de Alexandre", com 104 versos, um caso:

Ah não, não basta (pág. 70).

Nenhum caso na "Saudação à arcádia ultramarina", com 60 versos.

No "Canto heroico", com 240 versos, aparecem 5 exemplos:

Guerra, guerra publica o eco horrendo (pág. 75).
A glória ilustre, *a glória* vos inflama (pág. 76).
Antônio, o grande *Antônio* é quem segura (pág. 78).
Parte, valente Herói, *parte* (pág. 79).
Quem por teu benefício, *quem* gemia (pág. 81).

Nenhum caso na tradução de uma ode de Voltaire ao rei da Prússia, com 32 versos, nem na "Ode no atentado contra Pombal", com 80 versos, nem na écloga "Títiro e Melibeu", com 82 versos.

Na "Ode num aniversário", com 102 versos, um exemplo:

Amor, mísero *Amor* (pág. 99).

Em "Assunto lírico", composto de 91 versos, há dois casos:

Ali cheias de riso, *ali* gostosas (pág. 101).
Confessa, Amor, *confessa* com vaidade (pág. 102).

No "Canto épico", com 176 versos, um caso:

Farão chegar (ah mente o meu desejo:).
Farão chegar (pág. 106).

Na "Cantata epitalâmica", com 141 versos, deparam-se 4 exemplos:

Acode o Deus, *acode* (pág. 113).
De Andrada, oh Deus, *de Andrada* (pág. 114).
                    Tu és, ditoso Andrada,
Tu és (pág. 114).
E *o Céu, o* mesmo *Céu* (pág. 114).

Na "Ode no aniversário de um filho de D. Rodrigo José de Meneses", com 132 versos, um caso:

O Céu, o Céu (pág. 120).

Na "Fala a D. Antônio de Noronha", com 122 versos, um caso:

Não é vitória, *não* (pág. 122).

Na écloga "Saudade de Portugal e alegria de Minas", com 201 versos, aparecem 3 exemplos:

Quantas vezes, incríveis
Meus pesares, dizei, oh *vezes quantas* (pág. 129).
Levou o Fado ingrato,
Levou a estranho monte (pág. 129).
Contente em sua herdade,
Contente o povo todo (pág. 130).

Nenhum caso nos 12 sonetos.
Examinemos agora o poema *Vila Rica*.
No 1º Canto, com 204 versos, 3 exemplos:

Eu vi........
Eu vi (pág. 183).
Em vão se cansa,
Em vão o vosso rei (pág. 184).
Desde o vizinho monte, – *viva! viva!* (pág. 185).

No 2º Canto, com 268 versos, um caso:

Eu dos primeiros *fui, eu fui*, dizia (pág. 194).

Nenhum exemplo no 3º Canto, com 178 versos.

A autoria das *Cartas chilenas*

No 4º Canto, com 194 versos, dois exemplos:

> *Sobra* ao bom general, *sobra* a Rodrigo (pág. 204).
> *Não posso*, diz, *não posso* (pág. 205).

No 5º Canto, com 265 versos, 4 exemplos:

> *Eia*, europeus briosos, *eia*, amigos (pág. 210).
> *Torne*, *torne* de nós a ser lembrada (pág. 210).
> *Francisco*, o vil *Francisco* (pág. 210).
> Eu vos *conheço*, ó europeus, *conheço* (pág. 212).

No 6º Canto, com 272 versos, 5 casos:

> *São* estas, *são* as regiões benignas (pág. 215).
> Arzão é *este*, *é este*, o temerário (pág. 216).
> *Embora* vós, ninfas do Tejo, *embora* (pág. 216).
> Que *a dita*, *a* mesma *dita* (pág. 222).
> Ó *vós*, felizes, *vós* (pág. 223).

No 7º Canto, com 272 versos, 4 casos:

> *Apolo*, o ingrato *Apolo* (pág. 225).
>   *Onde* a meus ternos braços,
> *Onde* te escondes (pág. 225).
> *Não* é valente, *não* (pág. 227).
> *O pico*, *o* grande *pico* de Itamonte (pág. 229).

No 8º Canto, com 322 versos, um caso:

> *Não* é fábula, *não* (pág. 238).

No 9º Canto, com 458 versos, 3 casos:

> *Aquele* (e no primeiro se firmava)
> *Aquele* (pág. 243).

Ensaios literários

> *Tudo* aos meus olhos, *tudo* pôs notório (pág. 249).
> *Eu,* diz Argante, *eu* devo (pág. 251).

No 10º Canto, com 202 versos, um caso:

> *Viva* o senado! *viva!* repetia (pág. 262).

Procuremos agora os casos de repetição nas poesias contidas no livro *O inconfidente Cláudio Manuel da Costa*, de Caio de Melo Franco.

Em "O Parnaso obsequioso", que consta de 366 versos, aparecem 5 exemplos:

> E *a mim, a mim* envia (pág. 71).
> *O ferro* ameaçador, aquele *ferro* (pág. 74).
> *Tudo,* Musas, *é pouco,*
> *É tudo pouco* (pág. 76).
> *Esta grinalda, esta grinalda* tecem (pág. 82).
> *Não* tem o prado flor, *não,* que o mereça (pág. 82).

Nos nove sonetos só aparece um caso de repetição, e é no que vem à página 96:

> *As Armas* (uma Letra me responde).
> *As Armas* são do Pai.

Nenhum exemplo na Ode às páginas 99-102, composta de 84 versos, nem em "Licença", às páginas 122-124, com 48 versos.

Assim, pondo de parte o poema *Vila Rica*, trazem os dois volumes da edição Garnier e o livro de Caio de Melo Franco 170 produções, das quais só 48 contêm repetições características, ou seja, 20%. Aquelas 170 produções compreendem 10.067 versos (descontados os versos repetidos em estribilho e os em língua estrangeira), e nesses 10.067 versos as repetições são em número de 52, ou seja, 0,5%. No poema *Vila Rica* as repetições são em número de 24 em 2.635 versos, ou seja, 0,9%. Se somarmos os 2.635 versos de

Vila Rica aos das outras 170 produções, teremos um total de 12.717 versos, onde aparecem 76 casos de repetições, ou seja, 0,6%.

Recolhamos agora as repetições na obra de Gonzaga.

Primeira Parte:

Lira 1:

Graças, Marília, bela,
Graças à minha estrela! (estribilho).
É bom, minha Marília, é *bom* ser dono (pág. 2).
Ah! *não, não* fez o céu (pág. 3).
Acabe, acabe a peste (pág. 3).
Nossos corpos *terão, terão a* sorte (pág. 3).

Lira 7:

Vou retratar *a Marília*,
A Marília, meus amores (pág. 17).
Ah! *socorre*, Amor, *socorre* (estribilho).
Voa sobre os astros, *voa* (estribilho).
Entremos, Amor, *entremos* (pág. 18).

Lira 9:

Eu sou, gentil Marília, *eu sou* cativo (pág. 21).

Lira 11:

Não toques, minha Musa, *não, não toques* (pág. 26).
Eu já, eu já te sigo (pág. 27).

Lira 14:

Façamos, sim, *façamos*, doce amada (pág. 38).
A si, Marília, *a si* próprio rouba (pág. 38).

Lira 15:

> *Não é, não* (pág. 40).

Lira 16:

> Ah! que a tua Eulina *vale,*
> *Vale* um imenso tesouro (estribilho).
> *Perde, perde* o sofrimento (pág. 42).
> *Evita,* Glauceste, *evita* (pág. 42).

Lira 19:

> *Quando,* Marília, *quando* (pág. 50).

Lira 24:

> *Eu vejo, eu vejo* ser a formosura (pág. 59).
> *Só foi, só foi* Lucrécia (pág. 59).

Lira 27:

> *Ganhei, ganhei* um trono (pág. 65).
> *Eu vivo,* minha bela, *eu vivo* (pág. 66).

Lira 30:

> *Foi fácil,* ó mãe formosa.
> *Foi fácil* o engano meu (pág. 70).

Lira 31:

> Respeita *a mão,*
> *a mão* discreta (pág. 73).

A autoria das *Cartas chilenas*

Lira 32:

E *que importa,* Amor, *que importa* (pág. 75).

Lira 33:

Pega na lira sonora,
Pega, meu caro Glauceste (pág. 76).
Que concurso, meu Glauceste,
Que concurso tão ditoso (pág. 76).
Passa a outros dotes, *passa* (pág. 77).

Parte Segunda:

Lira 1:

Perder as úteis horas *não, não* devo (pág. 80).

Lira 2:

Não hás de ver, Marília, *o medo* escrito,
O medo perturbado (pág. 81).
Podem muito, conheço, *podem muito* (pág. 82).

Lira 4:

Já, já me vai, Marília (pág. 85).

Lira 5:

Corra o sábio piloto, *corra* e venha (pág. 86).
Ah! *não, não* tardes (pág. 87).

Lira 7:

> Ah! vem dar-mo *agora*,
> *Agora*, sim, que morro! (pág. 90).
> *Com menos*, meu Glauceste,
> *Com menos* me contento (pág. 90).
> *Eu sei, eu sei*, Glauceste (pág. 91).
> *Que mais, que mais* esperas? (pág. 91).

Lira 8:

> Ah! *não, não* sejas louco! (pág. 92).
> *Alegra, alegra* o rosto (pág. 93).
> *Basta*, Fortuna, *basta* (pág. 93).

Lira 11:

> *Padece*, ó minha bela, sim, *padece* (pág. 99).
> *Estou* no inferno, *estou*, Marília bela (pág. 100).

Lira 14:

> *Não é, não é* de herói (pág. 105).

Lira 17:

> *Inda*, Marília, *inda* diz teu nome. (pág. 112).

Lira 18:

> *Confia-te*, ó bela,
> *Confia-te* em Jove (pág. 114).

Lira 20:

> *Qual seria*, ó minha bela,
> *Qual seria* o teu pesar? (pág. 116).
> *Não tenho* valor, *não tenho* (pág. 116).
> Diz-me Cupido: – Já *basta*,
> *Já basta*, Dirceu, de pranto (pág. 117).

Lira 22:

> Mas ah! que *não treme*,
> *Não treme* de susto (estribilho).

Lira 23:

> *Não praguejes*, Marília, *não praguejes* (pág. 123).

Lira 24:

> Eu *vou*, Marília, *vou* brigar co'as feras! (pág. 124).
> *Aqui, aqui* a espero (pág. 124).

Lira 25:

> *Também*, Marília,
> *Também* consome (pág. 127).

Lira 28:

> Traze o negro licor, que tens *nos dentes*
> *Nos dentes* retorcidos (pág. 133).

Lira 29:

> *Já basta* – me diz – ó filho,

Já basta de sentimento (pág. 135).
Louva, louva a tua bela (pág. 135).

Lira 31:

Não é, *não*, ilusão o que te digo (pág. 138).

Lira 32:

Já, meu bem, *já* me parece (pág. 141).

Lira 33:

Não foi, digo, *não foi* a morte feia (pág. 142).
Venha o processo, *venha* (pág. 144).

Lira 35:

Virá, minha bela,
Virá uma idade (pág. 147).

Lira 36:

Esta mão, esta mão, que ré parece (pág. 148).
Ah! *não foi uma* vez, *não foi* só *uma* (pág. 148).
É certo, minha amada, sim, *é certo* (pág. 149).

Lira 37:

Ah! *não cantes* mais, *não cantes* (pág. 150).

Lira 38:

Aqui, aqui a deusa (pág. 154).
Aqui, aqui de todo (pág. 156).
Ah! *vai-te* – então lhe digo – *vai-te* embora (pág. 156).

A autoria das *Cartas chilenas*

Parte Terceira:

Lira 1:

> *O númen,* Dirceu, *o númen* (pág. 164).
> *Não é* como se acredita,
> *Não é* um númen tirano (pág. 164).
> Ah! *ensina,* sim, *ensina* (pág. 165).

Lira 5:

> *Graças,* ó Nize bela,
> *Graças* à minha estrela! (estribilho).

Lira 7:

> *Verás, verás* d'alheta (pág. 176).
> *Verás, verás,* Marília (pág. 176).
> *Não* trago, *não,* comigo (pág. 177).

Lira 8:

> *Eu vou, eu vou* subindo a nau possante (pág. 178).
> *Recreia,* sim, *recreia* (pág. 180).
> *Agora, agora* sim, *agora* espero (pág. 181).

Lira 13:

> *Enganei-me, enganei-me* – paciência! (pág. 191).

Lira 19:

> *Um ramo* nasce, *um ramo* que a memória (pág. 196).

Lira 20:

>Não, não vibreis o raio (pág. 197).

Lira 21:

>Adeus, cabana, adeus (pág. 197).

Deixo de tomar em conta as repetições das liras 9, 10, 17, 25, 27 e 28, porque essas composições são de autoria discutível.

Na "Congratulação":

>Não são, lusos, não são as falsas glórias (pág. 211).
>Eu não consulto, não, com falsos ritos (pág. 213).
>Não, não terias, Portugal (pág. 214).
>Ah! tais feitos não são, não são auspícios (pág. 215).
>Longe, longe, ó lusos, do meu peito (pág. 217).
>Longe, longe de mim! (pág. 217).
>Apesar, lusos, apesar do Fado (pág. 217).

A edição Sá da Costa das Liras de Gonzaga contém 100 poesias. Descontadas 6, sobre cuja autenticidade pairam dúvidas, são 94. Em 47 dessas produções aparecem as repetições, ou seja, 50%, contra 20% em Cláudio Manuel da Costa. São 91 casos de repetições em 4.385 versos (descontados os versos repetidos nos estribilhos e os das liras duvidosas), ou seja, 2%, contra 0,6% em Cláudio. A percentagem de Gonzaga está muito mais próxima da das Cartas, que é de 2,7.

24. Além desse argumento das repetições, que, como acabamos de ver, favorece mais a Gonzaga do que a Cláudio, apresenta Caio de Melo Franco em seu livro mais três argumentos de natureza estilística que lhe parecem corroborar a tese da autoria de Cláudio.

O primeiro são as adjetivações "brando" e "baixo" dadas ao substantivo "estrondo" nas Cartas, adjetivações que se lhe afiguram estranhas e que ele aproxima da adjetivação empregada por Cláudio no discurso "Para terminar a Academia": "Calaram-se as Musas; cessou de todo o *harmonioso estrondo* das vozes..."

Examinemos os dois casos das *Cartas*. À página 36, diz Critilo:

> É doce esse descanso, não to nego.
> Também, prezado Amigo, também gosto
> De estar amadornado, mal ouvindo
> Das águas despenhadas *brando estrondo*.

Estrondo é som forte, como afirma Caio de Melo Franco, citando Frei Domingos Vieira; mas o som forte das cachoeiras, de si grave e rouco, resulta pela sua continuidade em qualquer coisa de branda e *amadornante*. Das cachoeiras. Ora, Critilo não estava ao pé de nenhuma cachoeira: estava em casa, e as águas despenhadas seriam de chuva ou de alguma fonte do pátio. A adjetivação nada tem de estranha, e Gonzaga, em sua Lira 9 da Primeira Parte, diz assim:

> A fonte cristalina
> Que sobre as pedras cai de imensa altura.
> Não forma som tão doce, como forma
> A tua voz divina.

O segundo caso está à página 63 das *Cartas:*

> Rompem os ares colubrinas fachas
> De fogo devorante, e ao longe soa
> De compridos trovões o *baixo estrondo*.

Aqui também não me parece estranha a adjetivação: o som forte do trovão que reboa ao longe é baixo, soturno. Em música o som forte (intensidade) pode ser grave ou agudo (altura).

Quanto ao "harmonioso estrondo das vozes", está referido às peças literárias ouvidas na Academia, e "harmonioso" aqui tem o sentido de elegância de estilo, e "harmonioso estrondo" pode ser aplicado ao clímax da voz de um bom orador ou declamador.

O segundo argumento de Caio de Melo Franco são as imagens de progênie. Cláudio escreveu no *Parnaso obsequioso*:

> De uma águia não se cria
> A pomba humilde e pobre.

E Critilo, à página 45 das *Cartas*:

> Como as pombas, que geram fracas pombas,
> Como os tigres, que geram tigres bravos.

Mas ao tempo em que Caio de Melo Franco escreveu o seu livro, ainda não era conhecida a "Congratulação", que vem às páginas 211-218 da edição Sá da Costa. Nela diz Gonzaga:

> As águias geram águias generosas,
> Não feras nem serpentes horrorosas.

O terceiro argumento são as citações sucessivas de nomes patronímicos. Mas o característico das citações de Cláudio são as enfiadas de nomes que enchem até três versos:

> Em um Nuno, um Bermudes, um Fruela,
> Um Rodrigo, um Forjaz, Peres, Fernandes,
> Um Mendes, um Pauzona e outros Grandes
> (*Obras*, pág. 156, vol. I)

> Os Flávios, os Hermógenes, os Élios,
> Os Pérsios, os Papírios, os Mendonças,

Os Pêgas, os Macedos, os Pereiras.
(*Obras*, pág. 178, vol. I)

Vê os Pires, Camargos e Pedrosos,
Alvarengas, Godóis, Cabrais, Cardosos,
Lemos, Toledos, Pais, Guerras, Furtados
(*Obras*, pág. 216, vol. II)

Nas *Cartas* e em Gonzaga os nomes são dois, três, no máximo quatro. Na "Congratulação" Gonzaga fala nos "Titos e Trajanos" (pág. 213).

25. A Epístola que precede as *Cartas* pertence ao autor delas? Se as *Cartas* são de Gonzaga, a Epístola não será de Cláudio? Isto é outro problema, e difícil de resolver pela prova de estilo. Vejo nela uma característica de Gonzaga: o "mais" copulativo: "As fasces, as secures, *mais* as outras" (pág. 25). Mas vejo também "influi" contado como três sílabas ("Só nas obras *influi* destes monstros" (pág. 24), de que há exemplos em Cláudio ("*Influis* nos mortais a dura guerra", *Obras*, vol. II, pág. 75), não se encontrando esse ou outro caso semelhante em Gonzaga.

Discurso de posse na Academia Brasileira de Letras*

A comoção com que neste momento vos agradeço a honra de me ver admitido à Casa de Machado de Assis não se inspira somente na simpatia daqueles amigos que a meu favor souberam inclinar os vossos espíritos. Inspira-se também na esfera das sombras benignas, a cujo calor de imortalidade amadurece a vocação literária. A mim estimulava-me particularmente a lembrança de uma sombra familiar, a de meu tio Souza Bandeira, inteligência tão fina e discreta, falecido prematuramente quando realizava a melhor parte de sua obra, evocadora da vida do meu querido Recife nos fins do século passado; meu tio que, sentindo talvez o perigo dos preconceitos parnasianos que tanto seduziam a nossa adolescência, me aconselhava na dedicatória de um tratado de versificação: "A meu sobrinho, para que recorde apenas a técnica do verso, porque quanto à essência o melhor é pedir inspiração à sua própria alma". Conselho que segui sempre e a que devo o que porventura haja de menos mau em meus poemas. Estimulava-me a recordação do gênio tutelar desta Academia, o qual, entre outras advertências de sutil entendimento em matéria de poesia, chamara a minha atenção para a boa qualidade das rimas "ligadas ao assunto". Estimulava-me a lição, no Externato Pedro II, de alguns mestres que foram vossos confrades e dos mais eminentes: Silva Ramos, que me iniciou em versar como matéria viva e não antigualha didática a linguagem dos velhos clássicos portugueses; José

---

* Em 30 de novembro de 1940. A resposta deste discurso a pronunciou o sr. Ribeiro Couto.

Veríssimo, que me abriu os olhos para ver em nossos poetas românticos os de mais rico e sincero sentimento que já tivemos; Ramiz Galvão, meu primeiro professor de grego; João Ribeiro, com quem posso dizer que aprendi a discernir o verdadeiro conceito da tradição, que jamais foi incompatível com as aventuras fascinantes do espírito. O afeto presente dos amigos vivos, a saudade dos mestres desaparecidos são motivos que nos levam lisonjeiramente à indulgência para conosco. Só depois de eleitos começamos a sofrer o peso da responsabilidade que nos incumbe. Só então sentimos em cheio que esta é verdadeiramente a Casa de Machado de Assis, simbolizado no nome do autor de *Brás Cubas* o que ela representa de tradição gloriosa para o nosso povo. Não se trata de uma conclusão a que cheguemos por avaliação pessoal: ela se impõe aos eleitos diante das manifestações de regozijo e carinho com que os envolvem desde logo os seus parentes, os seus amigos, alguns perdidos de vista desde a infância, simples relações e numerosas simpatias que eles desconheciam. A opinião pública como que sente obscuramente o papel que a esta casa cumpre em nossa vida intelectual. A quem entra nesta companhia não pode tal movimento de confiança deixar de influir as mais severas razões de modéstia.

A essa responsabilidade de ordem geral se me acrescenta outra: a de pronunciar o elogio de um homem – o meu patrono –, a cuja nobreza de inteligência e de coração não se fez ainda toda a justiça. O cinquentenário de sua morte passou quase despercebido. No entanto, na hora atual, em que um sociólogo da clarividência de Gilberto Freyre denuncia com palavras cheias de apreensões o perigo que ameaça a velha cultura luso-brasileira, é de homens ardentes e combativos como Júlio Ribeiro que necessitamos, almas-procelárias com valor e coragem bastantes para enfrentar o tumulto das tempestades.

Da releitura atenta que fiz de suas obras saio envergonhado da minha fraqueza de poeta menor, capaz tão somente de reduzir a ritmos a pobre melancolia de suas emoções pessoais; saio também com o coração pesado das injustiças que envenenaram os dois últimos anos do romancista d'*A carne*. Ao escritor vibrátil e inovador, que tinha até o ridículo a paixão das ideias, não lhe reconheceram os contemporâneos senão a glória de gramático.

Grande gramático na verdade. Mas o gramático nunca repontou indiscretamente no escritor ou no homem. E o romancista foi justo consigo mesmo quando de sua pessoa falou indiretamente na famosa carta de sua personagem Lenita: "Júlio Ribeiro, um gramático que se pode parecer com tudo menos com um gramático: não usa simonte nem lenço de Alcobaça, nem *pince-nez*, nem sequer cartola. Gosta de porcelanas, de marfins, de bronzes artísticos, de moedas antigas. Tem, ao que me dizem, uma qualidade adorável, um verdadeiro título de benemerência – nunca fala, nunca disserta sobre cousas de gramática."

Glória de gramático não poderiam negar-lhe. Não foi gramático, como tantos outros gramáticos, para escrever mais uma gramática. Professor de sua língua, sentiu a necessidade de introduzir em nossos estudos linguísticos os métodos adotados pelos mestres alemães, ingleses e franceses. Não era desses caturras que se encastelam na gramática e depois se arriscam em incursões temerárias pela literatura. Não. Já tinha reputação firmada de jornalista intrépido e romancista de *Padre Belchior de Pontes* quando em 1881 deu a lume a sua *Gramática portuguesa*. Era o rompimento com a rotina gramatical dos Soteros dos Reis e dos Soares Barbosas. Desde 79, em artigos publicados no *Diário de Campinas*, se insurgia Júlio Ribeiro contra a gramática "concebida como uma disciplina árida, autoritária, dogmática, como uma instituição metafísica existente *a parte rei*, como uma *essência universal* do realismo escolástico". Gramática que tinha o desplante de acusar Camões de incorreto no verso "E folgarás de veres a polícia". A gramática, ensinava ele, "não faz leis e regras para a linguagem; expõe os fatos dela". Era o bom e novo conceito. Assim o sentiram os espíritos mais esclarecidos aqui e em Portugal. Teófilo Braga saudou o livro como o melhor do gênero em nosso idioma. Capistrano de Abreu exprimiu-se assim: "Não é só notável, é superior". Claro que o prosseguimento dos estudos da língua dentro dessa mesma orientação aberta por Júlio Ribeiro deveria tornar o seu livro de interesse sobretudo histórico nos dias de hoje. O próprio autor avançaria mais e nas *Cartas sertanejas* haveria de escrever que "o uso popular em matéria de linguagem é autoridade decisiva, *jus et norma loquendi*, quando a massa indouta e sensata do povo, em obediência inconsciente

Discurso de posse na Academia Brasileira de Letras

às leis da glótica, que afinal são leis fisiológicas, altera a forma das palavras matrizes". Quero crer fosse, pelo menos em parte, essa inconsciente obediência às leis da glótica que tenha suscitado as formas brasileiras de colocação dos pronomes oblíquos. Nesse ponto manteve-se Júlio Ribeiro, em sua gramática, adstrito ao sistema português. Mas desrespeitou-o muito brasileiramente já não falo em *Padre Belchior de Pontes*, que é de 76, mas n'*A carne*, onde se encontram construções como "que sente-se", "que dobram-se-lhe".

Mas, falando do patrono de minha cadeira, não quero insistir na questão gramatical, a que foi levado, penso eu, pelo seu amor das palavras, tão vivo nele quanto o das ideias. Tomava-as a todos os domínios da vida – aos vocabulários técnicos, ao linguajar do povo, aos idiomas estrangeiros, às novidades da moda. Valeu-se com abundância de brasileirismos: volta e meia se nos deparam em seus romances a "varanda" (sala de jantar), a "porunga", o "chalo", o "cambuto", a "bifada'", e "caraquento" (craquento), "desguaritado", "atabular", "esmurregar", "rostir" (esfregar) etc. Ao lado dessas formas brasileiras, não hesitava todavia em servir-se, e aqui com deslize do bom gosto, de expressões portuguesas pouco usadas, como "hispidar", "asir" (agarrar) e o medonho "adregar" (acontecer por acaso).

Esse amor das palavras, e mais o gosto da precisão, não lhe consentiam limitar-se nas suas descrições ao vago das expressões genéricas tão do hábito dos brasileiros.

O brasileiro nomeia a palmeira, a bananeira, a mangueira, e quase todas as outras espécies são para ele "árvore", ou, como no Norte, "pé de pau". Já anotara Agassiz: "*The Brazilians seem to remain in blissful ignorance of systematic nomenclature, to most of them all flowers are 'flores', all animals, from a fly up to a mule or an elephant, 'bichos'*".

Nas descrições, tantas vezes soberbas, de Júlio Ribeiro, as nossas essências florestais comparecem com os seus nomes e, caracterizando a paisagem, as suas fisionomias: "Perovas gigantescas de fronde escura e casca rugosa; jequitibás seculares, esparramando no azul do céu a expansão verde de suas copadas alegres; figueiras brancas de raízes chatas, protraídas, a estender ao longe, horizontalmente, os galhos desconformes,

Ensaios literários

como grandes membros aleijados; cachins de folhas espinhentas, a destilar pelas fibras do córtex vermelho-escuro um leite cáustico, venenoso; guarantãs esbeltos, lisos no tronco, muito elevados; tuiuvas claras; paus-de--alho verde-negros, viçosíssimos, fétidos; guaiapás perigosos, abrolhados em acúleos lancinantes e peçonhentos; mil lianas, mil trepadeiras, mil orquídeas diversas, de flores roxas, amarelas, azuis, escarlates, brancas..."

Enganaram-se aqueles que viram na *Gramática Portuguesa* o melhor fundamento da reputação de Júlio Ribeiro. A sua gramática envelheceu, superada entre nós pelos estudos de Said Ali, Mário Barreto, Sousa da Silveira, Antenor Nascentes, Clóvis Monteiro. O Júlio Ribeiro que vive ainda é o romancista de *Padre Belchior de Pontes* e d'*A carne,* o jornalista das *Cartas sertanejas* e d'*A Procelária.*

A carne teve em 1938 a sua décima quinta edição. Erram os que atribuem tal sobrevivência ao tema ousado, aos episódios escabrosos do livro. Não há nada disso em *Padre Belchior de Pontes*, e este foi ainda ultimamente reeditado pela quinta vez. Faz poucos anos também foram republicadas as suas *Cartas sertanejas* e impressos pela primeira vez em livro uma seleção de artigos d'*A procelária.* Estas duas últimas edições esgotaram-se logo e hoje não se encontra um exemplar delas nem nos alfarrabistas. A biblioteca da Academia não as possui, e para lê-las tive de ir à Biblioteca Nacional.

A verdade é esta: com todos os defeitos, que reconheço grandes, Júlio Ribeiro romancista é lido, quer dizer, vive, e *Padre Belchior de Pontes* e *A carne* estão definitivamente incorporados ao patrimônio da ficção brasileira.

Padre Belchior de Pontes. Sabemos todos pelo prefácio do autor que o prólogo do romance foi começado em Sorocaba, no ano 72 ou 73, "sem plano assente, sem seguir escola, sem pretensão de espécie alguma, só e só para encher o espaço de um periódico" cuja finalidade era a propaganda republicana. O prólogo foi tirado em volume, mas o autor queimou a edição de 150 exemplares, ressalvados apenas seis para memória. A continuação do livro apareceu em 76 e foi escrita, como confessa o romancista, "às furtadelas, em pouquíssimas horas, arrancadas quase às labutações duras da vida". Não lhe parecia "grande cousa". Parecia-lhe sim um romance essencialmente histórico, não obstante alguns anacronismos que

Discurso de posse na Academia Brasileira de Letras

achou necessários ao enredo, algumas ficções e uma ou outra personagem de imaginação. É ficção, e ficção sem fundamento nenhum na realidade, a profissão de fé protestante do Padre Belchior. Monstruosa falsificação da verdade histórica, sem dúvida, e que atinge também a verdade psicológica do romance. Porque ainda que se tratasse de um padre inventado e não do Padre Belchior, não se justifica a hipocrisia do sacerdote, hipocrisia por fraqueza, quando ele nos é apresentado como um santo, e portanto de coração limpo e vontade forte, apanágio de todos os santos. O Padre Belchior, tão verídico a ponto de por amor da verdade infringir uma vez, e foi a única, a lei jesuítica da obediência cega; tão bom que só pisava de manso a terra, por ele venerada como a mãe comum a que todos temos de voltar; o Padre Belchior que os índios de Embu chamavam respeitosamente Abaré Tupã (o Padre Santo); o Padre Belchior tido por toda a gente como taumaturgo e profeta, cuja férrea vontade se impunha os mais rudes tratamentos de cilícios e jejuns: o Padre Belchior aparece no romance degradado, simpaticamente na intenção do escritor, ao papel de um fantoche nas mãos dos seus superiores. Aqui o defeito do artista era fruto da paixão do homem. Católico de criação, a leitura da Bíblia fizera-o presbiteriano, como a razão mais tarde o faria ateu. Era protestante ao tempo de *Padre Belchior de Pontes*, e o protestante se sobrepôs ao romancista. Nisso e nas suas objurgatórias à Companhia de Jesus, cujo padre-geral ele conduz puerilmente às terras de Piratininga para a mesquinha tarefa de assanhar o ódio entre Pires e Camargos. Tudo isso não vale nada. O romance amoroso do padre é do pior romantismo e termina por uma cena bem ridícula. O verdadeiro romance, a que o suposto caso passional de Belchior de Pontes se acrescenta desequilibradamente como uma superfetação ociosa na estrutura artística, é o da expedição vingadora dos paulistas. Diz José Veríssimo, na sua *História da literatura brasileira*, que nada no livro nos dá a ilusão da época e do meio romanceado, antes pelo contrário. O julgamento me parece injusto. Júlio Ribeiro inspirou-se na leitura das crônicas de Pedro Taques, de Simão de Vasconcelos, de Frei Gaspar da Madre de Deus, de Machado de Oliveira e outros. Note-se aqui mais uma face da curiosidade intelectual do escritor. Hoje até virou moda ler esses velhos cronistas. Não era assim há setenta anos atrás. Quem cotejar com o romance a narrativa da expedição paulista feita pelo Padre Manuel da Fonseca em sua *Vida do venerável Belchior de Pontes*, verificará a verdade dos sucessos e do espírito do tempo. Os defeitos estão em pormenores, em certos diálogos por exemplo, com efeito despropositados, como assinalou Veríssimo.

Todavia o interesse do leitor é sempre sustentado pelo talento narrativo e descritivo do romancista. Este nunca lhe foi contestado. As descrições de Júlio Ribeiro já não são de romântico. Vede a precisão e sobriedade com que nos evoca o espetáculo da aurora:

> Um clarão tênue aparece no levante, alarga-se, invade o céu: suas tintas suaves passam por todas as gradações da morte-cor, purpurizam-se, animam-se... Segue-o um listão de ouro afogueado que flameja no horizonte como uma pincelada na tela: as estrelas empalidecem e somem-se, a treva dissipa-se, os grupos desfazem-se, as árvores se destacam, a folhagem verdeja...

E descrevendo o jaguar:

> Era uma massa fulva, betada de negro, aveludada, móvel, rojante, informe, sinistra; uma parte mostrava-se na claridade da luz; outra perdia-se no sombrio da lapa. Na extremidade visível havia dois olhos que olhavam.
>
> Quedou-se por um momento, escutou, observou.
>
> Depois, soltando um rugido que ecoou pelos montes como o ribombo do trovão, emergiu de um salto e caiu de pé, firmada em quatro valentes patas.
>
> Foi uma transfiguração: esse vulto que, cosido ao solo, era um montão indistinto, tornou-se, erecto, um soberbo animal.
>
> Largo de peito, delgado de vazio, robusto de jarretes, tremia de ferocidade e prazer, como se lhe percorrera os membros uma corrente voltaica.

Com as pupilas contraídas pela luz do sol, escancarando as fauces sangrentas, açoutava os ilhais com a longa cauda, e preparava-se para a luta.

Os paulistas reconheceram *a fêmea do jaguar.*

Sem dúvida, *Padre Belchior de Pontes* é ainda, sobretudo na sentimentalidade dos episódios amorosos do sacerdote e no idílio de Guiomar com Antônio Francisco, uma ruim novela romântica. Mas quando o seu autor adotou mais tarde os processos naturalistas de Zola, não o fez por indiscreto mimetismo, vassalo de novidades festejadas. Se os adotou, foi porque eles correspondiam à verdade profunda do seu temperamento sensual, franco, robusto, à sua inteligência ávida de ciência, ao seu estilo de expressão rude, objetiva, direta. Júlio Ribeiro era em *Padre Belchior de Pontes* um naturalista a que a atmosfera literária do tempo impusera a mentalidade romântica. O naturalista já se trai em centenas de breves anotações, como na cena do esfolar da presa, quando o cão, "repleto de carne, lambia por postres o focinho besuntado de sangueira", como nas passagens numerosas em que abusa dos termos técnicos de guerra, de física, de anatomia. Mais completamente no celebrado trecho em que narra a surra de bacalhau. Permiti que vos leia essa página, digna daquele a quem chamaria no prefácio d'*A carne, Tu duca, Tu signore, Tu maestro*:

A um sinal de Amador Bueno o flagelo desceu...

Ouviu-se um rechino tênue, e cinco betas furfuráceas desenharam-se longas na epiderme arroxeada das nádegas do condenado.

O miserável torceu-se como uma serpente ferida: um grito rouco, inarticulado, horripilante, indescritível rompeu-lhe do peito...

– Um! contaram os índios.

Alçou-se e caiu pela segunda vez o instrumento sinistro... a derme fendeu-se e brotaram, como rubis vivos, algumas gotas de sangue...

Nova contorção agitou os membros do desventurado: novo rugido atravessou-lhe por entre os dentes cerrados...

Os açoutes amiudaram-se...

– Dous! três! quatro! cinco! dez! trinta! cinquenta! foram os índios contando.

Já não era sobre pele que silvavam os látegos: era sobre uma chaga, sobre uma pasta amolecida, sorvada, sangrenta...

Troavam os uivos do supliciado; seus dentes batiam como em crescimento de sezões; de todos os poros manava-lhe o suor...

Os pulsos e os tornozelos tinham inchado e também sangravam: com os esforços violentos, com as contrações da dor as correias que os prendiam tinham penetrado nas carnes...

Quando sou o vocábulo duzentos, que anunciava estar cumprida a sentença, satisfeita a lei do deserto, terminado o asqueroso suplício, um dos índios ausentou-se e voltou dentro de pouco trazendo uma cuia com água de sal e uma navalha de barba.

Ajoelhando junto do padecente, que mal respirava, fez-lhe na chaga uma, duas, dez escarificações longitudinais com a navalha, depois, tomando a cuia, irrigou-as com salmoura...

Foi a dor tão pungente, o sofrimento tão atroz, tão incomportável a angústia, que o infeliz deu um estremeção e perdeu os sentidos...

Esta pena do bacalhau era ainda aplicada aos escravos no meado do século passado. Júlio Ribeiro assistiu a uma dessas execuções ignóbeis quando tinha dezenove anos, e a sua impressão de horror foi tão profunda que a descreveu duas vezes, em *Padre Belchior de Pontes* e n'*A carne*. Pois bem, cotejadas as duas versões, é a do primeiro romance que requinta em crueza naturalista. Na do segundo ajuntou apenas o pormenor dos gracejos impiedosos do caboclo executor. Na cena real presenciada pelo romancista esses gracejos da parte de alguns assistentes eram obscenos.

Senhores, bastam essas considerações para absolver Júlio Ribeiro da pecha que lhe lançou Veríssimo de ter seguido a corrente naturalista do romance "menos a caso de inspiração que por enlevo da novidade".

Discurso de posse na Academia Brasileira de Letras

Parece-me que foi o sucesso rumoroso d'*A carne* que provocou a severidade excessiva com que livro e autor passaram a ser julgados. Havia nas críticas alguns pontos acertados. Podia-se exigir de um escritor naturalista maior caracterização de uma fazenda que era uma empresa industrial de cana e de café. O romance fala de cana uma única vez, quando se narra – com grande sabor aliás – uma cena de moagem; ao café se alude de passagem, também uma só vez, a propósito de uma transação comercial. O mais são passeios, caçadas, episódios pitorescos como o do samba e o da iniciação pelo mandingueiro Joaquim Cambinda de um neófito na irmandade de S. Miguel das Almas. Tais episódios apresentam-se como que soltos na contextura do enredo. Outro defeito, e grave, assinalado no livro, grave tanto mais num naturalista, é a intervenção constante da personalidade do autor, com a sua exibição didática a propósito de tudo – de ciências naturais e físicas, de medicina, de porcelanas, de objetos artísticos, de cozinha, de espingardas. O desfecho trágico é introduzido por um rompimento de Lenita sem base na psicologia feminina, porque nenhuma mulher romperá com o amante, sem explicações, pelo simples fato de descobrir algumas relíquias de aventuras amorosas anteriores, completamente acabadas.

A crítica, porém, atacou o romance menos nessas suas falhas essenciais do que no que lhe pareceu, no tema e na maneira de o tratar, propósito deliberado de escândalo. O gosto do escândalo, se existiu foi no público, não no autor. Júlio Ribeiro pagou muito caro a glória relativa de ser o iniciador em nossa ficção daquela coragem de dizer quase tudo. Confundiram-no com os devassos, com o Bocage do sétimo volume. Barbosa e Lenita foram classificados por Alfredo Pujol como seres mesquinhos, sórdidos, infames, "que absolutamente não se conhecem na sociedade". Se dar-se uma mulher numa crise de histerismo ao homem que ela ama, ambos sem crença religiosa nem preconceitos sociais, mais ainda assim não sem resistência de muitos escrúpulos, é ato sórdido e infame, então eles são sórdidos e infames. A arte amatória de Barbosa parece-nos hoje bem ingênua comparada com a do amante de Lady Chatterley. Qual seria no assunto o conhecimento de Pujol, que chama a Barbosa repulsivo, porque "apesar de sua idade e da sua erudição – sim, da sua erudição, diz o crítico – é um devasso"? Esses devassos, esses sórdidos, esses infames, quando se tornaram conscientes do sentimento mútuo que os enleava, retraíram-se. Na véspera da partida de Barbosa para Santos, Lenita, ao jantar, mal lhe respondia às perguntas e contra o seu costume recolheu-se cedo. Barbosa, durante a noite insone, procedeu a um severo exame de consciência. Era quase um velho. Casar com Lenita não podia, era desquitado. Tomá-la por amante? Certo que não. Não tinha preconceitos, mas a sociedade estigmatizava o amor livre, o amor fora do casamento: força era aceitar o decreto antinatural da sociedade. Demais seu pai tivera o pai de Lenita em conta de filho; tinha a Lenita em conta de neta: um escândalo magoa profundamente, matá-lo-ia talvez. Não, aquilo tinha de acabar, havia de acabar. Por isso, ao escrever de Santos à moça, procura ser simplesmente afetuoso, dirige-se a ela chamando-a "Minha prezada companheira de estudos", dá à carta um tom objetivo e fala do noroeste santista – "um tufão dentro de um forno" –, da geologia da costa, do espetáculo pitoresco do cais, da descida da Serra do Cubatão e suas obras de engenharia. Tudo isso era natural, tudo isso estava naturalmente indicado como procedimento de homem honesto e prudente. Assim, pois, Veríssimo altera substancialmente os dados do romance quando nos *Estudos brasileiros* ridiculariza:

> Barbosa ausente de Lenita, quando acabava de fazer dela sua amante, e que amante! escreve-lhe, em vez de carta, embora tivesse disso a forma, um longo relatório sobre a geologia da região marítima da província, com uma descrição técnica da estrada de ferro de São Paulo a Santos, estudos de engenheiro e sábio.

Estranha inadvertência de um crítico sempre tão probo e cauteloso em seus estudos. Traição da memória que seria perdoável se se tratasse de um ensaio sobre o romance brasileiro em geral, mas bem grave na análise particular de três romances apenas.

Comentando o abandono de Lenita, escreveu Veríssimo: "Cai (Lenita) sem nenhum sentimento que lhe enobreça a queda. Não há luta entre a matéria que impõe e a vontade que resiste." Não é exato: luta houve, e havia em Lenita o sentimento do amor, que não se fundava na matéria – Barbosa era quase um velho, sem grandes atrativos físicos – mas nas qualidades intelectuais e morais do homem. Mas ainda que luta e sentimento não houvesse: diz Veríssimo que segundo os naturalistas o homem é como uma espécie de organismo físico inteiramente dominado por leis fisiológicas iniludíveis – não há resistir à carne; e acrescenta: "Como uma doença, como uma neurose, como na Magdá de *O homem*, será realmente assim, mas na integridade funcional da vida, com certeza não". De novo aqui o crítico esquece os dados fundamentais do romance: Lenita, turbada profundamente em sua sensibilidade pela perda do pai e em sua sexualidade pelo ambiente, novo para ela, da vida na fazenda, ao contato de uma natureza "cortada de relâmpagos sensuais" – magnífica expressão que Veríssimo considera falsa e sem relevo –, não era então um organismo em sua integridade funcional. Passava por uma crise de histeria, que chegou a lhe alterar o natural bondoso, provocando-lhe até sintomas de sadismo; beliscava as crioulinhas, picava com agulhas, feria com canivete os animais que lhe passavam ao alcance, e escondida assistiu num espasmo de prazer e como embriagada de volúpia à surra de bacalhau aplicada ao negro fujão.

Concedemos que os tipos de Barbosa e Lenita são o seu tanto ridículos na sua mania didática, mas tanto o de Barbosa como o de Lenita, salvo no rompimento, apresentam-se, em suas linhas gerais, perfeitamente coerentes e consistentes. Eram ridículas em seu esnobismo científico, o que não os torna menos verdadeiros como exemplares humanos, inventados à semelhança de seu criador. Lenita, sobretudo, exemplar de exceção, mas bem justificado: órfã de mãe, filha única, inteligente e aplicada, instruída pelo pai, que lhe transmitiu tudo que sabia e ainda lhe deu os melhores professores de todas as disciplinas. Nem Lenita, nem Barbosa tiveram a educação convencional dos descendentes de "honestos e laboriosos fazendeiros". Barbosa viajara longos anos na Europa, onde vivia, como um Fradique, interessado por tudo quanto era novidade nas ciências e nas artes. Como o próprio Júlio Ribeiro em São Paulo.

Em suma *A carne* está longe de ser, como sentenciou Veríssimo, "o parto monstruoso de um cérebro artisticamente enfermo". Mais justo foi

Ronald de Carvalho, que lhe reconheceu muitas qualidades apreciáveis e forte lirismo. É um romance defeituoso, mas que merecia ficar, e de fato ficou, ao lado de tantos outros romances, também defeituosos, do romantismo e do naturalismo.

À imprensa foi Júlio Ribeiro levado por motivo de ordem moral. "O homem", escreveu ele, "que sabe servir-se da pena, que pode publicar o que escreve e que não diz a seus compatriotas o que entende ser a verdade, deixa de cumprir um dever, comete o crime de covardia, é mau cidadão". Em matéria política a verdade para Júlio Ribeiro estava na forma republicana. Nascido em Sabará no ano de 45, criado nas montanhas agrestes de Pouso Alto, por ele decantadas num capítulo de *Padre Belchior de Pontes*, mas desde 65 integrado na vida paulista como um paulista de 400 anos, filho de republicano, neto de republicano com o nome de família (Vaughan) inscrito no livro de ouro dos fundadores da grande república norte-americana, Júlio Ribeiro, republicano desde que começou a pensar em política, associou-se logo de todo o coração aos pioneiros da propaganda republicana em São Paulo. Em Sorocaba arregimentou partido e por quase dois anos sustentou com grandes sacrifícios uma folha republicana, na qual desde o dia 25 de janeiro de 72 não se admitiram anúncios sobre escravos fugidos. Nessa folha, como depois n'*A Procelária*, revelou-se Júlio Ribeiro jornalista completo, pois não se limitava aos artigos de doutrinação política: ocupava-se um pouco de tudo. Vimos que o romance *Padre Belchior de Pontes* começou a ser escrito para encher espaço na folha de Sorocaba. N'*A Procelária* o jornalista tratava um dia da cerâmica oriental, outro das armas de fogo, outro ainda de um manuscrito inédito d'*O Hissope* que lhe fora parar às mãos. Este último estudo se reveste de grande interesse. Onde parará, aproveitado até hoje, esse manuscrito, que, segundo informava Júlio Ribeiro, além de ter nove cantos, apresentava, só no primeiro 202 versos a mais dos que vêm na edição Ramos Coelho, a mais completa?

O caráter reto, franco e corajoso de Júlio Ribeiro conduziu-o à polêmica com os seus companheiros de credo político quando estes enveredaram por caminho que ao romancista d'*A carne* se afigurava uma quebra do ideal republicano. Júlio Ribeiro foi um dos primeiros desiludidos não da

Discurso de posse na Academia Brasileira de Letras

República, mas dos republicanos paulistas. Atacou-os, como disse, "com um gozo forte e viril, gozo calmo de cirurgião impiedoso que, cruamente, imperturbavelmente corta por carnes gangrenosas, por ossos cariados, surdo aos gritos lastimosos do paciente, superior às injustiças inconexas arrancadas pela dor". A adesão dos chefes republicanos paulistas ao projeto Dantas pareceu-lhe "descarado oportunismo", o reconhecimento de Campos Sales e Prudente de Morais como deputados vitória de grupo, vitória eleitoral, não vitória política. Denunciou então no Partido Republicano Paulista a sua origem escravocrata. "Forçado", escreveu nas *Cartas sertanejas*, "a pronunciar-se sobre a questão servil, fê-lo dúbia, tortuosamente, procurando, de maromba em punho, afirmar em teoria e negar na prática, fingindo-se abolicionista e consagrando princípios negreiros, dando ares de ceder à imposição dos tempos e efetivamente resistindo à torrente".

O motivo do dissídio de Júlio Ribeiro estava em lhe faltar aquele dom de acomodação, de composição que tem distinguido as grandes vocações políticas no Brasil. Era um homem inteiriço, que timbrava em não transigir, em não fazer a mínima concessão. Pretendia dirigir-se unicamente pela razão: condenava o abolicionismo ditado por considerações de ordem sentimental, pelo que chamava "filonegrismo ridículo": a abolição para ele era uma imposição dos fatos, uma necessidade social, golpe imprescindível, que aproveitaria muito ao preto, mas que aproveitava infinitamente mais ao branco. "Se é justo", escreveu, "que o escravo se liberte do senhor, é necessário, absolutamente necessário, que as classes livres se libertem do escravo". A abolição imediata poderia ser um mal para a economia de grandes zonas do país; não o seria, e não o foi para São Paulo. Era o que importava a Júlio Ribeiro, decididamente partidário da separação da província.

Rude franqueza, mas sempre bem-intencionada, foi a principal característica de Júlio Ribeiro em toda a sua vida e de que encontramos exemplos no trato cotidiano do homem com os seus amigos. Assim no episódio com Quintino Bocaiúva, contado por Medeiros e Albuquerque em suas *Memórias*. Assim com Valentim Magalhães, que, tendo publicado um artigo sobre filologia, perguntou muito fagueiro ao gramático: – "Que tal, mestre?". Ao que o mestre respondeu desabrido: – "Tudo errado! Tudo bobagem! Escreva a sua literaturazinha, mas não se meta a discutir o que ignora inteiramente: filologia." Assim por ocasião de ser apresentado por Júlio Mesquita a Ramalho Ortigão na redação d'*A Província de São Paulo*. – "Apresento o mestre do português no Brasil ao mestre do português em Portugal", disse Júlio de Mesquita. E o nosso Júlio Ribeiro, secamente: – "Nenhum dos dois é mestre".

Foi assim verídico, intransigente e bravo até o momento de morrer, ao cabo de uma vida de lutas de toda a sorte – contra a saúde precária, contra as dificuldades materiais, contra o que lhe parecia preconceitos religiosos, sociais e literários, repelindo com dignidade em carta à imprensa o auxílio pecuniário que a favor dele promoviam amigos e admiradores, recusando-se à reconciliação com o Padre Sena Freitas, que o tentava converter à hora da agonia. Morreu, segundo o depoimento de sua viúva e do médico assistente, fiel ao materialismo que foi sempre, depois que se tornou incrédulo, a sua filosofia: "a minha filosofia, a pedra de escândalo em que se esmigalharam as minhas crenças", como escrevera numa das *Cartas sertanejas*.

Áspero patrono devia parecer esse homem incomodado e lutador aos vossos confrades que me precederam nesta cadeira. Ambos reagiram diante da vida bem diferentemente do romancista d'*A carne* – Garcia Redondo por uma espécie de humorismo bonachão, Luís Guimarães Filho pela aceitação religiosa. O primeiro desejaria como patrono o poeta delicado dos *Noturnos* e das *Miniaturas*; o segundo calou no seu discurso de recepção nesta casa o nome de Júlio Ribeiro, e depois de fazer o elogio do antecessor, passou a ocupar-se da figura do pai, que, este sim, foi o seu verdadeiro patrono, não só na carreira literária como na diplomática.

Luís Guimarães Júnior desapareceu quando o movimento parnasiano se impunha vitoriosamente sobre o estiolamento dos românticos. Ele próprio foi ainda um romântico, mas já temperado pela depuração da nova escola. Todavia os hábitos poéticos são de tal maneira tenazes, que até uma sensibilidade aguda como a de Fialho achou nos versos admiráveis dos *Sonetos e rimas* não sei que dinamizações do sentimento que o levaram a chamar o autor da "Visita à casa paterna" "um lírico da decadência, melhor: um parnasiano". Ao que o filho respondeu: "Não foi parnasiano nem romântico da Decadência: foi simplesmente um Poeta". Parece-me que estava com a razão. Disse Fialho: "Nem sempre nos versos dele a emoção resultará do sentimento afetivo acordado na alma pela ideia dramática do assunto, senão pela convergência de melodias exóticas que a linguagem lhe empresta, já pela rima, já pela estridorosa eufonia do adjetivo e do metro. É uma emoção que vai ao cérebro antes pelo ouvido que pelo coração." Tenho que, ao contrário, os versos de Luís Guimarães Júnior lhe vinham diretamente do coração, e mais ainda: pareciam ter passado pelo coração de toda a gente, sobretudo das criaturas humildes, adotando-lhes até os lugares-comuns do sentimento, a que ele sabia dar não sei que misteriosa ressonância, como por exemplo à expressão "flor mimosa" no famoso soneto "O esquife".

Luís Guimarães Filho, criado e educado em Portugal, não sofreu desde logo todo o peso das limitações parnasianas, a que os portugueses sempre foram um tanto avessos. Poeta desde os quinze anos, os livros que publicou ainda na sua fase de estudante em Coimbra, *Versos íntimos, Livro da minha alma, Idílios chineses, A aranha e a mosca* revelam todas as incertezas da adolescência. A sua verdadeira estreia foi em 1900, quando, tornado à pátria havia três anos, publicou o volume *Ave-Maria*. Assim o deveria sentir ele próprio, que nesta coleção reproduziu alguns poemas dos *Idílios chineses*, retocados aqui e ali para expungir os seus versos de hiatos, de rimas fáceis de particípios passados, de imprecisões ou redundâncias de linguagem. E uma nota melhor soa em alguns sonetos, como n'"O lago e as estrelas":

> Desliza o lago azul de frágua em frágua...
> E os astros dizem, loucos de inocência:
> – Por que motivo a justa Providência
> Fez o teu corpo simplesmente de água?
>
> Ah! Deus não quis que semelhante mágoa
> Nos apagasse a lúcida existência...
> Por isso fez-nos de imortal essência:
> De luz vivemos e tu vives de água! –

O lago escuta a multidão que zomba
Nas serenas paragens do lirismo,
E enfim responde ao luminoso coro:

– Mas quando a noite vagarosa tomba,
É no meu calmo e transparente abismo
Que vós vindes dormir, estrelas de ouro!

Por volta de 1900 foi o nosso meio literário sacudido pelas emoções de um romance que aqui chegava precedido de fama universal – o *Quo vadis*. A popularidade do livro entre nós perdura até hoje, atestada em numerosas Lígias e Vinicius que andam hoje pelos seus trinta anos, e ainda bem que entre tantos Vinicius um se conta em cuja poesia veio culminar o nome ilustre de Melo Morais. Luís Guimarães Filho, seduzido como toda a gente pela beleza trágica e plástica do episódio do circo, condensou-o numa sequência de quinze sonetos em alexandrinos. Era uma forma que o Poeta só praticara até então cinco vezes, no *Livro de minha alma*.

O soneto em alexandrinos é o reduto do parnasianismo. Só aí, creio, encontraremos alguma coisa de parecido com aquele manequim impassível inventado pelos que sentiam que "impassível" e "poeta" são termos incompossíveis. Coube aos mestres parnasianos começar a adaptação do alexandrino ao nosso idioma. Fizeram-no com uma certa rigidez, que lembra a dos primeiros decassílabos espanhóis de Boscán e portugueses de Sá de Miranda. E nesses alexandrinos é que Alberto de Oliveira, Bilac e Raimundo Correia assumiram atitude – atitude, não alma – impassível, atitude de escultura, ou antes, para introduzir na imagem algum frêmito humano, atitude de mulher bela duramente espartilhada em colete *droit devant*, como era de moda no tempo. Quanto ao soneto, foi ele a fôrma parnasiana por excelência. O soneto é que consagrava, que fixava na memória dos leitores o nome do poeta: Alberto de Oliveira era o poeta do "Vaso grego", Raimundo Correia o d'"As pombas", Bilac o de "Ouvir estrelas", Guimaraens Passos o d'"O lenço".

"Scorn not the Sonnet", disse Wordsworth num soneto também célebre. Nunca fui dos que moveram campanha contra o soneto, fatigados

Discurso de posse na Academia Brasileira de Letras

pelo abuso parnasiano dessa forma imortal, que se adapta em sua essência a todas as escolas, a todos os tempos, a todos os povos; que vemos atualmente um grande poeta – Augusto Frederico Schmidt – acomodar ao ritmo largo e sem rimas de sua livre poesia. Abuso menos condenável pela sua abundância do que pelo desvirtuamento da tradição petrarquista. Síntese harmoniosa da quadra, estrofe popular, e do terceto, estrofe culta, forma que lembra em suas duas quadras e seus dois tercetos a estrutura do coração humano com as suas duas aurículas e os seus dois ventrículos, o soneto é nos grandes modelos uma forma eminentemente subjetiva. Quental, que foi grande sonetista, chamava-lhe a forma lírica por excelência: "manto alvo e casto com que têm de se envolver, para ver o dia, aquelas partes mais pudicas, mais melindrosas, mais puras da alma". A transubstanciação do infinito do sentimento humano no finito desse pequeno organismo estrófico perfeito tem qualquer coisa de sobrenatural, como a encarnação do Verbo Divino. Tenho pois como uma deturpação da sua natureza fazer do soneto instrumento de narrativa de pintura e descrição. Não há um só soneto puramente descritivo entre os de Petrarca; nem entre os de Camões; nem entre os de Quental. Sei que os há, belíssimos, em Heredia e em nosso Raimundo Correia. Mas reparai como nos mais comoventes existe sempre no último verso uma espécie de evasão para o infinito. Nos de *Antonine et Cléopâtre*: "*Les deux enfants divins, le Désir et la Mort*"; "*Toute une mer immense où fuyaient les galères*". Em *Les conquérants*: "*Du fond de l'Océan des étoiles nouvelles*". E em Raimundo Correia traduzindo Heredia: "Todo o infinito céu sobre o infinito mar"; em "Fascinação": "A imensidade esplêndida que o cinge/ Vê-se ligarem-se mais imensidades"; em "Banzo": "E cresce n'alma o vulto/ De uma tristeza imensa, imensamente".

O abuso maior, porém, residiu em rebaixar o soneto ao valor de estrofe. Fritz Strich assinalou o caráter tão fechado do soneto, donde a sua inadaptabilidade para a repetição estrófica. O abuso é anterior aos parnasianos. O mesmo Wordsworth compôs em 137 sonetos toda uma *História da Igreja*. Não admira que entre nós um poeta pernambucano reduzisse a sonetos a guerra da expulsão dos holandeses, e Emílio de Menezes traduzisse também em sonetos "O corvo" de Poe.

Dentro do sistema parnasiano atingia Luís Guimarães Filho a sua melhor forma nesses sonetos, dos quais se pode destacar como mais representativo do conceito escultural da escola o de número XI:

Subitamente o circo emudeceu. Na arena
Passava-se um prodígio. Os augustais tremiam...
César mesmo se erguera... e os olhos se lhe abriam
Tornando assustadora a sua face obscena...

Nos peitos dos pagãos os corações tremiam
A arrebentar... Pudera a queda de uma pena
Ser ouvida no circo... Era espantosa a cena!
Era talvez um sonho o que os romanos viam!

O lígio segurava a fera pelos cornos...
O rosto, a nuca, o peito, os braços e os contornos
Dos ombros colossais de púrpura ficavam...

E numa rigidez de corpos absoluta
– Como um grupo de bronze – aos empuxões da luta
Num rouco resfolgar os bafos misturavam...

À nitidez meticulosa e como que mordente do ritmo, à raridade das rimas que, conforme se exprimiu, "balouçassem no remate de cada verso com a elegância com que se balouçam as flores na extremidade de cada ramo" chegaria Luís Guimarães Filho em seu livro seguinte – *As pedras preciosas*.

Quem ler em ordem cronológica toda a obra do meu antecessor verá que o tema da datilioteca veio cristalizando-se lentamente no espírito do Poeta. As pérolas, as safiras, as turquesas, os rubis, o jade, as esmeraldas já fornecem imagens aos versos dos *Idílios chineses*. No livro *Ave-Maria* as pedras entram a falar durante o sono de Ariana. E ouvimos brandamente, não acordasse a princesa com o estalo indiscreto das rimas ricas, a voz da ametista:

O meu brilho é macio como as flores:
As violetas, as malvas e os lilases
Têm a cor dos meus calmos esplendores...

A voz da esmeralda:

A minha cor palpita em mil lugares;
Arde nos falsos olhos de Dalila,
E nas viçosas plantas dos pomares...

A do topázio:

As claras gemas de Madagascar,
As minas de ouro, o brilho de Diana...
Tudo possui a minha luz solar!

A do brilhante, a da pérola, a da opala, a do rubi.

Mas é no volume das *Pedras preciosas* que as gemas luzem requinta-damente parnasianas na faiscação das rimas escolhidas a dedo para ofuscar os olhos e seduzir os ouvidos. Não há nesse livro uma rima pobre, um verso que não seja como que lapidado para coruscar em cada palavra como a pedra em cada faceta. Um cofre de imagens cintilantes: o rubi é sangue que a vista anima; o diamante, a lanterna da tribo Izácar; o olho-de-gato, a fluida pupila elétrica dos trovadores de quatro patas; a esmeralda, a joia ilusória das amizades; o topázio, o louro filho de uma gota de mel e de um raio de sol; a opala, um pedaço de céu destacado do arco-íris, um naufrágio de luz numa gota de leite; a pérola, fumo, névoa e luz... O Poeta sabia que todas essas pedras têm almas humanas:

Sois inconstantes como as pessoas,
Como as pessoas envelheceis!

Sabia ler-lhes nas pupilas frias. Conhecia-lhes todas as virtudes: a água-marinha, medicinal para a melancolia; a opala, governadora dos sexos; a santa ametista, joia católica, com a virtude tradicional de afugentar a embriaguez.

Se eu tivesse de escolher alguma gema entre tantas, daria preferência à de mais recôndito encanto, a hidrófana:

Em certa montanha existe
Uma pedra branca e triste
Que dentre as mais se destaca...
Deu-lhe a imortal Natureza
A extravagante beleza
De ser translúcida e opaca!

No enxuto rosto ninguém
Lhe enxerga as mágoas que tem
Como escondidas num cofre...
Logo se põe transparente
Para mostrar o que sofre!

Lindos olhos de Maria
Quando secos de alegria
Também opacos ficais...
Mas ai! se o pranto vos banha,
Como a joia da montanha
Transparentes vos tornais!

A coleção de *Pedras preciosas* não esgotou a imaginação do Poeta, que anos mais tarde haveria de voltar a celebrá-las em outro livro – *Os cantos de luz* –, aqui como que as confundindo todas no mesmo afeto para adoção da mesma estrofe e do mesmo ritmo embalador, o metro de nove sílabas. E a turquesa ganhou desta vez a mais bela imagem de quantas iluminam essas páginas, que são as melhores de Luís Guimarães Filho:

Celestes pedras de luz vazias,
Sois como os olhos azuis que a morte
Transforma em lindas turquesas frias...

Depois dos *Cantos de luz*, que são de 1919, Luís Guimarães Filho poeta só voltou a público em 1930, com a oração em verso a Santa Teresinha, na qual nada pede para si e pede tudo para o Brasil, não para um Brasil fechado em seu egoísmo, mas para um Brasil:

Que seja a terra-mãe da bem-aventurança!
Terra da caridade e terra da esperança,
Do imigrante sem teto e dos povos sem pão!
Terra do bom trabalho e do labor fecundo,
Capaz de abastecer e de nutrir o mundo,
Terra da Promissão!

Não creio, porém, que o Poeta tivesse emudecido. Havia anos vinha ele anunciando um livro a que dera o título de *Últimos poemas*. Certamente pertencia à coletânea o soneto que nesta casa foi recitado pelo vosso saudoso confrade Paulo Barreto. Esses versos mostram que a técnica de Luís Guimarães Filho se veio apurando sempre, dentro do sistema parnasiano:

Lembro-me ainda dessa esbelta e flava
Carícia de teus braços amorosos..
Por mais que evite o encanto os impiedosos
Perseguem sempre a minha carne escrava!

Eram suaves, cálidos, cheirosos
Como doces damascos!... eu beijava
Aquela morna pele que tentava
O paladar! Oh braços deliciosos,

Como esquecer as núpcias perturbantes,
Os longos desalentos delirantes
Que sem misericórdia vós me dáveis?

Ah! torna Vênus para o sacro Elêusis!
Fui condenado à morte pelos deuses,
E quero-a nos teus braços implacáveis!

Em 1901 iniciou Luís Guimarães Filho a sua carreira diplomática. A diplomacia deixara de ser uma arte, como notou Oliveira Lima, para ser uma profissão. O Poeta, porém, continuou a ver nela uma arte, não "aquela arte das formas polidas, feita de astúcia e estratagemas, onde o pensamento vive mascarado e onde a frivolidade, a futilidade, a gravidade protocolar e a compostura de mostra avultam". A diplomacia era para ele uma função harmonizadora e fecunda nascida do instinto de sociabilidade entre os povos. Onde quer que a exercesse, procurou sempre completá-la com a atividade literária, de que resultaram quatro livros – três publicados, *Samurais e mandarins*, *Holanda*, e *Fra Angélico*, outro ainda inédito, *Mala diplomática*.

Ao escrever as suas crônicas sobre o Japão tinha o Poeta em mente, como confessa, distrair as suas leitoras brasileiras falando dessas mil bagatelas, exóticas de nomes tão saborosos – charões e quimonos, óbis e tatâmis, hibáchis e inrôs; contando-lhes as velhas lendas do império dos Tocugauas; explicando-lhes os símbolos mais amáveis desse país referto de símbolos. Mas o livro saiu curiosamente instrutivo acerca da formidável nação imperialista de hoje. Na história dos 47 ronins, por exemplo. A Inglaterra carrega hoje a dura pensão da vitória obtida em 1855, quando esmagou a ferro e fogo a revolta dos valentes samurais que não queriam aceitar o fato consumado da abertura de porto de Cobe ao comércio internacional. O Japão ocidentalizou-se, industrializou-se. Guardou avaramente os seus caquemonos de Ocusai e Utamaro, as suas velhas porcelanas de Nabéssima, os seus marfins inimitáveis, e inundou o mundo dos bárbaros europeus com a sua arte de exportação. Armou-se até os dentes e começou a devorar muito ocidentalmente a China.

Foi para o Japão ainda pitoresco e poético das ameixeiras e das casas de papel, para o Japão morto dos inrôs de laca, das belas joias de jade que o diplomata-artista deu de preferência a sua atenção. O poeta dos *Cantos de luz* não podia esquecer as suas pedras amadas, e no capítulo "Um passeio em companhia da Senhora Neve" dedica-lhes ainda algumas páginas que formam uma nova datilioteca, a um tempo erudita e poética.

Na Holanda Luís Guimarães Filho viu sobretudo o país dos engenheiros, em perpétua vigilância contra o inimigo mar, afinal menos pérfido que os vizinhos famintos de espaço vital. Relede esse livro, senhores, nesta hora de tremendas provações para o heroico povo holandês, e saireis convencidos do seu futuro reerguimento. "O povo da Holanda", escreveu o nosso patrício, "jamais dobrou a cerviz às implacáveis sentenças do Destino. Mesmo nos mais trágicos momentos respondeu com a soberba de quem se não arreceia do adversário. Os golpes eram aparados e revidados. A igreja de Katwijk, por exemplo, foi duas vezes demolida e duas vezes reconstruída. Arrasava-a o mar, reedificavam-na os habitantes; arrasava-a de novo, de novo a levantavam. E cada vez mais longe da praia, até ficar onde hoje a vedes, ao abrigo de qualquer inundação! Essa capacidade de resistência devem-na os holandeses à fleuma com que assistem às mais espantosas catástrofes e à tenacidade com que se dispõem a remediar infortúnios que parecem irremediáveis."

Mas como errava o diplomata ao imaginar que as tribunas de Haia e de Genebra eram as atalaias da segurança dos povos e representavam a maior vitória da guerra de 1914!

Há uma nota constante nos dois livros de impressões de viagem do Poeta: o amor e saudade da pátria.

"Longe da Pátria, Deus meu, como tudo isso" (falava de suas recordações brasileiras) "parece formoso. À semelhança das montanhas que, sumidas no horizonte, perdem os agros e as ameias para só deixarem à vista o relevo das suas curvas, a Pátria evocada de longe perde também os erros e os defeitos para surgir em todo o esplendor de uma sagrada perfeição!"

"Viajar é, pois, aprender a amar a Pátria acima de todas as coisas e, no cotejo com as demais, a sempre dar-lhe a primazia."

Tudo no estrangeiro trazia a imagem de coisas brasileiras à lembrança do Poeta. No Japão o verde dos momíjis, o das montanhas de Teresópolis; as ramagens dos jardins do Imperador, a sombra das nossas árvores; os templos de madeira e charão, as nossas doces igrejas. Em Honolulu, a paisagem descortinada do monte Páli, assombro dos turistas, fá-lo pensar com orgulho nas quebradas do Garrafão. Em Scheveningen, onde a prefeitura cobrava florim e meio por um simples banho de sol, evoca as praias do Rio de sol pródigo, vivaz e generoso – de sol grátis.

Em carta datada de 5 de fevereiro de 1928 escrevia da Holanda ao sr. Fernando Nery: "Este ano espero ir ao Brasil passar bastante tempo. Tenho já saudades de nossa bela terra, com a qual nenhuma outra se compara. Sinto sobretudo falta do sol. Aqui então é cousa quase desconhecida".

Voltaria o Poeta ao Brasil para se demorar, porém muito mais tarde. Demorar-se para sempre, primeiro em dois anos de confinamento no lar, confortada a aflição de sua cruel enfermidade pela religião e pelos carinhos da esposa, só da esposa, pois até a presença de alguns amigos mais caros lhe provocava abalos perigosos; depois no seio generoso da terra de Petrópolis, entre as hortênsias que lhe faziam lembrar os pintalgados guarda-sóis das gueixas do Símbasse.

Centenário de Júlio Ribeiro*

O homem insólito, irrequieto, intrépido, cujo centenário celebramos neste momento, nasceu na cidade mineira de Sabará. Informa ele mesmo em uma nota lançada num caderno do tempo de sua meninice. A nota está redigida parte em inglês, parte em português: "J. C. Vaughan. Born in Sabará/ 16 April 1845/ 10 o'clock in the morning raining. Fui batizado na matriz de Sabará, no dia de Corpo de Deus [22 de maio de 1845], sendo padrinhos Antº Avelino da Silva, e Mariana Ant. da Sª".

Vaughan era o apelido paterno, que, a partir de 60, ou talvez antes, abandonará, para adotar definitivamente o da mãe, como reconhecendo que a essa admirável Maria Francisca Ribeiro tudo devesse. Do pai só herdará a inquietação andeja e o orgulho de se dizer mais tarde "filho de republicano, neto de republicano, tendo o nome de família inscrito no livro de ouro dos fundadores da grande república norte-americana". Como viera dar no Brasil esse George Washington, natural da Virgínia? Tudo o que sabemos dele é que foi aqui artista de circo – volatim, segundo a tradição – e como tal levando a vida ambulante dos homens de sua profissão, ora na Corte, ora nas cidadezinhas e vilas do interior, hoje em Lorena, amanhã em Juiz de Fora, logo em Águas Virtuosas... De passagem por Sabará casou-se com uma mineirinha de Tamandaré. O casamento não trouxe a felicidade a Maria Francisca: o marido andava sempre por fora, mal dando notícias de suas atividades circenses. Dinheiro não mandava nunca e desculpava-se: a

---

* Conferência em sessão pública da Academia Brasileira de Letras, em 16 de abril de 1945.

Ensaios literários

última carta, escrita de Petrópolis dizia: "Eu há dois meses a esta parte que não tenho ganho nem um vintém por causa das grandes enchentes e grandes chuvas..." Foi isso em janeiro de 56. Depois dessa data ainda apareceu em Pouso Alto, onde, no ano de 60, residia a mulher. Parece que já então esta o evitava. Deve ter morrido antes de novembro de 63, porque uma carta de Maria Francisca ao filho dá a entender que recebera proposta de casamento. Maria Francisca permaneceu viúva.

Júlio Ribeiro encontrou na mãe o apoio material e moral que seu pai nunca soube ou pôde dar-lhe. Pobre professorinha de primeiras letras, ajudando-se ainda com trabalhos de costura, Maria Francisca foi quem iniciou o filho no á-bê-cê e na tabuada. Assistia ela então na cidade de Pouso Alto, evocada mais tarde com funda saudade pelo romancista de *Padre Belchior de Pontes*:

> Salve, região selvática, em que correu veloz a minha infância! Salve, montanhas agrestes, que muito galguei com a fronte rorejada de suor e o coração cheio de crenças! Salve, florestas virgens confidentes de meus primeiros afetos! Salve, cascatas ruidosas, que me desalterastes tanta vez os lábios pulverulentos da jornada! Salve, linfa do riacho, vencida por mim a braço, domada por mim a remo! Salve, céu puríssimo, alentador de minhas esperanças de menino! Salve, ecos que repetistes as minhas primeiras queixas! Salve, terra que bebestes as minhas primeiras lágrimas! Daqui destas plagas de indústria e trabalho [Sorocaba] onde o vapor tem o trono e a eletricidade um altar, gasto pelo atrito do mundo, sem ter mais no peito uma fibra que possa ressoar em doce acorde, – eu ainda te envio uma saudação:
> Salve, Pouso Alto, salve!

Essas aventuras juvenis nas florestas virgens e nas cascatas ruidosas deviam encher de susto o coração materno e são de certo as "loucuras" a que alude numa carta escrita do colégio de Baipendi: "Eu quero lá ir a Pouso Alto, não só porque preciso muito lhe falar, como também por ter demasiadas saudades de vosmecê; seria eu um ingrato e um indigno se não tivesse saudades de uma mãe tão carinhosa, que sempre me recebeu com um sorriso nos lábios e o amor no coração, apesar das minhas loucuras".

A casa de Pouso Alto não era uma dessas tristes casas sem livros. Maria Francisca, professorinha da roça, gostava de ler e tinha a sua biblioteca. Nela encontrou Júlio Ribeiro o primeiro alimento à sua fome de saber, os primeiros estímulos ao despertar de sua imaginação. Desde logo viu Maria Francisca na inteligência e viva curiosidade intelectual do filho o penhor seguro de uma carreira brilhante fora do meio acanhado em que vivia. Por isso diligenciou dar-lhe instrução regular em colégio, aceitando sozinha, já que não podia contar com o marido para nada, todos os sacrifícios necessários: pouparia mais em casa, costuraria mais.

Havia por esse tempo em Baipendi um colégio muito acreditado em toda a província, dirigido pelo Cônego Luís Pereira Gonçalves de Araújo. Nele foi Júlio internado em 1860 e ali fez os estudos secundários, única instrução formal que recebeu, porque tudo mais adquiriu por si, ao azar de uma vida sempre eriçada de dificuldades. O levado menino de Pouso Alto correspondeu cabalmente à expectativa: na aula de francês era o primeiro, na de latim um dos bons, no ano seguinte já estava traduzindo o inglês. No arquivo familiar se conserva um documento expedido pelo Colégio Baipendiano, onde se atesta que "o sr. Júlio Ribeiro, tendo sofrido exame em francês, foi aprovado plenamente com louvores". Uma carta de agosto de 62 informa desvanecidamente a próxima conclusão dos estudos de latim e filosofia:

> Olhe, [dizia à mãe] que muitos outros estudam em cinco anos e não sabem o que eu sei, Deus louvado. A filosofia se estuda em dois anos e eu pretendo acabá-la este ano, por consequência faço o meu curso em um só. No ano seguinte, se Deus quiser, concluo o meu curso preparatoriano, tendo gasto nele quatro anos, enquanto que muitos gastam oito, e nada sabem!

Nem só dava distintamente conta do recado, fazia mais: no Colégio Baipendiano, aos alunos que demonstravam maior aproveitamento investia o Cônego Araújo nas funções de docente. O filho de Maria Francisca era um deles, como se infere de uma carta de 4, escrita pelo padre à mãe do colegial: "O sr. Júlio continua a gozar saúde, e vai regendo bem as cadeiras que estão a seu cargo".

O mesmo informam outras cartas, do filho para a mãe, acrescentando que já dá lições particulares a alguns colegas. É também com orgulho, muito natural em tão verdes anos, orgulho que deve ter ecoado com dobrado alvoroço no coração materno, que o estudante repete a Maria Francisca os elogios feitos pelo Senador Ottoni aos seus versos latinos, à sua ampla testa – "testa que só possuem os grandes homens". Ottoni, de passagem por Baipendi, fora visitado pelo rapaz e lhe retribuíra a visita. Impressionara-o a inteligência e instrução do colegial: a alguém que apontara Júlio Ribeiro como uma das esperanças de Baipendi, respondeu que não o era só de Baipendi, senão também do Brasil.

Todos esses triunfos, porém, não bastavam para capacitar o rapaz a sofrer sem azedume os arranhões abertos em seu orgulho pela condição de pobreza que o punha em inferioridade material junto dos colegas: tinha vergonha de suas cinco camisas rasgadas e muitas vezes chorou por falta de roupa de missa: "Sou obrigado", escrevia à mãe, "a ir com roupas velhas e curtas, no meio dos meus colegas tão bem-vestidos". Em 62, tinha então dezessete anos, passou mesmo por uma crise de apreensão e desânimo, cuja causa ficou para sempre ignorada. Em setembro daquele ano as bexigas irromperam tanto em Pouso Alto como em Baipendi. Júlio escreve à mãe: "Temo só por vosmecê e pelas meninas e escrava; quanto a mim não as temo porque julgo o mesmo como morrer ou viver". E na carta seguinte responde a Maria Francisca: "vosmecê me diz que não lhe fale em morrer, porém eu lhe digo que a única coisa que me obriga a viver é vosmecê e se não fosse vosmecê, já me tinha suicidado". Três meses depois mandava este misterioso bilhete: "Minha mãe, escreva uma carta ao Mestre Chico em agradecimento de ter ele me salvado a vida em uma circunstância que não lhe posso contar. Me recomende a ele, dizendo que eu sou sem pai; e lhe peça que me sirva de pai. Diga que vosmecê soube que ele me salvou, porque eu lhe contei, mas que não lhe quis contar como foi que se passou o fato: escreva sem falta nenhuma".

Naquele tempo o seu espírito andava longe do ateísmo em que terminou, impenitente, a amargurada vida. Na correspondência do colégio está sempre a invocar a Deus e aos santos; costumava desenhar nos cadernos de aula cruzes de complicados ornatos; pensou mesmo em fazer-se padre e há uma carta sua assinada "Padre Júlio Ribeiro". É que se sentia indeciso quanto à carreira que lhe conviria seguir e sabia que, ordenando-se padre, satisfazia a vontade da mãe.

Júlio Ribeiro não entrou para o seminário. Em 65 partia para a Corte a ver se conseguia matrícula em alguma escola superior. O momento era de intensa agitação patriótica suscitada pelas notícias que chegavam do Paraguai. Os jornais andavam cheios de apóstrofes convocadoras de voluntários, em verso e em prosa. Tobias Barreto saudava os voluntários do Norte em oitavas inflamadas, que reboavam até o Sul:

> Para estes vultos brilhantes
> Morrer... é não combater;
> É apear-se uns instantes
> Do vale ao fundo descer,
> Fitar a noite estrelada,
> E à espera d'outra alvorada,
> Dormir nos copos da espada,
> Deixando o sangue escorrer!

A pressão do sentimento nacional exacerbado deve ter influído decisivamente para levar o adolescente mineiro a matricular-se como aluno ouvinte na Escola Militar da Praia Vermelha, tanto mais que a matrícula em outra escola apresentava dificuldades, exigiria a proteção de Ottoni; na Praia Vermelha não, visto que os próprios cadetes já tinham sido mandados para o campo da luta.

Quem ficou desolada e medrosíssima foi Maria Francisca. Tudo fez para arrancar o filho ao perigo de partir e morrer na guerra. Júlio procurava tranquilizá-la. Mas nas férias de fim de ano não iria ficar com a mãe e desculpava-se: "Jurei bandeira, sou militar, daqui não posso sair sem licença do Ministro da Guerra".

Maria Francisca, porém, insistia, usando não só as tocantes súplicas do afeto mas também os fortes argumentos da razão:

> Está da tua parte fazer todas as diligências e os maiores esforços e empenhar-te primeiro com o nosso bom Deus e a Virgem Maria e depois com o Senador Ottoni e o Barão de Caxias, mostrando e alegando as tuas fortes razões e o meu estado de viúva e de estar sem parentes, só no meio de estranhos e só confiada primeiro em Deus e na Virgem Maria e depois em ti, meu único filho; pois põe-te em meu lugar e veja se eu não tenho razão, pois veja se você estivesse velho em casa alheia, sem mais esperanças senão a de um filho único que você o tivesse criado e educado sem mais adjutório que o dos teus braços...

Júlio não pode resistir às angústias da mãe, defendidas em termos tão razoáveis e patéticos: em junho deu baixa. Esta tem sido explicada pelos biógrafos de Júlio Ribeiro como resultante do exame físico, que o declarara inapto para o serviço militar. Oficialmente a notícia é exata. O patrocínio de Ottoni e Caxias deve ter atuado em favor do filho único de viúva sem amparo. Mas o verdadeiro motivo da baixa derivou exclusivamente da consciência do dever filial.

Não sabemos se Júlio Ribeiro tentou ainda no Rio entrar para alguma escola superior. Decerto terá desistido da ideia em vista das dificuldades materiais. Acabou regressando a São Paulo e agarrando-se, no naufrágio de suas esperanças na Corte, à mesma tábua de salvação que valera à mãe quando se viu praticamente abandonada pelo esposo – o magistério primário. A par disso começa a escrever nos jornais, milita com os liberais e já em 67 declara-se republicano em artigo para o *Paraíba*, folha de Guaratinguetá. E no ano seguinte, a fim de se habilitar oficialmente como professor primário, vai à capital paulista prestar os exames exigidos. É aprovado em 11 de janeiro. Levado então à presença de Saldanha Marinho, Presidente da Província, este lhe diz que poucos moços como ele tinha visto e que lhe daria emprego em São Paulo, caso quisesse, pois merecia muito mais do que uma simples cadeira de primeiras letras. "Tudo isso", comenta escrevendo à mãe, "são eflúvios da graça que deixa escapar Nossa Senhora Aparecida". Era, pois, ainda católico, embora, como tantos católicos liberais do tempo, se tivesse feito maçom, o que comunica a Maria Francisca nessa mesma carta.

Numa das *Cartas sertanejas* escreveu Júlio Ribeiro: "É verdade: fui católico, fui presbiteriano, sou ateu. A criação fez-me católico; a leitura da Bíblia separou-me de Roma; a razão tornou-me incrédulo." O seu afastamento da Igreja Católica foi provocado pelo contato com os missionários protestantes norte-americanos que desde 60 percorriam o interior de São Paulo e Minas em propaganda de sua doutrina. Vicente Themudo Lessa dedicou o undécimo capítulo de sua obra *Anais da Primeira Igreja Presbiteriana de São Paulo* à personalidade de Júlio Ribeiro protestante. A iniciação ocorreu por fins daquele mesmo ano de 68 em que ele ainda atribuía a sua boa sorte aos "eflúvios de Nossa Senhora Aparecida". De Taubaté, para onde veio depois dos exames em São Paulo, escreveu em 11 de dezembro de 69 uma carta ao Pastor Schneider, na qual, agradecendo a remessa de um *Novo Testamento*, em grego, dizia: "Meu pai, a minha fé se robustece de dia em dia. Sinto encher-se de gozo inefável o vácuo que me desconsolava o peito; não sei que voz interna me diz ser eu um dos chamados, e um dos escolhidos." Já era, pois, um convertido. Mas só recebe o novo batismo a 17 de abril de 70, ano em que se muda para São Paulo. Seis meses depois professava também Maria Francisca, que essa nunca mais abandonará o Evangelho; nesse mesmo dia Júlio Ribeiro faz batizar um seu escravo menor, "o primeiro menino escravo batizado, no registro das atas de São Paulo", informa Vicente Themudo Lessa. Menino que mais tarde é alforriado com a mãe, também convertida à fé presbiteriana.

O presbiterianismo de Júlio Ribeiro parece ter sido já uma espécie de acomodação da sua crença às exigências da razão. Dura menos de um decênio, afirma Orígenes Lessa. As atas de Itapira registaram a passagem ali, em dezembro de 76, do reverendo Lane e de Júlio Ribeiro. Ambos pregaram. Porque o convertido, se nunca chegou ao ministério, foi pregador e propagandista, com a coragem e paixão que punha em tudo que fazia. E era preciso coragem para ser "bíblia" naqueles tempos em que as ingênuas populações do interior zombavam, insultavam e às vezes mesmo corriam a pau os evangelizadores protestantes, como aconteceu ao aliás admirável padre apóstata José Manuel da Conceição, a quem de outra feita uns capangas procuraram para o matar. Júlio Ribeiro nunca sofreu tais vexames, mas foi preso uma vez em Campinas por motivo de suas atividades heréticas. Estas não se limitaram à pregação em numerosas localidades do litoral e do interior paulista: traduziu o primeiro volume da *História da Reforma*, de D'Aubigné, traduziu e compôs ele próprio vários hinos.

Numa de suas viagens de propaganda religiosa passou Júlio Ribeiro em Sorocaba, onde os fiéis do credo evangélico se reuniam em casa de José Antônio de Sousa Bertoldo. Bertoldo tinha filhas bonitas e por uma delas, Sofia, menina e moça de treze anos, se apaixonou o pregador itinerante. Ficaram noivos. Em 13 de janeiro de 1871 Júlio lhe escreve de São Paulo uma carta, que termina com estas palavras: "Se te disser que te amo, que tu és a minha vida, que sem ti não posso existir, farei um papel de tolo, porque é o mesmo que dizer que o fogo queima, que a água molha e que o ferro é duro. Digo-te apenas que sou sempre o teu noivo e amigo Júlio." O casamento realizou-se no dia 4 do mês seguinte, sendo oficiante o reverendo Chamberlain. Casando-se em Sorocaba, de certo modo se vinculou à terra, tanto quanto se podia vincular em qualquer parte homem de seu natural tão andejo, nesse ponto bem filho do volatim de circo. Ele mesmo declarará nas *Cartas sertanejas* que de 70 a 76 residiu alternativamente na capital, em São Roque e em Sorocaba. A esta consagrará durante aqueles anos as suas melhores energias, agremiando o partido republicano, colaborando no *Sorocabano*, em breve assumindo a direção do jornal e adquirindo as oficinas. Em agosto de 72 as dívidas acumuladas sufocam a folha idealista que não aceitava anúncios de escravos fugidos; mas já em setembro o jornalista lança com Pereira Sales, o editor, outro órgão, *O Sorocaba*. Sobrevêm-lhe as primeiras decepções políticas e o republicano incapaz de transigir arremete contra certos companheiros acomodatícios, aos quais considera desertistas. Quinze dias depois vende a tipografia a Sales, mas continua escrevendo os editoriais. Em outubro anuncia a abertura de classes de Latim, Francês, Inglês, Geografia e Primeiras Letras, inclusive o sistema métrico decimal. Preços: Línguas e Geografia, cinco mil-réis mensais; Primeiras Letras, três; sistema métrico, a convencionar. Mas os candidatos não vinham. O professor falhado pensa num emprego. É nomeado para agente da Fábrica de Ferro de Ipanema em 10 de janeiro de 73. Não toma posse do cargo. Em outubro de 74 tenta novamente o jornalismo, fundando, com o auxílio de Maylasky a *Gazeta Comercial*. Esse russo Maylasky foi um tipo curiosíssimo de aventureiro. Chegou a Sorocaba mendigando pousada e comida. Mas era homem culto, inventivo, cheio de iniciativa e convincente. Não tardou a dominar na cidade: iniciou o comércio de algodão, casou-se com a filha do capitalista José Joaquim de Andrade, fundou o Gabinete de Leitura Sorocabano, ainda hoje existente, organizou a primeira fábrica de tecidos de algodão e por fim, quando os magnatas da cidade, pleiteando o prolongamento da Ituana até Sorocaba, encontraram a oposição da gente de Itu, lança audaciosamente a ideia da Companhia Estrada de Ferro Sorocabana. Foi então que se aliou a Júlio Ribeiro, pondo-o em condições de abrir o jornal que sustentaria a propaganda do empreendimento. Vêm os dois ao Rio adquirir o material tipográfico, material de primeira ordem, e os vendedores Bouchaud e Aubertie lhes cedem um técnico parisiense, Joseph Auguste Nicolas, que irá a Sorocaba montar a complicada máquina. Não é só. Júlio Ribeiro consegue contratar para a futura oficina João José da Silva, chefe de uma das seções do *Jornal do Comércio*. O negócio anuncia-se esplendidamente. A folha aparece em 7 de outubro e programa-se como jornal apolítico que, não olhando através do prisma das paixões, possa ter calma e lazer bastante para atender às causas verdadeiras do estiolamento da prosperidade pública. O texto inclui informações sobre o mercado de Santos e o da Corte, serviço telegráfico, artigos sobre imigração, agricultura científica etc. Como leitura desinteressada, em folhetim, o romance *A muralha do cáucaso*, de Bestucheff, escritor russo, do qual informa Prampolini que sofreu o exílio na Sibéria, foi influenciado por Walter Scott e compôs "discretas narrativas militares". A tradução era de Júlio Ribeiro, que talvez

Ensaios literários

nela acertasse a mão para escrever, a partir de dezembro, o romance de pretensão histórica *Padre Belchior de Pontes*.

No entanto, apesar do adjutório de Maylasky, apesar das encomendas de trabalhos tipográficos extraordinários, como faturas, guias, rótulos, cartões de visita, a situação financeira do jornal foi-se tornando difícil, de sorte que a 10 de julho de 77, quando se inaugura a Estrada de Ferro Sorocabana, com um hino da autoria de Júlio Ribeiro, a *Gazeta Comercial* está às portas da falência. O último número sai a 29 de agosto. Júlio Ribeiro liquida o jornal e a tipografia, despede-se da sociedade de Sorocaba em termos patéticos:

> Prezamo-vos, povo sorocabano, como se entre vós tivéramos a dita de nascer; foi de entre vós que escolhemos a companheira de nossos trabalhos, foi dentro de vossos términos que ouvimos o primeiro sorriso do filhinho querido. Em qualquer parte que a fortuna nos arroje, Sorocaba será sempre para nós uma lembrança grata, que não poderá enuviar a recordação do muito que sofremos.

Do muito que sofremos... Sofrimentos de toda ordem. A sua saúde já estava definitivamente comprometida: enxaquecas, acessos de bronquite asmática, retendo-o dias seguidos em casa e acamado. Dificuldades de dinheiro na empresa jornalística. Ataques em prosa e verso de inimigos que o acusavam a esse homem rigorosamente probo e desinteressado, de mercenário. E culminando tanta má sorte o pesar sem consolo de ver definhar e morrer a filhinha estremecida, essa Selomith, pobre flor doentia que não vingou, e a respeito da qual seu pai escreve a Maria Francisca alguns bilhetes angustiados que são como que o seu "Cântico do calvário":

> Selomith continua a sofrer... Espero, porém, em Deus que ma concedeu, que há de sarar... Selomith poucas esperanças dá... Sofia sofreu uma operação no peito e está bastante doente; eu estou bem de saúde, mas com o peito despedaçado, porque so-

fri o que a Senhora nunca sofreu. Já não tenho filha! No dia 26, às 9 e meia horas da noite morreu Selomith. Deus nos console.

Quatro anos depois, também em Sorocaba, morre a esposa. Além de Selomith, deu-lhe Sofia mais dois filhos: George Washington, logo falecido, e Joel, residente em São Paulo, casado e com filhos.

Até 1875, essa parte tão mal conhecida da vida atribulada de Júlio Ribeiro, podemos avançar em chão seguro porque meu confrade e amigo Orígenes Lessa pôs à minha disposição os dezenove primeiros capítulos do livro de sua autoria, primeiro ensaio biográfico fidedigno e completo sobre o patrono de minha cadeira nesta casa. Ninguém melhor aquinhoado para semelhante tarefa: ademais de seus dotes de escritor, da sua honestidade de pesquisador diligente, tem em mãos o arquivo de família, pois é casado com uma neta de Júlio Ribeiro, a sra. Elsie Lessa. Além de precioso acervo de autógrafos, pôde utilizar as informações que obteve de boca da própria Dª Belisária Ribeiro, segunda esposa do romancista de *A carne*. E procurou esclarecer os pontos lacunosos ou incertos procedendo a pesquisas nas cidades onde viveu Júlio Ribeiro, e até em Nova York para lhe rastrear a linha paterna.

Júlio Ribeiro muda-se para Campinas em 76. Nesse mesmo ano publica em livro o *Padre Belchior de Pontes*. Ainda é presbiteriano: atesta-o o próprio romance. Mas em Campinas perdera a fé, e o último serviço que prestou à causa evangélica foi, conta Vicente Themudo Lessa, ajudar o reverendo Boyle a corrigir o seu hinário. Abre-se para ele um novo rumo de atividade, segundo João Ribeiro a única para que mostrava a mais decidida vocação – o domínio da filologia. Ligava-se ela, de resto, ao seu exclusivo ganha-pão durante aqueles anos, as funções de professor no Colégio Culto à Ciência, dirigido pelo dr. Melquíades Trigueiros.

Narra Júlio Ribeiro nas *Cartas sertanejas* que o plano de escrever uma gramática portuguesa lhe viera por sugestão de um trecho de Garrett, o qual, dizendo não existir em português um só livro de gramática com senso comum, pedia aos mestres e mentores de Portugal que estudassem a gramática do americano Lindley Murray e fizessem para a nossa língua algo de parecido. "Desde esse dia", escreveu Júlio Ribeiro, "foi sempre plano meu fazer aplicação da gramaticologia inglesa à língua portuguesa". Como lhe parecesse já antiquada a obra de Murray, leu dezenas de outras gramáticas inglesas, e por conselho do reverendo Morton acabou tomando por modelo a de Holmes. Primeiro publicou em dezembro de 79 no *Diário de Campinas* uma série de quatro artigos sobre questões de gramática, no primeiro dos quais afirmava que, à parte os trabalhos de Adolfo Coelho, Teófilo Braga e Pacheco Júnior, "o que vem à luz em português sobre gramática é repetição do que disse Sotero dos Reis, que repetiu o que disse Soares Barbosa, que repetiu o que disse Amaro de Roboredo, que repetiu o que disseram os Afonsinhos, que repetiram o que lhes ensinou Noé, que o aprendeu de Matusalém, que o aprendeu de Henoc, que o aprendeu de Set, que o aprendeu de Adão!"

O dr. Augusto Freire da Silva, que era professor catedrático de Português na Academia de São Paulo e tinha a sua gramática publicada, sentiu-se visado nessas palavras e veio para a imprensa, respondendo ao professor de Campinas pela *Província de São Paulo*. Júlio voltou à carga. Freire da Silva, melindrado pelo tom escarninho do contendor, preferiu calar-se. A polêmica foi editada em 87 sob o título *Questão gramatical*.

Logo em seguida à polêmica com Freire da Silva, publica Júlio Ribeiro, em março de 80, os *Traços gerais de linguística*, volumezinho em pequeno formato, que é hoje uma raridade bibliográfica. Nos *Traços linguísticos* já se nos depara o ateu completo que será até a morte em Santos o seu autor: a introdução está calcada em Comte; o capítulo III começa dizendo que "a ciência pelos trabalhos de um Haeckel pode afirmar positivamente que o homem descende dos macacos catarríneos"; o capítulo seguinte expõe o quadro da teoria da evolução e apresenta as línguas como verdadeiros organismos sociológicos, sujeitos à grande lei da luta pela vida, à lei da seleção. À página 96, em nota ao texto, anuncia Júlio já estar pronta para entrar no prelo a sua *Gramática analítica da Língua Portuguesa*. O livro sai em 81, mas com o título simplificado de *Gramática portuguesa*. Nesta obra assentou a reputação indiscutida de Júlio Ribeiro. O romancista, o jornalista, o polemista teve os seus admiradores e os seus desafetos: o

Centenário de Júlio Ribeiro

gramático, porém, impôs-se soberanamente. As novas ideias sobre linguística já haviam surgido aqui desde 69 com um opúsculo do alemão Carlos Hoefer; já as conhecia e utilizava Pacheco Júnior, colocado por Júlio Ribeiro entre os mestres a quem dedica o seu livro, mas a *Gramática histórica da Língua Portuguesa* do catedrático do Pedro II parara na introdução. A de Júlio Ribeiro foi a primeira integral que apareceu entre nós, rompendo com a rotina e aplicando a nova orientação sob a forma de compêndio didático. Está claro que é hoje um livro antiquado, mas no tempo o seu prestígio se estendeu até Portugal. Sabe-se que Teófilo Braga, consultado por Nabuco, lhe respondera: "A melhor gramática da nossa língua é sem dúvida alguma a de um moço do Brasil que se chama Júlio Ribeiro". Da mesma opinião era o francês André Lefèvre. Passados vinte anos, em 1902, Rui Barbosa, na *Réplica*, em alguns pontos se escuda nela, e no parágrafo 192 escreve: "Ninguém terá em mais que eu a valia literária de Júlio Ribeiro. Dado que o não alce, como o sr. José Veríssimo, acima de todos os nossos gramáticos, acredito que nenhum lhe faz vantagem". Em 86, residindo na capital paulista, publicara uma tradução e adaptação ao português da *Introdução à gramática inglesa*, de Holmes, chamando-a *Holmes brasileiro ou Gramática da Puerícia*. Com a *Nova gramática latina*, que deixou inacabada (editou-a em 95 Carlos Zanchi, de São Paulo), se encerra a bibliografia gramatical de Júlio Ribeiro. A esta última obra costumava aludir dizendo que seria, a seu ver, a sua coroa de glória.

Em 81 estava Júlio Ribeiro novamente casado, desta vez com uma moça da melhor sociedade de Capivari, e tão linda, senão mais linda que a primeira esposa. Era dona Belisária Amaral. Ouvi de sua neta, a sra. Elsie Lessa, a história romântica dessa paixão fulminante que deflagrou numa viagem de trem. Dona Belisária ia de São Paulo para Capivari; Júlio voltava a Campinas. A moça soube por uma amiga da presença do escritor, a quem só conhecia de fama. Quis conhecê-lo. Fez-se a apresentação, e o resultado é que Júlio, noivo em Campinas, e Belisária, noiva em Capivari, resolveram ali mesmo desmanchar os respectivos noivados e convolar o mais cedo possível. Era uma aventura. Mas o romantismo às vezes acerta. Foi um lar feliz, malgrado a pobreza, as doenças, os lutos domésticos. Dona Belisá-

Ensaios literários

ria guardou até a morte, em 3 de junho de 1938, o amor e o culto de seu esposo. Dos quatro filhos do casal, Júlio morreu com um ano, envenenado por uma ama negra dada à feitiçaria, Árya com sete, Scintilla com cinco; sobreviveu Maria Francisca, que dona Belisária, depois da morte do esposo, passou a chamar Maria Júlia, a qual se casou em São Paulo com o dr. Albertino Pinheiro.

Em 82 Júlio Ribeiro abandona Campinas e estabelece-se em Capivari: demitira-se do Colégio Culto à Ciência por não concordar com certa medida tomada pela diretoria. Ia mais uma vez iniciar vida nova. Em 85 ainda mora em Capivari e de lá é que escreve para o *Diário Mercantil*, de São Paulo, as famosas *Cartas sertanejas*, onde bravamente investe contra os chefes republicanos paulistas, que a seus olhos não passavam de escravocratas ferrenhos, de oportunistas sem escrúpulo de sacrificar a coerência do partido a duas cadeiras na Câmara; polemiza com *A Província de São Paulo*; desanca os bacharéis em Direito, respondendo "a um tal sr. Lúcio de Mendonça", que imprudentemente o chamara "sábio a título negativo, por não ser bacharel"; arrasa com a Academia de Direito, "esse polipeiro de metafísica e pedantismo insolente, onde os Kopkes, os Vieiras e os Leôncios constituem odiadas exceções..." O solitário de Capivari voltava furiosamente à política e à imprensa. Em 86 muda-se para São Paulo, depois de breve passagem por Santos, onde redige o *Correio de Santos*. Na capital funda *A Procelária* em 87. Leciona Português na Escola Normal. Concorre à cadeira de latim no curso anexo à Academia de Direito, triunfa, e por sua iniciativa o ensino daquela matéria passa por completa transformação. Em 88 funda novo jornal, *O Rebate*, em cujo primeiro número, aparecido a 16 de julho, lança o projeto de uma nova bandeira nacional, condenando a velha, baseado em razões de Estética, de História e de Heráldica. Naturalmente a sua ideia fracassa, porém mais tarde adotam-na os paulistas: é o alvinegro pendão cantado pelo nosso confrade Guilherme de Almeida nos versos da revolução de 32:

> Bandeira de minha terra,
> Bandeira das treze listas,

São treze listas de guerra,
Cercando o chão dos paulistas.

Só que no projeto de Júlio Ribeiro tinha ela quinze listas.

O ano de 88 foi ainda o ano de *A carne*, romance que teve e continua a ter êxito de venda mas que lhe trouxe enormes desgostos. Suportou dignamente os ataques puramente literários, como os de Pujol e Veríssimo. Quando, porém, o Padre Sena Freitas ousou aludir à esposa e às filhinhas do romancista, "filhinhas tão encantadoras e tão mimosas e que amanhã saberão ler... para saberem que na sua província de São Paulo há ninfomaníacas da força da filha de Lopes Matoso e que a botânica é uma excelente estrada coimbrã para chegar ao amor livre", Júlio Ribeiro perdeu a cabeça. Travou-se feia descompostura e os artigos do romancista contra o padre visavam menos rebater a pecha de pornografia lançada a *A carne* do que desmoralizar literariamente o adversário: não obstante a fama que alcançaram, são, a meu ver, os únicos escritos do polemista que não lhe fazem honra, mesmo do ponto de vista gramatical.

Depois de proclamada a República foi Júlio Ribeiro nomeado professor de Retórica no Instituto Nacional de Instrução Secundária, em substituição do Barão de Loreto. Rui Barbosa, no parágrafo já citado da *Réplica*, diz que sob a sua administração das finanças o chamou espontaneamente a uma situação oficial "que minorava ao homem de letras os embaraços da vida, e desassombrava para os trabalhos do espírito o eminente escritor". A situação oficial devia ter sido o emprego de fiscal das loterias, modesto emprego que o homem de letras desempenhava com zelo misturado de *humour*. A sua saúde estava arruinada. Em abril de 90, do Rio, escrevia ao filho Joel: "Estou sozinho aqui, porque é preciso ganhar o pão para todos! Triste sorte a de teu pai, meu filho!" E em *nota bene*: "Minha saúde não é boa, fiquei muito doente em São Paulo, e ainda não estou bom".

Por essa ocasião, encontrando-se com Artur Azevedo na rua do Ouvidor, saudou-o este com alegria:

– Viva o eterno moribundo! Então, como vai isso?

E Júlio:

– Vai-se morrendo como Deus é servido.

Contou Júlio aquela anedota de Voltaire, que se despediu do sr. D'Aiguillon dizendo: "Interrompi a minha agonia para vir dar-lhe este abraço. Adeus, vou morrer". E acrescenta Artur Azevedo, "continuou Júlio, com aquele diabólico sorriso que tão bem dizia com a sua cara de cômico:

– Eu de vez em quando faço como Voltaire, mas, na qualidade de moribundo, não entro em férias por tão pouco. Interrompi agora a minha agonia para ser fiscal de loterias".

Esse aspecto da fisionomia moral de Júlio Ribeiro transparece ainda melhor em outro encontro de rua, desta vez com Urbano Duarte, que o narrou em crônica para o *Diário Popular* de São Paulo, número de 17 de novembro:

> A última vez que estive com Júlio Ribeiro foi em um café da rua do Ouvidor. Achava-me em companhia de um médico do meu conhecimento, quando ele sentou-se à mesa. Ao fazer a apresentação, Júlio perguntou-lhe com aquele gesto brusco que lhe era peculiar: – O senhor é médico? – Sim, senhor. – Tem especialidade? – Dedico-me às vias respiratórias.
>
> O semblante de Júlio Ribeiro expandiu-se num sorriso sinistro, meio cômico, meio fúnebre, que frequentemente tremeluzia em suas faces cavadas e macilentas. E pôs-se a fazer uma preleção sobre a moléstia de que sofria, a descrição minuciosa da enfermidade desde o seu começo, todas as fases da marcha, todas as melhorias e agravações, e isto com uma facúndia, uma eloquência, uma exatidão, um luxo de termos técnicos e de cunho científico tal que o doutor, intrigado, perguntou-lhe: – V. Sª é formado em medicina? – Não sou formado em coisa alguma! respondeu o Júlio com gesto despachado. Intervim então, dizendo: – É um distinto filólogo.
>
> O Júlio deu um salto na cadeira e fitando-me com olhar exprobrador: – Se repetes a pilhéria, chamo-te de distinto artilheiro!
>
> Momentos depois perguntei-lhe: – Qual o estudo para que sentes mais vocação? – Numismática!

O médico, curioso por conhecer homem tão instruído, disse:
– Está no Rio a passeio? – Não, senhor: sou fiscal de loterias, responde o Júlio, sempre naquele tom rápido e peremptório que caracterizava a sua conversação.

Em setembro de 89 a *Gazeta de Notícias* anunciava a promessa de colaboração do "eminente escritor e mestre da língua portuguesa". Mas só no ano seguinte é que Júlio Ribeiro manda alguma coisa – a tradução de umas cartas do diplomata russo Paulo de Vasili sobre o *high-life* inglês. Saíram elas nos números de 7, 8, 10 e 11 de fevereiro, 4, 23 e 28 de março. No bilhete de remessa, datado de Sorocaba, havia este fecho: "Saúde e... patacas, o que é um pouco mais positivo do que 'fraternidade'".

Parece que a desconfiança contra os correligionários republicanos persistia. A sua admiração e apreço por Quintino Bocaiuva é que nunca sofreram eclipse. Nas *Cartas sertanejas* chama-lhe "o sumo sacerdote da imprensa brasileira". A 12 de março de 90 escreve-lhe de Sorocaba pleitean-do a efetividade do lugar, interinamente ocupado, no Instituto Nacional. "Provas de concurso", justificava-se, "não se fazem mister: eu não sou um estreante nas letras pátrias, e toda a minha vida tem sido um concurso não interrompido". Terminando, subscreve-se "admirador entusiasta e amigo". Aliás toda a carta respira os sentimentos de admiração e amizade. Ela vale por um formal desmentido à anedota repetida por Medeiros e Albuquerque em seu livro *Quando eu era vivo* e à qual aludi em meu discurso de entrada nesta casa: Quintino, então ministro, recebendo a visita de Júlio Ribeiro, teria puxado o relógio, advertido ao amigo só poder dispensar-lhe cinco minutos de atenção; o outro ter-se-ia levantado e partido, depois de proferir uma grosseria. Evidentemente, se a história fosse verdadeira, não teria Júlio Ribeiro escrito uns três meses depois a mencionada carta.

Em meados de 90 o "eterno moribundo" sentiu agravarem-se os seus padecimentos e buscou refúgio em Santos. Passou os últimos dias de sua vida em casa de um amigo, o cirurgião-dentista Manuel Homem de Bitten-court. As notícias do seu estado de saúde chegaram aos padres de Itu, em cujo colégio estudava o filho de Júlio. O reitor do estabelecimento pensou em enviar um emissário encarregado de reconciliar o ateu com a Igreja. Mas a piedosa ideia não fez senão amargurar o doente, que se queixou a Vicente de Carvalho. O Padre Sena Freitas procurou-o: Júlio Ribeiro virou-lhe o rosto: o lazarista continuava a ser para ele o "urubu Sena Freitas", que em *A carne* só vira carniça. Escreveu o padre depois um artigo em que dava o ex-amigo como tendo expirado arrependido e convertido ao cristianismo. Vicente de Carvalho desmentiu-o publicamente, ajuntando ao seu o depoimento do médico assistente, o dr. Silvério Fontes, pai de Martins Fontes.

Júlio Ribeiro faleceu às 10h30 horas da noite de 1º de novembro. Deixava a família em tal pobreza, que o *Diário de Santos* abriu uma subscrição em favor da viúva. Partindo de Santos, confiou dona Belisária os poucos bens do marido à guarda de um certo Comendador Matos. Entre esses objetos estava um retrato a óleo de Júlio Ribeiro pintado pelo grande Almeida Júnior. Era, dizia a viúva, excelente. O Comendador Matos nunca lhe quis devolver a pintura. Onde parará hoje essa tela duplamente preciosa, como obra de Almeida Júnior e retrato de Júlio Ribeiro?

Minhas senhoras e meus senhores: quando fui recebido nesta Academia, julguei de minha obrigação ocupar-me longamente da obra de Júlio Ribeiro, patrono de minha cadeira, esquecido nos seus discursos de posse pelos meus antecessores. Não quis hoje repetir-me. Tentei rememorar-lhe a vida e fio que, apesar das minhas deficiências de biógrafo em segunda mão, tereis sentido a grandeza da figura evocada.

Oração de paraninfo (1945)*

Meus caros bacharéis,

A hora que vivemos é de triunfo e de esperanças para o continente que Martí chamava "nuestra América". De triunfo: na luta em que durante quase seis anos o mundo democrático se defendeu contra a violência nazifascista três foram os elementos da vitória – a firmeza britânica, a tenacidade russa, a riqueza e o otimismo americano. Neste entrou a nossa parte, modesta em sangue, mas inestimável de importância naquele trampolim bélico que foi a base aérea de Natal. De triunfo: o nosso esforço obrigou a Europa, "sempre a Europa, a gloriosa", a voltar os olhos para nós, e até na longe e fria Suécia houve, tarde mas afinal, um pensamento para a poesia da América espanhola, essa poesia magnífica em cujos timbres fulgura a obra excelsa de Rubén Darío: ainda ecoa em todo o mundo o coro de admiração e respeito com que festejamos na pessoa da chilena Gabriela Mistral a vitória intelectual da América. Hora de triunfo, hora também de esperanças. Esperança de nos realizarmos harmoniosamente dentro do espírito de ordem e concórdia, de nos parcializarmos mais profundamente, de tornarmos tangível o belo sonho de Martí, de Hostos, de Varona, de Justo Sierra, de Montalvo, de Sarmiento, de Alberdi, de tantos espíritos nobilíssimos que formaram em terras do Novo Mundo a vanguarda eterna dos que pelejam, sofrem e morrem pelo ideal de paz e de cultura.

Nesta hora viestes buscar para que vos dissesse as palavras de despedida o obscuro professor de uma obscura cadeira – a de literaturas hispano-

---

* Proferida em 1945, na cerimônia de colação de grau dos bacharéis da Faculdade de Filosofia da Universidade do Brasil.

-americanas. Aceitei a vossa escolha como uma honra, imerecida de minha parte, mas justificada pela simpatia que vejo pude despertar em vós quando vos falava dessa pobre e linda gata borralheira que é a literatura da América. Como temos sido injustos para com ela! Como a desconhecemos! E desconhecê-la é, indiferentes ao conselho socrático, desconhecermo-nos a nós mesmos. Ainda há poucos dias, numa banca de exames, tive a prova disso: arguindo um rapaz, pedi-lhe que me nomeasse os grandes autores dramáticos do Século de Ouro; o examinando cantou sem hesitação os nomes de Lope, de Calderón, com alguma demora o de Tirso de Molina. Mas não houve sugestão, pedra, manobra mnemônica, nem o sopro do primeiro apelido, que o fizesse lembrar-se do genial mexicano Juan Ruiz de Alarcón.

Somos assim: conhecemos e celebramos autores europeus de terceira e quarta ordem, relegamos ao esquecimento os gênios do nosso continente. Bem sei que os nossos gênios são raros. Bem sei que cada uma das literaturas hispano-americanas tomada isoladamente não pode apontar senão uns poucos valores universais. Mas em conjunto esses valores já formam um bloco impressionante de originalidade e força. Sem dúvida se tivéssemos de responder ao dilema proposto por Aubrey Bell a propósito da literatura portuguesa: a escolher entre a perda das obras de Homero, ou Dante, ou Shakespeare, e a de toda a literatura portuguesa: a escolher entre a perda de Homero, ou Dante, ou Shakespeare e toda a literatura hispano-americana, haveríamos que nos decidir, com critério universalista ou puramente estético, por Homero, Dante ou Shakespeare. Mas sejamos americanos. Ao diabo o critério universalista ou puramente estético. Digamos com Renan: que nos importa a grandeza de Sírius, se é o nosso Sol que amadurece as nossas searas? Não desprezemos a tradição europeia em que nos formamos. Convenhamos no entanto que é nos pensadores americanos que podemos encontrar resposta aos nossos problemas sociais e políticos, nos poetas americanos a emoção específica da nossa paisagem e da nossa alma, nos romancistas americanos a expressão profunda de nossa vida.

Exageramos, por ignorância, a pobreza do nosso patrimônio de cultura. Vivemos a repetir, inconscientemente, as palavras de desdém de europeus também ignorantes, como essas do Eça quando afirmou que jamais

Oração de paraninfo (1945)

concorremos, os americanos, para a obra da civilização do mundo "com uma ideia nova, nem com uma forma nova". Não tomou conhecimento, o grande romancista português, dos Irvings, dos Emersons, dos Thoreaus, dos Hawthorns, dos Melvilles, dos Martís, dos Bellos, dos Sarmientos. Eça esteve em Havana nos anos de 73 e 74. A terceira edição de *Leaves of grass* data de 1860: o gênio profundamente original e renovador de Whitman passou-lhe despercebido. E por desmentir, tão gloriosamente para a América espanhola, o juízo do europeu falacioso, ainda em vida do Eça um pobre mestiço de Nicarágua, sem instrução regular e formado ao acaso de suas leituras de autodidata, ia revolucionar e enriquecer surpreendentemente as fontes da poesia de língua castelhana.

Aliás, esse desdém refletia outro desdém mais grave, o que caiu sobre a Espanha depois do eclipse político de seu belo idioma. Hoje, porém, em todo o mundo as simpatias se voltam para o nobre país que foi no passado a barreira irredutível da cultura cristã e hoje é, desgraçadamente, o pior rebotalho das ditaduras fascistas que levaram o mundo à ruína. Um mestre americano, cidadão da pequena São Domingos, que foi o viveiro da civilização em terras da América, Pedro Henríquez Ureña, consagrou todo um livro à exaltação da Plenitude de Espanha, mostrando objetivamente o que a cultura moderna deve à pátria de Cervantes, tanto nas ciências puras como nas de aplicação e descrição, na filosofia, na mística e na ascética, no pensamento jurídico, na linguística, na teoria da literatura, na literatura, nas artes plásticas, na música. E outro mestre insigne da crítica, este alemão, Karl Vossler, encanecido no estudo das culturas da França e da Itália, confessou-nos que se fosse moço e estivesse de novo nos princípios de suas pesquisas romanísticas, dedicaria a sua melhor energia à história da língua, à poesia popular e artística de Espanha e à elaboração, assimilação, desenvolvimento e ampliação do tesouro cultural romântico na América espanhola. Este, sim, é um mestre europeu que nos convém, porque, como os melhores pensadores americanos, soube ver em nosso doloroso processo de organização "um avanço penoso, duro e terrível em seus reveses, é verdade; mas em sua linha essencial ascensão confiada e magnífica do selvagem ao espírito, das culturas baixas e dispersas à unidade e humanidade mais altas".

Ensaios literários

Meus caros amigos, aqueles dentre vós que seguiram o meu curso, sabeis que repito aqui o *leitmotiv* de todas as minhas lições, a lição por excelência que é a lição de fé nos destinos da América, herdeira da melhor tradição da Europa, mas utilizando-a com o pleno sentido da realidade americana na solução de todos os nossos problemas, quer se trate de uma constituição, quer se trate de um poema. Aquele que durante um ano foi o vosso professor, e mais do que professor, um amigo que se desvanecia da amizade com que sempre o distinguistes, faz-vos este último pedido: que fora desta casa não esqueçais nunca esse propósito de solidarização continental; que continueis sempre a leitura dos autores americanos em que vos iniciastes nas minhas aulas, tanto pelo gozo em si que tirareis disso, como porque, assim fazendo, ficarão mais habilitados para ensinar, com o entusiasmo de vossa radiosa mocidade, que uma literatura onde se nos deparam obras como as de Garcilaso Inca, Juana Inés de la Cruz, Juan Ruiz de Alarcón, Bello, Martí, Montalvo, Sarmiento; uma literatura onde repontou, forte de seiva nova, a poesia do modernismo e a poesia gauchesca de *Martin Fierro* merece a atenção do mundo e é para nós, americanos, justo título de orgulho.

Quero agora congratular-me convosco pelo grande acontecimento da quinzena passada – o decreto que deu autonomia administrativa, financeira, didática e disciplinar à Universidade do Brasil. A auspiciosa decisão do governo já foi celebrada nesta mesma sala pelas palavras eloquentes do Magnífico Reitor e do eminente educador a quem em boa hora foram entregues os destinos desta casa. Puseram eles em destaque, com a experiência de consumados pedagogos, como essa medida poderá integrar o nosso ensino superior no verdadeiro sistema universitário, porque até agora a Universidade do Brasil não passava de um conjunto de escolas reduzidas à função burocratizada e quase inerte de transmitir conhecimentos e conceder diplomas. Faltava-lhe quase tudo para cumprir a missão de comunicar com a ciência a capacidade que a produziu, como já foi definida em conceito lapidar a missão das Universidades. Não se compreende uma Universidade sem instrumentos de investigação desinteressada, ou interessada acima de tudo no progresso cultural da coletividade. Não se compreende uma

Oração de paraninfo (1945)

Universidade que não tenha a norteá-la um ideal superior ao horizonte visual de cada indivíduo, por mais justo que seja o seu afã de ganhar um título profissional. A Universidade tem que ser a matriz da vida espiritual de um povo. Desde as primeiras Universidades que apareceram ainda na Idade Média, foram elas o instrumento de um corpo de doutrina, um fermento de renovação da vida do espírito, arquivo do passado, registro do presente, mas também antena do futuro. Para termos ideia da importância, política até, que podem ter as Universidades, basta relembrar alguns fatos que estão nos livros: a Universidade de Caen, fundada pela Inglaterra para consolidar o seu domínio na Normandia; a de Douai, criada pela Espanha como um corolário da conquista de Flandres; a de Königsberg, criada por Alberto de Brandeburgo, quando abraçou a Reforma, para difundir a doutrina nos países bálticos; a de Friburgo, fundada por Frederico Guilherme com o fim de impor às populações uma educação prussiana; a de Strasburgo, reconstruída com o mesmo escopo, em 1870, pela Alemanha. A Universidade é uma das armas com que se duelam os dois partidos tradicionais da Inglaterra, o Whig e o Tory: os liberais criaram em 1828 a Universidade de Londres para combater o espírito conservador de Oxford. Na Bélgica, à Universidade de Lovaina, expoente do catolicismo, se contrapõe a Universidade de Bruxelas, liberalista e anticlerical. De um modo geral, pode-se dizer que as Universidades do século XIX serviram sempre aos ideais da democracia.

Claro que Universidade, segundo nos ensina Fernando de Azevedo, "implica a ideia de universalidade e reclama o livre exame, como obra cujo impulso criador se apoia e se alimenta na liberdade, tomada em sua plenitude, de crítica, e de investigação". A nossa, a Universidade do Brasil, que de Universidade até agora só tinha o nome, Universidade sem centros de pesquisas, sem seminários, sem extensão dos estudos à massa da população, criada numa hora de eclipse do regime democrático, só podia ser o que foi: um dos muitos prisioneiros no campo de concentração do extinto Estado Novo, trabalhando, como os galés, com os pés chumbados às grilhetas burocráticas do Dasp.

Aqui, em nossa Faculdade, com laboratórios deficientes, uma biblioteca pobríssima, era impossível sair do ramerrão da simples ciência transmitida. Certa vez que um grupo de alunas tentou organizar, sob a direção do ex-bibliotecário dr. Otto Maria Carpeaux, uma antologia dos poetas franceses, não encontrou na biblioteca da casa nem nas outras bibliotecas públicas o indispensável material bibliográfico para a sua tarefa; teve de recorrer a particulares. Fez o seu trabalho, mas não conseguiu vencer a inércia burocrática. No entanto um só fato mostra que os brasileiros somos capazes de invenção desde que nos ponham nas mãos os instrumentos de pesquisa: quero referir-me aos notáveis trabalhos sobre o fenômeno termodielétrico, isto é, a produção de eletricidade nas mudanças de estado físico, descoberta do professor Costa Ribeiro e seus assistentes. É que o nosso ilustre colega teve a sorte de herdar da extinta Universidade do Distrito Federal o necessário equipamento de investigação.

Com a autonomia concedida, cabe-nos agora a plena responsabilidade dos nossos destinos. Saberemos honrar a liberdade que nos foi deferida. Afiançam-no as palavras do Magnífico Reitor quando definiu a Universidade como "a consciência e o cérebro da Nação, a mais elevada expressão sistemática da sua vida espiritual"; quando conceituou a missão dela como um verdadeiro sacerdócio. Penhoram-no as conclusões do nosso diretor Carneiro Leão em seu último livro ao afirmar, com pura fé democrática e em escorreita síntese:

> Nenhuma educação que se não fundamente no tríplice objetivo de formar o indivíduo livre, expressão real de sua própria personalidade, a sociedade homogênea e harmoniosa, atenta à felicidade individual, social e nacional, e um universo interdependente, preocupado com o equilíbrio da comunhão entre os homens e entre os povos, corresponderá às aspirações humanas de um mundo melhor.

Meus caros afilhados: o vosso paraninfo quereria corresponder à vossa confiança, regalando-vos com um discurso como, em igual ocasião, fez Eugênio Maria Hostos para os primeiros graduados na Escola Normal de São Domingos, aquela peça que o mexicano Antonio Caso considera "a obra-prima do pensamento ético na América hispânica". Ou como a incomparável oração que Rodó pôs na boca do professor Próspero. Mas Hostos e Rodó eram grandes pensadores, e eu, ai de mim, *je ne m'entends qu'à la métrique*, não passo de um poeta que, quando abandona o verso, se sente sempre como um cavaleiro desmontado. Não passo de um poeta improvisado em professor, – no fundo um estudante encruado, que estudava convosco. Por isso, o que vos aconselho é que sigais as lições do uruguaio e do porto-riquenho: defendei sempre a vossa juventude interior, aspirai sempre a desenvolver, não um só aspecto, mas a plenitude de vosso ser, a consciência da unidade fundamental da natureza humana – lição de *Ariel*; procurai sempre a verdade neste mundo de aparências, e nesta hora de ruínas, lembrai-vos do que disse Hostos:

> Dai-me a verdade e eu vos darei o mundo. Sem a verdade, destruireis o mundo, ao passo que eu, com a verdade, e só com a verdade, reconstruirei o mundo tantas vezes quantas o houverdes destruído. E dar-vos-ei não somente o mundo da matéria, mas também o mundo que o espírito humano perpetuamente constrói acima do mundo material.

Eu não vos aconselharia a verdade só. Digamos a verdade e o amor. O grande Martí, num dos momentos mais duros de sua existência, escreveu à mãe que neste mundo a verdade e a ternura não são coisas inúteis. Ides começar fora desta casa uma tarefa onde não faltarão os embaraços, os dissabores, as decepções. Não vos desejo senão o contrário de tudo isso. Mas, nas horas difíceis e incertas, não vos deixeis abater pelo desânimo, nem transviar no pessimismo: afirmai antes, com mais entusiasmo, em vossa juventude interior preservada, que a verdade e a ternura não são coisas inúteis, e continuai lutando com verdade e ternura.

Apresentação da poesia brasileira

A poesia no Brasil começa com as produções dos catequistas da Companhia de Jesus, autos e poemas avulsos, todos de intenção edificante. A tardia coleta dessas nossas "primeiras letras" fez atribuir quase tudo a JOSÉ DE ANCHIETA (1534-1597), de todos os padres o mais dotado de sensibilidade poética. E "será possível deslindar, com absoluta certeza, se o conteúdo dos cadernos de Anchieta é exclusivamente seu"? A pergunta é do Padre Serafim Leite, o eminente autor da *História da Companhia de Jesus no Brasil*, o qual aponta logo sério fundamento para se admitir a autoria, ou pelo menos a intervenção, do padre MANUEL DO COUTO no *Auto de São Lourenço*. O mais formoso espécime dessa poesia de fundo religioso são as trovas "A Santa Inês na vinda de sua imagem":

> Cordeirinha linda,
> como folga o povo,
> *porque vossa vinda*
> *lhe dá lume novo!*

> Cordeirinha santa,
> de Jesus querida,
> vossa santa vida
> o diabo espanta.

> Por isso vos canta,
> com prazer, o povo,
> *porque vossa vinda*
> *lhe dá lume novo.*

Figura esse poema nos cadernos de Anchieta, mas o sabor bem português dos versos e a reminiscência do Alentejo na sexta estrofe ("Não é de Alentejo. Este vosso trigo...") suscitam ao sábio historiador jesuíta a suspeita de que o verdadeiro autor seja o alentejano Manuel do Couto.

Em 1601 foi publicada em Lisboa a *Prosopopeia*, poema épico composto de 94 estrofes em oitava rima, que tem por herói o capitão e governador-geral de Pernambuco Jorge de Albuquerque Coelho. Nenhum valor literário apresenta, quer pelo conteúdo, mera sucessão de lisonjas bombásticas ao "sublime Jorge", que o autor, pelos olhos de Proteu, vê "com braço indômito e valente,/ A fama dos antigos eclipsando", quer pela forma, canhestro decalque das dições camonianas (no argumento: "cantem Poetas o poder romano... Que eu canto um Albuquerque soberano..."; na invocação: "E vós, sublime Jorge... Suspendei por agora a mente alta..."; na narração: "A lâmpada do Sol tinha encoberto/ Ao mundo sua luz serena e pura..."; e até na conclusão: "Não mais, esprito meu, que estou cansado/ Deste difuso, largo e triste Canto..."). Todo o interesse do poema residia na circunstância de ser tido o autor como o primeiro poeta nascido no Brasil. Chamava-se Bento Teixeira (1561-1600) e é assim que assina o prólogo oferecendo a obra a Jorge de Albuquerque. Todavia a naturalidade brasileira de Bento Teixeira é atualmente discutida, pois Gilberto Freyre e depois Rodolfo Garcia assinalaram no livro da *Primeira visitação do Santo Ofício às partes do Brasil (Denunciações de Pernambuco)* um cristão-novo do mesmo nome, que prestou depoimento perante a mesa do Santo Ofício em janeiro de 1594 na cidade de Olinda, depoimento no qual se dá por natural do Porto. Esse Bento Teixeira era homem instruído e lecionava a meninos em Pernambuco. Ora, Bento Teixeira instruído e capaz de escrever o poema não havia outro no Pernambuco daquele tempo, argumentava Rodolfo Garcia.

O que não sofre dúvida é que a primeira grande figura da poesia brasileira só aparece na segunda metade do século XVII, na pessoa do baiano Gregório de Matos (1636-1695). Nascido em Salvador, passou a infância na Bahia e estudou leis em Coimbra, doutorando-se. Advogou em Lisboa, onde também foi juiz do crime, e depois serviu numa comarca próxima como juiz de órfãos e ausentes. Mas a sua veia satírica, que lhe valeria mais tarde a alcunha de "Boca do Inferno", tornou-o malquisto na Corte. Parece que baldado na pretensão de ser promovido à Casa da Suplicação resolveu retirar-se para o Brasil. Na Bahia D. Gaspar Barata, primeiro arcebispo, que havia sido seu companheiro de viagem, fê-lo tesoureiro da Sé e vigário-geral. Não tardou o Poeta a incompatibilizar-se com o substituto de D. Gaspar por não querer vestir o hábito sacerdotal, a que o obrigavam as funções. Acabou demitido. Inimizado com os religiosos, inimizado com o governo, malvisto pela sociedade, levava uma vida solta, vingando-se a poder de versos satíricos da desconsideração a que decaíra, ele que fora citado com elogios pelo Padre Manuel Bernardes. Sátiras contra tudo e contra todos. Contra os portugueses e brasileiros:

> Que os Brasileiros são bestas,
> e estão a trabalhar
> toda a vida por manter
> maganos de Portugal.

Contra os brancos que se presumiam de fidalgos:

> No Brasil a fidalguia
> no bom sangue nunca está,
> nem no bom procedimento,

Contra negros e mulatos:

> [...] é mulato:
> ter sangue de carrapato
> cheirar-lhe a roupa a mondongo
> é cifra da perfeição:
> milagres do Brasil são.

Contra a pretendida fidalguia indígena:

> Só sei que deste Adão de Massapé,
> Alarve sem razão, bruto sem fé,

Apresentação da poesia brasileira

Sem mais leis que a do gosto...
Uns fidalgos procedem desta terra.

Não lhe dava, porém, a sua vida, autoridade para verberar os vícios da colônia: esse inimigo dos mulatos escandalizava a toda a gente pelos seus amores com mulatas da mais baixa classe; censurava os bajuladores, mas bajulava também; não tinha escrúpulos em plagiar Góngora e Quevedo; casando-se com uma viúva, procedia de tal forma, que a esposa teve de fugir do lar e acolher-se à casa de um parente... Afinal foi deportado para Angola, onde não se demorou, porque, tendo auxiliado o governador no processo de uma revolta da tropa, obteve do rei, como recompensa, a permissão de regressar ao Brasil. Embarcou para Pernambuco. Ali se entregou à mesma vida, zombando de tudo, na companhia de violeiros e folgazões. O Recife deve ter-lhe parecido ainda pior que a Bahia, e descreve-o assim:

Por entre o Beberibe e o Oceano,
Em uma areia sáfia e lagadiça,
Jaz o Recife, povoação mestiça,
Que o belga edificou, ímpio tirano.

Gregório de Matos escreveu poesias líricas, religiosas e satíricas. Nos dois primeiros gêneros não foi melhor nem pior que os gongoristas do tempo em Portugal: a um passarinho chamou "ramilhete do ar e flor do vento"; o seu soneto a uma borboleta está cheio das sutilezas e jogos de simetria da escola:

Tu a vida deixas, eu a morte imploro
Nas constâncias iguais, iguais em chamas.

Mas ai! que a diferença entre nós choro,
Pois acabando tu ao fogo, que amas,
Eu morro, sem chegar à luz, que adoro.

Uma vez ou outra escapou a esses vícios de expressão. Está nesse caso o belo soneto que começa pelo verso "Nasce o sol e não dura mais que um dia..."

A importância de Gregório de Matos lhe advém da parte satírica de sua obra, a primeira que reflete em versos a sociedade da colônia, com o seu mestiçamento, o parasitismo português, os desmandos sexuais e outros males. Não foi um grande poeta, mas era uma personalidade forte, a primeira que assim se afirmava no Brasil, onde a sua posição corresponde proximamente à de Juan de Caviedes, no Peru. Ao lado dele mal se pode lembrar o nome de MANUEL BOTELHO DE OLIVEIRA (1636-1711), autor de um medíocre poema descritivo intitulado *A Ilha da Maré*, cujo único mérito está em inaugurar o louvor do país em nossa poesia.

O sentimento nativista amadurece no decorrer do século XVII, gerando conflitos sangrentos entre os filhos da terra e os portugueses, provocando nas atividades literárias o interesse pela natureza e pela história do Brasil, afirmando-se nos gabos muitas vezes excessivos. Isso e a necessidade do estímulo resultante do trabalho em comum constituíram o principal móvel das sociedades que então se fundaram e que nem por precária que fosse a sua existência e medíocre a produção deixaram de exercer benéfica influência no desenvolvimento de nossas letras.

A primeira dessas academias, a dos Esquecidos, revela desde o nome o propósito de lembrar a Portugal, em cujas academias não tivemos entrada, que havia no Brasil quem se interessasse pelas coisas do espírito. Como escreveu José Veríssimo, "apesar da origem oficial, e de serem um arremedo, havia nelas um sentimento de emulação com a Metrópole, e portanto um primeiro e leve sintoma de espírito local de independência". Fundou-se a Academia dos Esquecidos na Bahia, em 1724, sob o patrocínio do vice-rei D. Vasco Fernandes César de Meneses, e reuniu-se pela última vez em fevereiro de 25. Em 59, por iniciativa de José Mascarenhas, conselheiro do ultramar na Bahia, tentou-se fazer renascer a extinta academia numa nova sociedade literária, e daí o seu nome de Academia dos Renascidos. Teve ela duração ainda mais breve que a primeira, pois nesse mesmo ano se dissolveu, em consequência da prisão de seu fundador e diretor perpétuo,

Apresentação da poesia brasileira

culpado de não ter dado cumprimento às ordens secretas, que trouxera de Lisboa, contra os jesuítas.

No Rio de Janeiro, a academia mais antiga foi a dos Felizes (1736--1740), a que se seguiu a dos Seletos (1752) e finalmente a Sociedade Literária, fundada em 86 pelo poeta Silva Alvarenga. Tiveram todas vida efêmera, sendo que a dos Seletos apenas celebrou a sessão magna de abertura. Muito citada é ainda uma certa Arcádia Ultramarina; pouco se sabe de positivo sobre ela, senão que já em 68 o poeta Cláudio Manuel da Costa se dizia "árcade ultramarino". José Veríssimo nega-lhe a existência como sociedade organizada: "Árcade", diz o crítico em sua *História da literatura brasileira*, "valia o mesmo que poeta. 'Árcade ultramarino' não dizia mais que poeta de ultramar, sem de forma alguma indicar a existência no Brasil dessas sociedades, que de fato nunca aqui existiram."

Quem ler a história da Academia Brasílica dos Renascidos, escrita por Alberto Lamego, pode fazer ideia do espírito que animava todas essas sociedades. Espírito que se comprazia em torneios fúteis, como o de saber "qual a empresa de maior glória: celebrar Lisboa a conservação da vida de el-Rei nosso Senhor na sua presença ou celebrá-la a Bahia na sua ausência?" Ou glosar motes como este:

> Oh mil anos viva, amém,
> O nosso único José;
> Assim como único é,
> Eterno seja também.

Competiam os Renascidos em escrever sonetos onde cada verso pertencia a uma das cinco línguas – latina, portuguesa, espanhola, italiana e francesa – ou sonetos anagramáticos etc., tudo jogo de palavras, de que nada se salvou.

Tão mesquinha foi a nossa poesia na primeira metade do século XVIII, que um fraco poeta como Frei Manuel de Santa Maria ITAPARICA (1704--1768?), por se destacar dos demais, mereceu entrada em todas as nossas histórias literárias. É seu nome lembrado por duas obras: *Eustáquidos*, poema heroico e sacro-tragicômico, em seis cantos de cinquenta oitavas reais cada um, cujo assunto é a vida de Santo Eustáquio, e a *Descrição da Ilha de Itaparica*, em 72 oitavas. Esta é prezada pelo sentimento nativista, que faz lembrar Botelho de Oliveira e a sua *Ilha da Maré*. O frade descreve a natureza da ilha natal, gaba-lhe a fertilidade e pinta a vida dos pescadores, a caça às baleias etc.

No meado do século XVIII Minas Gerais tornou-se, em consequência da exploração do ouro e dos diamantes, a capitania mais rica e mais populosa do Brasil. Com a riqueza desenvolveu-se também a cultura intelectual. Em alguns decênios os humildes arraiais de catadores se transformaram em belas cidades, ainda hoje admiradas pela arquitetura dos seus templos e construções civis. Vila Rica, a atual Ouro Preto, decretada em 1933 monumento nacional, São João del-Rei, Mariana, Diamantina constituíram-se em focos de instrução, onde se estudavam não só as letras clássicas, mas também as literaturas modernas, principalmente a italiana, a espanhola e a portuguesa. Essa civilização do ouro produziu algumas das figuras mais notáveis das nossas artes: na escultura e na arquitetura, Antônio Francisco Lisboa, o Aleijadinho; na pintura, Manuel da Costa Ataíde; na literatura, o grupo de poetas que se costuma chamar, aliás impropriamente, a *Escola Mineira*.

Não há na obra desses poetas nada que a possa extremar do arcadismo português, mas como na poesia de Bocage e de Anastácio da Cunha já se podem distinguir uma ou outra vez uns como prenúncios do romantismo, assim em certos dos nossos árcades é de observar alguma coisa que representa, na emoção mais sincera ou no aproveitamento do elemento brasileiro, uma força renovadora ainda sem consciência de si mesma.

Seis são os poetas principais desse grupo: CLÁUDIO MANUEL DA COSTA, TOMÁS ANTÔNIO GONZAGA, BASÍLIO DA GAMA, SANTA RITA DURÃO, ALVARENGA PEIXOTO e SILVA ALVARENGA. Cláudio Manuel da Costa, Gonzaga e Alvarenga Peixoto foram grandes amigos, e todos três se viram envolvidos no movimento libertário da Inconfidência (1789). "O número considerável de poetas que figuram entre os chefes da conspiração", escreveu João Ribeiro, "dá-lhe um certo caráter de elevação intelectual e teórica que em outras revoluções práticas fica apenas subentendido; mas mostra que não podiam aspirar a outro

Apresentação da poesia brasileira

papel que o de precursores." A tentativa malogrou-se ainda no período das conversações: presos os conspiradores, Cláudio Manuel da Costa suicidou--se e os outros dois foram desterrados para a África.

CLÁUDIO MANUEL DA COSTA (1729-89) nasceu nos arredores de Mariana. Fez o curso de letras no Colégio dos Jesuítas do Rio de Janeiro e depois partiu para Portugal, onde se formou em cânones na Universidade de Coimbra. Datam de então as suas primeiras obras poéticas – *O munúsculo métrico*, o *Epicédio* e o *Labirinto do amor* – as quais o próprio Poeta não julgou dignas de figurar na edição de suas *Obras* (1768). Terminado o curso, voltou ao Brasil e entregou-se à profissão de advogado em Vila Rica. Na administração pública exerceu várias vezes o cargo de secretário do governo.

As obras poéticas de Cláudio Manuel compreendem sonetos, cantatas, églogas, epístolas etc. e o poema *Vila Rica*. Foi ele certamente do grupo mineiro o mais preso aos modelos arcádicos; era, por outro lado, o mais culto e o mais correto na metrificação e na linguagem. A parte melhor de sua produção está nos sonetos, em alguns dos quais, renunciando aos artifícios da escola e aproximando-se da tradição camoniana, se exprimiu com sobriedade e vigor. Assim, no soneto que começa pelo verso "Destes penhascos fez a natureza..." No *Vila Rica* não conseguiu o Poeta pôr a emoção que porventura lhe despertava a terra natal. O poema arrasta-se através de narrativas e descrições insípidas, onde é raro um ou outro movimento de verdadeira inspiração.

TOMÁS ANTÔNIO GONZAGA (1744-1810) nasceu na cidade do Porto. O pai era brasileiro; a mãe, portuguesa, filha de inglês. Aos oito anos de idade veio para o Brasil com o pai, que havia sido nomeado ouvidor-geral em Pernambuco e foi depois intendente-geral do ouro na Bahia. Só aos dezesseis anos voltou a Portugal, para estudar na Universidade de Coimbra. Esses nove anos de infância passados no Brasil tiveram influência na formação do Poeta e de certo modo o naturalizaram brasileiro. Bacharel em 68, exerceu Gonzaga o cargo de juiz de fora em Beja e no ano de 82 foi despachado para o Brasil como ouvidor e procurador de defuntos e ausentes na comarca de Vila Rica. Esse homem já maduro apaixonou-se então por uma brasileirinha de 16 anos, de quem ficou noivo. Era Maria Doroteia Joaquina de Seixas, pertencente a uma das melhores famílias da cidade, a qual ficaria imortalizada nas liras do Poeta sob o nome de Marília. Em 86 foi Gonzaga nomeado desembargador da Relação da Bahia. No mês de abril requereu licença para o seu casamento, que estava marcado para o fim de maio. Mas denunciado o poeta como conspirador, foi preso e transportado para a fortaleza da Ilha das Cobras, no Rio de Janeiro, donde só saiu em 92 para cumprir a sentença de desterro por dez anos em Moçambique. "Minha bela Marília, tudo passa", cantara o Poeta à sua amada nos tempos felizes do noivado. Não terá morrido o sentimento no coração de Marília, pois morreu solteira em avançada idade. Mas Gonzaga, logo afeito à sociedade de Moçambique, onde se tornou a principal figura – era ali o único advogado habilitado e procurador da Coroa e da Fazenda –, casou-se um ano depois com uma senhora "de muita fortuna e poucas letras". Mesmo depois de esgotado o prazo do desterro, deixou-se ficar na África e um ano antes do seu falecimento era nomeado juiz da Alfândega. Não passa pois de pura lenda a velha informação biográfica que dava o Poeta como tendo terminado os seus dias em situação de miséria e loucura, torturado pelas saudades do Brasil e da sua Marília.

Os poetas do grupo mineiro, embora não pertencessem a nenhuma arcádia regularmente organizada, usavam, como os árcades portugueses, pseudônimos poéticos: Cláudio Manuel da Costa era *Glauceste Satúrnio*; Alvarenga Peixoto, *Eureste Fenício*; Silva Alvarenga, *Alcindo Palmireno*; Basílio da Gama, *Termindo Sipílio*. Gonzaga adotou nas suas líricas o nome de *Dirceu*.

O livro *Marília de Dirceu* é a história dos amores do Poeta, cujos sonhos de felicidade foram tão cruelmente cortados pelo processo em que se viu colhido. O crítico português Rodrigues Lapa assinalou com agudeza o ideal burguesmente familiar desses amores, tão bem ilustrados pela Lira 3 da parte III na qual o Poeta se vê no futuro sentado à mesa de estudo, cercado de altos volumes de enredados feitos:

> Enquanto revolver os meus consultos,
> Tu me farás gostosa companhia,
> Lendo os fastos da sábia, mestra História,
>   E os cantos da poesia.

> "Lerás em alta voz a imagem bela;"
> Eu, vendo que lhe dás o justo apreço,
> Gostoso tornarei a ler de novo
>   O cansado processo.

Marília de Dirceu tornou-se desde logo a lírica amorosa mais popular da literatura de língua portuguesa e nenhum poema, a não ser *Os Lusíadas*, tem tido tão numerosas edições. Embora sejam encontradiços na maioria de suas liras os recursos estafados da poesia arcádica, como sejam os fingimentos pastoris e as alusões mitológicas, há em muitas delas um tom de ingênua simplicidade que as coloca acima da produção dos árcades da metrópole; e como notou Rodrigues Lapa, "o sentimento vivo da paisagem, que busca o termo exato e concreto e não recua diante do vocábulo técnico". Esta última característica é sobretudo visível nas primeiras estrofes da lira atrás citada, certamente uma das mais belas:

> Tu não verás, Marília, cem cativos
> Tirarem o cascalho e a rica terra,
> Ou dos cercos dos rios caudalosos,
>   Ou da mina da Serra.

> Não verás separar ao hábil negro
> Do pesado esmeril a grossa areia,
> E já brilharem os granetes de ouro
>   No fundo da bateia.

> Não verás derrubar os virgens matos,
> Queimar as capoeiras inda novas,
> Servir de adubo à terra a fértil cinza,
>   Lançar os grãos nas covas.

> Não verás enrolar negros pacotes
> Das secas folhas do cheiroso fumo;

Nem espremer entre as dentadas rodas
Da doce cana o sumo.

Nessa lira esqueceu o Poeta a paisagem e a vida europeias, os pastores, os vinhos, o azeite e as brancas ovelhinhas, esqueceu o travesso deus Cupido, e a sua poesia reflete com formosura a natureza e o ambiente social brasileiro, expressos nos termos da terra – *cercos, bateia, capoeiras* – com um fino gosto que não tiveram em suas tentativas pedestres os precursores Botelho de Oliveira e Santa Maria Itaparica.

Um dos problemas mais debatidos da crítica em nossa literatura é o da autoria das *Cartas chilenas,* poema satírico escrito na segunda metade do século XVIII sob o criptônimo de *Critilo,* nome tomado de uma personagem do *Criticón,* de Baltasar Gracián. As *Cartas chilenas* constituem uma diatribe violentíssima contra a pessoa e a administração do governador Luís da Cunha Meneses e seus favoritos. O governador aparece nelas representado sob os traços do herói burlesco FANFARRÃO MINÉSIO. Deriva o título da sátira do fato de ter o poeta usado o disfarce literário de transportar a ação de Vila Rica para Santiago do Chile. Foram impressas pela primeira vez, em número de sete, na revista *Minerva Brasiliense,* no ano de 1845. O promotor dessa primeira edição, o escritor chileno Santiago Nunes Ribeiro, redator da citada revista, estampou como testemunho da autoria de Gonzaga uma declaração assinada por Francisco das Chagas Ribeiro, fornecedor do manuscrito: "Tenho motivos para certificar que o dr. Tomás Antônio Gonzaga é autor das *Cartas chilenas".* Uma segunda edição, mais completa, pois compreendia treze cartas, foi publicada pelo editor Laemmert em 1863; o texto da nova edição se baseava num manuscrito encontrado por Luís Francisco da Veiga entre os papéis de seu avô, Francisco Saturnino da Veiga, que foi contemporâneo do autor das cartas, as quais atribuía a Gonzaga. Ao ler as *Cartas chilenas* nessa edição, o historiador e crítico brasileiro Varnhagen fortaleceu-se na opinião, já expendida em seu *Florilégio da poesia brasileira,* de que a obra não podia ser imputada senão a Cláudio Manuel da Costa. Posteriormente, foi a questão muito discutida e favoráveis a Gonzaga se manifestaram, entre outros, José Veríssimo e Alberto Faria. Em 1940 Afonso

Arinos de Melo Franco publicou uma edição das famosas cartas baseada nos três manuscritos que pertenceram a Francisco Saturnino da Veiga e que hoje pertencem ao arquivo do Instituto Histórico e Geográfico Brasileiro. Traz essa edição um longo prefácio que expõe os antecedentes do problema e discute-o, concluindo pela autoria de Gonzaga para as treze cartas e de Cláudio Manuel da Costa para a epístola que as precede.

Veríssimo, em sua *História da literatura brasileira*, assinalara que dos versos 19-30 da Carta IX se pode inferir ser o autor português de nascimento. Esses versos são os seguintes:

> Pois não me deu a veia de Poeta,
> Nem me trouxe por mares empolados
> A Chile, para que, gostoso e mole
> Descanse o corpo na franjada rede.
>
> Nasceu o sábio Homero entre os antigos,
> Para o nome cantar do negro Aquiles;
> Para cantar também ao pio Eneias,
> Teve o povo Romano o seu Virgílio.
> Assim para escrever os grandes feitos,
> Que nosso Fanfarrão obrou em Chile,
> Entendo, Doroteu, que a Providência
> Lançou na culta Espanha o teu Critilo.

Ora, Gonzaga, nascido em Portugal, era o único poeta do grupo mineiro que poderia falar assim.

No Arquivo Histórico e Colonial de Lisboa encontrou o historiador brasileiro Luiz Camilo de Oliveira Neto uma representação de Gonzaga à rainha denunciando as violências do governador Cunha Meneses. Cotejando-a com alguns trechos das cartas verificou ele que o ofício do juiz resume as irregularidades largamente comentadas pelo Poeta. Em certo ponto as expressões são as mesmas. Escreve o juiz: "Enfim, Senhora, ele não tem outra lei e razão mais que o ditame de sua vontade". E o Poeta, na Carta IX:

Ensaios literários

> [...] um bruto Chefe,
> Que não tem outra Lei mais que a vontade?

A prova estilística também é favorável a Gonzaga. Alberto Faria notara na Carta I as expressões "soprar o vento de alheta" e "desrinzados" em dois versos consecutivos. Essas duas expressões se encontram também numa mesma estrofe da lira VII da terceira parte de *Marília de Dirceu*. A primeira é pouco comum; a segunda não aparece registrada com o *i* nasalado em nenhum dicionário. Elas valem, pois, quase por uma assinatura de Gonzaga. Varnhagen apresentara como argumento estilístico em favor de Cláudio Manuel da Costa as repetições de palavras no mesmo verso, construção frequente em Critilo e em Cláudio. Mas a estatística das palavras repetidas mostra que a percentagem é de 2,7 nas *Cartas*; de 0,6 na obra de Cláudio e de 2 na de Gonzaga. A esse aspecto Gonzaga é dos dois poetas o que mais se aproxima de Critilo.

Ao contrário de Varnhagen, a generalidade dos críticos tem reconhecido o valor literário dessas cartas, inestimáveis aliás como documento de crítica de costumes. Aquela sociedade improvisada em pleno sertão pela cobiça do ouro, com os seus desmandos de prepotência e sensualidade, nos é pintada por Critilo com implacável realismo, de vivo sabor às vezes, como por exemplo na descrição do lundu dançado em palácio tão desenvoltamente quanto

> Nas humildes choupanas, onde as negras,
> Aonde as vis mulatas, apertando
> Por baixo do bandulho a larga cinta
> Te honravam, c'os marotos, e brejeiros,
> Batendo sobre o chão o pé descalço.

ALVARENGA PEIXOTO (1744-1792) nasceu no Rio de Janeiro, fez os estudos secundários no Colégio dos Jesuítas e formou-se em leis pela Universidade de Coimbra. Voltando ao Brasil, foi bem acolhido pelo vice-rei, o Marquês do Lavradio, a quem se deveu a fundação da Casa da Ópera, para a qual traduziu o Poeta a *Mérope* de Maffei e escreveu um drama em verso, *Eneias no Lácio*. Alvarenga Peixoto não se fixou no Rio: seguiu para Minas Gerais, estabelecendo-se em São João del-Rei, abandonando a advocacia pela indústria da mineração, que o tornou abastado. Comprometido na Inconfidência (teria sido ele quem propôs para legenda da bandeira revolucionária a frase *Libertas quæ sera tamen*), foi condenado ao desterro em Ambaca (África), onde faleceu. Deixou Alvarenga Peixoto fama de homem eloquente e imaginoso. Incerto é o juízo que se possa formar de sua obra poética, pois dela só nos restam vinte sonetos, umas sextilhas, três odes incompletas, duas liras, uma cantata e um *Canto genetlíaco* em oitava rima, na sua maioria versos de circunstância em louvor de poderosos.

Silva Alvarenga (1749-1814) nasceu em Vila Rica. Era mestiço, filho de um músico pobre, que, graças ao auxílio de amigos, conseguiu fazê-lo educar no Rio. O Poeta herdara do pai facilidade para a música: tocava rabeca e flauta, dotes que, unidos ao seu natural simpático e espirituoso, lhe conquistaram logo a popularidade, não só aqui como em Portugal, para onde se passou em 1768 a fim de estudar na Universidade de Coimbra. Ali, ainda estudante, escreveu um poema herói-cômico, *O desertor das letras*, sátira aos velhos métodos de ensino seguidos na Universidade antes da reforma de Pombal, poema que foi publicado à custa ou por ordem do ministro de D. José. Depois de formado, regressou ao Brasil e na cidade natal exerceu a advocacia até 82, quando se transferiu para o Rio, vivendo a partir de então como professor de retórica e poética, cargo para o qual fora nomeado pelo vice-rei Luís de Vasconcelos, seu protetor e amigo. Silva Alvarenga era um estudioso não só das principais literaturas europeias, inclusive a inglesa, como de matemática e ciências físicas e naturais. Deve-se-lhe a iniciativa da fundação de uma sociedade científica, que teve duração efêmera, mas que ele restaurou mais tarde sob o nome de Sociedade Literária. Essa última foi dissolvida pelo vice-rei Conde de Resende, o qual, dando ouvidos à denúncia de um desafeto do Poeta, o fez prender como culpado de manter um clube de jacobinos em cujas reuniões se discutia religião e política. Dois anos depois era posto em liberdade, alquebrado e desiludido. Todavia ainda colaborou na revista literária *O Patriota*.

Sua obra principal intitula-se *Glaura* e traz por subtítulo *Poemas eróticos de um americano*. A primeira parte consta toda de poesias em forma de rondó; não o rondó de forma fixa, mas aquele em que um dístico ou uma quadra se repete depois de cada estrofe. A segunda parte compõe-se de madrigais. Há mais variedade de ritmos, e ainda de sentimentos e de tom na *Marília de Dirceu* do que em *Glaura*; mas no livro de Silva Alvarenga a simplicidade é a mesma, senão maior e mais constante; menor também o repertório arcádico. As notas brasileiras são mais frequentes e introduzidas com uma naturalidade que lhes tira todo caráter exótico: a cada passo falam os versos de mangueiras, cajueiros, laranjeiras; uma vez alude ao pico da Gávea. Já em *O desertor das letras* se lembrara enternecidamente do Pão de Açúcar:

> Nem tu, ó Pão de Açúcar, namorado
> Da formosa Cidade, Velho e forte,
> Que dás repouso às nuvens, e te avanças
> Por defendê-la do furor das ondas.

Por essas qualidades merece o poeta de *Glaura* ser colocado entre os prenunciadores do nosso romantismo.

BASÍLIO DA GAMA (1741-1795) nasceu nos arredores de São José del-Rei, hoje Tiradentes, de pai português e mãe brasileira. Foi aceito na Companhia de Jesus em 1757. Concluído o noviciado no Colégio do Rio de Janeiro em maio de 59, deve ter feito os votos perpétuos, e continuou os estudos. Mas nesse mesmo ano é a Ordem expulsa do Brasil. Passou-se então o Poeta a Portugal. Não se demorou ali; seguiu para Roma, onde foi admitido à Arcádia Romana. Em fins de 66, começos de 67, veio ao Brasil, aqui ficando pouco tempo, e tornou a Portugal para estudar em Coimbra. Devido à sua condição de ex-jesuíta, foi então preso e condenado ao desterro em Angola. Livrou-se de cumprir a sentença escrevendo um epitalâmio para a filha de Pombal. E em 69 publicava o poema épico *O Uraguai*, no qual procurou reabilitar-se mais completamente junto aos seus protetores por meio de comentários ferinos contra os jesuítas, aos quais devia a sua educação. Mais tarde foi nomeado oficial da Secretaria do Reino. Faleceu em Lisboa.

Apresentação da poesia brasileira

O assunto d'*O Uraguai* é a guerra que Portugal, ajudado pela Espanha, moveu aos índios das Missões do Rio Grande do Sul, rebelados contra a execução do tratado de 1750, que os transferia do domínio dos padres jesuítas para o dos portugueses. O poema tem cinco cantos e o seu herói é Gomes Freire de Andrada. O primeiro canto arrasta-se prosaicamente na descrição de uma revista de tropas prestes a iniciar a campanha e na narrativa das causas do conflito, feita por Gomes Freire ao núncio do rei da Espanha. Quase todo o segundo canto é tomado pela entrevista entre o chefe português e Cacambo, o cacique dos tapes. Não se rende o índio às razões do branco, trava-se a luta e Cacambo, vencido, retira-se. Para amenizar a crônica histórica e também polêmica do poema, que no fundo é um verdadeiro panfleto contra os jesuítas, acrescentou-lhe o autor o elemento sentimental sob a forma dos amores de Cacambo. E o canto terceiro nos mostra Lindoia, a esposa do índio, vendo pelas artes mágicas de uma velha feiticeira o terremoto de Lisboa, a reconstrução da cidade por iniciativa de Pombal, e finalmente as naus que a outros climas,

> Longe dos doces ares de Lisboa,
> Transportam a Ignorância, e a magra Inveja,
> E envolta em negros, e compridos panos
> A Discórdia, o Furor. A torpe, e velha
> Hipocrisia vagarosamente
> Atrás deles caminha [...]

Alusão aos padres da Companhia expulsos de Portugal. Envenenado Cacambo pelo Padre Balda, que queria dar a esposa e a sucessão do chefe tape a Baldeta, seu filho natural com uma índia, Lindoia deixa-se picar por uma serpente venenosa e morre: é o único episódio emocionante do poema, terminando pelo verso famoso onde o Poeta sobrepuja em beleza de forma o de Petrarca, de que é tradução: "Tanto era bela no seu rosto a morte!" O último canto consiste numa descrição de imaginadas pinturas na abóbada do templo principal do povo de São Miguel: a Companhia dando leis ao mundo, pretexto para novos ataques contra os jesuítas. E o Poeta remata, falando ao seu poema:

Serás lido, *Uraguai*. Cubra os meus olhos
Embora um dia a escura noite eterna.
Tu vive, e goza a luz serena, e pura.

Não há grandeza de inspiração n'*O Uraguai*: os seus méritos residem na beleza das paisagens, correção e brilho da forma, fino sentimento no episódio da morte de Lindoia. Não se lhe pode negar também a evidente originalidade: cinquenta anos antes de Garrett compôs Basílio da Gama um poema nos moldes que deram ao *Camões* do poeta português o título de iniciador do movimento romântico – pôs de lado a mitologia e a oitava real; fugiu aos recursos gongóricos e arcádicos. Todavia o espírito que anima o poema não nos autoriza a colocá-lo, como querem alguns, entre as obras precursoras do romantismo.

SANTA RITA DURÃO nasceu em Cata Preta, distrito de Mariana, em 1722. Era filho de um militar português. Fez os estudos de humanidades no Colégio dos Jesuítas do Rio e doutorou-se em Teologia na Universidade de Coimbra, da qual foi mais tarde reitor. Pertenceu à ordem de Santo Agostinho. Por motivo ainda não apurado teve de deixar Portugal, passando-se à Espanha e depois à Itália. Em Roma foi patrocinado pelo papa Clemente XIV, que em 1764 o nomeou bibliotecário da Lancisiana. Nesse cargo esteve Durão nove anos, cercado do respeito dos literatos romanos. Voltou a Portugal para concorrer a uma cadeira na Universidade de Coimbra, sendo satisfeito em sua pretensão. Faleceu em 84.

Durão ficou em nossa literatura como autor da epopeia *Caramuru*. O poema é mais nosso do que *O Uraguai*, pelo assunto e pela intenção patriótica; mais extenso (dez cantos). Não tem, no entanto, a originalidade do outro. Durão apegou-se em tudo ao modelo camoniano. A obra é escrita em oitava rima e abre com a exposição do argumento na primeira estrofe, a invocação na segunda, o oferecimento a D. José nas seis seguintes. A invocação é toda cristã:

Santo Esplendor, que do grão Padre manas
Ao seio intacto de uma virgem bela;

Apresentação da poesia brasileira

Se da enchente de luzes soberanas
Tudo dispensas pela Mãe donzela;
Rompendo as sombras de ilusões humanas,
Tu do grão caso a pura luz revela;
Faze que em ti comece e em ti conclua
Esta grande obra, que por fim foi tua.

O oferecimento não se limita a uma simples lisonja: o Poeta recomenda ao príncipe a situação miserável da gente indígena "sempre reduzida a menos terra", rogando-lhe que ponha "aos pés do trono as desgraças do povo miserando". Havia em Durão aquela crença na bondade do homem natural, característica dos humanistas do século XVI e de certos filósofos do século XVIII. Nas reflexões prévias ao poema diz o Poeta que o ordenou "a pôr diante dos olhos dos libertinos o que a natureza inspirou a homens que viviam tão remotos das que eles chamam 'preocupações de espíritos débeis'".

Caramuru foi o nome dado pelos indígenas da costa da Bahia ao português Diogo Álvares Correia, que ali naufragou nos primeiros anos depois do descobrimento. No primeiro canto do poema se conta como o náufrago se impôs ao cacique Gupeva, ao qual depois defende contra o ataque de outro chefe gentio, Sergipe. Ocupa quase todo o canto seguinte uma prática entre Gupeva e o Caramuru, expondo aquele as crenças dos selvagens, ao passo que o português instrui o aliado nos mistérios da religião católica. Nas últimas estrofes aparece a índia Paraguaçu, filha de Taparica, o cacique da ilha do mesmo nome. Durão fá-la:

De cor tão alva como a branca neve,
E donde não é neve, era de rosa:
O nariz natural, boca mui breve,
Olhos de bela luz, testa espaçosa;

Paraguaçu fora destinada pelo pai para esposa de Gupeva. A índia, porém, não o aceitara. Gupeva cede-a ao Caramuru, que à primeira vista se apaixona pela princesa, no que é logo correspondido. Tão falso e convencional quanto o tipo atribuído pelo Poeta à índia é o caráter desses amores.

"Não se imagina", escreveu José Veríssimo, "um rude aventureiro do século XVI, ardente e voluptuoso, na situação singular, descrita por Durão, com uma índia, moça e amorosa, em meio desta natureza excitante e dos fáceis costumes indígenas, e sem nenhum estorvo social, comportando-se qual se comportou o seu, isto é, como um santo ou um lendário cavaleiro cristão, e a reservando, num milagre de continência, para sua esposa segundo a Santa Madre Igreja". No canto terceiro Gupeva volta a falar das lendas dos aborígines (versão do dilúvio, missão de S. Tomé). Os dois cantos seguintes são dedicados a novas lutas, desta vez contra o chefe índio Jararaca, que vinha disputar a Gupeva a posse de Paraguaçu. Vencido e morto Jararaca, partem Diogo Álvares e Paraguaçu do Brasil numa nau francesa, que os leva à corte de França. É o assunto do sexto e sétimo cantos. O par casa-se em Paris, tendo por padrinhos os reis de França. Caramuru descreve o Brasil a Henrique II numa sequência de estrofes pitorescamente prosaicas relativas à flora e à fauna do país. Há na fala do português um bonito detalhe quando se refere ao ananás:

> fruta tão boa,
> Que a mesma natureza namorada
> Quis como a rei cingi-la de coroa:

Na viagem de regresso à Bahia, estando Paraguaçu a orar diante da imagem da Virgem, cai em transe e, recordada, conta as visões que teve durante o desmaio: artifício literário de que se vale o Poeta para narrar sucessos posteriores da história brasileira – lutas contra os franceses e contra os holandeses. Enchem esses episódios os cantos oitavo e nono. Finalmente assistimos no último canto à chegada do primeiro governador-geral Tomé de Sousa. A penúltima estrofe do poema insiste no nobre propósito de proteção ao aborígine:

> Que o indígena seja ali empregado,
> E que à sombra das leis tranquilo esteja;
> Que viva em liberdade conservado,

Apresentação da poesia brasileira

> Sem que oprimido dos colonos seja:
> Que às expensas do rei seja educado
> O neófito, que abraça a santa igreja,
> E que na santa empresa ao missionário
> Subministre subsídio o régio erário.

Pela correção da linguagem figura Durão entre os clássicos do nosso idioma.

Outros poetas aparecem em nossas histórias literárias ilustrando a segunda metade do século, mas as suas produções estão quase completamente esquecidas. O PADRE ANTÔNIO PEREIRA DE SOUSA CALDAS (1762-1814) e FREI FRANCISCO DE SÃO CARLOS (1763-1829) escreveram poesias de caráter religioso: o primeiro é conhecido pela sua tradução dos Salmos; o segundo, pelo poema *A assunção da Santíssima Virgem*. Também de inspiração religiosa são a maioria das obras de ELÓI OTONI, tradutor dos *Provérbios de Salomão* e do *Livro de Jó*. JOSÉ BONIFÁCIO, o Patriarca da Independência, FRANCISCO DE MELO FRANCO (1757-1823), autor do poema *O reino da estupidez*, sátira aos mestres de Coimbra, e outros são, como os que acabamos de citar, figuras cuja atividade se prolongou ao século XIX (as *Poesias avulsas* de José Bonifácio foram publicadas em 1825 sob o pseudônimo de *Américo Elísio*). A produção de todos atesta fortemente a influência arcádica.

Domingos CALDAS BARBOSA, ao contrário, tendo falecido no ano de 1800 em Lisboa, onde foi membro da Nova Arcádia, mostra-se quase isento dos artifícios da escola. A sua poesia é toda inspirada nas formas populares, modinhas e lundus, gênero em que adquiriu grande popularidade tanto no Brasil como em Portugal. Caldas Barbosa era filho de português e de africana. Nasceu no Rio de Janeiro em 1740. A sua veia repentista e satírica, exercida contra os portugueses, foi causa de ser recrutado e mandado servir na Colônia do Sacramento. Ao regressar de lá, obteve baixa do exército e passou a Portugal, onde o protegeram os irmãos Conde de Pombeiro e Marquês de Castelo Melhor. Caldas recebeu ordens sacras e foi capelão da Casa da Suplicação. Continuou, porém, a cultivar a viola e as modinhas. É o primeiro brasileiro onde encontramos uma poesia de sabor inteiramente nosso. Algumas peças de seu livro – *Viola de Lereno* (*Lereno Selinuntino* era o seu nome da Arcádia) – parecem poesia popular de hoje:

> Prometeu-me Amor doçuras,
> Contentou-se em prometer;
> E me faz viver morrendo
> Sem acabar de morrer.
>
> ....
>
> Em mim tome um triste exemplo
> Quem amando quer viver;
> Saiba que é viver morrendo
> Sem acabar de morrer.
>
> ("Sem acabar de morrer")
>
> Cuidei que o gosto de Amor
> Sempre o mesmo gosto fosse,
> Mas meu Amor Brasileiro
> Eu não sei por que é mais doce.
>
> ("Doçura de amor")
>
> Eu sei, cruel, que tu gostas,
> Sim, gostas de me matar;
> Morro, e por dar-te mais gosto,
> Vou morrendo devagar.
>
> ("Vou morrendo devagar")

Esses e outros exemplos de poesia simples, de expressão correta e elegante, que se podem colher na *Viola de Lereno*, mostram a injustiça de José Veríssimo ao se ocupar de Caldas em sua *História da literatura brasileira*. Só viu na obra do mestiço os "requebros da musa mulata" a disfarçar a mesquinhez de inspiração e de forma.

Apresentação da poesia brasileira

Em 1836 publicou GONÇALVES DE MAGALHÃES no primeiro número da revista *Niterói*, editada em Paris por um grupo de brasileiros, o artigo intitulado "Ensaio sobre a história da literatura do Brasil – estudo preliminar", o qual valeu por um manifesto romântico, embora não aparecesse nele a palavra "romântico". Traçando rápida sinopse da nossa literatura, dizia Magalhães que herdáramos de Portugal a literatura e a poesia: "Com a poesia vieram todos os deuses do paganismo, espalharam-se pelo Brasil, e dos céus, das florestas e dos rios se apoderaram. A Poesia do Brasil não é uma indígena civilizada, é uma grega vestida à francesa e à portuguesa, e climatizada no Brasil; é uma virgem do Hélicon, que sentada à sombra das palmeiras da América toma por um rouxinol o sabiá que gorjeia entre os galhos da laranjeira. Encantada por este nume sedutor, por esta bela estrangeira, os poetas brasileiros se deixaram levar pelos seus cânticos e olvidaram as simples imagens que uma natureza virgem com tanta profusão lhes oferecia. Tão grande foi a influência que sobre o gênio brasileiro exerceu a grega mitologia transportada pelos poetas portugueses, que muitas vezes poetas brasileiros em pastores se metamorfoseiam e vão apascentar seu rebanho nas margens do Tejo e cantar à sombra das faias." Os nossos poetas, continuava Magalhães, deviam abandonar essa poesia estrangeira, fundada na mitologia, e voltar os olhos para a religião, "que é a base da moralidade poética, que empluma as asas ao Gênio, que o abala e o fortifica, e através do mundo físico até Deus o eleva". A meio do artigo perguntava: "Pode o Brasil inspirar a imaginação dos poetas? E os seus indígenas cultivaram por ventura a Poesia?" Concluía pela afirmativa. Se a nossa poesia não tivera até então caráter novo e particular, é que os nossos poetas não tinham tido "bastante força para despojarem-se do jugo dessas leis, as mais das vezes arbitrárias, daqueles que se arrogam o direito de torturar o Gênio, arvorando-se legisladores do Parnaso". Para corrigir essa fraqueza, propunha a lição de Schiller: "O poeta independente não reconhece por lei senão as inspirações de sua alma, e por soberano o seu gênio".

Nesse artigo estavam indicados os principais pontos que iriam constituir a revolução romântica no Brasil: abandono dos artifícios arcádicos, da mitologia, da paisagem europeia, em favor da natureza brasileira e da religião; abandono das regras clássicas, substituídas pela livre iniciativa individual.

Naquele mesmo ano de 1836 juntou Magalhães o exemplo às críticas e conselhos, editando em Paris o volume de poesias intitulado *Suspiros poéticos e saudades*. Artigo e livro tiveram grande repercussão no Brasil, suscitando numerosos entusiastas e discípulos.

A glória de Magalhães, como iniciador, tem sido contestada. Sílvio Romero e outros críticos rastrearam em poetas anteriores, desde o grupo mineiro, certas características do espírito romântico. Elas existem, é fato, mas só com Magalhães as vagas tendências românticas se organizaram em doutrina e movimento, não espontaneamente aliás, porém graças à influência de igual movimento na França e em Portugal. Magalhães foi secundado em sua ação reformadora por Porto-Alegre, cujas *Brasilianas* influenciaram, como os *Suspiros poéticos*, os poetas mais novos.

A poesia romântica enche o século XIX, de 36 até os primeiros anos da década de 80, renovando-se através das gerações, não na forma – vocabulário, sintaxe, métrica – a que se manteve sensivelmente fiel, mas nos temas, no sentimento e no tom. Pondo de parte as pequenas diferenciações individuais, pode-se distribuir a evolução romântica em três momentos capitais: o inicial, em que à inspiração religiosa, base da poesia de Magalhães e Porto-Alegre, reflexo da de Lamartine, acrescentou Gonçalves Dias a que buscava assunto na vida dos selvagens americanos; o segundo, representado pela escola paulista de Álvares de Azevedo e seus companheiros, onde predominou o sentimento pessimista, o tom desesperado ou cínico de Byron e Musset; finalmente o terceiro, o da chamada escola condoreira, de inspiração social, a exemplo de Hugo e Quinet.

Domingos José Gonçalves de Magalhães, Visconde de Araguaia (1811-1882) nasceu no Rio de Janeiro, onde fez os estudos secundários e se formou em Medicina. Aos 21 anos publicou uma coleção de poesias, ainda de gosto arcádico, e no ano seguinte partiu para a Europa. A viagem abriu-lhe os olhos para a poesia nova, cuja revolução se processava nos vários países que visitou. Adotou-a com entusiasmo. De volta ao Brasil, serviu como secretário do governo nas províncias do Maranhão e do Rio Grande do Sul,

Apresentação da poesia brasileira

foi eleito para a Câmara dos Deputados e finalmente abraçou a carreira diplomática, falecendo em Roma, onde era nosso ministro. Além dos *Suspiros poéticos*, escreveu *Os mistérios*, canto fúnebre, o poema indianista *A confederação dos Tamoios*, e a tragédia *Antônio José*.

Magalhães estava longe de ser o gênio que julgaram ver alguns dos seus contemporâneos, entre os quais Sales Torres Homem. A religião, a pátria, o amor, os aspectos da velha civilização europeia, temas inspiradores da poesia dos *Suspiros*, nunca lhe arrancaram acentos verdadeiramente profundos. Se disse "adeus às ficções de Homero", não se despediu completamente da velha retórica, e a maioria de seus versos rastejam quase sempre em lugares-comuns, aos quais a ênfase tenta embalde comunicar alguma emoção. Aqueles em que celebrou Roma merecem a expressão de "prosaico escandaloso" com que os definiu José Veríssimo:

> Roma é bela, é sublime, é um tesouro
> De milhões de riquezas; toda a Itália
> É um vasto país de maravilhas.

Só uma vez, no poema "Napoleão em Waterloo", a sua inspiração ganhou altura e calor. Em 1856, um ano antes do aparecimento dos quatro primeiros cantos dos *Timbiras* de Gonçalves Dias, publicou Magalhães a sua *A confederação dos Tamoios*. O prestígio social do autor veio fortalecer a corrente patriótica do indianismo, iniciada, dez anos antes, pelas "Poesias americanas" dos *Primeiros cantos* de Gonçalves Dias. Hoje a leitura dessa epopeia em dez cantos de decassílabos soltos não confirma a estima que a cercou ao tempo de sua publicação. Nem ninguém mais a lê senão quem o faz por obrigação de historiador e crítico literário. Quanto à tragédia, apenas teve o mérito de representar uma tentativa de criar o teatro brasileiro. *Antônio José ou o poeta e a Inquisição* tem por herói o brasileiro Antônio José da Silva, judeu garroteado e queimado em Lisboa em 1739, criador em Portugal de uma obra dramática importante, na qual, sob temas tirados da mitologia, fazia a pintura e sátira da sociedade portuguesa. A tragédia de Magalhães

Ensaios literários

é "obra incolor, sem vida, sem um só tipo verdadeiramente acentuado, sem ação dramática", como disse dela com razão o crítico Sílvio Romero.

Manuel de Araújo Porto-Alegre, Barão de Santo Ângelo (1806-1879), nasceu no Rio Grande do Sul e lá fez os estudos secundários. Vindo para a Corte, matriculou-se na Academia de Belas-Artes, onde conquistou os prêmios de pintura e arquitetura. Quando seu mestre Debret, um dos membros da missão artística francesa contratada por D. João VI, regressou à Europa, Porto-Alegre acompanhou-o. Na Europa completou em viagens pela França, Inglaterra, Suíça e Itália a sua educação artística e como Magalhães sofreu a influência dos mestres românticos. Em Paris fez parte do grupo fundador da revista *Niterói*, na qual publicou o poema "Voz da natureza", escrito em Nápoles no ano de 1835, e um estudo sobre a música no Brasil. Voltando ao Brasil, fundou com outros o Conservatório Dramático, a Academia de Ópera Imperial, e assumiu papel ativo no movimento romântico. Em 59 entrou para a carreira consular, onde serviu até morrer.

As principais obras poéticas de Porto-Alegre são as *Brasilianas*, coleção de poesias líricas, e o longo poema *Colombo*. Nas *Brasilianas* o Poeta, unindo-se ao exemplo de seu amigo Magalhães, tenta nacionalizar a poesia, realizando poemas como "A destruição das florestas" e "O Corcovado", que tiveram fama no tempo mas para o gosto moderno soam por demais palavrosos e enfáticos. Em todo caso retratam bem a pessoa do autor, de quem escreveu Sílvio Romero: "Porto-Alegre era entusiasta e um pouco fanfarrão na sua conversação; o mesmo em sua poesia: sopra em cima de seu leitor de vez em quando alguns termos empolados, campanudos, capazes de tonteá-lo. Seu lirismo não tem doçuras, delicadezas, mimos de ideia e de forma. Abre perspectivas, tem paisagens, mostra desenhos e algumas belas cores por vezes."

O *Colombo* está escrito em decassílabos brancos e compõe-se de quarenta cantos, precedidos de extenso prólogo. Canta este o ambiente de Granada depois da vitória sobre os mouros, colóquios de Fernando e Isabel com Boabdil e Daraxa, cerimônia de coroação de Fernando e Isabel como reis de Granada, festim de regozijo e finalmente a descrição de um torneio, no qual o Marquês de Cádiz, triunfador várias vezes, já ia receber a palma

Apresentação da poesia brasileira

de invicto, quando entra na liça inesperado adversário, o Cavaleiro Negro, que pretende bater-se por uma dama cujo nome não quer declinar. Cruzam--se as lanças, o marquês é vencido: o Cavaleiro Negro era Colombo; a dama de sua invocação, a própria rainha, à qual Colombo dedica a vitória e pede um navio para a sua sonhada empresa:

> Uma nave, Senhora, o mais já tenho:
> Se uma nave me dás, dar-te-ei um Mundo.

Começa assim a falsificação da figura do descobridor da América, magnificado em paladino excepcionalmente robusto e destro. No introito do Canto I invoca o Poeta o auxílio de Deus "neste arrojo tão grande como esse orbe que tento descrever!" Os nove primeiros cantos narram episó-dios da viagem – tempestades, desânimos e murmurações da chusma, e a primeira tentação do Demônio sob a forma de um insular que prediz a Co-lombo a ruína se ele persistir na rota para Oeste. O Nauta, que reconhece o Inimigo, esconjura-o. O Demônio estronda no ar, ganha asas e vai afundir--se na cratera do vulcão de Tenerife, com grande pavor da tripulação, que se volta de armas na mão contra o chefe, exigindo a volta à Espanha. Mas Co-lombo, como sempre, consegue impor a sua vontade e a viagem continua. No Canto X reaparece o Demônio, desta vez sob a forma de um monstro marinho, que se transforma numa mulher, "abismo de amor e sedução", e esta procura reter o Descobridor numa ilha criada pelas artes mágicas do Inferno. Colombo triunfa da tentação e força o Demônio a revelar o seu nome e aparecer em sua verdadeira figura. O Demônio é Pamórfio, ministro de Satã, o qual enche quinze cantos com a sua facúndia e as suas diabru-ras: devassa em prefigurações fantásticas e teatrais o passado, o presente e o futuro da América, evoca as sombras de Montezuma e Manco Cápac (pretexto para declamar sobre as teogonias e civilizações dos astecas e dos incas) e só para quando Colombo, testemunha curiosa, mas sempre invocando a sua crença católica, declara tudo aquilo encantos e ardis do Demônio. Pamórfio então resolve mostrar-lhe a verdade desnuda e evoca o quadro terrível da conquista, faz-lhe ouvir na terra que sonhara um Éden o gemido "de quatorze milhões de desgraçados", dá-lhe a ver

Sobre um monte de corpos dessangrados,
O estandarte da Ibéria triunfante,
Qual cruz funérea memorando um crime!

A esse espetáculo Colombo cai desmaiado, mas definitivamente triunfante dos empecilhos infernais. Pamórfio toma-o nos braços e leva-o à capitânia. Prossegue a viagem e depois de novos trabalhos contra a insubordinação da chusma excitada por Martín Pinzón, que dá um falso rebate de terra, o Descobridor avista finalmente as primeiras plagas da América. Era a ilha de Guananani, onde desembarca e planta o pendão de Isabel. Em seguida se passa à ilha de Saometo e é bem recebido pelo cacique Guacanaguari. Numa tenda real improvisada oferece o índio aos europeus um banquete de frutos da terra, em cuja descrição vemos os nomes americanos hibridamente adjetivados por latinismos de erudito:

Em suspensos racimos cocleados
Pendem os pomos da nutriz pacova,
A banana fluente, grato cibo
Do ancião, e da infância desleitada.

Contra a verdade histórica condensa o Poeta numa só as quatro viagens de Colombo, com os principais sucessos nelas ocorridos – descoberta de novas ilhas e da costa firme, revolta de Caonabó e Anacaona, luta de Colombo contra Ojeda e Bobadilla. Colombo volta à Espanha na Niña, toca em Lisboa, tem ao passar pelo promontório de Sagres a visão do Infante D. Henrique e finalmente lança âncora na baía de Palos. Toda a Espanha o festeja no seu caminho para Barcelona, onde o esperam Fernando e Isabel. Faz o Descobridor um resumo dos seus feitos e Isabel promete-lhe navios em que volte à América para completar a sua obra – "Fundar no Novo Mundo um novo império". Mas Isabel morre, e com ela a esperança de

Colombo, que não encontrava em Fernando o mesmo entusiasmo e afeto da rainha. E o último canto do poema descreve a agonia do Descobridor "Mártir da inveja e da perfídia humana!" Termina o Poeta despedindo-se do seu poema e mandando um pensamento de amor "às belas plagas da querida pátria".

As qualidades melhores de Porto-Alegre não são de poeta, no fundo frio, mas sim de desenhista e pintor. Pode-se admirar nele o vigor da linguagem, o domínio do idioma e da métrica. Poucos escritores nossos usaram de tão rico vocabulário. Mas essa mesma riqueza está constantemente a prejudicar a clareza dos seus quadros ou a emoção que nos pretende comunicar. O *Colombo* está inçado de descrições eloquentes mas sem força sugestiva, meros exercícios retóricos.

A verdade é que tanto Magalhães como Porto-Alegre não eram românticos de natureza, nem tinham em si a autêntica imaginação e sensibilidade poéticas. Essas quem as possuiu e em grau eminente foi Gonçalves Dias.

Nasceu ANTÔNIO GONÇALVES DIAS (1823-1864) numa fazenda dos arredores de Caxias (Maranhão), na qual se refugiara com a amante, brasileira de origem ainda não definitivamente apurada (índia pura ou cafuza?), o pai português, que ali buscara asilo contra as perseguições de nacionalistas exaltados. O primeiro infortúnio do Poeta foi separar-se da mãe aos seis anos, quando o pai a abandonou para casar-se com outra mulher. Esta aliás sempre se mostrou carinhosa com o enteado. Cresceu o menino em Caxias, revelando viva inteligência nas aulas de primeiras letras e ao balcão da casa comercial do pai. Àquele tempo era comum verem-se em Caxias índios mansos que vinham trocar com os habitantes arcos, flechas e potes de barro. "Menino", escreve Lúcia Miguel Pereira em sua excelente *Vida de Gonçalves Dias,* "há de ter brincado com esses instrumentos indígenas, há de ter aprendido muita palavra dos selvagens, que lhe eram familiares. Ouviria certamente falar em Tapuias, em Timbiras, em Tupis, em guerras de índios; saberia povoadas por eles as matas que avistava." A frescura dessas primeiras impressões da infância persistirá na obra indigenista do futuro Poeta. Em 1837 trouxe-o o pai para São Luís, a capital do Maranhão, a fim de embarcarem rumo à Europa. Gonçalves Dias ia completar os estudos secundários e seguir o curso de Direito na Universidade de Coimbra. Mas falecendo o pai em São Luís, regressou o órfão acabrunhado a Caxias. Encontrou apoio na madrasta, que o mandou para Portugal.

Não poucas foram as dificuldades materiais que sofreu o estudante, porque nem sempre a madrasta, premida pelos embaraços de dinheiro, podia enviar-lhe regularmente a mesada. Houve momento em que o Poeta pensou tornar de vez à pátria, e tê-lo-ia feito, se não acudissem companheiros de estudos, algum seus conterrâneos, os quais se cotizaram para garantir-lhe o sustento, nessa e em outras ocasiões de aperto. Em 45 terminou o curso e voltou ao Brasil.

Os anos de permanência em Portugal tinham-lhe sido de grande proveito. Afora o curso universitário, estudou a língua e literatura da França, Inglaterra, Alemanha, Espanha e Itália; escreveu grande parte das poesias dos *Primeiros, Segundos, Últimos cantos*, só mais tarde publicadas, o romance autobiográfico *Memórias de Agapito Goiaba*, que ficou inédito e foi queimado pelo Poeta, e os dramas *Patkull* e *Beatriz Cenci*. Era querido e admirado no grupo dos românticos medievistas portugueses, cuja influência sofreu, como atestam várias de suas produções.

Pequena foi a sua demora na província natal. Em 1846 veio para o Rio de Janeiro e nesse mesmo ano publicou os *Primeiros cantos*. Nada definirá melhor o seu conceito da poesia do que as próprias palavras no prólogo:

> Gosto de afastar os olhos de sobre a nossa arena política para ler em minha alma, reduzindo à linguagem harmoniosa e candente o pensamento que me vem de improviso, e as ideias que em mim desperta a vista de uma paisagem ou do oceano – o aspecto enfim da natureza. Casar assim o pensamento com o sentimento, a ideia com a paixão, colorir tudo isto com a imaginação, fundir tudo isto com o sentimento da religião e da divindade, eis a Poesia – a Poesia grande e santa – a Poesia como eu a compreendo sem a poder definir, como eu a sinto sem a poder traduzir.

E é isto o que efetivamente se encontra em toda a lírica de Gonçalves Dias: uma funda nostalgia, a mágoa dos amores contrariados pelo destino,

Apresentação da poesia brasileira

o consolo que tirava do espetáculo da natureza, do afeto dos amigos e da crença religiosa. Em tudo aquele sentimento de insatisfação, onde logo se identifica o famoso *mal du siècle*, por ele bem expresso mais tarde nestas quadras da poesia "Lira quebrada" dos *Últimos cantos*:

> Uma febre, um ardor nunca apagado,
> Um querer sem motivo, um tédio à vida
> Sem motivo também, – caprichos loucos,
> Anelo doutro mundo e doutras coisas;
>
> Desejar coisas vãs, viver de sonhos,
> Correr após um bem logo esquecido,
> Sentir amor e só topar frieza,
> Cismar venturas e encontrar só dores;

Os *Primeiros cantos* foram saudados por Alexandre Herculano como "inspirações de um grande poeta", e a opinião do mestre português resumia a impressão de toda a gente. Sobretudo a primeira parte do livro – as "Poesias americanas" – lhe parecia exemplo da verdadeira poesia nacional do Brasil.

> Quiséramos [dizia ele] que ocupassem maior espaço. Nos poetas transatlânticos há por via de regra demasiadas reminiscências da Europa. Esse Novo Mundo que deu tanta poesia a Saint-Pierre e Chateaubriand é assaz rico para inspirar e nutrir os poetas que crescerem à sombra das suas selvas primitivas.

São em número de cinco apenas as "Poesias americanas" dos *Primeiros cantos*. A primeira é a "Canção do exílio". Não há na poesia brasileira versos que tenham alcançado mais larga popularidade. "De uma simplicidade quase sublime", disse deles Veríssimo. Poderia tê-lo dito sem o quase. Sublime significa alto, elevado: na "Canção do exílio" o sentimento da nostalgia da pátria está expresso com uma serenidade que faz pensar na paz e

Ensaios literários

silêncio dos altos cimos, a mesma que se respira em *"Wanderers Nachtlied Ein Gleiches"* de Goethe. Já notou um jovem crítico, Aurélio Buarque de Holanda, a ausência de qualquer adjetivo qualificativo nessas quatro estâncias, cuja força emotiva repousa na deliciosa musicalidade, em parte resultante do paralelismo, do encadeamento e das rimas de fonemas iniciais (primores, palmeiras) e na segura escolha das palavras-temas (os substantivos "terra", "sabiá", "palmeiras", e os advérbios "cá" e "lá"). Os outros quatro poemas são indianistas, e em dois deles – "Canto do Piaga" e "O morro do Alecrim" – vibra a nota indigenista em defesa dos índios contra a usurpação dos brancos invasores. No "Canto do Piaga":

> Oh! quem foi das entranhas das águas,
> O marinho arcabouço arrancar?
> Nossas terras demanda, fareja...
> Esse monstro... – que vem cá buscar?
>
> Não sabeis o que o monstro procura?
> Não sabeis a que vem – o que quer?
> Vem matar vossos bravos guerreiros,
> Vem roubar-vos a filha, a mulher!
>
> Vem trazer-vos crueza, impiedade –
> Dons cruéis do cruel Anhangá;
> Vem quebrar-vos a maça valente,
> Profanar Manitôs, Maracá.
>
> Vem trazer-vos algemas pesadas,
> Com que a tribo Tupi vai gemer,
> Hão-de os velhos servirem de escravos
> Mesmo o Piaga inda escravo há de ser!
>
> Fugireis procurando um asilo,
> Triste asilo por ínvio sertão...

Os dois últimos versos, que ainda hoje representam a condição dos íncolas, reaparecem na forte imprecação do "Morro do Alecrim":

> Teus filhos valentes causavam terror,
> Teus filhos enchiam as bordas do mar,
> As ondas coalhavam de estreitas igaras
> De frechas cobrindo os espaços do ar.
>
> Já hoje não caçam nas matas tão suas
> A corça ligeira – o trombudo quati.
> A morte pousava nas plumas da frecha,
> No gume da maça, no arco tupi.
>
> O Piaga nos disse que breve seria,
> Manito, dos teus a cruel punição;
> E os teus inda vagam por serras, por vales,
> Buscando um asilo por ínvio sertão!

Em nota às "Poesias americanas" declarava o Poeta que as publicava "mais para ensaio do que para outro fim". Sem dúvida o aplauso de Alexandre Herculano animou-o a persistir nos temas americanos, compondo o poema "Tabira", incluído nos *Segundos cantos* (1848), os sete poemas dos *Últimos cantos* (1851), entre os quais se destaca a pequenina epopeia de "I-Juca-Pirama" como a mais importante realização da musa indianista no Brasil, e finalmente o grande poema d'*Os Timbiras*, conhecido só nos quatro primeiros cantos, editados em 1857.

Em 1875 escreveu Capistrano de Abreu que o indianismo é

> [...] um dos primeiros pródromos visíveis do movimento que enfim culminou na independência: o sentimento de superioridade a Portugal. Efetivamente era necessária grave mudança nas condições da sociedade, para que a inspiração se voltasse para as florestas e íncolas primitivos, que até então evitara,

mudança tanto mais grave quanto o indianismo foi muito geral para surgir de causas puramente individuais.

E descobre-lhe a verdadeira significação nos contos populares cujos heróis são o "marinheiro" (alcunha dada no Brasil ao português) e o caboclo. Distingue nos contos satíricos três camadas: na primeira o "marinheiro" surge em luta contra a natureza brasileira; na segunda aparece o caboclo em luta contra a civilização; na terceira o herói é ainda o caboclo, mas "o ridículo como que está esfumado, e através sente-se não só a fraternidade como o desvanecimento. É a estes últimos contos que se prende o indianismo, cujo espírito se assemelha ao que levou *Gueux* e *Sans-culotte* a adotarem, vangloriando-se, o nome com que os tentaram estigmatizar."

Como se vê, para Capistrano de Abreu o indianismo, longe de ser a planta exótica mal transplantada pelos românticos, tinha fundas raízes em nossa literatura popular. A idealização do índio correspondia perfeitamente ao sentimento nacional: ela é anterior ao romantismo e não desapareceu com ele. Será, se quiserem, um erro nacional. O que nos parece inadmissível é querer filiar o nosso indianismo romântico unicamente à mera influência de Chateaubriand e Fenimore Cooper.

Certo, Chateaubriand terá influído no Poeta; a epígrafe das "Poesias americanas" nos *Primeiros cantos* é significativa: "*Les infortunes d'un obscur habitant des bois auraient-elles moins de droits à nos pleurs que celles des autres hommes?*" Mas o indianismo de Gonçalves Dias vinha de fontes mais imediatas, o Poeta trazia-o no sangue, alimentava-o das reminiscências de sua infância em Caxias, dos seus estudos mais tarde concretizados no trabalho *O Brasil e a Oceania*, fortalecera-se do mito nacionalista criado na exaltação diferenciadora da Independência, quando um baiano ilustre mudava o seu nome para Gê Acaiaba de Montezuma e o próprio Pedro I adotava na Loja Maçônica o de Guatemozim.

Não foi Gonçalves Dias o introdutor do índio na poesia brasileira; soube, todavia, como ninguém antes ou depois dele, insuflar vida no tema tão caro ao sentimento nacional da época. Idealizou-o, é verdade, não por desconhecimento da psicologia própria do índio, mas em parte por simpatia, em parte obedecendo aos cânones estéticos do tempo; sem prejuízo da emoção que palpita, bela e convincente, em poemas como "I-Juca-Pirama", "Marabá", "Leito de folhas verdes", "Canto do Piaga", "Canto do Tamoio" e na epopeia d'*Os Timbiras*.

Esta última obra, que seria, na intenção do autor, uma espécie de "Ilíada americana", só ficou conhecida nos quatro primeiros cantos publicados em 1857. Sabe-se, porém, que o Poeta continuou a trabalhar nela e tinha pronta ou quase pronta quando voltava em 64 da Europa; no naufrágio em que pereceu perderam-se os manuscritos.

A epopeia comportaria ao todo dezesseis cantos. Abre com uma introdução onde anuncia o argumento:

> Os ritos semibárbaros dos Piagas,
> Cultores de Tupã, e a terra virgem
> Donde como dum trono, enfim se abriram
> Da cruz de Cristo os piedosos braços;
> As festas, e batalhas mal sangradas
> Do povo Americano, agora extinto,
> Hei de cantar na lira. [...]

Como cantará?

> — Cantor modesto e humilde,
> A fronte não cingi de mirto e louro,
> Antes de verde rama engrinaldei-a,
> D'agrestes flores enfeitando a lira;
> Não me assentei nos cimos do Parnaso,
> Nem vi correr a linfa da Castália.
> Cantor das selvas, entre bravas matas
> Áspero tronco da palmeira escolho.

O primeiro canto começa apresentando o herói do poema, Itajuba, chefe dos Timbiras. O cacique matou em luta singular o chefe dos Gamelas, a tribo inimiga. Estes, não respeitando a palavra do chefe, segundo a qual haveriam de seguir a Itajuba em caso de derrota, preparam-se para atacar os Timbiras. Itajuba despacha Jurucei a propor paz e aliança aos Gamelas. Entrementes convoca os seus guerreiros. Nota-se a ausência de Jatir, contra quem se levantam murmurações. Defende-o o pai. No segundo canto meditam os guerreiros à noite às portas das tabas. Sai o Piaga de sua caverna e entoa um canto a Tupã, pedindo que sobre a tribo "os sonhos desçam como desce o orvalho". Cala-se o Piaga, todos adormecem. Mas Itajuba vela. Preocupa-o a ausência de Jatir. Pede a Croá que cante. Este faz o elogio de Coema, a falecida esposa de Itajuba. Vela também Ogib, pai de Jatir, ao qual se chega o louco Piaíba, que entra a lastimar-se. O terceiro canto se inicia com uma bela descrição do alvorecer nas selvas.

Lamenta o Poeta a ruína dos povos americanos em versos que terminam por esta apóstrofe:

> América infeliz! – que bem sabia,
> Quem te criou tão bela e tão sozinha,
> Dos teus destinos maus! Grande e sublime
> Corres de polo a polo entre os dois mares
> Máximos do globo: anos da infância
> Contavas tu por séculos! que vida
> Não fora a tua na sazão das flores!
> Que majestosos frutos na velhice,
> Não deras tu, filha melhor do Eterno;
> América infeliz, já tão ditosa
> Antes que o mar e os ventos não trouxessem
> A nós o ferro e os cascavéis da Europa?!
> Velho tutor e avaro cobiçou-te,
> Desvalida pupila, a herança pingue
> E o brilho e os dotes da sem par beleza!

Rompe a aurora e os de Itajuba vêm contar os seus sonhos. Interpreta-os o Piaga, pressagiando a vitória na luta em perspectiva. Só Japeguá, à

Apresentação da poesia brasileira

parte, não participa da alegria geral. Interrogado pelo Piaga, narra o sonho de mau agouro que tivera. É interrompido por Catucaba, que o increpa de covarde. O incidente termina com a intervenção de Itajuba. Mojacá conta também o seu sonho e pede explicação ao Piaga: vira em taba inimiga um guerreiro timbira prestes a ser sacrificado. Ogib acredita que se trata do filho. O Piaga, consultado, queixa-se que o deixam em sua caverna sem dádivas e só se lembram dele nos momentos de aflição. Desculpa-se Itajuba e promete-lhe reparação. O Piaga recolhe-se à sua gruta. No quarto canto assistimos à chegada de Jurucei à taba dos Gamelas. Servem-lhe suculento repasto. O chefe Gurupema, filho do guerreiro vencido por Itajuba, reúne o seu conselho. Todos se inclinam à guerra. Fala um tapuia, sempre respeitado pelos seus prognósticos, ponderando que a lei da guerra dava ao timbira o direito de proceder como havia feito depois da vitória. Desaconselha a luta. Ouve-se Jurucei. Fala Gurupema e dá o pai como morto em combate desleal. Indigna-se Jurucei. Gurupema quer experimentar pelas armas o valor do mensageiro. Despede uma seta, que prostra um pássaro em pleno voo. Jurucei invectiva-o pela cruel ação. Uma seta partida da turba fere o timbira. Este, depois de exprobrar a deslealdade com que o tratam, parte proferindo ameaças. Gurupema procura apurar quem fora o autor do gesto criminoso, mas sem resultado.

Seria descabido julgar da epopeia apenas pela sua quarta parte publicada. Todavia, o espírito americano que informa os quatro primeiros cantos, os quadros da natureza descritos segundo a realidade local, o sopro épico a animar os episódios da vida selvagem colocam o fragmento d'*Os Timbiras* como a mais inspirada tentativa no gênero dentro da nossa poesia.

A maior parte da lírica de Gonçalves Dias inspira-se ora da natureza, ora da religião, mas sobretudo de suas próprias tristezas. Foram elas atribuídas ao infortúnio amoroso pelos críticos, esquecidos de que a grande paixão do Poeta ocorreu depois da publicação dos *Últimos cantos*. Na dedicatória destes a seu grande amigo e contemporâneo Alexandre Teófilo de Carvalho Leal já se confessa esgotado nas fontes de sua inspiração, perdida a fé e o entusiasmo nas "dores de um espírito enfermo – fictícias, mas nem por isso menos agudas – produzidas pela imaginação, como se a realidade já não fosse por si bastante penosa". O Poeta vencera na corte, fora nomeado professor de Latim e História do Brasil no Colégio Pedro II e depois oficial da Secretaria dos Negócios Estrangeiros. Mas essas ocupações lhe pareciam estéreis, o futuro se lhe representava incerto, e havia aqueles "sofrimentos de todos os dias, de todos os instantes, obscuros, implacáveis, renascentes – ligados a minha existência, reconcentrados em minha alma, devorados comigo..." Seriam certamente os do seu nascimento humilde e fora da lei. Realmente nem os *Últimos cantos* nem os *Segundos cantos* traziam mais a encantadora frescura de inspiração do primeiro livro em composições como a "Canção do exílio", "A leviana", "Seus olhos", "Minha vida e meus amores", "Quadras da minha vida".

Em 51, recebe o Poeta do governo a comissão de examinar o estado da instrução pública no Norte do país, para onde parte. E em São Luís do Maranhão encontra moça feita a menina que lhe inspirara os versos da "Leviana". Enamoraram-se mutuamente, mas a mãe da moça, influída pelos preconceitos de cor e nascimento, recusou a proposta de casamento. A dor do Poeta foi grande e incurável. Reavivou-lhe no entanto a inspiração, que se elevou aos seus acentos mais sinceros e profundos nos poemas dos *Novos cantos*, especialmente em "A sua voz", "Se se morre de amor!", "Não me deixes" e "Ainda uma vez, adeus!". Procurou o Poeta assentar a sua vida num casamento que não foi feliz: sem paixão de sua parte, de paixão ciumenta da parte da esposa. Em 55, parte Gonçalves Dias para a Europa, em nova comissão do governo. Regressando à pátria, é indicado em 59 para fazer parte, como etnógrafo, da comissão científica que devia explorar e catalogar as riquezas do nosso solo. Da sua atividade no extremo norte resultou o seu *Vocabulário da língua geral usada no Alto Amazonas*, no qual se confirmaram os seus conhecimentos da língua indígena, já provados no *Dicionário da língua tupi*, impresso em Leipzig, em 58. Os trabalhos dessa comissão acabaram de lhe arruinar a saúde, sempre precária. Em viagem de cura partiu novamente para a Europa em 62. Não conseguiu as melhoras esperadas, e, piorando, embarcou em setembro de 64 para o Maranhão, onde desejava morrer. Morreu à vista de terra nas trágicas circunstâncias de um naufrágio noturno. O seu estado aliás era desesperador. Deixava inéditas numerosas poesias, que não aumentam a sua glória, uma tradução da *Noiva de Messina* de Schiller, em que trabalhou porfiadamente, não se conhecendo porém a versão definitiva, perdida no naufrágio. E a sua bibliografia se completa com os dramas em prosa *Leonor de Mendonça*, *Patkull* e *Beatriz Cenci*, e as *Sextilhas de Frei Antão*.

Os poemas narrativos das *Sextilhas*, escritos num português arcaico que não cabe a rigor em nenhuma época delimitada da língua, foram classificados pelo autor de "ensaio filológico". O seu primeiro biógrafo, Antônio Henriques Leal, amigo entusiasta, atribuiu ao Poeta o propósito de provar o seu conhecimento do idioma ao Conservatório Dramático, que não aceitara o drama *Beatriz Cenci* sob a alegação de incorreções de linguagem. Lúcia Miguel Pereira mostrou porém que a peça foi louvada na "invenção, disposição e estilo", mas recusada por imoral. O Poeta escreveu as *Sextilhas* porque aceitava a inspiração "quando e donde quer que ela me venha; da imaginação ou da reflexão"; queria provar "que robustez e concisão havia nessa língua semiculta, que por vezes nos parece dura e malsoante, e estreitar ainda mais, se for possível, as duas literaturas – brasileira e portuguesa – que hão de ser duas, mas semelhantes e parecidas, como irmãs que descendem de um mesmo tronco e que trajam os mesmos vestidos – embora os trajem por diversa maneira, com diverso gosto, com outro porte, e graça diferente". Aliás o apego de Gonçalves Dias às formas arcaicas se trai a cada passo e às vezes com duvidoso gosto, em várias de suas composições poéticas (*mi* por "mim", *al* por "algo, alguma coisa", *imigo* por "inimigo" etc.).

Os versos e a prosa, postumamente publicados, de um rapaz ricamente dotado e falecido em plena adolescência, iriam influir enormemente na mocidade do seu tempo, dando o sentimento geral e o tom à chamada segunda geração romântica.

Manuel Antônio Álvares de Azevedo (1831-1852) nasceu em São Paulo, mas passou a infância no Rio de Janeiro. Aos 16 anos terminou o curso de bacharel em ciências e letras no Colégio Pedro II e seguiu para São Paulo, onde se matriculou na Faculdade de Direito. Não chegou, porém, a concluir os estudos, pois adoeceu de tuberculose pulmonar, vindo a morrer no Rio.

O tédio de uma cidadezinha provinciana sem divertimentos e onde toda a vida intelectual se concentrava no ambiente liberal da academia, a saudade da família, sobretudo da mãe e de uma irmã ainda criança, que foram os afetos mais profundos de sua existência, a estranha ausência de qualquer sentimento amoroso bem definido e a impressão deixada no Poeta pela leitura dos românticos europeus minados pelo "mal do século" explicam o caráter da sua obra, onde as notas desabusadas, irônicas, a miúdo intencionalmente prosaicas, alternam com outras que lhe eram mais sinceramente pessoais – o seu erotismo entravado pela timidez, as suas afeições familiares, os pressentimentos melancólicos derivados de uma saúde precária, a obsessão da morte. Foi a primeira face que lhe trouxe, a princípio, maior renome, suscitando discípulos, criando em torno de sua figura uma auréola duvidosa de herói romântico. Álvares de Azevedo era em verdade um rapaz estudioso e morigerado a ponto de em São Paulo deixar de frequentar certa casa de família – "pois não é das melhores nem muito louváveis, pelo contrário, é bem nodoada a reputação dessas senhoras, que contudo vão a todos os bailes etc.!!" Mas o que ainda hoje nos encanta em sua obra, o que lhe garantiu um lugar de destaque entre os primeiros líricos inspirados da nossa poesia é a frescura das suas confissões de adolescente naqueles "cantos espontâneos do coração", consolo que foram de uma alma "que depunha fé na poesia e no amor", amor que tardava e nunca chegou a se concretizar numa dessas figuras de virgem tão frequentemente acariciadas em sonho:

> Oh! ter vinte anos sem gozar de leve
> A ventura de uma alma de donzela!
> E sem na vida ter sentido nunca
> Na suave atração de um róseo corpo
> Meus olhos turvos se fechar de gozo!
> Oh! nos meus sonhos, pelas noites minhas
> Passam tantas visões sobre meu peito!
> Palor de febre meu semblante cobre,
> Bate meu coração com tanto fogo!

Um doce nome os lábios meus suspiram,
Um nome de mulher... e vejo lânguida
No véu suave de amorosas sombras
Seminua, abatida, a mão no seio,
Perfumada visão romper a nuvem,
Sentar-se junto a mim, nas minhas pálpebras
O alento fresco e leve como a vida
Passar delicioso... Que delírios!
Acordo palpitante... inda a procuro;
Embalde a chamo, embalde as minhas lágrimas
Banham meus olhos, e suspiro e gemo...
Imploro uma ilusão... tudo é silêncio!
Só o leito deserto, a sala muda!
Amorosa visão, mulher dos sonhos,
Eu sou tão infeliz, eu sofro tanto!
Nunca virás iluminar meu peito
Com um raio de luz desses teus olhos?

Esse anelo do coração inexperiente e no entanto ávido de amores é uma nota constante e a mais pura, a mais genuína da sua poesia. A realidade parecia zombar de tantos sonhos delirantes: a pálida donzela, a visão pensativa e lânguida, como ele a desejava, não aparecia. A própria distinção inata do Poeta punha a isso o maior obstáculo. A um amigo escreveu certa vez: "Sinto no meu coração uma necessidade de amar, de dar a uma criatura este amor que me bate no peito. Mas ainda não encontrei aqui [em São Paulo, onde viveu de 48 a 51, salvo os breves períodos de férias passadas no Rio] uma mulher – uma só – por quem eu pudesse bater de amores." As moças de São Paulo, mesmo as bonitas, raras na opinião do Poeta, pareciam-lhe com a sua beleza e os seus solecismos "estátuas estúpidas e sem vida". O anseio insatisfeito se resolvia em funda nostalgia, num vago pressentimento de morte prematura, inspirador dos dois mais tristes, mais expressivos poemas de sua lírica – "Lembrança de morrer" e "Se eu morresse amanhã". No primeiro confessa que

Se uma lágrima as pálpebras me inunda,
Se um suspiro nos seios treme ainda
É pela virgem que sonhei... que nunca
Aos lábios me encostou a face linda!

e pede como epitáfio (de fato gravado na lápide do seu túmulo) o verso

– Foi poeta – sonhou – e amou na vida. –

Essa a corda pessoal na *Lira dos vinte anos*, título escolhido pelo Poeta para a sua coleção de líricas, onde, como no *Poema do frade*, em cinco cantos, no *Conde Lopo*, deixado incompleto em seis cantos, no drama *Macário* e nas novelas da *Noite na taberna*, soam outras de empréstimo, que imitam o tom cínico e sarcástico de Byron e seus epígonos europeus. O terceiro canto do *Conde Lopo* abre mesmo com a invocação do nome do autor de *Childe Harold*:

Alma de fogo, coração de lavas,
Misterioso Bretão de ardentes sonhos
Minha musa serás – poeta altivo
Das brumas de Albion, fronte acendida
Em túrbido ferver! – a ti portanto,
Errante trovador d'alma sombria,
Do meu poema os delirantes versos!

Mau grado o que havia assim de artificial na atitude satânica desse rapaz, que ao mesmo tempo dirigia à mãe versos e cartas de uma ternura quase infantil, há que reconhecer nos seus cantos certa força de invenção verbal, de calorosa imaginação que o fadava a criações originais em idade de maior experiência. Malogrou-se com a sua morte a esperança de uma carreira literária possivelmente genial.

Contemporâneos de Álvares de Azevedo, em São Paulo, foram JOSÉ BONIFÁCIO, o Moço (1827-1886), sobrinho do patriarca da nossa independência, e os mineiros AURELIANO LESSA (1828-1861) e BERNARDO GUIMARÃES (1825-1884), este o mais importante dos três. Mais conhecido pelos seus romances, nele todavia o poeta é superior ao romancista. O seu poema em versos brancos "O devanear de um cético" é uma das produções mais características do estado de espírito de sua geração. A obra poética de Bernardo Guimarães está contida nos livros *Cantos da solidão*, *Poesias*, *Novas poesias* e *Folhas do outono*.

LAURINDO RABELO (1826-1864), carioca, mestiço, soube elevar-se da sua origem e condição humilde à situação de médico do Exército e professor. O talento satírico e repentista granjeou-lhe grande popularidade no tempo: chamavam-lhe "o poeta Lagartixa" por causa do seu físico magro e desengonçado. A alegria exterior escondia porém uma funda mágoa das dificuldades e desdéns que encontrava na vida, e essa tristeza se reflete em acentos comoventes no poema "Adeus ao mundo". Publicou um volume intitulado *Trovas*, reeditado depois de sua morte com acréscimo de outras produções e sob o título de *Poesias*.

Ao meio carioca pertenceu também CASIMIRO DE ABREU (1839-1860), natural de Barra de São João (estado do Rio), hoje Casimirana, em homenagem ao filho ilustre. Fez os estudos secundários na cidade fluminense de Friburgo e ainda menino começou a trabalhar no comércio, porque tal era a vontade do pai. Este não via com bons olhos o gosto do filho pelas Letras. O Poeta passou quase quatro anos em Portugal, de 1853 a 1857. Lá fez a sua estreia literária, aos 17 anos, com a representação de uma cena dramática em verso intitulada *Camões e o Jau*. Regressando ao Brasil, voltou ao comércio, sem contudo abandonar a poesia, e até frequentando uma aula de matemática na Escola Militar. Em 59 editou as suas poesias sob o título de *Primaveras*. Atacado de tuberculose pulmonar, faleceu numa fazenda dos arredores de sua cidade natal.

Casimiro de Abreu é seguramente o mais simples, o mais ingênuo dos nossos românticos e isso lhe valeu o primeiro lugar na preferência do povo. A nostalgia da pátria, os primeiros sobressaltos amorosos da adolescência, os encantos da paisagem brasileira foram por ele cantados com um acento de meiguice inconfundível. Ninguém exprimiu melhor do que ele em nossa poesia aquilo que Mário de Andrade num estudo sobre Álvares de Azevedo chamou o "complexo do amor e medo", sentimento comum a todos esses adolescentes da fase romântica. O crítico batizou o complexo precisamente com o título de uma das poesias mais estimadas das *Primaveras*:

> Quando eu te fujo e me desvio cauto
> Da luz de fogo que te cerca, oh! bela,
> Contigo dizes, suspirando amores:
> "– Meu Deus, que gelo, que frieza aquela!"
>
> Como te enganas! meu amor é chama
> Que se alimenta no voraz segredo,
> E se te fujo é que te adoro louco...
> És bela – eu moço; tens amor – eu, medo!...

Ninguém tampouco exprimiu melhor as saudades da infância do que o fez o poeta fluminense nas oitavas dos "Meus oito anos".

Formou-se a respeito de Casimiro de Abreu um juízo de todo injusto, a que infelizmente deu força a opinião de nomes prestigiosos como Carlos de Laet, o qual na sua *Antologia nacional* escreveu: "Não é escritor correto, mas poeta cujos maviosos acordes sabem o caminho do coração". O filólogo Souza da Silveira, em sua excelente edição das obras do Poeta, demonstra minuciosamente que, ao contrário, Casimiro de Abreu é escritor e poeta correto – pelo menos tão correto quanto os outros românticos tidos por corretos; e justifica um por um os pretendidos deslizes de linguagem e métrica apontados pelos críticos nas *Primaveras*.

Na Bahia nasceu e viveu JUNQUEIRA FREIRE (1832-1855), o poeta das *Inspirações do claustro* e das *Contradições poéticas*, livros onde palpita um sentimento fundo e sincero, nascido não da imaginação ou de leituras, mas de sofrimentos reais. Junqueira Freire era de constituição doentia e muito peculiar. Contou ele próprio numas páginas autobiográficas como em certa ocasião de desvario se entregou ao vício da cânfora:

> O primeiro dos meus prazeres era fumar um bom charuto depois de ter enchido a boca de cânfora. Esta resina transparente

costuma, como se sabe, deixar um suave frescor no órgão do paladar. Eu então sentia um gozo esquisito no tomar da fumaça, que parecia lutar, de quente que é, com essa substância ainda na maior parte desconhecida em seus efeitos. Eu gastava muitas horas em desvanecer-me poeticamente nesse sainete agradável, que sempre nos produz o gosto contrastado de fresco e ardente, de uma vez.

Igual sensação contrastada de fresco e ardente vamos encontrar na poesia desse espírito atormentado e contraditório que procurou abrigo no refúgio do claustro. Fez-se frade não por vocação, mas para fortalecer-se contra aquele "pensamento gentil de paz eterna", o pensamento da morte: "Um mosteiro pareceu-me um ermo verdadeiro. Ali eu podia retrair-me tanto, que ninguém soubesse de minha existência. Eu acreditava que uma cela ocultava melhor que o interior da campa." O seu desengano foi cruel, desde os primeiros dias de noviço, e assim no-lo descreve nos versos "À profissão de Frei João das Mercês Ramos":

> Mas eu não tive os dias de ventura
> Dos sonhos que sonhei:
> Mas eu não tive o plácido sossego
> Que tanto procurei.

> Tive mais tarde a reação rebelde
> Do sentimento interno.
> Tive o tormento dos cruéis remorsos
> Que me parece eterno.

> Tive as paixões que a solidão formava
> Crescendo-me no peito.
> Tive, em lugar das rosas que esperava,
> Espinhos no meu leito.

Tive a calúnia tétrica vestida
Por mãos a Deus sagradas.
Tive a calúnia – que mais livre abrange
Ó Deus! vossas moradas!

Iludimo-nos todos! – Concebemos
Um paraíso eterno:
E quando nele sôfregos tocamos,
Achamos um inferno

O próprio estado monástico afigurou-se-lhe então instituição absurda e anacrônica, "espécie de ócio, no qual ele [o monge] não pode ser mais que mau e desgraçado".

Os seus versos mais fortes, onde outro atormentado poeta, o português Antero de Quental, assinalou acentos geniais, são esses em que o frade sem vocação nos fala de sua revolta, de seu arrependimento, do fogo de uma paixão infeliz não amortecido na cânfora da vida claustral; nesses poemas angustiados que ele costumava subtitular "Horas de delírio": "O monge", "Ao meu natalício", "Ela", "Desejo", "Morte", "Martírio", "Louco", "Não posso".

Deixou Junqueira Freire alguns escritos em prosa que revelam uma precoce capacidade crítica. Teve já naquela época a intuição do verso livre. "Pelo lado da arte", escreveu no prólogo das *Inspirações do claustro*, "meus versos, segundo me parece, aspiram a casar-se com a prosa medida dos antigos". E mais abaixo pergunta: "Chegará um dia a literatura a um tal grau, que distinga a prosa e a poesia tão somente pela nuance dos pensamentos? Nascerá um dia destas duas expressões mais ou menos belas uma forma intermediária, que espose tanto da singeleza da prosa, quanto do artifício da versificação?"

Após três anos de clausura, obteve o Poeta um breve de secularização e voltou ao século. Saía do mosteiro dos beneditinos com uma grave hipertrofia do coração, a que sucumbiu sete meses depois.

À segunda geração romântica pertence ainda Francisco Otaviano de Almeida Rosa (1825-1889), o negociador, como enviado extraordinário e

Apresentação da poesia brasileira

ministro plenipotenciário no Prata, do tratado da Tríplice Aliança do Brasil, Uruguai e Argentina contra o ditador paraguaio Solano López. Escassa foi a produção poética de Otaviano, mas distinta pela fluência e singeleza do verso, tanto nos poemas originais como nas belas traduções de Ossian. De um fato que não despertou atenção de ninguém se diz no Brasil que "passou em branca nuvem". É metáfora tomada de uma graciosa sextilha do Poeta – "Ilusões da vida".

> Quem passou pela vida em branca nuvem
> E em plácido repouso adormeceu;
> Quem não sentiu o frio da desgraça,
> Quem passou pela vida e não sofreu:
> Foi espectro de homem, não foi homem,
> Só passou pela vida, não viveu.

Contemporâneo também da segunda geração romântica, mas vivendo até 1902, foi JOAQUIM DE SOUSA ANDRADE, maranhense, nascido em 1833, autor de *Harpas selvagens*, *Eólias* e de um longo poema, *O Guesa*, não completado mas publicado sob o nome de JOAQUIM DE SOUSÂNDRADE, como passara a assinar-se o poeta. Sousândrade, cuja obra caíra em total esquecimento mesmo antes de sua morte, foi redescoberto pelos concretistas Augusto e Haroldo de Campos, os quais julgaram encontrar nele invenções que o colocam em posição "precursora de importantes linhas de pesquisa da poesia atual". Tais invenções, porém, frequentemente de duvidoso gosto aliás, pouco ajudam a suportar o fluxo do mais enfadonho estilo discursivo romântico.

Na terceira geração romântica, ou seja, a dos poetas nascidos por volta de 1840, atenuam-se, mas sem desaparecer de todo, as influências de Byron e Musset. Victor Hugo será o ídolo desses rapazes, cuja poesia se caracteriza pelo abuso das antíteses, pelo arrojo das imagens, pelo tom empolado, o que levou Capistrano de Abreu a chamá-los condoreiros, expressão logo adotada em nossa história literária. Sílvio Romero classificou-os como Segunda Escola Pernambucana, porque foi no Recife que surgiu, em torno de Tobias Barreto e Castro Alves, em cerca de 65, um grupo de poetas que obedeceram a uma intuição geral e tiveram mais ou menos uma só feição literária. A verdade é que antes dele o condoreirismo, vício nacional e até americano, já se revelara em manifestações isoladas de Pedro Luís, José Bonifácio, o Moço, e do próprio Gonçalves de Magalhães na ode "Napoleão em Waterloo". Castro Alves era ainda um menino, quando Fagundes Varela em 61 dedicava à glória de Bonaparte estrofes como estas:

> Nos vastos plainos do Egito,
> Sobre Titãs de granito,
> Eu tenho um poema escrito
> Que deslumbra a solidão.
> Das Ísis rasguei os véus,
> Entre os altares fui Deus,
> Fiz povos escravos meus,
> Ah! inda sou Napoleão.
>
> Desde onde o crescente brilha
> Até onde o Sena trilha,
> Tive o mundo por partilha,
> Tive imensa adoração;
> E de um trono de fulgores
> Fiz dos grandes – servidores,
> Fiz dos pequenos – senhores,
> – E sempre sou Napoleão.

Mas essas notas são esporádicas na obra abundante de Luís Nicolau FAGUNDES VARELA (1841-1875), o qual, em linhas gerais, se nos apresenta como um retardatário da geração anterior, ainda influenciado fortemente por Gonçalves Dias, Álvares de Azevedo e Casimiro de Abreu. As melhores inspirações lhe derivam da sua natureza de hipocondríaco, de inadaptado dentro da civilização das cidades, o que o levava muitas vezes a buscar refúgio no seio das matas, a levar uma vida andarilha de boêmio, munido da inseparável garrafa de cachaça. Frequentou as Faculdades de Direito de São Paulo e Recife, não passando do quarto ano. "Não sirvo para doutor", exclama o herói do seu poema roceiro "Mimosa", que não é outro senão ele próprio. Em verdade não servia para trabalho de espécie alguma salvo o da literatura, que em seu tempo ainda não era profissão remuneradora. Viveu sempre à custa do pai e, depois que abandonou os estudos jurídicos, no lar paterno. Esse sonhador impenitente, dominado pelo vício do álcool, negação absoluta do chefe de família, casou-se duas vezes, da primeira aos vinte anos, com uma pobre moça filha de um empresário de circo, da qual teve um filho, falecido aos três meses de idade. A perda do menino causou-lhe profundo abalo e inspirou-lhe o longo poema "Cântico do Calvário", uma das mais belas e sentidas nênias da poesia em língua portuguesa. Nela, pela força do sentimento sincero, o Poeta atingiu aos vinte anos uma altura que, não igualada depois, permaneceu como um cimo isolado em toda a sua poesia. Figura no seu livro *Cantos e fantasias*, publicado em 65 (antes editara três outros – *Noturnas, Vozes da América* e *O estandarte auriverde*, este de fracas poesias patrióticas inspiradas num incidente diplomático provocado no Brasil pelo ministro inglês William Christie). *Cantos e fantasias* é porventura o seu melhor livro, com os dez poemas da "Juvenília", ressumantes de fresca melodia, na evocação da infância feliz na fazenda natal dos arredores da cidade fluminense de São João Marcos. Depois dele ainda produziu Varela os *Cantos meridionais*, os *Cantos do ermo e da cidade* e dois poemas mais longos – *Anchieta ou o Evangelho nas selvas* e o *Diário de Lázaro*.

O Evangelho nas selvas, em dez cantos de versos brancos, é em suma a narrativa da vida, paixão, morte e ressurreição de Jesus. Soa ela bastante falsa porque o Poeta a pôs na boca de José de Anchieta falando aos selvagens do Brasil numa linguagem difícil que eles jamais entenderiam. Ainda considerada em si, é uma diluição enfática das palavras sóbrias e fortes dos Evangelhos. Bastará um exemplo para justificar o nosso juízo: no episódio da última ceia disse Jesus: "Na verdade, na verdade vos digo que um de vós me há de trair", o que no poema aparece amplificado assim:

Sentados junto a mim, tratais-me agora
Com respeitoso amor, vossas palavras
São da fidelidade a viva cópia...
E, contudo, um de vós há de trair-me!
E, contudo, um de vós, pérfido, ingrato,
Há de entregar-me aos bárbaros verdugos
Que meu sangue reclamam, como a herança
De seus perversos pais!

Nesse mesmo episódio nota um dos apóstolos que os discípulos presentes eram doze ainda, apesar de se ter retirado Judas Iscariotes... O duodécimo era Sócrates, que então fala:

Senhor, em idos tempos,
Por vossa vinda suspirei debalde!
Entre rudes pagãos, fui o primeiro
Que a divina unidade expôs ao mundo,
Que do Deus uno e trino a glória viu!
Mártir da fé, baixei à sepultura
Sem receber as águas do Batismo!...
Hoje, que dás a salvação e a vida
À humanidade escrava do pecado,
Quebrei da morte o fúnebre sigilo,
Vim o sangue beber, comer a carne,
A carne e o sangue do Cordeiro eterno!
Glória! Glória ao Senhor! abertas vejo
Do Paraíso as portas luminosas! –

Ao que lhe responde o Cristo:

– Piedoso varão, exímio Sócrates,
Sábio como Moisés, íntegro e justo
Como o grande Abraão – Jesus exclama,

Voa ao seio de Deus! Recebe o prêmio
De teu sublime, heroico sacrifício! –

Esse enxerto na tradição dos evangelistas é o mais estranho, mas o Poeta permitiu-se outros. A narrativa se desenvolve em vários serões e os intervalos são preenchidos por algumas cenas da vida missioneira – um ataque de índios inimigos, a morte de um sacerdote, um vago romance da índia Naída, que definha e morre tuberculosa na ausência do seu amado Jatir, partido na expedição contra os franceses etc. A cena da tentação forneceu o pretexto para uma descrição, à maneira clássica, do globo terráqueo, com a visão do Novo Mundo a ser descoberto, terra "virgem ainda, ainda soberana, não pelos homens profanada":

Mundo esplêndido e forte, ao longe dorme,
Feliz, desconhecido dos tiranos,
E dos servos de Plutus, cobiçosos,
Entregue à eterna lei da Providência!

Salvam-se no poema algumas invocações em que o Poeta dá largas ao seu fluxo lírico, algumas belas paisagens a que o sentimento da natureza, que era forte em Varela, empresta certo calor, os episódios de caráter mais profano, como a dança de Salomé e o processo perante Pilatos e Herodes, onde há realmente ação com movimento dramático.

Interessará particularmente aos mexicanos saber que Varela por três vezes foi o cantor da independência do México, nos poemas "A sede", "Versos soltos" e "O general Juarez": no primeiro celebra em 507 decassílabos brancos um episódio heroico da revolução de 1810; os outros dois são consagrados à imortal figura de Juarez. Os "Versos soltos" foram escritos durante o reinado de Maximiliano:

Juarez! Juarez! Quando as idades,
Fachos de luz que a tirania espancam,
Passarem desvendando sobre a terra

As verdades que a sombra escurecia;
Quando soar no firmamento esplêndido
    O julgamento eterno;
Então banhado no prestígio santo
Das tradições que as epopeias criam,
Grande como um mistério do passado,
Será teu nome a mágica palavra
Que o mundo falará lembrando as glórias
    Da raça mexicana!
....

Teu nome está gravado nos desertos
Onde pés de mortal jamais pisaram!
Quando pudessem deslembrá-lo os homens,
As selvas despiriam-se de folhas,
Para arrojá-las do tufão nas asas
    Às multidões ingratas!
....

Os pastores de Puebla e de Xalisco,
As morenas donzelas de Bergara,
Cantam teus feitos junto ao lar tranquilo
Nas noites perfumadas e risonhas
Da terra americana. Os viajantes
Que os desertos percorrem, – pensativos
Param no cimo das erguidas serras,
Medem co'a vista o descampado imenso,
E murmuram fitando os horizontes
Vastos, perdidos num lençol de névoas:
Juarez! Juarez! em toda a parte
    Teu espírito vaga!...
....

Deixa que as turbas de terror escravas
Junto do falso trono se ajoelhem!
Os brindes e os folguedos continuam,

Mas a mão invisível do destino
Na sala do banquete austera escreve
 O aresto irrevogável!

A profecia final cumpriu-se e o segundo poema saúda a volta do campeão:

Juarez! Juarez! sempre teu nome
 Da liberdade ao lado!
....
Tu a encaraste, Juarez, de perto!
 No mais fundo das matas,
Onde a mãe natureza te mostrava
 Um código mais puro
Do que os preceitos da infernal ciência
 Cujas letras malditas
Queimam do pergaminho a lisa face,
 Aprendeste o segredo
Que desde a hora prima do universo
 As torrentes murmuram!

Em sua *História da literatura brasileira*, publicada em 1888, escrevia Sílvio Romero a propósito de Álvares de Azevedo:

É um dos poetas mais lidos e amados no Brasil; ele mais pelos estudantes e Casimiro de Abreu mais pelas moças. Gonçalves Dias, Castro Alves e Fagundes Varela vêm logo após na popularidade. Isto no Brasil em geral; porquanto, no Norte em especial, nenhum é mais lido e mais recitado do que Tobias Barreto, sendo para lembrar que a notoriedade deste tende a aumentar em todo o país, ao passo que a dos outros tem permanecido estacionária.

Ensaios literários

No presente os românticos brasileiros que continuam vivos no amor do público, os que ainda são comercialmente reeditados são os citados por Romero, com exclusão de Tobias Barreto. Em relação a este o vaticínio do crítico falhou completamente: ninguém mais hoje lê, senão por dever de ofício, o poeta dos *Dias e noites*, e o seu nome, se ficou para a posteridade, foi como introdutor entre nós do germanismo, o renovador dos estudos jurídicos pela concepção evolucionista darwiniana.

O único autêntico condor nesses Andes bombásticos da poesia brasileira foi Castro Alves, criança verdadeiramente sublime, cuja glória se revigora nos dias de hoje pela intenção social que pôs na sua obra. Nasceu Antônio de Castro Alves (1847-1871) na fazenda Cabaceiras, a sete léguas da vila de Curralinho, hoje cidade de Castro Alves. Passou a infância no sertão natal, e em 54 iniciou os estudos na capital baiana. Aos 16 anos foi mandado para o Recife a estudar Direito e ali os seus talentos de poeta e orador, a sua ardente simpatia pela causa abolicionista criaram-lhe desde logo uma auréola de genialidade. Mas quase a meio do curso, em 67, apaixonado pela atriz portuguesa Eugênia Câmara, parte com ela para a Bahia, onde faz representar um mau drama em prosa – *Gonzaga ou a Revolução de Minas*. Era sua intenção concluir o bacharelato em São Paulo, onde chegou no ano seguinte. A sua passagem pelo Rio assinalou-se pelos mesmos triunfos já alcançados em Pernambuco. Conta Afrânio Peixoto que o Poeta, para distrair as mágoas amorosas que lhe dava a atriz inconstante, cultivava assiduamente o esporte da caça. Em fins de 68 teve a infelicidade de ferir um pé com um tiro casual, do que resultou longa enfermidade em que teve de se submeter a várias intervenções cirúrgicas e finalmente à amputação. O depauperamento das forças conduziu-o à tuberculose pulmonar. Sem poder terminar o curso, regressa o Poeta, doente e mutilado, à província natal em 70, a procurar melhoras para a saúde no clima do sertão. Mas a tuberculose progrediu sempre e no ano seguinte faleceu Castro Alves na cidade da Bahia.

Publicara em 70 o livro das *Espumas flutuantes*, cantos por ele definidos como rebentando por vezes "ao estalar fatídico do látego da desgraça", refletindo por vezes "o prisma fantástico da ventura ou do entusiasmo".

Apresentação da poesia brasileira

Vulgarmente melodramático na desgraça, simples e gracioso na ventura, o que constituía o genuíno clima poético de Castro Alves era o entusiasmo da mocidade apaixonada pelas grandes causas da liberdade e da justiça – as lutas da independência na Bahia, a insurreição dos negros de Palmares, o papel civilizador da imprensa, que ele pinta como uma deusa incruenta, surgindo das brumas da Alemanha, surgindo "alva, grande, ideal, banhada em luz estranha", e acima de todas a campanha contra a escravidão. Mas este último tema não figurava nas *Espumas flutuantes*. As composições em que o tratava deveriam formar o poema *Os escravos*, o qual teria como remate *A cachoeira de Paulo Afonso*, que foi publicada postumamente. E o Poeta deixou ainda outras poesias avulsas que era sua intenção reunir em outro livro intitulado *Hinos do Equador*.

A cachoeira de Paulo Afonso conta a história da escrava Maria, violentada pelo filho do senhor, o qual escapa à vingança do escravo Lucas, noivo da moça, graças à revelação, que faz a mãe deste, de ser ele seu irmão; o desfecho é o suicídio do casal negro, que se precipita num barco à voragem da cachoeira. Serve de fundo ao drama a paisagem sertaneja evocada em várias partes do poema ("A tarde", "A queimada", "Crepúsculo sertanejo", "O Rio São Francisco") com raro vigor de sugestão poética, em que não faltam as notas de vivo realismo pitoresco. Segundo Afrânio Peixoto, autor da edição mais completa do Poeta, ao livro dos *Escravos* pertenceriam "Vozes d'África" e "O navio negreiro", os dois poemas em que o Poeta atingiu a maior altura do seu estro.

As "Vozes d'África" são uma soberba apóstrofe do continente escravizado a implorar justiça de Deus:

> Deus! ó Deus! onde estás que não respondes!
> Em que mundo, em qu'estrela tu t'escondes
>   Embuçado nos céus?
> Há dois mil anos te mandei meu grito,
> Que embalde desde então corre o infinito...
>   Onde estás, Senhor Deus?...

Ensaios literários

O que indignava o Poeta era ver que o Novo Mundo "talhado para as grandezas, p'ra crescer, criar, subir", a América que conquistara a liberdade com formidável heroísmo, se manchava no mesmo crime da Europa:

> Hoje em meu sangue a América se nutre
> – Condor que transformara-se em abutre,
>   Ave da escravidão,
> Ela juntou-se às mais... irmã traidora
> Qual de José os vis irmãos outr'ora,
>   Venderam seu irmão.

No "Navio negreiro" evoca o Poeta os sofrimentos dos negros na travessia da África para o Brasil. Sabe-se que os infelizes vinham amontoados no porão e só subiam ao convés uma vez ao dia para o exercício higiênico, a dança forçada sob o chicote dos capatazes. É aqui o clímax do poema:

> Era um sonho dantesco!... o tombadilho
> Que das luzernas avermelha o brilho,
>   Em sangue a se banhar.
> Tinir de ferros... estalar de açoite...
> Legiões de homens negros como a noite,
>   Horrendos a dançar...

> Negras mulheres, suspendendo às tetas
> Magras crianças, cujas bocas pretas
>   Rega o sangue das mães:
> Outras, moças, mas nuas, espantadas,
> No turbilhão de espectros arrastadas,
>   Em ânsia e mágoas vãs!

> E ri-se a orquestra irônica, estridente...
> E da ronda fantástica a serpente
>   Faz doudas espirais...

O poema conclui com três oitavas reais, num misto de revolta e tristeza ao assinalar que a bandeira emprestada "para cobrir tanta infâmia e covardia" era o pendão brasileiro:

> Auriverde pendão de minha terra,
> Que a brisa do Brasil beija e balança,
> Estandarte que a luz do sol encerra,
> E as promessas divinas da esperança...
> Tu, que da liberdade após a guerra,
> Foste hasteado dos heróis na lança,
> Antes te houvessem roto na batalha,
> Que servires a um povo de mortalha!...

E depois o brado final:

> ... Mas é infâmia de mais... Da etérea plaga
> Levantai-vos, heróis do Novo Mundo...
> Andrada, arranca este pendão dos ares!
> Colombo! fecha a porta de teus mares!

Em Castro Alves cumpre distinguir o lírico amoroso que se exprimia quase sempre sem ênfase e às vezes com exemplar simplicidade, como no formoso quadro de "Adormecida", do épico social desmedindo-se em violentas antíteses, em retumbantes onomatopeias. A este último aspecto, há que levar em conta a intenção pragmática dos seus cantos, feitos para ser declamados na praça pública, em teatros ou grandes salas, verdadeiros discursos de poeta-tribuno. E há que reconhecer nele, malgrado os excessos e o mau gosto, a maior força verbal e a inspiração mais generosa de toda a poesia brasileira.

Castro Alves foi a última grande voz da poesia romântica. Sobrevivem-lhe Machado de Assis e Luiz Delfino, nascidos antes dele e influenciados posteriormente pelos parnasianos o primeiro, por parnasianos e simbolistas o segundo.

Ensaios literários

A posição cronológica de Joaquim Maria Machado de Assis (1839-1908), contemporâneo ainda da segunda geração romântica, ao influxo da qual se formou, mas desenvolvendo-se segundo uma linha muito pessoal através das gerações seguintes, torna-o uma personalidade singular em nossas Letras. O pai era um mestiço de negro, pintor de paredes; a mãe, ilhoa portuguesa. Cedo ficou órfão e teve de lutar pela vida. Foi um autodidata. De natureza tímida e reservada, mas dotado de tenacidade excepcional, subiu de simples aprendiz de tipógrafo a jornalista e alto funcionário de secretaria. Sua vida não teve maiores incidentes que os ataques alarmantes da terrível doença a que era sujeito, a epilepsia. Casado com uma senhora portuguesa, irmã do poeta Faustino Xavier de Novais, a Carolina, cuja morte chorou num dos mais puros sonetos de nossa língua, viveu a partir de 83 no seu retiro das Águas Férreas.

A sua obra pode ser dividida em duas fases – antes e depois de 79. A primeira é toda de inspiração romântica, e na parte poética compreende os livros *Crisálidas, Falenas* e *Americanas*. Os versos de *Crisálidas* e *Falenas* não têm a ingenuidade nem o calor dos românticos já estudados. Neles não nos fala o Poeta do que constitui o seu drama íntimo, a condição humilde e a ambição de fugir a ela, drama que estudará nos romances *Helena, A mão e a luva* e *Iaiá Garcia*, disfarçando o seu caso pessoal pela transferência a personalidades femininas. Na poesia encontramos apenas as confidências de seus primeiros amores, algumas notas de liberalismo político, os germes do pessimismo que só adquirirão verdadeira força na produção da segunda fase. Citemos das *Crisálidas*, que são de 63, o "Epitáfio do México", como mais um testemunho, entre outros muitos que houve, da repercussão e simpatia suscitadas no Brasil pelas vicissitudes da independência mexicana:

> Dobra o joelho: – é um túmulo.
> Embaixo amortalhado
> Jaz o cadáver tépido
> De um povo aniquilado;
> A prece melancólica
> Reza-lhe em torno à cruz.

Ante o universo atônito
Abriu-se a estranha liça,
Travou-se a luta férvida
Da força e da justiça;
Contra a justiça, ó século,
Venceu a espada e o obus.

Venceu a força indômita;
Mas a infeliz vencida
A mágoa, a dor, o ódio,
Na face envilecida
Cuspiu-lhe. E a eterna mácula
Seus louros murchará.

E quando a voz fatídica
Da santa liberdade
Vier em dias prósperos
Clamar à humanidade,
Então revivo o México
Da campa surgirá.

As produções dos dois primeiros livros denotam certa elegância nova no cuidado da forma, tanto na linguagem como na metrificação e nas rimas. Esse apuro torna-se mais acentuado nas *Americanas*, tentativa de revivescência do indianismo, a que devemos o belo poema "Última jornada", onde se sente o leitor assíduo do Dante.

Em 79 e 80 aparece na *Revista Brasileira* a maioria dos poemas das *Ocidentais*. Poemas cuja perfeição formal não será excedida pelos parnasianos, e cujo pensamento resume a filosofia amarga e desabusada dos romances e contos da segunda fase, os quais o sagraram a principal figura da nossa ficção. Assim, em "Uma criatura" define o Poeta o gênio da destruição, o que "está em toda a obra: cresta o seio de flor e corrompe-lhe o fruto; e é nesse destruir que as suas forças dobra". Quando pensamos

Ensaios literários

que vai nomear a Morte, diz no último verso que é a Vida. A vida e mais a flor da juventude, a glória, o amor, simboliza-os em outro poema numa mosca azul que um pobre pária capta e leva para casa a fim de examiná-la e explicar o mistério de uma visão de pompa e felicidade que lhe pareceu ver entre as asas do inseto. Examinou-a miudamente, "como um homem que quisesse dissecar a sua ilusão":

> Dissecou-a, a tal ponto, e com tal arte, que ela,
> Rota, baça, nojenta, vil,
> Sucumbiu; e com isto esvaiu-se-lhe aquela
> Visão fantástica e sutil.

LUIZ DELFINO dos Santos (1834-1910) era médico e não cultivou a literatura como carreira. A sua produção, abundantíssima, ficou esparsa em revistas e jornais e só postumamente foi publicada em livros, que montam a treze volumes.

Delfino podia espraiar-se longamente em raptos condoreiros, mas sabia limitar-se num soneto, e foi no soneto que achou a forma mais adequada à sua especial sensibilidade. Nele funde as três estéticas – a romântica, a parnasiana e a simbolista. Romântico ficou ele sempre no fundo. Mas a disciplina do Parnaso aparou-lhe as asas, às vezes desordenadamente tatalantes, e o simbolismo comunicou-lhe aquele vago encantatório, salvando-o do estreito materialismo formal. Escultural, sim, mas uma ou outra vez quebrava sem cerimônia o nariz da sua Galateia. Sensual, também, tremendamente sensual, mas de um sensualismo que se complicava de requintes espirituais. Casava os apuros de forma com audaciosos prosaísmos, de tudo resultando uma poesia bem marcada, bem pessoal, deliciosamente estranha.

A reação contra o romantismo remonta entre nós aos últimos anos da década de 60. A chamada "escola coimbrã", a publicação em Portugal da *Visão dos tempos* e das *Tempestades sonoras* (64), de Teófilo Braga (1843-1924), e das *Odes modernas* (65), de Antero de Quental (1842-1891), tiveram no Brasil o seu eco em poemas onde era manifesta a intenção de fugir às sentimentalidades do lirismo puramente amoroso. A partir de 70 a reação procura

Apresentação da poesia brasileira

organizar-se doutrinariamente na poesia científica ou filosófica de Sílvio Romero, Martins Júnior e outros. Logo depois, ao lado dessa corrente, surgida ao Norte, em Pernambuco, aparecia no Sul, em São Paulo e no Rio, outra que se pretendia sobretudo realista. Em 78 se trava pelas colunas do *Diário do Rio de Janeiro* a "batalha do Parnaso". Não se entenda aqui "Parnaso" como sinônimo de parnasianismo. A batalha chamou-se do Parnaso porque os golpes se desfechavam em versos, quase sempre incorretos, na gramática e na metrificação, segundo os cânones parnasianos posteriores. Artur de Oliveira, curioso tipo de boêmio, que quase nada produziu, mas tendo residido algum tempo em Paris, exerceu de volta enorme fascinação sobre o meio literário brasileiro, para o qual foi sem dúvida o revelador da corrente parnasiana já dominante em França. Teófilo Dias, Artur Azevedo, Fontoura Xavier, Valentim Magalhães e Alberto de Oliveira tomaram parte na "batalha do Parnaso". O último, já na velhice, confessou as influências da escola coimbrã, a que nos referimos atrás, a par do naturalismo e das *Miniaturas* de Gonçalves Crespo.

O nome e a obra de Antônio José Gonçalves Crespo (1846-1883) são reivindicados por portugueses e brasileiros; "Chamam-lhe uns ateniense, outros brasileiro", escreveu Camilo Castelo Branco: "eu quero que seja português, porque levo o amor de minha terra até o latrocínio"; ao que contrapõe Afrânio Peixoto:

> Não somos tão ricos em grandes poetas que não devamos reivindicar a Gonçalves Crespo. Que uns o considerem português, outros ateniense, honra é para ele e para nós. Além dos seus versos brasileiros – "A bordo", "A sesta", "Alguém" (a mãe do Poeta, que era brasileira), "Na roça", "Canção", "Ao meio-dia", "A negra", "As velhas-negras" – Gonçalves Crespo tem belos poemas, de correção e gosto parnasiano...

O Poeta, que era homem de cor, partiu para Portugal com 14 anos de idade e nunca mais tornou ao Brasil. De fato pertence à vida literária portuguesa, mas os seus livros – *Miniaturas*, que é de 71, e *Noturnos*, de 82, exerceram grande prestígio sobre os introdutores do parnasianismo no Brasil.

Escrevendo sobre a nova geração em 79, declarava Machado de Assis não discernir uma feição assaz característica e definitiva no movimento poético, embora reconhecesse "uma inclinação nova nos espíritos, um sentimento diverso do dos primeiros e segundos românticos". Uma crença comum a todos esses novos: o romantismo era coisa morta. Como disse Machado de Assis, "esta geração não se quer dar ao trabalho de prolongar o ocaso de um dia que verdadeiramente acabou". E o mestre dava-lhes razão: "Eles abriram os olhos ao som de um lirismo pessoal, que, salvas as exceções, era a mais enervadora música possível, a mais trivial e chocha. A poesia subjetiva chegara efetivamente aos derradeiros limites da convenção, descera ao brinco pueril, a uma enfiada de coisas piegas e vulgares." Seu atilado senso crítico soube, no entanto, distinguir o "cheiro a puro leite romântico" que havia ainda nos poetas que por volta de 79 combatiam a grande moribunda.

O termo "parnasiano" não aparecia no ensaio de Machado de Assis: não aparece nem nos prefácios nem nas críticas senão pelos meados da década de 80. Falava-se sempre era em "realismo", "Ideia Nova". A estética parnasiana cristalizou-se entre nós depois da publicação das *Fanfarras*, de Teófilo Dias, livro em que o movimento antirromântico começa a se definir no espírito e na forma dos parnasianos franceses, já esboçados em alguns sonetos de Carvalho Júnior, falecido prematuramente em 79, e nas *Canções românticas* (78), de Alberto de Oliveira. Já se apresenta sem mescla nos livros posteriores do último – *Meridionais* (84), *Sonetos e poemas* (85) – nas *Sinfonias* (83) e *Versos e versões* (87), de Raimundo Correia. Finalmente em 88 as *Poesias* de Olavo Bilac assinalam o fastígio da nova escola.

Como caracterizar a poesia dos nossos parnasianos? Será fácil discerni-la nos poemas escritos em alexandrinos. Mas nos metros tradicionais na língua portuguesa, e sobretudo nos decassílabos, o que separa um parnasiano de um romântico aproxima-o dos clássicos. Quanto ao fundo mesmo, a diferença dos parnasianos em relação aos românticos está na ausência não do sentimentalismo, que sentimentalismo, entendido como afetação do sentimento, também existiu nos parnasianos, mas de uma certa meiguice dengosa e chorona, bem brasileira aliás, e tão indiscretamente sensível no lirismo amoroso dos românticos. Esse tom desapareceu completamente nos parnasianos, cedendo lugar a uma concepção mais realista das relações entre os dois sexos. O lirismo amoroso dos parnasianos foi de resto condicionado pelas transformações sociais. Com a extinção da escravidão, acabou-se também em breve o tipo da "sinhá", que era a musa inspiradora do lirismo romântico, e a moça brasileira foi perdendo rapidamente as características adquiridas em três séculos e meio de civilização patriarcal. Nas imagens também os parnasianos se impuseram uma rígida disciplina de sobriedade, de contiguidade. Repugnava-lhes a aproximação de termos muito distantes, assim como toda expressão de sentido vago, elementos que encontramos na poesia de Luiz Delfino e B. Lopes, os quais, a despeito de sua métrica parnasiana, escandalizavam bastante o gosto um pouco estreito de Alberto de Oliveira, Raimundo Correia, Olavo Bilac e seus discípulos e epígonos. O hermetismo de um Mallarmé era de todo impenetrável e inaceitável para eles. Doutrinaram e praticaram os parnasianos o ideal de clareza sintática, de conformismo às gramáticas portuguesas. A sua métrica, jamais infiel à sinalefa (nunca disseram "a água", "o ar", contando o artigo como sílaba métrica a exemplo de Camões, que desse hiato tirou muitas vezes grandes efeitos) e praticando quase sistemicamente a sinérese, ganhou em firmeza, perdendo em fluidez. Foi esse processo que deu à poesia parnasiana aquele caráter escultural. Nesse ponto pode-se dizer que Raimundo Correia e Vicente de Carvalho foram mais artistas do que Alberto de Oliveira e Bilac. A métrica daqueles, com ser igualmente precisa, é muito mais rica e sutil, muito mais musical do que a destes. Usaram ambos do hiato interior com fino gosto. Não se deve, porém, fazer carga aos mestres parnasianos de certos defeitos que apareceram mais tarde nos discípulos e acarretaram o descrédito da escola, em especial a rima rara. Os nossos subparnasianos quiseram imitar a riqueza de rimas dos mestres franceses. Mas não havendo entre nós a tradição da rima com consoante de apoio (Goulart de Andrade tentou introduzi-la já no crepúsculo do parnasianismo), lançaram mão da rima rara. A rima rica francesa não implica o sacrifício da simplicidade vocabular: ela se pode obter com as palavras de uso comum. A rima rara portuguesa é quase sempre um desastre: não há uma poesia sequer de Emílio de Menezes que não esteja irremediavelmente prejudicada por esse rico ornato de péssimo gosto.

Da primeira geração parnasiana cumpre destacar os quatro grandes nomes de Alberto de Oliveira, Raimundo Correia, Olavo Bilac e Vicente de Carvalho.

Antônio Mariano ALBERTO DE OLIVEIRA (1857-1937), fluminense, formou--se em Farmácia e cursou Medicina até o terceiro ano. Exerceu vários cargos públicos, sobretudo de professor de Português, Literatura e História. A sua obra poética compreende: *Canções românticas, Meridionais, Sonetos e poemas, Versos e rimas*; *Poesias*, 1ª série, que abrangem os livros citados, expurgado o primeiro de muitos poemas, e mais *Por amor de uma lágrima*; *Poesias*, 2ª série, compostas de *Livro de Ema, Alma livre, Terra natal, Alma em flor, Flores da serra* e *Versos de saudade*; *Poesias*, 3ª série, que encerram *Sol de verão, Céu noturno, Alma das coisas, Sala de baile, Rimas várias, No seio do cosmo* e *Natália*; *Poesias*, 4ª série, que contêm *Ode cívica, Alma e céu, Cheiro de flor, Ruínas que falam, Câmara ardente* e *Ramo de árvore*. Depois de sua morte foi editado pela Academia Brasileira o volume *Póstuma*.

Alberto de Oliveira foi dos mestres parnasianos o que mais se deixou prender aos rigores da escola, o que mais se distingue pelo conceito escultural da forma, muitas vezes prejudicado pelo abuso da inversão e do *enjambement*. É que o parnasianismo do Poeta se complicou do amaneiramento dos gongóricos e árcades portugueses dos séculos XVII e XVIII, em que era muito versado. Leia-se, como exemplo, o soneto "Taça de coral", aliás admirável:

> Lícias, pastor – enquanto o sol recebe,
> Mugindo, o manso armento e ao largo espraia,
> Em sede abrasa, qual de amor por Febe,
> – Sede também, sede maior, desmaia.
>
> Mas aplacar-lhe vem piedosa Naia
> A sede d'água: entre vinhedo e sebe
> Corre uma linfa, e ele no seu de faia
> De ao pé do Alfeu tarro escultado bebe.

Apresentação da poesia brasileira

Bebe, e a golpe e mais golpe: – Quer ventura
(Suspira e diz) que eu mate uma ânsia louca,
E outra fique a penar, zagala ingrata!

Outra que mais me aflige e me tortura,
E não em vaso assim, mas de uma boca
Na taça de coral é que se mata.

Com o passar dos anos, e talvez por efeito das críticas dos seus melhores admiradores e amigos, como José Veríssimo, se foi o Poeta despojando desses artifícios até atingir à beleza simples de *Alma em flor*, onde o brilho descritivo se une à emoção do amor estudado num coração de adolescente.

A natureza brasileira foi a fonte mais frequente de sua inspiração. As suas descrições são sempre brilhantes, e às vezes numa linha, num som, num perfume sabe evocar a totalidade do ambiente:

Loureja o ipê com as áureas flores
Late nos grotões fundos, indo ao faro
Da caça, ao buzinar dos caçadores,
    Da fazenda a matilha,

E no ar que sopra dos capões escuros,
Sente-se, de mistura a essências finas
    E ao cheiro das resinas,
Um sabor acre de cajás maduros.

De ordinário, porém, fica nas exterioridades, e a nota mais comum é a da exaltação eloquente. Teve razão José Veríssimo ao assinalar que falta a esse aspecto da poesia de Alberto de Oliveira a beleza superior de uma interpretação artística da nossa natureza: "O poeta descreve e canta admiravelmente os aspectos da sua terra natal, os seus acidentes, a sua natureza, mas a alma mesma das coisas escapa-lhe ainda e o seu sentimento da natureza brasileira, manifestamente intencional, se não intensificou e generalizou perfeitamente até o panteísmo".

De fato parecem errados os que falaram no panteísmo de Alberto de Oliveira. Não era Deus que ele sentia na natureza, mas a ressonância de seus desejos de homem:

> Acordo à noite assustado.
> Ouço lá fora um lamento...
> Quem geme tão tarde? O vento?
> Não. É um canto prolongado,
> – Hino imenso a envolver toda a montanha;
> São em música estranha,
> Jamais ouvida,
> As árvores ao luar que nasce e as beija,
> Em surdina cantando,
> Como um bando
> De vozes numa igreja:
> Margarida! Margarida!

É a natureza humanizada com a própria alma do Poeta. A sua aspiração era "ser palmeira depois de homem ter sido", para gritar, esfolhando-se ao vento nos temporais, que a ama

> E pedir que, ou no sol, a cuja luz referves,
> Ou no verme do chão ou na flor que sorri,
> Mais tarde, em qualquer tempo, a minh'alma conserves,
> Para que eternamente eu me lembre de ti!

RAIMUNDO da Mota de Azevedo CORREIA (1859-1911) nasceu a bordo de um navio em águas do Maranhão. Formou-se em Direito pela Faculdade de São Paulo, onde com Augusto de Lima e outros dirigiu a *Revista de Ciências e Letras*, que se destacou pela sua ação contra a degeneração romântica. Magistrado, interrompeu a carreira para servir como secretário de legação em Lisboa. Abandonando a diplomacia, exerceu o magistério e finalmente tornou à magistratura. Faleceu na Europa, aonde fora em busca de melhoras para a saúde. Exclusivamente poeta, a sua produção foi parca e compreende os livros *Primeiros sonhos, Sinfonias, Versos e versões* e *Aleluias*. Em 98 publicou em Lisboa *Poesias*, seleção dos livros anteriores, com o repúdio do primeiro e alguns poemas novos.

Dos *Primeiros sonhos* disse Machado de Assis, prefaciando as *Sinfonias*, que havia neles "o cheiro romântico da decadência, e um certo aspecto flácido". As *Sinfonias* são ainda um livro impuro: a impureza reside nos vestígios daquela flacidez de que nos fala Machado de Assis e na sua parte militante, republicana e revolucionária. Sim, porque esse poeta que com o tempo se alhearia de todo da luta social numa atitude de introvertido, analista das misérias do coração, falava em moço no "estrondo da Comuna", na aclamação "do Império Universal", atacava o Rei e a Igreja. Das oitenta poesias que formam o volume, dezesseis são traduções de Victor Hugo, Théophile Gautier, François Coppée, Zorilla e outros menores. Os dois sonetos "As pombas" e "Mal secreto", que lhe deram imediata fama, só lhe pertencem na forma, com que de certo modo recriou em beleza imperecível os originais. A ideia do primeiro tomou-o de umas linhas de Gautier em *Mademoiselle Maupin*: "*Mon âme est comme un colombier tout plein de colombes. À toute heure du jour il s'envole quelque désir. Les colombes reviennent au colombier, mais les désirs ne reviennent point au coeur.*" O segundo desenvolve a estrofe de Metastásio:

> *Si a ciascun l'intimo affano*
> *Si legesse in fronte scrito,*
> *Quanti mai che invidia fanno*
> *Ci farebbero pietà!*
> *Si vedria che i lor nemici*
> *Hanno in seno, e se riduce*
> *Nel parere a noi felici*
> *Ogni lor felicità!*

Mas já havia no livro os toques magistrais com que ele soube traduzir melhor que ninguém no Brasil a suave melancolia da paisagem a certas horas:

> Um mundo de vapores no ar flutua...
> Como uma informe nódoa avulta e cresce
> A sombra à proporção que a luz recua...
>
> A natureza apática esmaece...
> Pouco a pouco entre as árvores, a lua
> Surge trêmula, trêmula... Anoitece.

O tom reflexivo, concentrado e grave, que o vai distinguir entre os seus companheiros de Parnaso, derivava do seu feitio de nascença, melancólico e tímido. Machado de Assis, que o conheceu em 82, pinta-o assim: "Figura pensativa, que sorri às vezes, ou faz crer que sorri, e não sei se ri nunca". A saúde precária tornou-o num quase valetudinário, de pessimista experiência, todo voltado para dentro de si, para aquele "pélago invisível" da alma, a cuja borda se debruçava aflito, e onde a única doce voz era a da saudade – "sereia misteriosa, que em suas praias infinitas canta". As acusações de plágio que lhe fizeram a propósito dos sonetos apontados atrás foram talvez o principal motivo do seu afastamento das rodas literárias: fechou-se em si mesmo, numa misantropia que o levava a ver nas palavras da turba que rodeia o Jó a mentira de uma falsa piedade. São as estâncias mais amargas e comovidas que compôs, essas em que depois de descrever com um realismo digno do Baudelaire de *La charogne*", a podridão do leproso, exclama:

> Jó agoniza!
> Embora: isso não é o que horroriza mais.
> – O que mais horroriza
> São a falsa piedade, os fementidos ais;

Apresentação da poesia brasileira

São os consolos fúteis
Da turba que o rodeia, e as palavras fingidas,
Mais baixas, mais inúteis
Do que a língua dos cães lambendo-lhe as feridas:

Da turba que se, odienta,
Com a pata brutal do seu orgulho vão
Não nos magoa, inventa,
Para nos magoar a sua compaixão!

Cabe neste livrinho escrito especialmente para os mexicanos advertir nas afinidades de sentimento e expressão que tem o nosso poeta com Manuel José Othón: a atitude em face da natureza é a mesma, a estrutura do soneto é idêntica, a adjetivação parece obedecer a igual critério de escolha. Note-se até a predileção pela palavra "imenso" e seus derivados, comum aos dois: nos sonetos do *"Idilio selvaje"* o mexicano emprega-o repetidamente (... *el paisaje árido y triste, inmensamente triste... inmenso llanto... inmensidad abajo, inmensidade arriba... como un airón flotando inmensamente...*); em Raimundo Correia:

Montanhas... E até onde o olhar atinge,
À imensidade esplêndida que o cinge,
Vê ligarem-se mais imensidades...

(Soneto "Fascinação")

Vai co'a sombra crescendo o vulto enorme
Do baobá... E cresce n'alma o vulto
De uma tristeza imensa, imensamente...

(Soneto "Banzo")

Parece-me que não erraria quem dissesse que Raimundo Correia é o Othón brasileiro.

Olavo Brás Martins dos Guimarães Bilac (1865-1918), natural do Rio de Janeiro, cursou a Faculdade de Medicina até o quinto ano, quando partiu para São Paulo, onde iniciou os estudos de Direito, que também interrompeu. De volta ao Rio, dedicou-se inteiramente às Letras, colaborando assiduamente na imprensa. Consagrou os últimos anos de vida à propaganda do serviço militar obrigatório, realizando uma série de conferências em várias capitais do país. Ao contrário dos seus gloriosos companheiros, que tatearam com indecisões a cidadela da Forma, Bilac, ao estrear com o seu volume de *Poesias*, aos 23 anos, se apresentava no maior rigor da nova escola, e no entanto com uma fluência na linguagem e na métrica, uma sensualidade à flor da pele que o tornavam muito mais acessível ao grande público. O livro dividia-se em três partes – "Panóplias", "Via-Láctea" e "Sarças de fogo", precedidas de uma "Profissão de fé", que sustenta galhardamente o cotejo com a de Gautier nas estrofes de "*L'art*", nas quais foi evidentemente inspirada.

Para o francês

> *l'oeuvre sort plus belle*
> *D'une forme au travail*
> *Rebelle,*
> *Vers, marbre, onyx, émail.*

Mas acrescentava

> *Lutte avec te carrare,*
> *Avec le paros dur*
> *Et rare,*
> *Gardiens du contour pur.*

A Bilac, mais que o trabalho do estatuário o seduzia o do ourives:

> Invejo o ourives quando escrevo:
> Imito o amor
> Com que ele, em ouro, o alto-relevo
> Faz de uma flor.

Imito-o. E, pois, nem de Carrara
   A pedra firo:
O alvo cristal, a pedra rara,
   O ônix prefiro.

As "Panóplias", desde o nome, são tipicamente parnasianas, mesmo no retardado indianismo da "Morte de Tapir" e do soneto a Gonçalves Dias. Afora o soneto em homenagem à rainha dona Amélia de Portugal, acrescentado posteriormente, e as estrofes "A um grande homem", versam temas da antiguidade romana – "A sesta de Nero", "O incêndio de Roma", "O sonho de Marco Antônio", "Messalina" e "Delenda Cartago!" – e um da grega a propósito da *Ilíada*, tudo traindo a influência de Leconte de Lisle, como mais tarde os sonetos das *Virgens* acusarão a de Heredia.

Já a "Via-Láctea" revela outra fonte de lirismo mais próximo e aparentado ao nosso: a dos grandes mestres portugueses, na velha tradição subjetiva que vem desde os poetas dos cancioneiros. Aqui o Poeta esqueceu o fútil ideal de artífice programado na "Profissão de fé", e a salvo dos prejuízos de escola exprimiu com simplicidade as alegrias e os alvoroços de uma paixão purificadora. Havia realmente nesses 35 sonetos um sabor novo em nossa poesia e muito pessoal.

As sensibilidades mais vulgares encontravam melhor satisfação na maioria dos poemas da terceira parte, eloquentemente sensuais, em especial no "triunfo imortal da Carne e da Beleza", do "Julgamento de Frineia" ou no delírio erótico do "Beijo eterno". Mas ainda em meio dessas sarças de fogo aparecia uma ou outra flor de mais fina poesia, como o soneto *"Nel mezzo del camin..."*, digno de figurar entre os mais perfeitos da nossa língua.

O sucesso do livro foi imediato. Mas só em 1902 dá o Poeta uma segunda edição da obra, aumentada de novas partes: "Alma inquieta", "As viagens" e "O caçador de esmeraldas". Não se ultrapassou nelas. O esforço mais considerável estava no último poema, episódio da epopeia sertanista do século XVII, que tem como herói a figura de Fernão Dias Pais Leme. Distribui-se em quatro cantos, num total de 46 sextilhas em alexandrinos. Descreve Bilac o sertão pátrio "no virginal pudor das primitivas eras", a chegada dos conquistadores portugueses, o heroico afã dos bandeirantes lançados ao descobrimento do ouro, o sonho das gemas verdes que consumiu em sete anos de marcha pelas selvas a vida de Fernão Dias. Sabe-se que o paulista morreu nas margens do Guaicuí: trazia consigo um saco de pedras que julgava esmeraldas e não passavam de turmalinas. O trecho mais inspirado do poema é o do delírio do sertanista: a febre fá-lo ver a tudo em torno da cor da esmeralda:

> Verdes, os astros no alto abrem-se em verdes chamas:
> Verdes, na verde mata, embalançam-se as ramas;
> E flores verdes no ar brandamente se movem;
> Chispam verdes fuzis riscando o céu sombrio;
> Em esmeraldas flui a água verde do rio,
> E do céu, todo verde, as esmeraldas chovem...

Mas uma voz lhe fala no delírio, consolando-o do desastre com a evocação das futuras cidades que nasceriam no rastro das picadas abertas pela sua bandeira:

> E um dia, povoada a terra em que te deitas,
> Quando, aos beijos do sol, sobrarem as colheitas,
> Quando, aos beijos do amor, crescerem as famílias,
>
> Tu cantarás na voz dos sinos, nas charruas,
> No esto da multidão, no tumultuar das ruas,
> No clamor do trabalho e nos hinos de paz!
> E, subjugando o olvido, através das idades,
> Violador de sertões, plantador de cidades,
> Dentro do coração da Pátria viverás!

O calor da obra resulta mais da abundância e ênfase das palavras, que não das fontes profundas do sentimento, da vocação épica, inexistente em Bilac. Como quer que fosse, o poema é belo e apontava à epopeia uma direção mais nacionalmente verdadeira que a do indianismo.

Faleceu o Poeta quando se imprimia o seu último livro, *Tarde*, uma coleção de sonetos tão diversos dos da "Via-Láctea" quanto um triste crepúsculo o é de uma manhã de sol. A idade dos amores tinha passado; agora chegava a da reflexão:

> Tarde. Messe e esplendor, glória e tributo;
> A árvore maternal levanta o fruto,
> A hóstia da ideia em perfeição... Pensar!

É a hora dos remorsos, das saudades, mas também da resignação e do apaziguamento. "Sou como um vale numa tarde fria", diz num dos mais serenos poemas desse testamento poético:

> E num recolhimento a Deus oferto
> O cansado labor e o inquieto sono
> Das minhas povoações e dos meus campos.

Nota-se na forma desses sonetos uma involução para a rigidez parnasiana, para a lógica da chave de ouro, para a solenidade vocabular. Desejaríamos menos clangor de metais nessa grave sinfonia da tarde.

Vicente Augusto de Carvalho (1866-1924), natural de Santos, bacharel em Direito pela Faculdade de São Paulo, foi deputado à Constituinte republicana do seu estado, secretário do Interior e Justiça, e depois magistrado. Estreou com o livro *Ardentias*. Após a edição do seu segundo volume de versos, *Relicário*, converteu-se à doutrina positivista e cessou durante muitos anos a atividade poética. Estava o seu nome esquecido ao tempo em que se falava de Alberto de Oliveira, Raimundo Correia e Bilac como os únicos poetas de sua geração fadados a sobreviver. Era a "trindade parnasiana" dos mestres, aureolados do mesmo prestígio que marcara em França os nomes de Leconte de Lisle, Gautier e Banville. Mas a publicação em 1902 do poema *Rosa, rosa de amor*, seguida seis anos depois da dos *Poemas e canções* veio revelar um quarto mestre em nada inferior aos outros, e a certos aspectos mesmo superior – mais vário, mais completo, mais natural, mais comovido. Mal se pode aplicar o rótulo de parnasiano a esse poeta, que parece mais nutrido da tradição quinhentista portuguesa e não ficou isento do exemplo simbolista, bastando para provar esta influência a "Última canção":

> – E se acaso voltar? Que hei de dizer-lhe, quando
> Me perguntar por ti?
> – Dize-lhe que me viste, uma tarde, chorando...
> Nessa tarde parti.

> – Se arrependido e ansioso ele indagar: "Para onde?
> Por onde a buscarei?"
> – Dize-lhe: "Para além... para longe..." Responde
> Como eu mesma: "Não sei".

Todos reconhecerão nesses versos uma paráfrase da canção de Maeterlinck.

Vicente de Carvalho mostrou evidente preferência pelos metros curtos, de sete e oito sílabas, e quando empregou, raras vezes, o alexandrino, tratou-o com mais desenvoltura, deu-lhe a fluidez de uma linha melódica:

> E o mar então... O mar, o velho confidente
> De sonhos que a mim mesmo hesito em confessar,
> Atrai-me; a sua voz chama-me docemente,
> Dá-me uma embriaguez como feita de luar...
> O mar é para mim como o Céu para um crente.

Lírico amoroso de emoção requintada em *Rosa, rosa de amor*, e nos admiráveis sonetos do "Velho tema", mostrou força dramática em "Pequenino morto", épica em "Fugindo ao cativeiro". Mas foi acima de tudo um grande pintor do mar, o mais exato, o mais vigoroso, o mais sugestivo que tivemos. Conhecia-o de larga experiência nas pescarias em Santos, paixão que pagou caro, pois certa vez, ferindo-se na mão esquerda, contraiu uma

Apresentação da poesia brasileira

infecção que quase o matou e só pôde ser debelada graças à amputação do braço à altura do ombro. Nem por isso renunciou ao seu desporte favorito e para o praticar nas férias dos seus trabalhos adquiriu um trecho de litoral na Enseada da Bertioga. "Palavras ao mar", "Cantigas praianas", "No mar largo", "A ternura do mar", "Sugestões do crepúsculo" são as confidências desse amor de toda a sua vida, dessa atração que sobre ele exercia o mar: como que se revia nas alternativas de mansidão e cólera desse

> pagão criado às soltas
> Na solidão, e cuja vida
> Corre, agitada e desabrida,
> Em turbilhões de ondas revoltas;
>
> Cuja ternura assustadora
> Agride a tudo que ama e quer,
> E vai, nas praias onde estoura,
> Tanto beijar como morder...

A essa primeira geração parnasiana pertenceram ainda LUÍS GUIMARÃES (1845-1898), celebrizado pelo soneto "Visita à casa paterna", FRANCISCA JÚLIA DA SILVA, a mais autêntica expressão da objetividade da escola, GUIMARAENS PASSOS (1867-1909), B. LOPES (1859-1916), EMÍLIO DE MENEZES (1866-1918) e outros menores, já esquecidos.

Ainda depois do advento do simbolismo, floresceu uma geração que poderemos chamar neoparnasiana, com AMADEU AMARAL (1875-1929), GOULART DE ANDRADE (1881-1936) , HUMBERTO DE CAMPOS (1866-1934), MARTINS FONTES (1884-1937), HERMES FONTES (1888-1930), DA COSTA E SILVA (1885-1950), GILKA MACHADO, RAUL DE LEONI (1895-1926), AMÉRICO FACÓ (1885-1953) etc., os quais, se são diversos já, no espírito, da geração anterior, guardam o mesmo amor da linguagem eloquente, da forma nítida. Todos já falecidos, com exceção de GILKA MACHADO, nascida em 1893, forte temperamento afirmado numa série de livros – Cristais partidos, Estados de alma, Mulher nua, Meu glorioso pecado, Carne e alma, Sublimação. Dos mortos o que apresenta maiores

Ensaios literários

probabilidades de sobreviver, a julgar pelas reedições de sua obra, é Raul de Leoni, fluminense, bacharel em Direito, autor de um único livro, a *Luz mediterrânea*, título que lhe define bem o espírito amigo das "ideologias claras". A emoção filosófica situa-o em posição quase solitária na poesia brasileira. Mas o curioso, como assinalou Rodrigo M. F. de Andrade, é que esse poeta, cuja sugestão poética derivava das ideias tomadas como entidades absolutas, como seres dotados de vida própria e autônoma, glorificasse o instinto como o verdadeiro meio de encontrar a felicidade:

> Glória ao Instinto, a lógica fatal
> Das cousas, lei eterna da criação,
> Mais sábia que o ascetismo de Pascal,
> Mais bela do que o sonho de Platão!
>
> Pura sabedoria natural
> Que move os seres pelo coração,
> Dentro da formidável ilusão,
> Da fantasmagoria universal!
>
> És a minha verdade, e a ti entrego,
> Ao teu sereno fatalismo cego,
> A minha linda e trágica inocência!
>
> Ó soberano intérprete de tudo,
> Invencível Édipo, eterno e mudo,
> De todas as esfinges da Existência!...

"É que", acrescenta Rodrigo M. F. de Andrade, "glorificando a 'pura sabedoria natural', os poemas da *Luz mediterrânea* celebram menos o instinto em si mesmo do que a ideologia do instinto, ou o sistema que erigiu o instinto em verdade metafísica".

Antes de passar ao simbolismo temos que dar atenção à figura singular de José de Abreu Albano (1882-1923); singular porque inteiramente fora dos quadros da poesia brasileira. Cearense e educado na Europa, sentiu-se deslocado dentro da nossa incipiente civilização e, num grande desdém pela língua do seu tempo, voltou-se para o português do século de quinhentos. Cantou a Camões, o seu modelo, numa canção; a língua portuguesa, numa ode, e nesta explica os motivos de seu gosto arcaizante:

> Sempre e sempre te eu veja meiga e pura
> Naquela singeleza primitiva,
> Naquela verdadeira formosura
> Que farei que no verso meu reviva.
> ....
> Outros andam e teu sublime aspeto
> D'ornamentos estranhos encobrindo
> Sem saber o que tens de mais secreto,
> De mais maravilhoso e de mais lindo:
> Em ti já não se nota o mesmo agrado
> E eu não te reconheço,
> Se o teu valor e preço – é rejeitado
>
> Quanta e quamanha dor me surge e nasce
> De nunca ouvir aquele antigo estilo,
> Mas eu fiz que ele aqui se renovasse [...]

A Albano, que era dotado de raro talento linguístico e conhecia a fundo vários idiomas modernos e antigos, não foi difícil assimilar inteiramente o "antigo estilo", e o seu "Poeta fui..." nos soa em verdade como um soneto póstumo de Camões. Nos momentos mansos dizia em redondilhas e decassílabos, os seus metros preferidos, coisas tristes e suavíssimas, versos que pareciam cantiga para adormecer a sua loucura:

> Há no meu peito uma porta
> A bater continuamente;
> Dentro a esperança jaz morta
> E o coração jaz doente.

Em toda a parte onde eu ando,
Ouço este ruído infindo:
São as tristezas entrando
E as alegrias saindo.

Uma crise mais forte no seu psiquismo doentio exigiu o internamento por um ano em casa de saúde. Depois, já convalescente, seguiu para o seio da família no estado natal, e aí compôs a sua obra mais ambiciosa, a *Comédia angélica*, em que (informa o seu grande amigo e crítico Américo Facó) "celebra o amor de Deus e nos apresenta, em visões suaves e rápidas, o nascimento de Adão, a criação de Eva, a aparição de Maria, Lúcifer revoltado e subido, o arcanjo Miguel e outras figuras da teogonia bíblico-cristã".

Voltou o Poeta ainda duas vezes à Europa em plena guerra; da última em 1918 para não mais tornar. Segundo informações de Graça Aranha, que com ele privou em Paris, a crise mística havia passado e Albano voltara à Grécia. De fato o belíssimo poema do "Triunfo" tem todo o caráter dos poemas pagãos do Renascimento. O que lhe diz a Musa, "que ainda acende o meu desejo", remata com estes dois versos:

Hás de viver contente, conhecendo
Que Polímnia te inspira e Apolo te ouve.

Contou Américo Facó que o Poeta, escrita a *Comédia angélica*, fez uma seleção dos versos que guardava inéditos, escolhendo apenas dez sonetos, alguns publicados antes e todos destinados talvez a formar um folheto à exemplo das *Redondilhas*, da *Alegoria* e da *Canção a Camões* e *Ode à língua portuguesa*, com a *Comédia* as únicas edições que deu, em tiragens limitadas, tudo subordinado à epígrafe, *Emoí kai Moúsais*. Em 1948 apareceu, sob o título *Rimas de José Albano*, uma edição completa de seus poemas, organizada e prefaciada por Manuel Bandeira.

Afirmou Silveira Neto que o nosso simbolismo "teve os seus meios de ação propriamente organizados no Rio de Janeiro e no Paraná, sendo que lá, em Curitiba, tomara-se a influência diretamente da corrente europeia, produzindo-se com o do Rio um movimento paralelo". No movimento

Apresentação da poesia brasileira

brasileiro, e pondo de parte o caráter geral de reação espiritualista, encontramos os mesmos expedientes do francês – imprecisão de contornos e de vocabulário, um conceito mais musical do que plástico da forma, os estados crepusculares etc. – e levado ainda mais longe o gosto das expressões do ritual mortuário e litúrgico. A escola foi estudada em exaustiva sondagem por Andrade Muricy no seu *Panorama do movimento simbolista brasileiro.*

A figura central do movimento foi o negro João da Cruz e Sousa (1863--1898), natural de Florianópolis. Os pais do Poeta eram escravos do Marechal Xavier de Sousa, o qual, quando teve de seguir para a Guerra do Paraguai, os alforriou. O menino João era tratado com todo o carinho na família do ex-senhor; recebeu boa instrução secundária, tendo tido entre os seus mestres o naturalista Fritz Müller. Mortos os seus protetores, teve de lutar pela vida, militando na imprensa, organizando em sua província natal a campanha abolicionista, correndo o país de sul a norte como secretário ou ponto de uma companhia dramática. Em 90 muda-se definitivamente para o Rio e após um estágio de três anos no jornalismo carioca, obtém um emprego ínfimo na administração da Estrada de Ferro Central. Em 93 casa-se com aquela a quem chamou "meu tenebroso lírio" (era negra como ele) e publica dois livros, um de prosas líricas – *Missais* – outro de versos – *Broquéis*. Deles costuma-se datar o início do movimento simbolista brasileiro. À onda de sarcasmo com que foi recebida essa arte a um tempo espiritual e bárbara num meio dominado pela cautelosa lógica parnasiana contrapôs o Poeta o seu bravo orgulho e a persistência febril no trabalho noturno. A má sorte o perseguia: a esposa perde durante seis meses a luz da razão; em 97 o Poeta contrai uma tuberculose galopante e morre no ano seguinte, deixando por publicar dois livros de versos – os *Faróis* e os *Últimos sonetos*, e outro livro de prosas líricas – as *Evocações*. A mulher morre três anos depois, do mesmo mal; quatro filhos do casamento morreram também.

Dos sofrimentos físicos e morais de sua vida, do seu penoso esforço de ascensão na escala social, do seu sonho místico de uma arte que seria uma "eucarística espiritualização", do fundo indômito do seu ser de "emparedado" dentro da raça desprezada tirou Cruz e Sousa os acentos patéticos que, a despeito das suas deficiências de artista, garantem a perpetuidade de sua obra na literatura brasileira. Não há nesta gritos mais dilacerantes, suspiros mais profundos do que os seus. Esse negro tinha a obsessão da cor branca: branco é o adjetivo que dá sempre ao seu Sonho; e se eram negros os braços da esposa, sentia

> todo o sonho castamente branco
> Da volúpia celeste desses braços.

Roger Bastide, autor de um excelente ensaio sobre a poesia afro--brasileira, contou na obra do Poeta 169 evocações do branco em seus diversos tons – branco puro, lunar, de neve, de nuvens, de marfim, de espuma, de pérola. A "Antífona", o primeiro poema dos *Broquéis*, começa com os versos:

> Ó Formas alvas, brancas, Formas claras
> De luares, de neves, de neblinas!...

O crítico francês interpreta essa preferência como "a expressão de uma imensa nostalgia: a de se tornar ariano". E Cruz e Sousa, ele próprio, compreendeu bem isso. Antes de simbolista, começou com efeito por ser parnasiano, defendendo os dois dogmas (que jamais renegou) essenciais do Parnaso: a arte pela arte e a necessidade de seguir as regras técnicas mais exigentes na elaboração do poema. Ora, ele viu que esses dogmas significavam um meio de luta contra suas heranças africanas: "Eu trazia como cadáveres todos os empirismos preconceituosos e não sei quanta camada morta, quanta raça d'África curiosa e desolada. Surgindo de bárbaros, tinha de domar outros mais bárbaros ainda, cujas plumagens de aborígines alacremente flutuavam através dos estilos... O temperamento entortava muito para o lado da África: – era necessário fazê-lo endireitar inteiramente para o lado da Regra, até que o temperamento regulasse a arte como um termômetro." Mas o simbolismo é alguma coisa mais; é uma arte preciosa, requintada, difícil, cheia de matizes e de delicadeza, que se dirige a uma pequena elite e classifica consequentemente o seu adepto no recesso de uma aristocracia da aristocracia. Ora, o autor admite que essa arte sabida o separe de sua mãe, fá-lo romper com suas origens, e se aflige, pois ama ternamente aquela que o deu à luz, mas coloca também o culto da beleza acima de tudo. Assim Cruz e Sousa sentia nitidamente que a arte era um meio de abolir a fronteira que a sociedade colocava entre os filhos de escravos africanos e os filhos dos brancos livres; é por isso que foi logo ao tipo que lhe pareceu "o mais ariano de todos".

Quis, pelo menos, provar à "ditadora ciência de hipóteses" a capacidade do negro para "o Entendimento artístico da palavra escrita", para o Sonho branco, e daí uma série de admiráveis sonetos cujos fechos de ouro o mostram na "imortal atitude":

> Erguer os olhos, levantar os braços
> Para o eterno Silêncio dos Espaços
> E no Silêncio emudecer olhando.
> ....
>
> Sorrindo a céus que vão se desvendando,
> A mundos que se vão multiplicando,
> A portas de ouro que se vão abrindo!
> ....
>
> É preciso subir ígneas montanhas
> E emudecer, entre visões estranhas,
> Num sentimento mais sutil que a Morte!
> ....
>
> Tu que és o deus, o deus invulnerável,
> Resiste a tudo e fica formidável,
> No Silêncio das noites estreladas!
> ....
>
> Das ruínas de tudo ergue-te pura
> E eternamente na suprema Altura,
> Suspira, sofre, cisma, sente, sonha!
> ....
>
> Quem florestas e mares foi rasgando
> E entre raios, pedradas e metralhas,
> Ficou gemendo, mas ficou sonhando!

Há mesmo um trecho das *Evocações*, o final de "Iniciado", em que ele se nos pinta quase sacrilegamente representado numa espécie de assunção: "Vai sereno! a cabeça elevada na luz, vitalizada e resplandecida na nervosidade mordente da luz e os fatigados olhos sonhadores graves, ascéticos, atraídos pelo mistério da Vida, magnetizados pelo mistério da Morte..."

Mas dentro do sonho branco do simbolismo a desgraça, a incompreensão, talvez a loucura da esposa faz explodir a alma bárbara sequestrada, "o fundo exótico dessa África sugestiva, gemente, criação dolorosa e sanguinolenta de satãs rebelados, dessa flagelada África, grotesca e triste, melancólica, gênese assombrosa de gemidos, tetricamente fulminada pelo banzo mortal; dessa África dos suplícios, sobre cuja cabeça nirvanizada pelo desprezo do mundo Deus arrojou toda a peste letal e tenebrosa das maldições eternas!"

Assim, o branco e o negro deram batalha nesse coração angustiado, e como era fundamentalmente bom, como veio ao mundo "transbordante de Piedade, soluçando de ternura, de compaixão, de misericórdia", pôde dizer antes da morte o "Assim seja":

> Fecha os olhos e morre calmamente!
> Morre sereno do Dever cumprido!
> Nem o mais leve, nem um só gemido
> Traia, sequer, o teu Sentir latente.
>
> Morre com a alma leal, clarividente
> Da Crença errando no Vergel florido
> E o Pensamento pelos céus brandido
> Como um gládio soberbo e refulgente.
>
> Vai abrindo sacrário por sacrário
> Do teu Sonho no templo imaginário,
> a hora glacial da negra Morte imensa...

Morre com o teu Dever! Na alta confiança
De quem triunfou e sabe que descansa,
Desdenhando de toda a Recompensa!

A segunda grande figura do simbolismo brasileiro é ALPHONSUS DE GUI-
MARAENS (1870-1921). Chamava-se Afonso Henriques da Costa Guimarães. A
latinização do prenome data de 94 e talvez indicava, com o desejo de fugir à
vulgaridade, uma intenção mística nesse poeta que tinha o gosto dos hinos
latinos da Igreja e traduziu em versos o *"Tantum ergo"* e o *"Magnificat"*. Aos
17 anos o falecimento de uma prima amada e de quem se considerava noivo
encheu-o para sempre da obsessão da morte. Frequentou durante dois anos a
Faculdade de Direito de São Paulo, a que mais tarde voltará a fim de concluir
o último ano do curso, em 94. Antes de regressar à província natal, visita o
Rio, especialmente para conhecer Cruz e Sousa. Serviu como promotor de
justiça e juiz substituto na comarca de Conceição do Serro e em 1906 foi
nomeado juiz municipal de Mariana. Nessa quase morta cidadezinha mineira
que parece dormir "no seio branco das litanias" viveu o Poeta até morrer, e
nas dificuldades de um lar pobre onde os filhos chegaram a ser quatorze, sem
outros consolos senão o carinho da família, a sua fé católica e a realização
dos seus poemas, todos impregnados de unção cristã. Entre os autógrafos
encontrados no arquivo do Poeta havia o início de um poema inacabado que
nos faz entrar na intimidade de sua resignada melancolia:

Na arquiepiscopal cidade de Mariana,
Onde mais triste ainda é a triste vida humana,
A contemplar eu passo o dia inteiro, absorto,
Tudo que na minh'alma está de há muito morto.
No claro-escuro de uma ideal saudade
Que como ampla mortalha em treva escura invade
Os pindáricos sonhos da minh'alma,
Eu vejo tudo com tristeza e calma...

A obra poética de Alphonsus de Guimaraens não foi publicada dentro da ordem cronológica da sua composição. Em 99 apareceram num só volume *Setenário das dores de Nossa Senhora* e *Câmara ardente*. Mas anteriores a esses dois livros são *Kyriale*, editado em 1902, e *Dona Mística*, em 99.

Kyriale e *Dona Mística* foram escritos de 91 a 95 em São Paulo e Ouro Preto. Já naquele tempo era o Poeta um "crente do amor e da morte". Os dois temas andam constantemente associados nos seus versos. E o seu afastamento da rígida cadência parnasiana se trai desde logo no ritmo mais solto dos decassílabos, eneassílabos e octossílabos; os alexandrinos não apresentam muitas vezes cesura mediana; nas rimas o poeta se satisfaz de vez em quando com a assonância. Ambos os livros denotam influências, às vezes indiscretíssimas, de modelos europeus: "Sete damas", as canções XIII e XXI decalcam certas canções de *Serres chaudes*, e a "Ária dos olhos" é um simples pastiche de Verlaine:

> Mágoas de além
> De olhos de quem
> Pede esmolas:
> Gemidos e ais
> Das autunais
> Barcarolas

É a mesma música, o mesmo outono de

> *Les sanglots longs*
> *Des violons*
> *De l'automne*
> *Blessent mon coeur*
> *D'une langueur*
> *Monotone.*

Mas o genuíno Alphonsus já aparece na doçura espontânea das quadras de "S. Bom Jesus de Matozinhos":

S. Bom Jesus de Matozinhos
Fez a Capela em que adoramos
No meio de árvores e ramos
Para ficar perto dos ninhos.

É como a Igreja de uma aldeia,
Tão sossegada e tão singela...
As moças, quando a lua é cheia,
Sentam-se à porta da Capela.

Vai-se pela ladeira acima
Até chegar no alto do morro.
Tão longe... mas quem desanima
Se ele é o Senhor do Bom-Socorro!

A poesia religiosa de *Setenário das dores de Nossa Senhora* era uma completa novidade em nossas letras. Nem os árcades, nem os românticos se tinham aproximado tanto do espírito da poesia litúrgica do catolicismo. Em 49 sonetos distribuídos em sete partes de sete sonetos cada uma pôs o Poeta toda a humildade do seu coração de crente, e certo preciosismo ocasional de expressão não lhes tira a ingenuidade, tão inseparável de sua natureza era aquele preciosismo, revelado desde a escolha do seu nome literário. A publicação de *Setenário* e *Câmara ardente*, este, sentimentalmente, um complemento de *Dona Mística*, ambos inspirados pela morte de sua prima, impôs o nome do Poeta ao respeito dos meios literários, mesmo daqueles que eram adversos à escola nova.

Depois da publicação de *Kyriale*, em 1902, o Poeta guardou silêncio por muitos anos, embora no livro já anunciasse como a entrar no prelo a *Pastoral aos crentes do amor e da morte* e a tradução da *Nova primavera* de Heine. Quando o Poeta organizava em 1921 a edição de *Pauvre lyre* (chegou a rever as provas), sobreveio a morte. Os seus versos franceses são muitas vezes incorretos na língua e na metrificação; além disso, o que havia de pessoal no Poeta desaparecia para só permanecerem as reminiscências de Verlaine e Maeterlinck.

Ensaios literários

A calma tristeza de quem contempla no ambiente de uma cidade morta tudo o que de morto traz dentro de si constitui o fundo dos seus versos de publicação póstuma. O tom geral de *Pastoral* é o pessimismo e desânimo, que só na morte vê o descanso. Na edição das Poesias completas publicadas pelo Ministério da Educação em 1938,[1] à *Pastoral* se seguem mais dois livros – *Escada de Jacó* e *Pulvis*. Neste último está a mais pura inspiração do Poeta, em algumas dezenas de sonetos, onde, despido de qualquer influência, amadurecido na desilusão, no sofrimento, o seu canto adquire uma serenidade meditativa, que nem mesmo uma ou outra nota raríssima de desesperança e descrença consegue quebrar. E era preciso, realmente, que fosse às vezes bem cruel o seu desânimo para que exclamasse:

O silêncio infinito não me aterra,
Mas a dúvida põe-me alucinado...
Se encontro o céu deserto como a terra!

O seu estado de espírito quase constante é um desencanto resignado, que se compraz no pensamento da morte. A vida para ele era então viver com os olhos fitos no passado. Sua poesia é como ele entendia que devia ser toda alma:

uma carícia,
Mas cheia de tristeza: uma dolência
Que sempre aspire à celestial delícia...

Esse adjetivo "celestial" aparece mais frequentemente. E há "céu" em quase todos os sonetos. Na véspera de expirar escreveu os seus últimos versos, em louvor de Santa Teresa: versos muito serenos, num ritmo esvoaçante, em que a alma parece já se balançar meio desprendida da matéria.

---

1 Em 1955 houve segunda edição aumentada e revista por Alphonsus de Guimaraens Filho. Os acréscimos foram 19 poemas, 34 notas, uma cronologia do Poeta, uma bibliografia sobre o homem e o artista e ampla documentação fotográfica.

Apresentação da poesia brasileira

A primeira geração simbolista desapareceu quase sem deixar livros; os que se publicaram estão esquecidos, salvando-se apenas alguns nomes – Silveira Neto (1872-1945), Emiliano Pernetta (1866-1924), do grupo do Paraná, Pereira da Silva (1877-1944), paraibano.

Mário Pederneiras (1867-1915) e Marcelo Gama (1878-1915) começaram a poetar sob a influência de Cruz e Sousa, mas com o tempo se definiram pessoalmente na poesia do cotidiano, guardando do simbolismo o amor das meias-tintas, a fluidez musical dos ritmos. É de resto o tom mais geral nos poetas nascidos nas décadas de 80 e 90, gerações em que se fortalece o prestígio de Verlaine, ao qual se acrescenta o de Samain, de Francis Jammes e do português Antônio Nobre, a última grande influência da poesia lusa no Brasil. Ronald de Carvalho resumiu bem todo o encanto dos melhores versos de Mário Pederneiras ao dizer que ele "era o poeta dos jardins, dos crepúsculos de outono, dos crepúsculos dolentes de maio, das noites perfumosas nos arrabaldes do Rio de Janeiro, sua cidade natal, que tanto amou e soube louvar deliciosamente". Era também o poeta das emoções domésticas, e achou os acentos mais comovidos para dizer-nos a desolação do lar enlutado pela perda de suas filhinhas:

> Como eu te vejo agora estranha e desolada,
> Tão grande, tão muda, tão vazia,
> Oh! minha velha e paternal Morada!
> Berço de tanta Dor e de tanta Alegria.
>
> Já não tens para mim aquele antigo encanto...
> Vejo-te, e os olhos tenho marejados
> De pranto
> Pela saudade do agasalho e ninho
> Que eras, em tempos que lá vão – caminho
> Do mais triste de todos os Passados.
>
> Fechadas e desertas,
> Sem a doce visão dos Astros e das Velas,

Fechadas vejo agora estas largas janelas
Que andavam sempre, então, de par em par,
Abertas
Às vezes para o Céu, às vezes para o Mar.

Sob a paz deste teto,
Pela muda extensão dos longos corredores,
Na largueza das salas,
Jazem mágoas e dores,
Ecos de extintas galas,
Sonhos de tanto Amor, prantos de tanto Afeto.

Através desta Dor tão funda, tão intensa,
Que em tristezas e pranto a seguir-me persiste,
Como eu te vejo triste,
Como eu te sinto imensa.

Como diversa agora me pareces,
Minha velha Morada, onde a saudade mora:
É que ouço que, como eu, tua Alma também chora
E vejo que, como eu, tu também envelheces.

Em torno dele se gruparam alguns rapazes, que o tinham em grande estima – entre outros Álvaro Moreyra, Felippe d'Oliveira (1891-1933) e Rodrigo Octavio Filho (1866-1944). Superados os processos do parnasianismo e do simbolismo no que possuíam de programático, cristalizava-se então a nossa poesia naquele mesmo sincretismo de uma e outra escola gerador do modernismo de Darío.

Nesse ambiente de elegante suavidade estourou como um grito bárbaro a voz de um estranho poeta, cujo livro se intitulava *Eu*, e já nesse pronome, impresso em grandes letras que tomavam toda a capa, clamava o seu irredutível egotismo. Era, de certo modo, uma volta a Cruz e Sousa: a mesma inadaptabilidade ao cotidiano, a mesma "nevrose do Infinito", a mesma expressão paroxística. Até o mesmo vezo de encher o verso com dois multissílabos, como quebrando o quadro do metro para lhe dar maior ressonância:

> Profundissimamente hipocondríaco, [...]
> Panteisticamente dissolvido [...]
> Extraordinariamente atordoadora [...]
> No rudimentarismo do Desejo! [...]
> Nas transubstanciações da Natureza [...]
> O amarelecimento do papirus [...]

Versos de Augusto dos Anjos, cuja estrutura é igual à de tantos outros de Cruz e Sousa, como estes:

> Aterradoramente indefinidos [...]
> Pulverulentamente nebulosa [...]
> Nos apodrecimentos da Matéria! [...]

Augusto de Carvalho Rodrigues dos Anjos (1884-1914) nasceu e criou-se num engenho da Paraíba. Aos 16 anos veio para a capital do seu estado a fim de completar os estudos secundários. Orris Soares, que o conheceu então, descreve-o como "um pássaro molhado, todo encolhido nas asas, com medo da chuva". Feitos os exames preparatórios, seguiu para o Recife, em cuja Faculdade de Direito se bacharelou. Dedicou-se porém ao magistério ali e depois no Rio de Janeiro. Atacado de tuberculose, procurou os bons ares de Minas Gerais, fixando residência na cidade de Leopoldina, onde exercia as funções de diretor de um grupo escolar. Não conseguiu curar-se, e em Leopoldina morreu e ficou sepultado. Poeta desde menino, pois os seus primeiros versos datam dos 7 anos, só publicou o seu livro em 1912. Muita gente houve a quem repugnava a terminologia científica abundante naqueles poemas de mistura com acentos pungentes de amarga tristeza. Mas foi certamente este último elemento que tornou apreciada a poesia de Augusto dos Anjos. E é curioso constatar que enquanto outros poetas de expressão mais acessível vão deixando de ser lidos, as edições do *Eu* se sucedem (é de 1963 a 29ª), donde se pode concluir que o público integrou o nome do grande poeta paraibano no patrimônio definitivo da lírica brasileira, e um crítico como Otto Maria Carpeaux, tão versado na poesia de todos os tempos e de todos os países, não hesita em qualificá-lo "o mais original, o mais independente" de todos os poetas mortos do Brasil.

Os primeiros críticos de Augusto dos Anjos notaram logo a completa ausência de poemas de amor em toda a sua obra. Entenda-se o amor carnal, que para ele era uma mentira, não era amor, não passava de "comércio físico nefando":

> Certo, este o amor não é que, em ânsias, amo
> Mas certo, o egoísta amor este é que acinte
> Amas, oposto a mim. Por conseguinte
> Chamas amor aquilo que eu não chamo.

Assim é que devemos entender os versos das "Queixas noturnas":

> Não sou capaz de amar mulher alguma
> Nem há mulher talvez capaz de amar-me.

Para ele o amor

> É espírito, é éter, é substância fluida,
> É assim como o ar que a gente pega e cuida,
> Cuida, entretanto, não o estar pegando!

> É a transubstanciação de instintos rudes,
> Imponderabilíssima e impalpável,
> Que anda acima da carne miserável
> Como anda a garça acima dos açudes!

Este amor "amizade verdadeira" encontrou-o o Poeta no casamento e não deu mais atenção ao outro senão para estigmatizá-lo. Deste amor amava os seus – os pais, a mulher, os filhos, e em relação a estes sofria de lhes deixar a herança horrenda da carne, só consolado com pensar que em épocas futuras haveriam de ser "no mundo subjetivo minha continuidade emocional". Amor de todas as criaturas sofredoras – dos doentes, das prostitutas, do pobre Toca, "que carregava canas para o engenho", da sua ama de leite; dos animais – do corrupião, preso em sua gaiola como a alma do homem na podridão da carne, do cão "latindo a esquisitíssima prosódia da angústia hereditária dos seus pais!", do carneiro abatido para satisfazer a fome necrófila dos homens (a fome, "o barulho de mandíbulas e abdômens" enchia-o de desprezo por tudo isso, dava-lhe "uma vontade absurda de ser Cristo, para sacrificar-se pelos homens!"); o amor das árvores da serra, do tamarindo do engenho, a que se refere em vários poemas; o amor até das coisas materiais, detidas "no rudimentarismo do desejo", gemendo "no soluço da forma ainda imprecisa... da transcendência que se não realiza... da luz que não chegou a ser lampejo..."; e acima de tudo o amor das "claridades absolutas", da Verdade, da Soberana Ideia imanente, da Arte, única cidadela contra a Morte, contra "as forças más da Natureza".

Acreditava em Deus? Acreditava e rezava as preces católicas. Mas na sua poesia a concepção do universo não é ortodoxa, tem algo de maniqueísta, opondo ao mundo do espírito, ao mundo de Deus, o mundo da matéria, evoluído segundo a teoria darwinista, o mundo da "força cósmica furiosa". A consciência poética desse duelo terrível é que alimentava a angústia metafísica de Augusto dos Anjos e o fazia delirar em "cismas patológicas insanas". A sua aspiração suprema seria dominar todos os contrastes, resolvê-los na unidade do Grande Todo, que sonhou culminar com a onipotência da divindade.

Tudo isso está dito numa forma duríssima, onde as sinéreses parecem acumuladas propositadamente para pintar o esforço das palavras esbarrando no "molambo da língua paralítica". É uma expressão por estampidos. De ordinário só há calma nos primeiros versos do poema. Assim em "As cismas do Destino":

Recife, Ponte Buarque de Macedo.
Eu, indo em direção à casa do Agra,
Assombrado com a minha sombra magra,
Pensava no Destino e tinha medo!

Logo na segunda estrofe eriça-se a forma em excessos bem característicos do Poeta:

Na austera abóbada alta o fósforo alvo
Das estrelas luzia... O calçamento
Sáxeo, de asfalto rijo, atro e vidrento,
Copiava a polidez de um crânio calvo.

Augusto dos Anjos morreu aos 30 anos. Não creio, porém, que, se vivesse mais, atenuasse as arestas de sua expressão formal. Esta lhe era congênita e persistiria sem dúvida, como persistiu na maturidade de Euclides da Cunha, em cuja prosa deparamos com o mesmo ímpeto explosivo e indomável.

Depois do simbolismo nenhum outro movimento ocorreu em nossa poesia até cerca de 1920, quando se inicia em São Paulo, e logo em seguida no Rio, a influência das escolas europeias de vanguarda, gerando entre nós um movimento que se tornou conhecido sob o nome de modernismo. Cumpre advertir que ele nada tem a ver com o que no mundo do idioma castelhano se designa sob o mesmo nome. À poesia de Darío e seus epígonos corresponde proximamente no Brasil a dos poetas que, aparecidos no intervalo dos dois movimentos, devem tanto ao parnasianismo quanto ao simbolismo, com a predominância deste ou daquele elemento: um OLEGÁRIO MARIANNO (1889-1958), insistente no tema da saudade, com uma musicalidade muito pessoal, baseada frequentemente na silva de alexandrinos, decassílabos e hexassílabos; ÁLVARO MOREYRA, um cético, exprimindo-se "humoristicamente, docemente"; ONESTALDO DE PENNAFORT, exímio tradutor de Shakespeare (*Romeo and Juliet*), de Verlaine (*Fêtes galantes*), e nos seus poemas originais acusando, de mistura com o gosto dos mestres parna-

Apresentação da poesia brasileira

sianos e simbolistas franceses, o dos líricos portugueses, de Bernardim Ribeiro a Eugênio de Castro; EDUARDO GUIMARAENS (1892-1928), falecido prematuramente, e numerosos outros – RONALD DE CARVALHO, MANUEL BANDEIRA, FELIPPE D'OLIVEIRA, RIBEIRO COUTO, TASSO DA SILVEIRA, MURILLO ARAÚJO, MÚCIO LEÃO etc. – que posteriormente se definirão mais completamente na corrente modernista.

Nessa música de timbres mais ou menos suaves discrepavam as últimas fanfarras parnasianas: de um MARTINS FONTES, de um GOULART DE ANDRADE, menos clangorosamente de um AMADEU AMARAL, de um DA COSTA E SILVA; as vozes diferentes irredutíveis aos quadros classificadores, de um GILBERTO AMADO, de uma GILKA MACHADO, de um HERMES FONTES; os singelos acentos ainda românticos de um ADELMAR TAVARES; o eco do sertão nordestino nos poemas de CATULO DA PAIXÃO CEARENSE (1863-1946). Esse o conjunto da poesia brasileira na véspera do modernismo.

O impulso inicial do movimento modernista veio das artes plásticas. Em janeiro de 1916 a pintora paulista Anita Malfatti, educada no estrangeiro, realizou em São Paulo uma exposição, na qual, além dos seus quadros, influenciados pelo expressionismo alemão, apresentava ao público algumas telas de pintôres europeus cubistas. A exposição suscitou grande escândalo. O escritor Monteiro Lobato escreveu a propósito dela um artigo, cujo título era "Paranoia ou mistificação?". Mas os trabalhos expostos provocaram o interesse de um grupo de rapazes, entre os quais estavam Mário de Andrade e Oswald de Andrade. Esses moços descobriram em 1920 na capital paulista o escultor Brecheret, influenciado também na sua arte pela corrente antiacadêmica europeia. Naquele mesmo ano Oswald de Andrade fundava a revista *Papel e Tinta*, e em novembro publicava na imprensa paulista um artigo intitulado "O meu poeta futurista", onde transcrevia alguns poemas de *Pauliceia desvairada*, livro de versos de Mário de Andrade, que só foi editado em 1922. Aliás os poemas desse livro nada tinham, ou quase nada tinham do futurismo no sentido em que este foi definido pelo seu criador Marinetti. O que havia em *Pauliceia desvairada* era o que o autor no prefácio chamou por brincadeira "desvairismo". Algumas citações habilitarão os leitores a fazer uma ideia da estética inaugurada:

Quando sinto a impulsão lírica, [explicava Mário de Andrade,] escrevo, sem pensar, tudo o que o meu inconsciente grita. Penso depois: não só para corrigir, como para justificar o que escrevi. Acredito que o lirismo, nascido no subconsciente, acrisolado num pensamento claro ou confuso, cria frases que são versos inteiros, sem prejuízo de medir tantas sílabas, com acentuação determinada. Arte que, somada a Lirismo, dá Poesia, não consiste em prejudicar a doida carreira do estado lírico para avisá-lo das pedras e cercas de arame do caminho: deixe que tropece, caia e se fira. Arte é mondar mais tarde o poema de repetições fastientas, de sentimentalidades românticas, de pormenores inúteis ou inexpressivos. Que Arte porém não seja limpar versos de exageros coloridos.

Aqui o poeta citava duas imagens arrojadas, uma de Shakespeare: "O vento senta no ombro das tuas velas!"; outro de Homero: "A terra mugia debaixo dos pés dos homens e dos cavalos". Como a insinuar que a ideia deformadora não era uma surpresa revolucionária, vai rastreá-la em Taine – Taine o realista, o positivista, para quem o ideal do artista consistia em "apresentar, mais que os próprios objetos completa e claramente, qualquer característica essencial e saliente deles, por meio de alterações sistemáticas das relações naturais entre as suas partes, de modo a tornar essa característica mais visível e dominadora".

Afinal de contas *Pauliceia desvairada* era um desabafo de abafado: um poeta cantando, chorando, rindo, berrando. Sobretudo berrando. Berrando em sátiras duras contra o que ele chamava o "cauteloso pouco a pouco" da burguesia satisfeita. Neste sentido a "Ode ao burguês" era uma das páginas mais características do livro, com o seu final rancoroso:

Come! Come-te a ti mesmo, oh! gelatina pasma!
Oh! *purée* de batatas morais!
Oh! cabelos nas ventas! oh! carecas!
Ódio aos temperamentos regulares

Apresentação da poesia brasileira

Ódio aos relógios musculares! Morte e infâmia!
Ódio à soma! Ódio aos secos e molhados!
Ódio aos sem desfalecimentos nem arrependimentos,
Sempiternamente as mesmices convencionais!
De mãos nas costas! Marco eu o compasso! Eia!
Dois a dois! Primeira posição! Marcha!
Todos para a Central do meu rancor inebriante

Ódio e insulto! Ódio e raiva! Ódio e mais ódio!
Morte ao burguês de giolhos,
Cheirando religião e que não crê em Deus!
Ódio vermelho! Ódio fecundo! Ódio cíclico!
Ódio fundamento, sem perdão!

Fora! Fu! Fora o bom burguês!...

Do ano de 1922 podemos datar o modernismo brasileiro como movimento organizado (o que houve antes dele foram apenas notas isoladas de poetas que procuravam libertar-se das influências parnasianas e simbolistas). De fato, em fevereiro daquele ano o grupo paulista, composto de Mário de Andrade, Oswald de Andrade, Paulo Prado, Guilherme de Almeida, Menotti del Picchia e outros, em combinação com artistas do Rio, Di Cavalcanti, pintor, de quem partiu a ideia, Ribeiro Couto, natural de Santos mas residente então na capital do país, Ronald de Carvalho, Renato de Almeida e alguns mais, promoveram no Teatro Municipal de São Paulo a chamada Semana de Arte Moderna, com exposição de artes plásticas, concertos, conferências e declamação. A ação desses inovadores recebeu grande impulso com a solidariedade de Graça Aranha, nome de vasto prestígio, desde a publicação do seu romance *Canaã*, membro da Academia Brasileira de Letras, de cujo convívio se afastou para unir-se em literatura e em política à mocidade revolucionária. Tomou contato com os rapazes quando regressou da Europa depois do armistício de 1918, trazendo na bagagem o seu livro *A estética da vida*. Coube-lhe abrir a Semana de Arte Moderna, fazendo o discurso de apresentação. Definiu o movimento por um mais livre e fecundo subjetivismo:

> É uma resultante do extremado individualismo que vem na vaga do tempo há quase dois séculos até se espraiar em nossa época, de que é feição avassaladora. Cada homem é um pensamento independente, cada artista exprimirá livremente, sem compromisso, a sua interpretação da vida, a emoção estética que lhe vem dos seus contatos com a natureza.

Investia em seguida contra as academias, as escolas, "as arbitrárias regras do nefando bom gosto e do infecundo bom senso". Até aí as suas palavras traduziam fielmente o pensamento dos inovadores, mas a seguir esboçava Graça Aranha um programa que era o sentido onde desejaria encaminhar os seus jovens amigos: a libertação da melancolia racial, o abandono do regionalismo:

> Que a arte seja fiel a si mesma, renuncie ao particular e faça cessar por instantes a dolorosa tragédia do espírito humano desvairado no grande exílio da separação do Todo, e nos transporte pelos sentimentos vagos das formas, das cores, dos sons, dos tatos e dos sabores a nossa gloriosa fusão no Universo.

Enchera-se à cunha o Teatro Municipal, os poetas foram ruidosamente vaiados, mas a sua ação continuou, depois da Semana, nas páginas da revista *Klaxon* e outras que se foram sucedendo. Culminou a ousadia, degenerando em tumulto, quando, no próprio seio da Academia Brasileira e com grande escândalo de seus confrades acadêmicos, Graça Aranha proferiu em 1924 um discurso inflamado, proclamando que a fundação da Academia fora um equívoco e um erro. Mas já que existia, acrescentava,

> que viva e se transforme, [admitisse nela] as coisas desta terra informe, paradoxal, violenta, todas as forças ocultas do nosso caos. São elas que não permitem à língua estratificar-se e que

nos afastam do falar português e dão à linguagem brasileira esse maravilhoso encanto da aluvião, do esplendor solar, que a tornam a única expressão verdadeiramente viva e feliz da nossa espiritualidade coletiva. Em vez de tendermos para a unidade literária com Portugal, alarguemos a nossa separação. Não é para perpetuar a vassalagem a Herculano, a Garrett e a Camilo, como foi proclamado ao nascer a Academia, que nos reunimos. Não somos a câmara mortuária de Portugal!

A repercussão extraordinária alcançada por esse discurso e o desconhecimento das verdadeiras origens do modernismo levaram a um erro de fato, que ainda hoje persiste, de apresentar os iniciadores do movimento como discípulos do autor de *A estética da vida*. A verdade é que não houve influência de Graça Aranha sobre os moços, mas, ao contrário, estes é que influenciaram o confrade mais velho, como está patente no romance *A viagem maravilhosa*, em que o escritor abandona muitas vezes o seu processo de frase ampla e numerosa para adotar as formas breves e elípticas tão do gosto dos inovadores. Graça Aranha não teve discípulos. Não foi um mestre, no sentido estrito da palavra, senão um companheiro mais velho, cuja adesão deu ao movimento o prestígio de sua glória pessoal e o calor do seu generoso entusiasmo.

Difícil é dizer qual das correntes europeias mais influiu nos modernistas brasileiros. É certo, porém, que o futurismo terá sido a que menos pesou. Os modernistas introduziram em nossa poesia o verso livre, procuraram exprimir-se numa linguagem despojada da eloquência parnasiana e do vago simbolista, menos adstrita ao vocabulário e à sintaxe clássica portuguesa. Ousaram alargar o campo poético, estendendo-o aos aspectos mais prosaicos da vida, como já o tinha feito ao tempo do romantismo Álvares de Azevedo. Movimento a princípio mais destrutivo e bem caracterizado pelas novidades de forma, assumiu mais tarde cor acentuadamente nacional, buscando interpretar artisticamente o presente e o passado brasileiros, sem esquecer o elemento negro entrado em nossa formação. Foram seus pioneiros e principais porta-vozes Mário de Andrade e Oswald de Andrade, em São Paulo, Ronald de Carvalho e Ribeiro Couto, no Rio de Janeiro.

Mário de Morais Andrade, nascido em São Paulo em 1893 e ali falecido em 1945, não se destinava à literatura: destinava-se à música e nessa intenção cursou o Conservatório Dramático e Musical daquela cidade, passando depois a lecionar piano, história da música e estética musical. Mas em 1917 a comoção da guerra, o horror de ver os homens separados por ódios terríveis inspirou-lhe uma série de poemas de fundo pacifista publicados sob o título *Há uma gota de sangue em cada poema*. Já havia nesse livrinho, de música e sensibilidade simbolistas, uma evidente procura de formas novas e novos elementos de expressão. Não porém tão pronunciada como em *Pauliceia desvairada*, onde o sofrimento de vinte meses de dúvidas e cóleras o fez rebentar em excessos de liberdade estrepitosa. Não tinha o propósito de mandá-lo imprimir, e isso porque não lhe parecia um livro no sentido social da palavra. Mas a celeuma provocada pela publicação de alguns desses poemas no artigo já citado de Oswald de Andrade, a saraivada de remoques com que foram recebidos nas rodas literárias e pelo público em geral, levaram o Poeta a considerar na importância que o livro teria, se publicado, como fermento de renovação e ainda como pedra de escândalo, que iria tornar imediatamente mais aceitáveis os versos de outros poetas igualmente empenhados na prática de novos processos de expressão. Embora desabafo pessoal, uma diretriz bem marcada se afirmava no livro – o interesse brasileiro, ainda que circunscrito àquele orgulho "de ser paulistamente". Começa então, com a publicação de *Pauliceia desvairada*, a sua obra toda em função do momento atual brasileiro. "Só sendo brasileiro, isto é, adquirindo uma personalidade racial e patriótica (sentido físico) brasileira", escrevia-me, "é que nos universalizaremos, pois que assim concorreremos com um contingente novo, novo *assemblage* de caracteres psíquicos para o enriquecimento do universal humano". Não lhe satisfazia a solução regionalista, criando uma espécie de exotismo dentro do Brasil e excluindo ao mesmo tempo a parte progressista com que o Brasil concorre para a civilização do mundo. Uma hábil mistura das duas realidades parecia-lhe a solução capaz de concretizar uma realidade brasileira em marcha. Brasilizar o brasileiro num sentido total, patrializar a pátria ainda tão despatriada, quer dizer, influir para a unificação psicológica do Brasil – tal lhe

Apresentação da poesia brasileira

pareceu que devia ser sempre a finalidade de sua obra, mais exemplo do que criação.

De fato Mário de Andrade viveu e produziu sempre em função desse destino que se impôs como um apostolado, onde quer que tenha exercido a sua atividade intelectual – na poesia, na prosa de ficção, na crítica literária, musical e plástica, no domínio do folclore. Em nenhum desses setores fez ele maiores sacrifícios à verdade e beleza de suas criações do que na questão da língua, e aí se tornou mais irritante e contundente, muito mais inacessível, em suas nobres intenções, aos julgamentos superficiais. E no entanto o problema do abrasileiramento da linguagem literária não passa em sua obra de um detalhe, mais visível, é certo, mas sempre detalhe, do problema mais vasto e mais complexo de aprofundar harmoniosamente o tipo brasileiro.

Numa linguagem brasileira artificial, porque é uma síntese e sistematização literária pessoal de modismos dos quatro cantos do Brasil, passou Mário de Andrade a escrever os seus livros, na poesia desde *O losango cáqui*, publicado em 1924. São impressões de um mês de exercícios militares. São, na veste arlequinal, o losango da cor do uniforme. Não se trata de verdadeiros poemas, senão de anotações líricas desses dias em que o Poeta, "defensor interino do Brasil", se inebriou "de manhã e de imprevistos". O livro tem por isso mesmo uma frescura de sensações e de imagens sem igual na obra restante do autor.

Em 27 e 30 aparecem *Clã do jabuti* e *Remate de males*. Já no primeiro se apresenta o Poeta em sua feição mais ou menos definitiva, com alguns dos seus poemas mais trabalhados e mais característicos: "O poeta come amendoim", "Carnaval carioca", "Noturno de Belo Horizonte" e outros inspirados nas tradições e no folclore brasileiro – "Toada do Pai do mato", "Lenda do céu", "Coco do major", "Moda da cadeia de Porto-Alegre", "Moda da cama de Gonçalo Pires" etc. No primeiro poema expõe e fundamenta o seu modo de entender e amar o Brasil:

> Brasil amado não porque seja minha pátria,
> Pátria é acaso de migrações e do pão nosso onde Deus der...
> Brasil que eu amo porque é o ritmo do meu braço aventuroso,
> O gosto dos meus descansos,

Ensaios literários

O balanço das minhas cantigas amores e danças.
Brasil que eu sou porque é a minha expressão muito engraçada,
Porque é o meu sentimento pachorrento,
Porque é o meu jeito de ganhar dinheiro, de comer e de dormir.

Punha o Poeta nos seus versos e muito intencionalmente aquele "carinho molengo, sensual e pegajoso, um carinho gostoso semitriste, e a ironia de supetão". Poemas dessa feição e estilo vamos ainda encontrar em *Remate de males*, como os do ciclo amoroso de Maria. Mas notamos em outros – "Manhã", "Louvação da tarde" e sobretudo nos "Poemas da negra" e "Poemas da amiga" – uma evolução da poesia para formas mais despojadas. Todos respiram grande calma, uma ardência que não consome, um afeto que não mela nunca; parecem vir de um isolamento enorme, mas de um isolamento em que não se pode falar nem de tristeza nem de alegria. Será de indiferença? "Que indiferença enorme!" diz um verso. Não é indiferença não, é antes sabedoria: é serenidade, conformidade com o destino, em suma felicidade, porque nessa altura "a própria dor é uma felicidade". Não há vestígio de exotismo na sua maneira de tratar o tema da negra; é a mesma suavidade singela e natural das endechas a Bárbara, de Camões:

Você é tão suave,
Vossos lábios suaves
Vagam no meu rosto,
Fecham meu olhar.

Sol-posto.

É a escureza suave
Que vem de você,
Que se dissolve em mim.

Que sono...

Eu imaginava
Duros vossos lábios,

Mas você me ensina
A volta ao bem.

Em 1941 publicou Mário de Andrade o volume *Poesias*, com uma seleção dos livros anteriores e duas partes novas – *A costela do grã cão* e *Livro azul*. Responde o Poeta sarcasticamente aos que o acusam de escritor difícil:

Eu sou um escritor difícil,
Porém culpa de quem é!...
....
Não carece vestir tanga
Pra penetrar meu caçanje!
Você sabe o francês "singe"
Mas não sabe o que é guariba?
– Pois é macaco, seu mano,
Que só sabe o que é da estranja.

O coroamento dessa nobre carreira de poeta estará talvez no poema "Rito do irmão pequeno", em que aquela mesma serenidade dos "Poemas da negra" e dos "Poemas da amiga" se estende a um tema mais geral, desenvolvendo-se com uma majestade de adágio, "grave e natural feito o rolar das águas".[2]

OSWALD DE ANDRADE (1890-1954), nascido em São Paulo, deu o melhor de si numa série de romances. O mais audacioso e irrequieto do grupo modernista, fez também poesia, menos por verdadeira inspiração do que para indicar novos caminhos, criando dentro do movimento a corrente primitivista e dando o exemplo em três livros curiosíssimos: *Pau-Brasil* (1925), *Primeiro caderno do aluno de poesia Oswald de Andrade* (1927) e *Cântico dos cânticos*

---

2   Em 1955 foram editadas num só volume as suas *Poesias completas*, incluindo os livros citados e mais *O carro da miséria*, a *Lira paulistana* e *Café*.

Ensaios literários

para flauta e violão (1942). O programa dessa poesia era desembaraçá-la do pedantismo da cultura, "dos cipós das metrificações"; exprimir "a alegria da ignorância que se descobre"; voltar ao que é "bárbaro e nosso". Anos depois já não lhe satisfaz o símbolo do pau de tinta e lança uma revista cujo título define mais agressivamente a reação contra "a fatalidade do primeiro branco aportado e dominando diplomaticamente as selvas selvagens" – *Antropofagia*. Em *Pau-Brasil* extrai Oswald de Andrade dos primeiros cronistas – Pero Vaz de Caminha, Gandavo, Frei Vicente do Salvador, Frei Manuel Calado etc. – pequenos trechos de prosa que ordena em verso livre e apresenta, à maneira de modelos, na primeira parte do livro. Assim faz poemas seus estes dois pequeninos episódios da Carta de Caminha:

OS SELVAGENS

Mostraram-lhes uma gallinha
Quase haviam medo della
E não queriam pôr a mão
E depois a tomaram como espantados.

CHOROGRAFIA

Tem a forma de hua harpa
Confina com as altissimas serras dos Andes
E fraldas do Perú
As quaes são tão soberbas em cima da terra
Que se diz terem as aves trabalho em as passar

Ou esta observação linguística de J. M. P. S. (da cidade do Porto):

VÍCIO NA FALA

Para dizerem milho dizem mio
Para melhor dizem mió

Para pior pió
Para telha dizem teia
Para telhado dizem teiado
E vão fazendo telhados

Nesta maneira concisa exprime a seguir as suas observações da realidade brasileira, ora comovido, ora e mais frequentemente dando expansão ao seu humor satírico, às vezes profundamente poético em certas notações rápidas da paisagem ou da alma do nosso país. É o caso do "Noturno":

Lá fora o luar continua
E o trem divide o Brasil
Como um meridiano.

Ou desta "Procissão do enterro":

A Verônica estende os braços
E canta
O pálio parou
Todos escutam
A voz da noite
Cheia de ladeiras acesas.

Ou deste fim da festa da Ressurreição em Minas Gerais:

Um atropelo de sinos processionais
No silêncio
Lá fora tudo volta
À espetaculosa tranquilidade de Minas

Tanto os "poemas" de *Pau-Brasil* como os do *Primeiro caderno* e os de *Cântico dos cânticos* são versos de um romancista em férias, de um homem muito preocupado com os problemas de sua terra e do mundo, mas, por avesso à eloquência indignada ou ao sentimentalismo, exprimindo-se ironicamente como se estivesse a brincar.

RONALD DE CARVALHO (1893-1935), nascido no Rio de Janeiro e formado em Direito antes dos 20 anos, fez logo depois de terminados os estudos uma viagem à Europa, ligando-se em Lisboa ao grupo fundador da revista *Orfeu*, iniciadora do movimento moderno em Portugal. De regresso publicou o livro *Luz gloriosa*. Nada se contém nele que revele o contato com a estranha poesia de Mário de Sá-Carneiro e Fernando Pessoa. Definia-se já o Poeta nas linhas nítidas e tonalidades claras que dão a toda a sua obra a ordenação e o brilho de um jardim, ainda que tropical, bem civilizado. O seu segundo livro, *Poemas e sonetos* (1919), assinala mesmo um retrocesso ao parnasianismo, recompensado pela Academia Brasileira com o prêmio de poesia. O rapaz de 25 anos parecia definitivamente conquistado pela disciplina acadêmica, que se manifestava não só nos versos, mas também na *Pequena história da literatura brasileira*, outro livro premiado pela Academia no mesmo ano de 1919, e nas críticas de jornal, onde o futuro rebelado não poupava sarcasmos à poesia de Apollinaire e outros mestres da literatura europeia de vanguarda. Mas em 1921 a mocidade reivindicou os seus direitos: o encontro com o músico Villa-Lobos, com o pintor Di Cavalcanti, com Ribeiro Couto e logo depois com Mário de Andrade e Oswald de Andrade teve sobre o Poeta influência decisiva. Já naquele ano escrevia a propósito do nosso grande compositor:

> A arte é uma aspiração à liberdade. O que nós, poetas, músicos, pintores, escultores e arquitetos desejamos é criar o nosso ritmo pessoal, é transmitir a nossa harmonia interior. Cada um de nós é um instrumento por onde passa a corrente da vida. Não queremos regras nem admitimos preconceitos. Não nos atraem as teorias especiosas. A lógica do artista não cabe nas fronteiras de um teorema, a lógica do artista é um problema cujos dados mudam a cada instante, e cuja solução varia de momento a momento. Para empregar uma simples e admirável imagem de Nietzsche, dançamos acorrentados, dançamos sobre as coisas sem que a elas

Apresentação da poesia brasileira

nos adaptemos, mas, ao revés, tirando do espetáculo do mundo a substância da criação. A obra de arte não repete, mas adivinha e transforma a Natureza. O artista é um transfigurador. Recebe a energia da vida e, em troca, lhe dá a forma.

Era explicar em prosa o que exprimia poeticamente num epigrama:

> Olha a vida primeiro, longamente, enternecidamente,
> Como quem a quer adivinhar...
> Olha a vida, rindo ou chorando, frente a frente,
> Deixa depois o coração falar.

Nessa nova compreensão da arte escreve os seus livros mais característicos – *Epigramas irônicos e sentimentais* (1922) e *Jogos pueris* (1926). Compreensão que depois se alarga aos temas mais vastos das terras americanas que sonhava solidarizadas na mesma

> Alegria de inventar, de descobrir, de correr!

> Alegria de criar o caminho com a planta do pé!

As viagens que fez pelas Américas, a civilização mexicana, de que guardou profunda impressão, a vista dos pampas argentinos, das solidões andinas, despertaram-lhe a vontade de ser no Novo Mundo aquele poeta novo que nos propõe em *Toda América* (1926):

> Teu poeta será ágil e inocente, América!
> a alegria será a sua sabedoria,
> a liberdade será a sua sabedoria,
> e sua poesia será o vagido da tua própria substância, América,
> |da tua própria substância lírica e numerosa.

Nesse momento esquecia-se Ronald de Carvalho de que essa alegria, essa liberdade, essa substância "lírica e numerosa" já estava expressa e como que esgotada na voz verdadeiramente continental de Walt Whitman.

Eis por que as imagens fulgurantes e os ritmos amplos dos seus poemas americanos ressoam aos nossos ouvidos como ecos, talvez mais concertados, porém menos ingênuos, menos "inocentes" do que os acentos mais potentes, os acentos geniais de *Leaves of grass*. Nem podia ser de outro modo, já que por fatalidade de temperamento, pela severa educação e pela sua própria concepção da arte era Ronald de Carvalho aquele "dançarino acorrentado" da imagem de Nietzsche.

DANTE MILANO (1899-1991), carioca, estreou tarde em livro (*Poemas*, 1948), o que, se por um lado privou o grande público de mais cedo tomar conhecimento de um dos nossos poetas mais fortes e mais perfeitos, deu, por outro lado, ao artista a vantagem de surgir em plena maturidade, sem os cacoetes caducos dos primeiros anos do modernismo. A sua poesia é grave e meditativa – Mário de Andrade chamá-la-ia de "pensamenteada". Exemplo singularmente raro em nossas letras, parece o Poeta escrever os seus versos naquele indefinível momento em que o pensamento se faz emoção. Em 1953 a publicação de suas traduções de *Três cantos do Inferno* (V, XXV e XXXIII) veio novamente pôr de manifesto a sua extraordinária perícia de artista do verso.

RIBEIRO COUTO (1898-1963) estreou com o volume *O jardim das confidências*, um livro típico das emoções da adolescência, em que nos conta

> A dor sentimental dos romances perdidos,
> Da mocidade inquieta e de uma espera inútil.

Poesia que o próprio Poeta definirá no livro seguinte, *Poemetos de ternura e melancolia* (1924):

> Minha poesia é toda mansa.
> Não gesticulo, não me exalto...
> Meu tormento sem esperança
> Tem o pudor de falar alto.

Ribeiro Couto pertence à linhagem dos poetas intimistas. Encontramos nele o mesmo gosto do cotidiano, a mesma música de Samain e Francis Jammes. Nas grandes cidades procurava de preferência os seus temas na vida dos arrabaldes e mais tarde, em 1933, consagra todo um volume, *Província*, a fixar os aspectos, a doçura, o encanto como que suburbano das cidadezinhas do interior. Uniu-se aos modernistas no horror da eloquência e na aceitação do verso livre, mas ficou sempre fiel ao tom baixo, aos temas humildes do primeiro livro, ao processo musical de criar uma atmosfera pelas aliterações e refréns. Processo que dá à maioria dos seus poemas o caráter de canções, já tinha notado a propósito de *O jardim das confidências* o crítico Rodrigo M. F. de Andrade.

Em *Um homem na multidão* (1926) mistura-se à suavidade, já menos intencional dos primeiros livros, outra face não menos marcante do Poeta, a ironia, expressa porém com tão deslizante leveza, que pode ainda servir de veículo à ternura sempre presente nesse temperamento fundamentalmente sentimental:

Eu quero que tu gostes de mim, quero...
Mas não me peças nunca para que te leia poemas.
Cada vez que te obedeço e vou buscar poemas
Começo a ler e te espantas logo... – "Mas a métrica?"
E é preciso repetir toda uma explicação monótona.

Mas em Ribeiro Couto, com o sentimental, para quem a poesia seria sempre de preferência o refúgio das horas confidenciais, coexistia um homem de ação, dinâmico, intrépido e sagaz, amante da aventura, curioso de todo o mundo (e para o conhecer se fez diplomata), profundamente interessado nos destinos de sua pátria e da América: este afirmou-se num só livro – *Noroeste e outros poemas do Brasil* (1933). Trata-se do noroeste do seu estado natal, São Paulo, para onde avançava então a "onda verde" do café novo, zona tumultuosa de adventícios cobiçosos e violentos como os do tempo das "entradas", enchendo-se vertiginosamente de uma população misturada, sem antecedentes locais:

Nenhum homem feito, ó Noroeste,
Poderá dizer-te: minha terra natal.

Aqui o Poeta gesticula, exalta-se, fala "na linguagem sonora que inflama as multidões contentes". Em dez poemas celebra a cidade de Santos, escoadouro marítimo do café, onde nasceu e cresceu "junto do porto, vendo a azáfama dos embarques", aprendendo "a poesia do comércio", sentindo no sangue "o instinto da partida".

Mas esse tom é uma exceção na sua obra, e em *Cancioneiro de Dom Afonso* (1939) e *Cancioneiro do ausente* (1943) volta ao seu jardim, onde já agora não soa mais o desejo das terras distantes, enfim satisfeito: soa, com mais pudor ainda e numa forma extremamente depurada, o desencanto de todas as aventuras:

> Por mares andei
> E terras estranhas
> Que tristes achei.
>
> E agora, saudades!
> Campos e montanhas,
> Praias e cidades
> De aqui e de além...
>
> Mas o longe é um bem –
> Apagada tinta
> Que desperta cores
> Na memória extinta...
>
> E a recordação
> De não sei que amores,
> De não sei que vida
> Em não sei que chão...
>
> E uma voz pungente
> Nunca mais ouvida,
> Nunca mais ausente.

Não houve mudança essencial na sua poesia. Mas os últimos livros – *Dia longo* (1944), *Entre mar e rio* (1952) – apresentam-na em seu completo amadurecimento. Cada um destes poemas é, pela perfeição formal, uma página de antologia; cada um resume todo o poeta que ele quis ser desde o primeiro livro: claro, natural, disfarçando a comoção num sorriso e comovendo-nos por isso mesmo.

GUILHERME DE ALMEIDA (1890-1969), paulista, já era ao tempo de se iniciar o movimento modernista um nome consagrado por cinco livros de poemas – *Nós* (1917), *A dança das horas* (1919), *Messidor* (1919), *Livro de horas de Sóror Dolorosa* e *Era uma vez* (1921). Todos cinco pertencentes ao clima parnasiano-simbolista, todos cinco revelando um habilíssimo artista do verso, que, com mais fundamento ainda do que Bilac, poderia dizer que imita o ourives quando escreve. Foi na ação renovadora um elemento moderado, jamais se entregando à facilidade do verso livre sem peias, jamais renunciando à nobreza dos temas e da linguagem, aos requintes da técnica, chegando nos seus livros da fase modernista – *A frauta que eu perdi* (1924); *Meu* e *Raça* (1925) – a uma espécie de compromisso entre os dois processos de versificação, o regular e o livre. A esse aspecto, *Raça*, onde canta o Brasil discriminado nos três elementos caldeados em sua formação, o branco, o índio e o negro, atesta a extraordinária virtuosidade do Poeta. A célula rítmica do poema é o pentassílabo: "Gentias tatuadas – coroadas de penas – curvadas como arcos". Esse o primeiro verso em que surge e se estabelece com valor de cadência; depois aparecem outros metros, mas o ritmo persiste o mesmo, porque o pentassílabo, que a intervalos intervém, rege toda a estrutura do poema; e no fim o ritmo se esquematiza em estrofes com um primeiro verso longo e ondulante, seguido de três versos curtos, enumerativos:

> Ritmos paralíticos do silêncio imóvel estendido sobre
>> – capitanias
>> tabas
>> quilombos...

Esse domínio da técnica poética deu a Guilherme de Almeida o primado entre os nossos tradutores, e o conhecimento que possui do português arcaico habilitou-o ao *tour de force* de trasladar uma balada de Villon no galaico-português dos trovadores medievais.

Passado o período da agitação renovadora, volveu Guilherme de Almeida aos temas e às formas dos seus primeiros livros, publicando *Encantamento*, premiado pela Academia Brasileira (1925), *Você* (1930), *Cartas que eu não mandei* (1932), *Acaso* (1938), *Cartas do meu amor* (1942), *Poesia vária* (1947), *O anjo de sal* (1951), *Toda a poesia* (1953) e *Camoniana* (1956).

Lançando a poesia Pau-Brasil, Oswald de Andrade separava-se ruidosamente de Graça Aranha. O modernismo cindia-se em correntes diversas, guardando todavia os mesmos processos formais, e unidas apenas no combate ao academicismo. Em São Paulo mesmo formou-se, em oposição ao primitivismo de Oswald de Andrade, o grupo que se chamou "verde-amarelo" e depois "da Anta", composto de Menotti del Picchia, Plínio Salgado, Cassiano Ricardo, Raul Bopp e outros. Para esses o pau-brasil era nefasto, "pau colonial, arcaísmo da flora, expressão do país subserviente". Propunha-se o grupo estudar a contribuição índia em nossa formação, pretendia dar à arte uma função social e política. "Queríamos", escreveu Cassiano Ricardo, "uma arte que tivesse pátria: ou melhor, uma arte que, para adquirir o seu maior sentido humano e universal, realizasse aquele pensamento de Gide, que Maritain (um católico) reproduz em sua 'Arte e escolástica': 'toda obra de arte será tanto mais universal quanto mais refletir o sinal da pátria'."

Menotti del Picchia (1892-1988), nascido em São Paulo, estreara em 1913 com os *Poemas do vício e da virtude*, a que se seguiram os poemas *Moisés, Juca Mulato, Máscaras, A angústia de D. João, Amores de Dulcineia e Jesus* (tragédia sacra). Tomou parte ativa na Semana de Arte Moderna, publicando em 1925 o livro *Chuva de pedra*. À época verde-amarela pertencem os versos de *República dos Estados Unidos do Brasil*. Mas nenhum dos seus livros modernistas superou o êxito de *Juca Mulato*, onde o Poeta se apresenta em sua feição mais genuína.

Cassiano Ricardo (1895-1974), natural de São José dos Campos, estado de São Paulo, reuniu as suas poesias completas em dois livros – *Martim*

Cererê (1928) e *O sangue das horas* (1943) – renegando assim não só as produções parnasianas dos primeiros livros, mas também os poemas, que chamou polêmicos, dos volumes modernistas *Vamos caçar papagaios, Borrões de verde e amarelo, Deixa estar, jacaré*.

Martim Cererê é "o Brasil dos meninos, dos poetas e dos heróis": na Terra Grande, resume o Poeta, morava a moça bonita chamada Uiara; certo dia chegou um marinheiro e quis casar com a Uiara; disse-lhe esta: só casarei com aquele que me trouxer a noite; e como o marinheiro lhe houvesse trazido a noite, a Uiara casou com ele; então nasceram os gigantes de botas, vermelhos, pretos e brancos, que sururucaram no mato e foram deixando, por onde passavam, o rasto vivo dos caminhos, dos cafezais e das cidades...

O mesmo aroma forte da terra, que se respira em *Martim Cererê*, vamos encontrar na maioria dos poemas de *O sangue das horas*; mas aqui há ainda um certo número de produções inspiradas no mundo subjetivo do Poeta. O que caracteriza a expressão de Cassiano Ricardo nesses livros é a profusão das imagens, quase sempre de natureza visual. Os seus melhores poemas davam-nos a impressão de instantâneos fotográficos apanhados à luz crua meridiana. Em "Relâmpago", tomado ao *Martim Cererê*, temos o exemplo mais feliz dessa sua técnica imagista:

> A onça pintada saltou tronco acima que nem um
> [relâmpago de rabo comprido e cabeça amarela:
> zás!
> Mas uma flecha ainda mais rápida que o relâmpago fez
> [rolar ali mesmo
> aquele matinal gatão elétrico e bigodudo
> que ficou estendido no chão feito um fruto de cor que
> [tivesse caído de uma árvore!

Em 1947, com a publicação do livro *Um dia depois do outro*, surpreendeu-se a crítica diante da quase total renovação do Poeta: como que este, debruçando-se sobre si mesmo, tivesse descoberto as fontes mais profundas de sua inspiração. Poesia desencantadamente pessoal, de um tom muito diverso dos livros anteriores: rosa "que floriu atrasada", mas, talvez por isto mesmo, com as melhores formas, as melhores cores e os melhores aromas de todo o jardim. As qualidades desse novo lirismo confirmaram-se nos livros seguintes – *A face perdida, Poemas murais* (1950), *João Torto e a fábula* e *Arranha-céu de vidro* (1956) –, os quais vieram colocar o seu autor entre os nossos poetas mais importantes da hora atual.

Em seus livros mais recentes, *A montanha-russa* e *Jeremias sem chorar*, voltou o Poeta à linha de pesquisas no sentido do concretismo e da poesia-práxis, movimentos de que trataremos no fim deste ensaio.

Raul Bopp (1898-1984) é natural do Rio Grande do Sul, mas pela sua atividade literária pertence ao meio paulista, tendo colaborado na Semana de Arte Moderna e posteriormente na corrente nacionalista de Menotti del Picchia e Cassiano Ricardo, e na antropofágica de Oswald de Andrade. Não que fosse um caudatário: muito ao contrário, Bopp é uma das figuras mais fortes e originais do movimento modernista. O crítico Andrade Muricy define-o muito bem quando o pinta simpatizado por todos os partidos, divertindo-se com todos, sumindo-se periodicamente para aventuras inverossímeis e distantes. É assim que fez duas vezes a viagem do transiberiano e percorreu de sul a norte todo o Brasil. "A maior volta do mundo que eu dei foi na Amazônia", escreveu Bopp. "Canoa de vela. Pé no chão ouvindo aquelas *Mil e uma noites* tapuias. Febre e cachaça. O mato e as estrelas conversando em voz baixa." Dessa volta do mundo nasceu o poema *Cobra Norato* (1931), do qual disse o próprio autor: "Para mim vale como a tragédia da maleita, cocaína amazônica. *Eu quero é a filha da rainha Luzia.* Obsessão sexual. Druídica. Esotérica. Tem o ar de um livro de criança. Quente e colorido. Mas no fundo representa a minha tragédia das febres". À visão daquele mundo paludial e como que ainda em gestação – *Ué, aqui estão mesmo fabricando terra!* – mistura-se a sugestão da alma selvagem evocada nos mitos do folclore local, tudo expresso numa língua forte e saborosa, síntese muito harmoniosamente organizada da dição culta e da fala popular. Em *Urucungo* (1933) e em alguns dos poemas que acompanham a edição de 1951 de *Cobra Norato* trouxe o Poeta à poesia americana de temas negros uma contribuição que emparelha com as dos mestres cubanos e porto-riquenses.

SÉRGIO MILLIET (1898-1966), nascido em São Paulo, embora revele na sua maneira de exprimir-se a influência de Mário de Andrade e Oswald de Andrade, é, pela sensibilidade e formação, uma figura perfeitamente distinta dentro do grupo paulista. Fez o curso secundário e o superior de ciências econômicas e sociais na Suíça, em Genebra. Ali publicou três livros de poemas em francês – *Par le sentier, Le départ sous la pluie* e *En singeant*, este uma coleção de pastiches de escritores suíços. Voltando ao Brasil em 1920, tomou parte na Semana de Arte Moderna, deu em 1923 mais um volume de versos franceses, *Œil de boeuf*, em 1927 *Poemas análogos*, em 1937 *Poemas*. Em 1943 editou *Oh valsa latejante*, abrangendo poemas que vão de 1922 a 1943. Em 1946 editou num só volume – *Poesias* – toda a sua obra poética em língua portuguesa. Sérgio Milliet é por excelência um crítico e no sentido mais amplo da palavra, pois a sua atividade se estende aos setores da literatura, das artes plásticas e dos estudos sociais; o mesmo espírito de análise caracteriza a sua poesia, sempre reflexiva, desenvolvendo-se à maneira de comentário desencantado das vivências de um homem que se sabe sentimental e procura defender-se numa atitude de reserva e de ressalva irônica. Já em 1926 compendiava ele toda uma *ars poetica* em dois versos do poema *"Toi et moi"*:

> Arte é amor e alegria
> e o pudor da ironia...

Mas nunca existiu verdadeiro poeta que não violasse a sua arte poética. Mais tarde Milliet dirá:

> O poema que eu hei de escrever
> Será nu e simplesmente rude
> O poema que eu hei de escrever será um palavrão.

E em 1936 e 1937, nos cinco "Poemas da rua", maltrata ele a si mesmo e aos demais poetas de sua terra que não sentem "senão o próprio drama pequenino":

É um homem
Tem coração, tem olhos, tem ouvidos
tem todos os sentidos
Ele olha o mundo
Ele ouve o mundo
Ele sente as pulsações do mundo
Ele pensa longamente
volve o olhar para dentro da alma inquieta e pesquisa...
NADA... Um amorzinho muito sensual...

E concita:

oh poeta de minha terra
abre os braços bem abertos para que venha a ti
a voz profunda do mundo...

Nessa turbulenta geração paulista, RODRIGUES DE ABREU (1897), fale-cido em 1927, foi, como assinalou Andrade Muricy, "o irmão deserdado, o irmão doente". Irremediavelmente prostrado pela tuberculose em plena adolescência, não teve tempo de amadurecer em cantos definitivos. Mas em dois livros apenas, *A sala dos passos perdidos* (1924) e *Casa destelhada* (1927), de publicação póstuma, deixa-se entrever o tesouro de sensibilidade que havia nesse rapaz cuja poesia comove como "um gesto carinhoso de despedida", cujos ritmos largos, paralelísticos, e mais o tom augural e grave nos temas da noite, da morte, da religião antecipam a futura mensagem de Augusto Frederico Schmidt:

em dia vindouro, nevoento,
porque há de ser sempre de névoa esse dia supremo,
eu partirei numa galera frágil
pelo Mar Desconhecido.
....
Mas nos meus olhos brilhará uma chama inquieta.

Apresentação da poesia brasileira

Não pensem que será febre.
Será o Sant'Elmo que brilhou nos mastros altos
das naves tontas que se foram à Aventura.

Saltarei na galera apodrecida,
que me espera no meu porto de Sagres,
no mais áspero cais da vida.
Saltarei um pouco feliz, um pouco contente,
porque não ouvirei o choro de minha mãe.
O choro das mães é lento e cansado.
E é o único choro capaz de chumbar à terra firme
O mais ousado mareante.

Em fins de 1927 e no correr do ano seguinte, quer dizer, mais ou menos ao tempo em que na capital paulista aparecia o "Manifesto Pau-Brasil", de Oswald de Andrade, e o "Manifesto Verde-Amarelo", de Menotti del Picchia, definia-se na revista *Festa*, do Rio, a corrente que o crítico Tristão de Athayde chamou espiritualista. Dela faziam parte os poetas Tasso da Silveira, Murillo Araújo, Cecília Meireles, os prosadores Andrade Muricy, Adelino Magalhães, Brasílio Itiberê e outros. Em manifestos escritos à maneira de poema, Tasso da Silveira, principal porta-voz do grupo, compendiava-lhe as ideias diretrizes nas quatro palavras – velocidade, totalidade, brasilidade, universalidade. E definia-as. Velocidade: não se trata de só falar em aeroplanos, trens de ferro, automóveis; trata-se de velocidade expressional, isto é, da expressão que condense fortemente a matéria emotiva, e evite, em transposições bruscas e audazes, os terrenos já batidos do espírito, e seja sempre inesperada, surpreendente. Totalidade, quer dizer: o artista assenhoreando-se da realidade integral: das realidades humanas e transcendentes; das realidades materiais e espirituais. Brasilidade: fazer viver, pela arte, mais luminosa do que tudo, a realidade brasileira. Universalidade: exprimir essa realidade brasileira, não como coisa que começa, erro do primitivismo pau-brasil, mas como coisa integrada na realidade universal, coparticipando dessa perene permuta de forças interiores entre os povos.

Ensaios literários

Mas a verdade é que o caráter individualista da geração, as idiossincrasias de cada um não consentiram jamais o enquadramento dentro da estética dos manifestos, mesmo da parte dos companheiros de grupo, unidos mais pelo que não queriam do que pelo que queriam. No caso dos poetas de *Festa*, o que eles não queriam era o dinamismo "superficial e pueril" dos futuristas, o linguajar do povo, o poema-piada ou a piada no poema. Talvez o que os distinga em comum seja um certo resíduo da sensibilidade simbolista, mas isto também se encontra em outros poetas fora do grupo, como Manuel Bandeira, Álvaro Moreyra, Ribeiro Couto, Ronald de Carvalho etc. Persistência muito natural nos poetas de *Festa*, ligados por laços de parentesco e amizade com o grupo simbolista do Paraná: basta lembrar que Tasso da Silveira (1895-1968), nascido em Curitiba, é filho de Silveira Neto. Se as palavras definidoras de Tasso da Silveira são insuficientes para caracterizar a poesia de Murillo Araújo e Cecília Meireles, uma coisa é certa: elas definem bem as intenções de seus próprios poemas nos livros *A alma heroica dos homens*, *Alegorias do homem novo*, *As imagens acesas*, *O canto absoluto*, *Canto do campo de batalha* e *Contemplação do eterno*. Todavia neste último livro e sobretudo no que se lhe seguiu (*Puro canto*, 1956) o poeta se exprime, como ainda não havia feito, com "fresco, simples, inocente" lirismo.

Mais vários que os temas de Tasso da Silveira são os de Murillo Araújo. Mineiro de nascimento (Serro, 1894), estreou com *Carrilhões*, a que seguiu *Árias de muito longe*. Cantou em *A cidade de ouro* o Rio de Janeiro não como ele é no seu cotidiano descrito nos romances de Manuel Antônio de Almeida, Alencar, Machado de Assis, Lima Barreto e Marques Rebelo, ou ainda nos poemas de Mário Pederneiras, mas um Rio estilizado e rebrilhante como uma iluminura bizantina (de resto esse preciosismo ornamental é uma característica da maneira habitual de Murillo Araújo). Já em *A iluminação da vida* e em *As sete cores do céu*, a par de produções em que persistem os temas subjetivos ou visuais, dá-nos o Poeta alguns poemas de inspiração negra, e aqui o que predomina é, como no *Congo* do norte-americano Vachel Lindsay, o elemento musical imitativo – ritmos batidos, onomatopeias, aliterações e, malgrado os manifestos antiprimitivistas de

Apresentação da poesia brasileira

Festa, o aproveitamento artístico do caçanje. Posteriormente editou ainda o Poeta *A estrela azul*, *A escadaria acesa* e *A luz perdida*, nos quais volta ao suave simbolismo do seu primeiro livro.

Ao tempo de *Festa* era já Cecília Meireles (1901-1964) uma voz distinta entre os nossos poetas. Andrade Muricy definiu-a então como enamorada do Oriente, grave e austera "nesta terra de sol violento e de volúpia". Publicara três livros – *Nunca mais... e Poema dos poemas, Criança, meu amor...* e *Baladas para El-Rei*. Mas data do volume *Viagem*, seguido de *Vaga música*, a plenitude de sua força poética, e um crítico português, João Gaspar Simões, classificou-a "talvez a maior poetisa de língua portuguesa". O que logo chama a atenção nos poemas de Cecília Meireles é a extraordinária arte com que estão realizados. Nos seus versos se verifica mais uma vez que nunca o esmero da técnica, entendida como informadora e não simples decoradora da substância, prejudicou a mensagem de um poeta. Sente-se que Cecília Meireles estava sempre empenhada em atingir a perfeição, valendo--se para isso de todos os recursos tradicionais ou novos. Há em *Viagem*, em *Vaga música*, em *Mar absoluto*, em *Retrato natural*, em *Doze noturnos da Holanda*, em *Romanceiro da Inconfidência*, em *Pequeno oratório de Santa Clara*, em *Canções*, em *Poemas escritos na Índia*, em *Metal rosicler* e em *Solombra,* seu último livro, as claridades clássicas, as melhores sutilezas do gongorismo, a nitidez dos metros e dos consoantes parnasianos, os esfumados de sintaxe e as toantes dos simbolistas, as aproximações inesperadas dos super-realistas. Tudo bem assimilado e fundido numa técnica pessoal, segura de si e do que quer dizer. A sua poesia guarda um tom de reserva mesmo nos momentos de extrema amargura:

> Eu não tinha este rosto de hoje,
> assim calmo, assim triste, assim magro,
> nem estes olhos tão vazios,
> nem o lábio amargo.
>
> Eu não tinha estas mãos sem força,
> tão paradas e frias e mortas;

Ensaios literários

eu não tinha este coração
que nem se mostra.

Eu não dei por esta mudança,
tão simples, tão certa, tão fácil:
– Em que espelho ficou perdida
a minha face?

Transcrevi na íntegra esse poema "Retrato" porque caracteriza melhor do que quaisquer outras palavras o fariam, não só a autora como a sua arte. Há não sei que graça aérea nas imagens de Cecília Meireles, cuja poesia se pode definir por aquele pensamento, aquela música a passar na frescura da "Noite" e que era "uma nuvem repleta, entre as estrelas e o vento". Repleta de emoção nunca traduzida em banalidades sentimentais, tomando às estrelas o seu brando lucilar, ao vento a sua versatilidade de direção. De resto o poeta era para Cecília Meireles um irmão do vento e da água, deixando o seu ritmo por onde quer que vá.

O movimento modernista não ficou limitado aos dois centros de mais densa vida intelectual do país, Rio e São Paulo: estendeu-se a outras capitais, e até na pequena cidade mineira de Cataguases teve repercussão no grupo da revista *Verde*, fundada por ROSÁRIO FUSCO, GUILHERMINO CÉSAR (1908) e outros.

Em Belo Horizonte, a capital de Minas Gerais, o órgão da renovação foi *A Revista*, lançada em 1925 por CARLOS DRUMMOND DE ANDRADE, EMÍLIO MOURA, JOÃO ALPHONSUS, ABGAR RENAULT.

CARLOS DRUMMOND DE ANDRADE (1902-1987) é o representante mais típico em poesia do homem de Minas. Os mineiros mais genuínos são dotados daquelas qualidades de reflexão cautelosa, de desconfiança do entusiasmo fácil, de gosto das segundas intenções, de reserva pessimista, elementos todos geradores de *humour*. Toda vez que com esse feitio mineiro coincidirem uma sensibilidade mais rara e o dom da poesia, é de esperar um humorista de grande estilo. Carlos Drummond de Andrade é o primeiro caso dessa feliz conjunção. Sensibilidade comovida e comovente em cada linha que

Apresentação da poesia brasileira

escreve, o Poeta não abandona quase nunca essa atitude de *humour*, mesmo nos momentos de maior ternura. De ordinário, ternura e ironia agem na sua poesia como um jogo automático de alavancas de estabilização: não há manobra falsa nesse admirável aparelho de lirismo. Nos três primeiros volumes que publicou – *Alguma poesia* (1930), *Brejo das almas* (1934) e *Sentimento do mundo* (1940) – assinala-se nitidamente uma evolução que o próprio Poeta marcou nestas linhas de uma informação autobiográfica:

> *Alguma poesia* traduz uma grande inexperiência do sofrimento e uma deleitação ingênua com o próprio indivíduo. Já em *Brejo das almas* há também uma consciência crescente da sua precariedade e uma desaprovação tácita da conduta (ou falta de conduta) espiritual do autor. Penso ter resolvido as contradições elementares da minha poesia num terceiro volume, a sair em breve, e que se chamará *Sentimento do mundo*.

Nos dois primeiros livros o pessimismo sarcástico é a nota dominante. O Poeta não espera grande coisa desta humanidade: "tirante dois ou três, o resto vai para o inferno". Como o Jesus do poema "Romaria", ele devia sonhar, nas horas de cansaço, com "outra humanidade". O juízo que fazia da pátria não podia ser menos amargo: "Quem me fez assim foi minha gente e minha terra"; "é burrice suspirar pela Europa, aqui ao menos a gente sabe que tudo é uma canalha só, lê o seu jornal, mete a língua no Governo, queixa-se da vida e no fim dá certo". O amor? A eterna toada: "briga, perdoa, briga". Afinal um *pis-aller*, porque "se não fosse ele também, que graça teria a vida?". A vida não presta.

Ninguém atentara naquela desaprovação tácita de tal procedimento, já manifesta, como notou o Poeta, em *Brejo das almas*, e daí a surpresa causada pelo terceiro livro, esse *Sentimento do mundo*, no qual Carlos Drummond de Andrade inesperadamente se impôs como o nosso primeiro grande "poeta público do Brasil, o único comparável à moderníssima corrente da poesia inglesa", como o definiu o crítico Otto Maria Carpeaux. Carlos Drummond de Andrade tinha compreendido que "chegou um tempo em que a vida é uma ordem. A vida apenas, sem mistificação". Não será mais o cantor "de uma mulher, de uma história". Não dirá mais "os suspiros ao anoitecer, a paisagem vista da janela":

> não distribuirei entorpecentes ou cartas de suicida,
> não fugirei para as ilhas nem serei raptado por serafins,
> O tempo é a minha matéria, o tempo presente, os homens
> |presentes,
> a vida presente.

Canta neste amanhecer ainda "mais noite do que a noite" a esperança de um mundo melhor, e grita mesmo, com entusiasmo: "ó vida futura! nós te criaremos". Até *A rosa do povo* (1945) exprimiu-se o Poeta em versos livres, mas nos livros seguintes – *Claro enigma* (1951), *Viola de bolso* (1952), *Fazendeiro do ar* (1954) e *Lição de coisas* (1962) – pratica, com grande perícia, também a metrificação rimada.

EMÍLIO MOURA (1902-1971) estreou com o livro *Ingenuidade* (1931), a que se seguiram *Canto da hora amarga* (1936), *Cancioneiro* (1945), *O espelho e a musa* (1948), *O instante e o eterno* (1953) e *A casa* (1961). Através de todos esses livros se exprime uma alma que sempre ficou fiel a si mesma e ao seu ideal de paz, de serenidade, de humilde alegria. Num de seus primeiros poemas dizia-nos:

> Eu fiquei só diante da vida
> E todas as coisas me assustaram.

A poesia de Emílio Moura é a confissão desses sustos, feita sempre com um tremor de emoção, mas cheio de pudor. "Poeta quase místico", disse de si próprio. Ao que Drummond de Andrade acrescentou: "Sua mística não é a de Deus, mas a do mistério".

Mineira é também HENRIQUETA LISBOA (1904-1985), de cuja poesia se pode dizer o que ela diz do morto no poema "O mistério": "é poderosa de indiferença e equilíbrio, completa em si mesma, torre de seduções e amar-

Apresentação da poesia brasileira

ras". E é na morte que encontra o seu maior tema, a morte "cruel mas limpa", depois da qual "tudo volta a ser como antes da carne e sua desordem".

No Rio Grande do Sul, Augusto Meyer, Rui Cirne Lima, Vargas Neto, Pedro Vergara e Theodomiro Tostes formaram o primeiro grupo modernista.

Augusto Meyer, nascido em Porto Alegre (1902-1970), editou *Coração verde* (1926), *Giraluz, Duas orações* (1928) e *Poemas de Bilu* (1929). Desde então silenciou, como se no último livro tivesse chegado a um beco sem saída ou houvesse exaurido a sua mensagem de poeta. Mas em 1957 a Livraria São José Editora publicou *Poesias* (1958), onde aos livros já mencionados se acrescentaram *Literatura & poesia, Folhas arrancadas* e *Últimos poemas*. Só um elemento mantém nos volumes de versos publicados por Augusto Meyer a unidade da sua obra: a profunda conexão com a terra, cuja paisagem, alma e vocabulário palpitam em cada poema desse rio-grandense-do--sul para quem o minuano que passa gelando as coxilhas é "um batismo de orgulho". O que diferencia violentamente os *Poemas de Bilu* de *Coração verde* e *Giraluz* é que nestes livros a expressão é calma e ingênua, ao passo que naquele, Augusto Meyer vira Bilu, "o filóis (filósofo) Bilu, malabarista metafísico, grão-tapeador parabólico", reduzindo tudo a si mesmo, dissolvendo os pensamentos e as emoções em "canetas de sagui". O poema "*Chewing gum*" representa cabalmente o Poeta em sua definitiva atitude diante da vida e na sua expressão irônica e displicente:

> Masco e remasco a minha raiva, chewing gum.
>
> Que pílula este mundo!
> Roda roda sem parar.
> Zero zero zero zero,
> é uma falta de imprevisto...
>
> Cotidianissimamente enfastiado,
> engulo a pílula ridícula,
> janto universo e como mosca.

Comi o mio-mio das amarguras.
A raiva dói como um guasqueaço.
    Amolado.
    Paulificado.
    Angurreado.

Bilu, pensa nas madrugadas que virão,
aspira a força da terra possante e contente.
Cada pedra no caminho é trampolim.
O futuro se conjuga saltando.
    Depois:
    indicativo presente –
    caio em mim.

O poeta Bilu sabe que "os caminhos foram feitos para andar", ouve o mundo que manda: "Entra no coro". Mas recusa-se ao convite da vida, e o seu desgosto amarguento só se tranquiliza "na grande luz, de renunciar". O resíduo último dessa filosofia niilista é "que nós somos a sombra de um sonho numa sombra", inversão do pensamento de Píndaro, que definiu o homem como "o sonho de uma sombra".

A melhor poesia do Nordeste do Brasil está nas trovas dos cantadores populares, nos poemas dialetais de Catulo da Paixão Cearense, nos versos dos pernambucanos Ascenso Ferreira e Joaquim Cardozo, e do alagoano Jorge de Lima.

Ascenso Ferreira (1895-1965) publicou três livros – *Catimbó, Cana-caiana* e *Xenhenhém*. Tem uma estatura gigantesca, que a princípio assusta como a catadura de um campeão de boxe da categoria dos pesados. No entanto, basta ele abrir a boca para dissipar todos os terrores: é um sentimentalão, e sentimentalmente compreendeu e cantou o drama doloroso do matuto, a quem ama ainda quando é o cangaceiro marcado pela fatalidade mesológica com os estigmas do crime. Os seus poemas são verdadeiras rapsódias nordestinas, onde se espelha fielmente a alma ora brincalhona, ora pungentemente nostálgica das populações dos engenhos.

Apresentação da poesia brasileira

De Joaquim Cardozo (1897-1978), escreveu Carlos Drummond de Andrade que "foi modernista mais ausente do que participante. Um aparelho severo de pudor, timidez e autocrítica salvou-o das demasias próprias de todo período de renovação literária". Esse retraimento fez que só em 1947 publicasse o Poeta o seu único livro, *Poemas*,[3] onde há versos que datam de 1925. Em Cardozo, artista tão à vontade na poesia metrificada e rimada quanto no verso livre, vemos a mesma província de Ascenso Ferreira, mas sentida por um temperamento extremamente apurado. Mas não é só a sua província o que interessa a esse pernambucano tão autêntico: há nos *Poemas* assuntos sociais, em "Anjos da paz" por exemplo, a que ele soube comunicar vibração poética igual à dos momentos mais enternecidos de sua lírica amorosa.

Jorge de Lima (1893-1953) estreou verdadeiramente com *O mundo do menino impossível*, que é a expressão poética da sua adesão à terra e ao modernismo, tanto que ao publicar em 1929 o livro *Novos poemas*, pôs-lhe como epígrafe este fragmento daquele poema: "E o menino impossível quebrou todos os brinquedos que os vovós lhe deram..." Entre esses brinquedos recebidos dos vovós estavam as formas tradicionais em que vazara os *XIV alexandrinos*, seu primeiro livro. Já nos *Poemas* (1927), *Novos poemas* e *Poemas escolhidos* (1933) o Menino Impossível

> que destruiu até
> os soldados de chumbo de Moscou
> e furou os olhos de um Papá Noel,
> brinca com os sabugos de milho,
> caixas vazias,
> tacos de pau,
> pedrinhas brancas do rio...
>
> "Faz de conta que os sabugos

---

3 Em 1948 apareceu a *Pequena antologia pernambucana* de Cardozo, composta e impressa por João Cabral de Melo Neto em Barcelona; em 1960, *Signo estrelado*, e em 1963 *O coronel de Macambira*, onde o Poeta reatualiza um gênero de teatro brasileiro – *o Bumba meu boi*.

são bois..."
"Faz de conta..."
"Faz de conta..."

E os sabugos de milho
mugem como bois de verdade...
e os tacos que deveriam ser
soldadinhos de chumbo são
cangaceiros de chapéus de couro...

Eu poderia dizer [escreveu José Lins do Rego] que com esse caderno dos *Poemas* o Nordeste teve o seu primeiro livro de poesia. O Nordeste dos cangaceiros, do rio de São Francisco, de Lampião, do Padre Cícero, da Great Western Brasil Railway, dos engenhos-banguês, das procissões, das bonecas de pano que se vendem nas feiras, de toda a sentimentalidade tão característica de nossa gente.

Alguns dos poemas desse livro e do que se lhe seguiu, *Novos poemas*, garantem ao seu autor um nome duradouro em nossa poesia, porque figuram entre as melhores e mais saborosas interpretações da paisagem e da alma brasileiras. Não se confina o Poeta num estreito nacionalismo. Mas se Ronald de Carvalho cantou toda a América, Jorge de Lima, ainda um tanto rodoísta, celebra o que se chama "a minha América", isto é, a América do Sul, sentimentalmente alterada em sua geografia para conter também o México. O ciclo da terra parece definitivamente encerrado na poesia de Jorge de Lima. Em *Tempo e eternidade*, livro seu e de Murilo Mendes, o Poeta passa a haurir toda a sua inspiração no fundo religioso, a expressão assume tom e ritmos graves, largos, paralelísticos, de sabor bíblico. "A vida está malograda", mas o Poeta crê "nas mágicas de Deus". O manifesto de Jorge de Lima e Murilo Mendes está dito em cinco palavras: "Restauremos a Poesia em Cristo". *A túnica inconsútil* e *Anunciação e encontro de Mira-Celi* (1938) persistem, com mais abundância e plenitude, nos temas e na técnica do livro anterior.

Em 49 publicou o Poeta o *Livro de sonetos*, onde já nos aparece diferente, justificando a observação de Otto Maria Carpeaux, que o definiu como um poeta "em caminho". São 78 sonetos, alguns dos quais só têm da genuína forma fixa tradicional a estruturação em dois quartetos e dois tercetos. Neles se compraz o autor em conceitos, metáforas e expressões de surpreendente barroquismo, barroquismo que o Poeta levará à mais desabusada, e às vezes abstrusa, eclosão no seu livro último, *Invenção de Orfeu* (1952), longo poema em dez cantos, de técnicas e faturas extremamente variadas e cujo sentido profundo ainda não foi devidamente esclarecido pela crítica e talvez não o seja nunca, pois é evidente haver nele grande carga de subconsciente a par de certas vivências puramente verbais. Como quer que seja, é obra poderosa, onde deparamos fragmentos de alta beleza, que são em si pequenos poemas completos.

MURILO MENDES (1901-1975) é talvez o mais complexo, o mais estranho e seguramente o mais fecundo poeta desta geração. Já publicou onze livros (*Poemas*, 1930; *História do Brasil*, 1933; *Tempo e eternidade*, 1935; *A poesia em pânico*, 1938; *O visionário*, 1941; *As metamorfoses*, 1944; *Mundo enigma*, 1945; *Poesia liberdade*, 1947; *Contemplação de Ouro Preto*, 1954; *Parábola* e *Siciliana*, 1959; *Tempo espanhol*, 1959) e tem ainda inéditos uma meia dúzia. Mineiro de nascimento (Juiz de Fora), tornou-se famoso por alguns poemas-piadas de sabor caracteristicamente carioca. A verdade é que não lhe escapa nenhum ridículo da vida nacional no presente e no passado. Na sua obra "há brasileirismo tão constante como em nenhum outro poeta do Brasil", escreveu com razão Mário de Andrade. Fornecendo os dados biográficos para uma notícia de antologia, declarou o próprio Poeta que "encara a poesia como fenômeno diário, constante, permanente, eterno e universal". Considera seus poemas como "estudos" que outros poderão desenvolver. Entende que o germe da poesia existe em todos os homens, competindo ao artista "desenvolvê-lo nos outros". Nessa mesma ocasião assinalou como fatos capitais de sua existência a passagem do cometa de Halley em 1910, dois espetáculos de bailados russos (Nijinsky) em 1916 e o conhecimento de Ismael Nery em 1921. O primeiro é talvez muito responsável pela interpenetração dos planos da realidade e da imaginação, do natural e do sobrenatural, pelo ambiente de alumbramento e pânico tão frequente nos momentos graves dessa poesia; o segundo, pelo que a torna, como já notou Vinicius de Moraes, a mais próxima do *ballet*; quanto a Ismael Nery, foi o encontro decisivo na vida do poeta, o acontecimento culminante, que resultou na conversão de Murilo Mendes ao catolicismo.

Nasceu ISMAEL NERY em Belém do Pará em 1900 e faleceu no Rio em 1934 aos 34 anos de idade. Tinha gosto e talento para todas as artes, mas cultivou de preferência a pintura, tendo deixado neste domínio uma obra importante, ainda não convenientemente estudada. Depois de sua morte viemos a saber que era também poeta, lendo uma série de poemas publicados numa revista por iniciativa de Murilo Mendes. Acompanhavam os versos umas notas e comentários que explicavam a concepção que do mundo e da arte formava o artista. Chamava-lhe ele "essencialismo". Segundo Ismael Nery o homem deve sempre procurar eliminar os supérfluos que prejudicam sempre a essência a conhecer: a essência do homem e das coisas só pode ser atingida mediante a abstração do espaço e do tempo, pois a localização num momento contraria uma das condições da vida, que é o movimento. Um essencialista deve colocar-se na vida como se fosse o centro dela para que possa ter a perfeita relação das ideias e dos fatos. A essa doutrina, escreveu Murilo Mendes, "Ismael Nery imprimiu o caráter de sua fortíssima personalidade, sujeitando-a porém aos eternos princípios do catolicismo".

Sem prejuízo da ingênita originalidade (Murilo Mendes é um dos quatro ou cinco bichos-da-seda da nossa poesia, isto é, os que tiram tudo de si mesmos), as ideias de Ismael Nery exerceram grande influência no amigo, cuja obra se nos apresenta fortemente marcada por essa abstração do tempo e do espaço. Ouçamo-lo no seu ensaio sobre "O eterno nas letras brasileiras modernas":

> Os elementos místicos da alma humana não estão sujeitos ao tempo. Colocado no tempo, o homem tende continuamente a abstraí-lo. A grande ideia da abstração do tempo ainda não chegou a ser organizada ou sistematizada pelo homem, mas

é fora de dúvida que ele sofre inconscientemente a pressão da ideia. Na vida diária colhem-se a todo momento exemplos disto, a começar pela pitoresca e fortíssima expressão popular *matar o tempo*. Todo o mundo quer se libertar do tempo. Nós estamos sujeitos ao tempo e contra o tempo. A própria música, uma arte que se desenvolve no tempo, é ouvida por quase toda a gente com a finalidade expressa de arrancar o homem do tempo. Joseph de Maistre diz que a própria ideia da felicidade eterna, junta à do tempo, fatiga e espanta o homem. Eis por que o Apocalipse nos revela que, no fim de tudo, um anjo gritará: "Não haverá mais tempo!". Muitos homens julgam que a ideia de eternidade reside num plano de mito, de ficção, ou que a eternidade é a vida de além-túmulo. Entretanto a vida eterna começa neste mundo mesmo: o homem que distingue o espírito da matéria, a necessidade da liberdade, o bem do mal, e que aceita a revelação de Cristo como solução para o enigma da vida, este homem já incorpora elementos eternos ao patrimônio que lhe foi trazido pelo tempo.

De fato, em toda a poesia de Murilo Mendes assistimos a essa constante incorporação do eterno ao contingente. E por outro lado a abstração do espaço acaba por abolir a perspectiva dos planos, confundidos todos numa super-realidade, com a tangência do invisível pelo visível. Não se trata porém do super-realismo no sentido da escola francesa: sente-se sempre na poesia de Murilo Mendes a força da inteligência e do coração dominando o tumulto das fontes do subconsciente. Poesia bem de católico, terrivelmente cônscio do pecado original e ao mesmo tempo como que feliz de todas as suas fraquezas pelo que elas implicam de amor – um fulgurante amor não só pelos seus semelhantes como por todas as criaturas e coisas da Criação. Um catolicismo à São Filipe Néri, em que a verdade é concebida em suma e em essência como caridade. O seu culto afronta o ridículo; incorpora-o. E – coisa curiosa – poesia e catolicismo dialéticos. Sente-o o próprio Poeta quando num poema qualifica o seu lirismo de dialético. Com efeito, a cada passo vemos na poesia de Murilo Mendes uma conciliação dos contrários. Certos versos seus poderão até transpirar heresia a espíritos mais estreitos, como aqueles onde exclama: "Amor! Amor! Palavra que cria e que consome os seres. Fogo, fogo do inferno! melhor que o céu". A verdade é que ele se sente de Deus tanto na boa ação quanto no pecado, e talvez mais no pecado: em Satã, "que não lhe falta nem um instante". Para ele URSS é a irmã transviada, cuja evolução dialética lhe parece imperfeita, e só se completará com a volta ao lar do Pai, onde URSS encontrará o que procura, o que não vê que existe nela "desde o princípio". O próprio Poeta se sente ele mesmo e o seu duplo, "a luta entre um homem acabado e um outro que está andando no ar". O seu maior desejo é voltar para o Princípio, "que nivela a vida e a morte, a construção e a destruição"; a sua maior inveja, Adão, "o único homem que foi ao mesmo tempo mãe, pai, irmão, esposo e amante". Berenice, um dos muitos nomes da amada, é "sólida como a pedra e variável como o mar". A amada assume nos versos de amor do seu poeta um desdobramento cósmico, a despeito da "sua elegância, da sua mentira, da sua vida teatral". Porque ela é "o laço misterioso", diz ainda o Poeta, "que me prende à ideia essencial de Deus". Temos aqui o conceito petrarquiano do amor levado ao extremo limite quase sem um sorriso, antes assiduamente formidável.

Não obstante as intenções construtivistas de Graça Aranha, dos rapazes de *Festa* e do grupo verde-amarelo, não obstante a presença no movimento de um ou outro poeta de sensibilidade e expressão grave como Emílio Moura, pode-se dizer que, encarado no seu conjunto, o modernismo brasileiro caracterizou-se por uma atitude destruidora. Assim o confessa o próprio Mário de Andrade numa espécie de balanço daqueles anos de agitação: "[...] embora lançando inúmeros processos e ideias novas, o movimento modernista foi essencialmente destruidor. Até destruidor de nós mesmos, porque o pragmatismo das pesquisas sempre enfraqueceu a liberdade de criação." E acrescenta que ele e os seus companheiros viviam então "arrebatados pelos ventos da destruição. E a fazíamos ou preparávamos especialmente pela festa, de que a Semana de Arte Moderna fora a primeira. Todo esse tempo destruidor do movimento modernista foi pra nós tempo de festa, de cultivo imoderado do prazer." Não era movimento destruidor das tradições veneráveis, e nisso afastava-se nitidamente do futurismo e demais movimentos europeus, dos quais tomava os processos de expressão – o verso livre, as palavras em liberdade etc. – e o tom irônico, *blagueur*, voluntariamente prosaico. Não faltava a nenhum desses nossos poetas, e foi uma acusação injusta que se lhes fez, o sentido grave da vida e do momento social que viviam, mas é certo que havia neles uma desconfiança evidente do sublime, como o viam nas formas *cursis* da literatura consagrada, do satisfeito patriotismo burguês. Que o sequestravam de caso pensado é manifesto num ou noutro momento de abandono à expressão ingenuamente comovida, raro em Oswald de Andrade ("Procissão do enterro", 1925) e em Mário de Andrade ("Improviso do rapaz morto", 1925), mais frequente em Murilo Mendes ("Sertão", "O homem, a luta e a eternidade" etc., anteriores a 1929), em Manuel Bandeira ("Os sinos", "Madrigal melancólico", "Noite morta" etc., anteriores a 1924) e outros. Sem embargo, o clima geral era efetivamente de amargo cotidiano e o patriotismo se revelava sob as formas do pitoresco geográfico e social.

Contra o espírito dessa primeira geração modernista reagiu a poesia de Augusto Frederico Schmidt (1906-1965), a partir do *Canto do brasileiro* e do *Canto do liberto* (1928) seguidos de uma série de livros admiráveis – *Pássaro cego* (1930), *Desaparição da amada* e *Navio perdido* (1931), *Canto da noite* (1934), *Estrela solitária* (1940), *Mar desconhecido* (1942), *A fonte invisível* (1949), todos reunidos em *Poesias completas* (1956) e acrescidos de 49 sonetos, da *Mensagem aos poetas novos*, *Ladainha do mar*, *Morelli*, *Os reis*, *Novos poemas* e *Meditações sobre o mistério da Ressurreição*. Publicou ainda *Aurora lívida* (1958), *Babilônia* (1959) e *Caminho do frio* (1964). Nascido no Rio, Schmidt passara pela experiência modernista, assimilara-a e, embora sabendo aproveitar-lhe as lições, afastara-se dela, exprimindo-se num tom constantemente sério e grave, quase catastrófico, acometendo-nos a consciência como um eco dos versículos severos dos profetas judeus. As apóstrofes dessa poesia suscitavam ambientes de apreensão, como se estivéssemos, e de fato estávamos, na véspera de calamidades tremendas. É precisamente essa volta ao sublime a qualidade nova trazida à nossa poesia pela voz de Schmidt, logo secundada pela de Vinicius de Moraes em *O caminho para a distância* (1933), *Forma e exegese* (1935) e *Ariana, a mulher* (1936). "Não quero mais o Brasil, não quero mais geografia, nem pitoresco", diziam os versos iniciais do *Canto do brasileiro*. Talvez para marcar a sua oposição ao engraçado, ao anedótico, ao que Octavio de Faria chamou "o espírito de café", buscou a princípio Schmidt retomar o fio partido da tradição romântica, e certos poemas de *Navio perdido* e *Pássaro cego* lembram muitas vezes no sentimento, nos ritmos e até no vocabulário os versos de um Álvares de Azevedo ou de um Casimiro de Abreu. Mais tarde o Poeta abandonou essas muletas românticas e firmou-se em sua feição definitiva, onde é de notar uma certa afinidade com a de Péguy. Os ritmos largos, o paralelismo, o gosto de falar nas formas do futuro, certo ar de iniciar o poema como se já estivesse no meio dele, a indeterminação no tempo e no espaço, a frequente aparição de personagens cuja identidade não se pode de pronto precisar, a insistência nos grandes temas universais, sobretudo a obsessão do mistério, seja o da morte, ou o do mar, ou o da noite, ou o das amadas, enchem a sua poesia de estranhas ressonâncias. Schmidt é dos poucos poetas que já souberam falar a Deus com tranquila dignidade. Talvez proceda isso do seu fundo judaico. O cristão em tal colóquio toma quase sempre uma postura muito sentimental e um tanto pedinchona. Os antigos hebreus não eram assim. Schmidt a esse respeito não tem quem se lhe compare: encontra sempre o tom justo, as palavras mais acertadas de respeito, de fé e de confiança. Confessa-se católico, mas o seu sentimento religioso não é repousado nem repousante: ele mesmo se pergunta num soneto por que não crê em Deus sem se martirizar. Martiriza-se mais assiduamente com a ideia da morte, cujo sentimento nele escapole, como notou Mário de Andrade, da lição cristã:

> Não se percebe na sua obsessão da morte nenhum anseio de vida futura, nenhum grito de Esperança ou de Caridade em transe. A morte que Augusto Frederico Schmidt canta é um fim, um ponto-final, um como que terror paralisante de acabar. E principalmente a visão seca do acabado. É mesmo estranho

Apresentação da poesia brasileira

que um poeta religioso se permita essa profecia do "Nascimento do sono":

> Do fundo do céu virá o sono.
> O sono virá crescendo pelos espaços,
> O sono virá pela terra caminhando,
> E surpreenderá os passarinhos cansados
> E as flores, os peixes e os velhos homens.
>
> O sono virá do céu e escorregará,
> Se encorpando, nos vales abandonados.
> O sono virá macio e terrível,
> E suas mãos gelarão as águas dos rios
> E as pétalas das rosas.
> Suas mãos despirão as roupas das árvores
> E o corpo dos pequeninos.
>
> Do fundo do céu virá o sono,
> E das gargantas de todos partirá um grito sem som,
> E tudo adormecerá,
> As cabeças voltadas para o abismo.

Há quem lamente uma certa monotonia na obra abundante de Schmidt. Por mim penso que o melhor do Poeta estava precisamente nessa persistência de harmônicos elegíacos, que, como aos velhos profetas, lhe conferem um timbre próprio e o situam numa grandeza solitária como a daquela estrela, "imagem de um desespero sem forma".

O mesmo tom grave, os mesmos ritmos largos de Schmidt vamos encontrar na poesia dos primeiros livros de Vinicius de Moraes (1913-1980), nascido no Rio. Mas o seu drama era outro: o Poeta se debatia entre as solicitações da carne e as do espírito; debatia-se naquele conflito que Octavio de Faria definiu com uma perplexidade entre "a impossível pureza" e "a impureza inaceitável". Ressoava o seu canto como a longa e desesperada

Ensaios literários

queixa de um prisioneiro. Era ainda, creio eu, anseio e insatisfação da adolescência que o fazia dizer:

> Eu sou o Incriado de Deus, o que não teve a sua alma e
> [semelhança
> Eu sou o que surgiu da terra e a quem não coube outra
> [dor senão a terra
> Eu sou a carne louca que freme ante a adolescência impúbere
> [e explode sobre a imagem criada
> Eu sou o demônio do bem e o destinado do mal mas eu
> [nada sou.

Mais tarde ele dirá em "Elegia quase uma ode": "Meu sonho eu te perdi; tornei-me em homem". A partir de *Novos poemas* (1938) e sobretudo em *Cinco elegias* (1943) e *Poemas, sonetos e baladas* (1946),[4] onde atinge a maior força, a sua poesia virilizou-se, ganhou uma humanidade mais vasta e mais profunda, e embora o Poeta ainda sofra de se sentir "falso, miserável e sórdido", prefere a queixar-se apenas, estalar em "sacrifício, violência e devotamento". Tendo reagido, a exemplo de Schmidt, contra o prosaísmo de expressão, encheu-se de plebeísmos, assim superando numa síntese muito pessoal o espírito da sua geração e o da anterior. Na forma também mudou bastante, enriquecendo-se dos ritmos regulares, servindo-se frequentemente da rima e chegando até ao soneto, de que há exemplares admiráveis desde os *Novos poemas*.

A expressão mais cabal de Lúcio Cardoso (1912-1968), nascido em Minas Gerais, está nos seus romances e contos, aliás de densa atmosfera poética. Todavia, sente-se em seus poemas (*Poesias*, 1941, *Novas poesias*, 1944) a mesma vocação, tão bem definida por ele próprio nos versos de "Mazepa":

---

4 Publicou posteriormente uma *Antologia poética*, organizada em 1949, *Orfeu da Conceição*, tragédia em versos (1956), e *Para viver um grande amor* (poemas e crônicas, 1962).

Ver – sobretudo ver e ouvir e sentir
O escuro que sobe das trincheiras
Onde a razão humana dardeja ainda
Os fogos trêmulos do entendimento.

Poesia angustiada, que se compraz nos longos espasmos dos versos livres de amplíssimo ritmo.

Alphonsus de Guimaraens Filho (1918-2008), cujo volume *Lume de estrelas* obteve dois prêmios, um da Academia Brasileira de Letras, outro da Fundação Graça Aranha, sempre atenta a estimular os valores de vanguarda. Estreia paradoxal, como assinalou Mário de Andrade, essa em que "se afirma um poeta bastante forte num livro ainda bastante fraco". Justifica o crítico o seu juízo apontando o convencionalismo de umas tantas dições, o abuso de certas imagens-símbolos, os resíduos do simbolismo de escola. Alphonsus de Guimaraens Filho nasceu em 1918 e publicou o seu livro em 1940; eram versos dos vinte anos e se de fato pecavam pelo conformismo a que se referiu Mário de Andrade, por outro lado revelavam em grau invulgar fina sensibilidade, forte imaginação verbal e técnica segura. Os seus poemas posteriores (*Sonetos da ausência, Nostalgia dos anjos,* 1946, *A cidade do sul,* 1948, *O irmão,* 1950, *O mito e o criador,* 1954, *Sonetos com dedicatória,* 1957, *O unigênito, Elegia de Guarapari, Uma rosa sobre o mármore, Cemitério de pescadores* e *Aqui,* 1960) confirmam as promessas do primeiro livro.

Os poetas que, depois desses, vieram surgindo até os anos da Segunda Guerra Mundial não parecem ter sentido necessidade de inovação, e dentro do espírito e da forma de seus predecessores souberam afirmar a própria individualidade: entre outros nomes Mário Quintana (1906-1994), como Augusto Meyer muito de sua terra e muito pessoal, Odylo Costa, Filho, Edgard Braga, Odorico Tavares, Fernando Mendes de Almeida, Marcelo de Sena, Adalgisa Nery, Mauro Mota, A. R. Rangel Moreira, Paulo Armando, Sylvio da Cunha, Maria Isabel, Paulo Gomide, Oneyda Alvarenga, Mário Peixoto, estes dois últimos emudecidos após promissora estreia. Emudecido para sempre pela morte prematura, em 1960, Carlos Pena Filho, poeta que podia ser em tantos momentos raro e requintado, mas que soube nos temas da terra natal (Pernambuco) apoiar-se firmemente nos metros e no estilo do povo, escrevendo os deliciosos poemas do *Nordesterro* e o *Guia prático da cidade do Recife*.

Não parece possível caracterizar em conjunto os poetas aparecidos a partir de 1942, alguns dos quais mais tarde a si próprios se chamaram a geração de 45, embora os mais empenhados em se afirmar como nova geração – Lêdo Ivo (1924-2012), Péricles Eugênio da Silva Ramos (1919-1992), e outros, de sensibilidade e técnica bastante diferenciadas das dos mestres de 22 – João Cabral de Melo Neto (1920-1999), Marcos Konder Reis, José Paulo Moreira da Fonseca, Bueno de Rivera, Paulo Mendes Campos, Thiago de Mello, Geir Campos, Emanuel de Morais, Antônio Rangel Bandeira, Afonso Felix de Sousa etc. – tenham estreado antes ou depois daquela data. De um modo geral, são de expressão pouco acessível, sobretudo pelo insólito de suas imagens, e denotam preferência pelo verso livre curto. Todas essas características podem aliás ser encontradas em poetas anteriores, mas a chamada geração de 45 como que as sistematizou. A maioria deles está ainda em formação: Cabral de Melo, por exemplo, em seus últimos livros – *Cão sem Plumas, O rio* e *Terceira feira* – adotou um realismo socialmente interessado, poesia com mensagem, de linguagem direta e não mais, como dantes, preocupadamente metafórica. Péricles Eugênio e Bueno de Rivera já se apresentam mais amadurecidos, e têm idade para isso.

Como o Cabral de Melo da primeira fase têm poetado José Paulo Moreira da Fonseca e Emanuel de Morais. Outros, porém, talvez mais ricos de seiva lírica, deixam fluir com abundância o canto interior: Lêdo Ivo, já com oito livros publicados, os últimos dos quais – *Um brasileiro em Paris e o rei da Europa* e *Uma lira dos vinte anos* – o situam singularmente entre os de sua geração. De Thiago de Mello e Afonso Felix de Sousa se pode dizer o mesmo: a força de suas sensibilidades fá-los extravasar em verdadeiros discursos poéticos, sobretudo ao primeiro, que se exprime sempre em versos metrificados mas sem rima, produzindo poemas que impressionam pelo que há neles de denso e aluvial (o poeta é natural do Amazonas).

O número de bons poetas entre os novos é considerável: não esgotaremos a lista citando os nomes de Paulo Mendes Campos, Marcos Kon-

Apresentação da poesia brasileira

DER REIS, ANTÔNIO RANGEL BANDEIRA, DARCY DAMASCENO, STELLA LEONARDOS, NILO APARECIDA PINTO, CIRO PIMENTEL, PAULO HECKER FILHO, PAULO BONFIM, JOSÉ ESCOBAR FARIA, ANTÔNIO OLINTO, DOMINGOS PAOLIELO, RUI GUILHERME BARATA, EDSON RÉGIS, HÉLIO PELLEGRINO, EDMIR DOMINGUES DA SILVA, FRED PINHEIRO, RUTH MARIA CHAVES, MYRTES RIBERTE, ANTÔNIO PINTO DE MEDEIROS, MONIZ BANDEIRA, REYNALDO JARDIM, HENRIQUE SIMAS etc. Entre os nomes femininos alguns aparecem com força às vezes superior à da maioria dos poetas do outro sexo: uma LUCY TEIXEIRA, uma MARLY DE OLIVEIRA, uma ZILA MAMEDE.

Os mais recentes movimentos em nossa poesia foram o concretismo, o neoconcretismo e a poesia-práxis. Os dois primeiros se inspiraram nos princípios do concretismo plástico, ou seja, uma arte que se exprime, como pregou Van Doesburg, por signos concretos e não simbólicos. "O poema concreto aspira a ser: composição de elementos básicos da linguagem, organizados óptico-acusticamente no espaço gráfico por fatores de proximidade e semelhança como uma espécie de ideograma para uma dada emoção, visando à apresentação direta – personificação – do objeto": assim explicou HAROLDO DE CAMPOS (1929-2003), um dos jovens poetas dessa corrente, entre os quais figuram DÉCIO PIGNATARI (1927-2012), AUGUSTO DE CAMPOS (1931), WLADEMIR DIAS PINO (1927), RONALDO AZEREDO (1937) e FERREIRA GULLAR (1930). Este último, por motivo ideológico-político, deu resolutamente as costas aos concretismos, passando a praticar a poesia social com apoio nas formas populares, como o estão mostrando as suas produções mais recentes – *João Boa Morte, cabra marcado p'ra morrer* e *Quem matou Aparecida*.

"Práxis" significa em grego "ação, empreendimento, execução, negócio, situação dos negócios". Linha de pesquisa literária lançada pelo paulista MÁRIO CHAMIE (1933-2011), nada explica melhor o que é um poema-práxis do que a seguinte análise do seu poema "Migradores", por ele mesmo feita: o tema é a situação do campesino que se vê forçado a emigrar do campo para a cidade. "Seu estímulo é a vida sem programa, o esfalfar-se improdutivo do seu trabalho rural. A questão que se propõe é a de saber se, com a emigração, não transferiria simplesmente o seu improdutivo esfalfar-se. E toda essa questão, antes de ser debatida e solucionada no nível de sua consciência, é debatida e solucionada no nível de sua fala. O poeta-práxis dá testemunho disso. De que maneira? A partir de um desdobramento fenomenológico do verbo *esfalfar*. Então o poeta defronta-se com o fato prosódico de que a letra *l*, na fala rural brasileira, tem o som de *r*, com o fato morfológico de que o esfalfar na cidade é um esfalfar no asfalto, com o fato léxico de que esfalfar é cansar, *ter falta de ar*, com o fato silábico-estadístico de que a desinência de esfalfar é ar e de que o sufixo de asfalto é *falto*, com o fato prosódico e pragmático de que, tendo a letra a pronúncia de *r*, o elemento radical do verbo esfalfar seria outro verbo, ou seja, *arfar* (composição de ar(f)ar), e, finalmente, se depara o poeta com o fato estadístico e próprio de uma teoria do texto de que esfalfar é uma palavra que tem o seu próprio vocabulário, como uma área de levantamento tem a sua própria fala. Com a *certeza* crítica, portanto, de que uma palavra tem o seu próprio vocabulário, obtive, no poema "Migradores", uma solução e uma estrutura fono-estilística que é a realidade estética do migrador:

> esfalfado arfar sobre o asfalto
> falto de ar [...]

Para completarmos o quadro da moderna poesia brasileira cumpre-nos fazer uma breve referência àqueles poetas que os seus íntimos chamamos "bissextos" pela escassez da produção. Todos já ultrapassaram os 40 anos. Desinteressados da nomeada, só de raro em raro publicam alguma coisa. São desconhecidos do grande público mas altamente prezados por quantos vivem atentos aos verdadeiros valores da poesia. "O defunto", de PEDRO NAVA (1903-1984), "A cachorra", de PEDRO DANTAS (1904-1977), alguns poemas de ANÍBAL MACHADO (1894-1964) vieram enriquecer o nosso patrimônio poético mais do que a abundante produção impressa de numerosos poetas tão frequentemente citados e recitados. Cumpre-me ainda esclarecer que a antologia complementar deste estudo está longe de abranger toda a riqueza do patrimônio poético do Brasil: muitas figuras de primeiro plano a que me referi no texto não figuram nela, o que de modo nenhum significa menosprezo ou esquecimento; a seleção foi feita no sentido de acusar o mais nitidamente possível a evolução do sentimento e da técnica em nossa poesia.

E até no próprio texto foram omitidos muitos nomes que num estudo mais amplo poderiam caber sem favor.

Notícia sobre Manuel Bandeira

Otto Maria Carpeaux

O poeta que escreveu este livro exprimiu, certa vez, o desejo de

> Morrer tão completamente
> Que um dia ao lerem o teu nome num papel
> Perguntem: "Quem foi?..."
>
> Morrer mais completamente ainda,
> – Sem deixar sequer esse nome.

Fiel a tal decisão, o autor não permitiu ao seu nome entrar neste livro que trata da evolução da poesia brasileira, opondo-se à opinião literária no Brasil, que situa o nome de Manuel Bandeira num momento decisivo da evolução daquela poesia.

Após a rebelião malograda dos simbolistas contra o parnasianismo reinante, a poesia brasileira se libertou por um ato revolucionário: o modernismo rompeu com a métrica tradicional e com a solenidade acadêmica; voltou-se para os aspectos trágicos e humorísticos da vida cotidiana, para as realidades sociais e a geografia humana do Brasil; pregou a expressão livre dos sentimentos do homem brasileiro em face da natureza americana e da crise do mundo contemporâneo. Esse movimento modernista abriu o caminho a uma plêiade de poetas, entre os quais Manuel Bandeira se situa.

Bandeira nasceu em 1886; pertence a uma geração de simbolistas e pós-parnasianos. São simbolistas os seus primeiros versos. *A cinza das horas* (1917) revela o sentimentalismo inato, romântico, do poeta; no entanto, a adoção das convenções de expressão simbolistas é sintoma duma inibição do sentimento pessoal. Já em *Carnaval* (1919), os ritmos dançam com certa irregularidade, e a melancolia do "meu Carnaval sem nenhuma alegria"

Ensaios literários

acompanha-se de gritos algo forçados de humorismo destruidor – modernismo *avant la lettre*. Tem importância histórica o volume seguinte *O ritmo dissoluto* (1924), cujo título confessa a intenção demolidora do

Tuércele el cuello al cisne de engañoso plumaje.

Por um momento, a situação histórica que se chamava modernismo, e a situação pessoal do poeta Manuel Bandeira estão identificadas. Depois, os caminhos se separam. O autor de *Libertinagem* (1930) é capaz de dar – em poemas como "Evocação do Recife" – um timbre intimamente pessoal, de recordações infantis, aos assuntos geográfico-pitorescos da poesia modernista; é capaz de empregar o seu humorismo meio irônico, meio diabólico para analisar a fundo o seu sentimentalismo inato, transformar o desespero agonizante em elegia.

Desde então, o poeta elegíaco em Manuel Bandeira está livre. Os volumes *Estrela da manhã* (1936) e *Lira dos cinquent'anos* (1940) revelam o *poète mineur*, no sentido alto da palavra: à transfiguração sutilmente humorística dos tristes lugares-comuns da vida cotidiana corresponde a visão dos destinos humanos *in nuce* duma recordação anedótica –

> *To see a World in a grain of Sand*
> *And a Heaven in a Wild Flower,*
> *Hold Infinity in the palm of your hand,*
> *And Eternity in an hour.*

Os versos de Blake serviriam bem de epígrafe para a poesia definitiva de Bandeira. Quando lhe iam demolir a velha casa no bairro sombrio da Lapa, no Rio de Janeiro, o poeta elegíaco escreveu este poema:

ÚLTIMA CANÇÃO DO BECO

Beco que cantei num dístico
Cheio de elipses mentais,
Beco das minhas tristezas,

284

Das minhas perplexidades
(Mas também dos meus amores,
Dos meus beijos, dos meus sonhos),
Adeus para nunca mais!

Vão demolir esta casa.
Mas meu quarto vai ficar,
Não como forma imperfeita
Neste mundo de aparências:
Vai ficar na eternidade,
Com seus livros, com seus quadros,
Intacto, suspenso no ar!

Beco de sarças de fogo,
De paixões sem amanhãs,
Quanta luz mediterrânea
No esplendor da adolescência
Não recolheu nestas pedras
O orvalho das madrugadas,
A pureza das manhãs!

Beco das minhas tristezas.
Não me envergonhei de ti!
Foste rua de mulheres?
Todas são filhas de Deus!
Dantes foram carmelitas...
E eras só de pobres quando,
Pobre, vim morar aqui.

Lapa – Lapa do Deserto –,
Lapa que tanto pecais!
(Mas quando bate seis horas,
Na primeira voz dos sinos,

Como na voz que anunciava
A conceição de Maria,
Que graças angelicais!)

Nossa Senhora do Carmo,
De lá de cima do altar,
Pede esmolas para os pobres,
– Para mulheres tão tristes,
Para mulheres tão negras,
Que vêm nas portas do templo
De noite se agasalhar.

Beco que nasceste à sombra
De paredes conventuais,
És como a vida, que é santa
Pesar de todas as quedas.
Por isso te amei constante
E canto para dizer-te
Adeus para nunca mais!

Parece-me satisfazer este poema à definição wordsworthiana da poesia: *"Emotion recollected in tranquillity"*.

Está assim determinado o lugar histórico do poeta: num momento decisivo, cruzou-se com a evolução da poesia brasileira o caminho que levou o poeta Manuel Bandeira para a realização expressiva da sua experiência pessoal.

Poesia – a definição indica a parte do lirismo em toda arte – é a arte verbal de comunicar experiências inefáveis. A experiência de Manuel Bandeira era a gravíssima doença que lhe destruiu a mocidade, e a que, no entanto, conseguiu dominar. Experiência pessoal e realização poética de Bandeira estão sob o signo das palavras do apóstolo: *"Ubi est, mors, victoria tua? ubi est, mors, stimulus tuus?"*

A adoção de formas convencionalmente simbolistas pelo poeta de *A cinza das horas* corresponde ao desespero de poder sair da sua situação particular, concebida como anedota cruelmente sentimental:

Apresentação da poesia brasileira

– Eu faço versos como quem morre.

– o caminho para baixo, descemo-lo, todos, sós. A dança macabra de *Carnaval* simboliza a tentativa, desesperadamente exaltada, de sair da solidão da agonia. Mas só em *O ritmo dissoluto*, o poeta adivinha a presença dum símbolo de validade geral no símbolo da sua existência particular:

A voz da noite...

(Não desta noite, mas de outra maior).

A timidez parentética desaparece, depois, substituída pela expressão livre do volume *Libertinagem*; pela primeira vez Bandeira dá o nome à realidade:

Pneumotórax

Febre, hemoptise, dispneia e suores noturnos.
A vida inteira que podia ter sido e que não foi.
Tosse, tosse, tosse.

Mandou chamar o médico:
– Diga trinta e três.
– Trinta e três... trinta e três... trinta e três...
– Respire.
....

– O senhor tem uma escavação no pulmão esquerdo e o
                                            [pulmão direito infiltrado.
– Então, doutor, não é possível tentar o pneumotórax?
– Não. A única coisa a fazer é tocar um tango argentino.

O humor diabólico do fim deste poema é o meio de libertação que torna possível a sutilíssima variação rítmica dos três primeiros versos: entre a marcha fúnebre do primeiro verso, que dá a dura realidade, e os golpes em *staccato* desesperado do terceiro, abaúla-se, em *legato* elegíaco, o arco do segundo verso: "A vida inteira que podia ter sido e que não foi". Eis aí as três emoções fundamentais de Manuel Bandeira, a quem foi dado "recolhê--las em tranquilidade".

Encontra, agora, as metáforas definitivas para exprimir, da maneira mais particular e mais geral ao mesmo tempo, o seu desespero –

A paixão dos suicidas que se matam sem explicação.

E tenta, em "Evocação do Recife", o realismo modernista que logo se lhe transfigura em saudade evocativa da "vida que podia ter sido". E a vida "que não foi" identifica-se-lhe com aquelas outras vidas que se foram, e que ecoam na alma do poeta, profundamente.

PROFUNDAMENTE

Quando ontem adormeci
Na noite de São João
Havia alegria e rumor
Estrondos de bombas luzes de Bengala
Vozes cantigas e risos
Ao pé das fogueiras acesas.

No meio da noite despertei
Não ouvi mais vozes nem risos
Apenas balões
Passavam errantes
Silenciosamente
Apenas de vez em quando
O ruído de um bonde
Cortava o silêncio
Como um túnel
Onde estavam os que há pouco

Dançavam
Cantavam
E riam
Ao pé das fogueiras acesas?

– Estavam todos dormindo
Estavam todos deitados
Dormindo
Profundamente

***

Quando eu tinha seis anos
Não pude ver o fim da festa de São João
Porque adormeci

Hoje não ouço mais as vozes daquele tempo
Minha avó
Meu avô
Totônio Rodrigues
Tomásia
Rosa
Onde estão todos eles?

– Estão todos dormindo
Estão todos deitados
Dormindo
Profundamente.

O símbolo da recordação pessoal serve, ao mesmo tempo, como símbolo da experiência geral do gênero humano. A agonia está transformada em elegia.

Nos últimos poemas de Manuel Bandeira, a morte está presente em toda parte. Mas esconde-se, atrás do símbolo da despedida dum amigo, nos gerúndios suspensos para o infinito, do "Rondó dos cavalinhos":

Os cavalinhos correndo,
E nós, cavalões, comendo...
Alfonso Reyes partindo,
E tanta gente ficando...

ou a Morte está nas agitações inúteis da vida cotidiana, enquanto o enterro se "transforma em marcha triunfal neste

MOMENTO NUM CAFÉ

Quando o enterro passou
Os homens que se achavam no café
Tiraram o chapéu maquinalmente
Saudavam o morto distraídos
Estavam todos voltados para a vida
Absortos na vida.
Confiantes na vida.

Um no entanto se descobriu num gesto largo e demorado
Olhando o esquife longamente
Este sabia que a vida é uma agitação feroz e sem finalidade
Que a vida é traição
E saudava a matéria que passava
Liberta para sempre da alma extinta.

No fim deste poema também, como no fim de "Pneumotórax", a inversão "diabólica" serve para conseguir a libertação; mas já não se trata da transformação duma agonia desesperada em elegia pessoal, e sim da transformação do destino geral da carne em descanso "largo e demorado". Aqui está, Morte, tua vitória.

Manuel Bandeira é um poeta consciente: consciente dos meios técnicos da sua arte, e consciente do resultado atingido. Já não faz "versos como quem morre". Pode dizer, agora:

O vento varria tudo!
    E a minha vida ficava
    Cada vez mais cheia
    De tudo.

O poeta atingiu a concentração da "vida inteira que podia ter sido" no momento que realmente é e que se exprime como momento de poesia. É um ponto fora do tempo, assim como – em "Última canção do beco" – o quarto demolido do poeta continua como ponto fora do espaço. Essas elegias cantam um mundo platônico de formas perfeitas, mundo "intacto, suspenso no ar", que "vai ficar na Eternidade"; quer dizer, mundo em que não existe Morte. *"Ubi est, mors, victoria tua? ubi est, mors, stimulus tuus?"*

A última poesia de Bandeira, transfigurando o sentimento em símbolo, realiza a definição wordsworthiana da poesia: *"Emotion recollected in tranquillity"*.

Assim, o poeta que desejava "morrer completamente", que desejava

    Morrer mais completamente ainda,
    – Sem deixar sequer esse nome

deixa uma poesia, e deixará o nome de Manuel Bandeira.

Vida e trabalhos da Academia Brasileira de Letras*

O sentimento de amor à terra, traduzido no desejo de estudar a pátria em sua história e mais aspectos, foi, com a necessidade do estímulo resultante do trabalho em associação, o principal móvel das sociedades que se fundaram no século XVII e que, por precária que fosse a sua existência e medíocre a sua produção, não deixaram de exercer benéfica influência no desenvolvimento de nossas letras.

A primeira Academia constituída no Brasil, a dos Esquecidos, revela desde o nome o propósito de lembrar à Metrópole, em cujas academias não tivemos entrada, que havia aqui quem se interessasse pelas coisas do espírito. Organizada na Bahia, sob o patrocínio do vice-rei D. Vasco Fernandes César de Meneses, durou até o ano seguinte, e a ela pertenceram, entre outros realmente esquecidos, Sebastião da Rocha Pita e os irmãos Bartolomeu Lourenço e Alexandre de Gusmão.

Em 1759, por iniciativa de José Mascarenhas, conselheiro do ultramar na Bahia, fundou-se ali nova sociedade literária, na qual se tentou fazer renascer a extinta Academia, e daí o seu nome de Academia dos Renascidos. O programa era o mesmo: estimular o cultivo das letras e servir ao estudo da história de nossa terra. Teve ela vida ainda mais breve que a primeira, pois naquele mesmo ano se dissolveu. Da Academia dos Renascidos fizeram

---

* Conferência lida na Faculdade Nacional de Filosofia, em sessão comemorativa do Cinquentenário da Academia, na tarde de 12 de novembro de 1946.

parte como sócios de número José Mirales e Frei Antônio de Santa Maria Jaboatão, como supranumerários Cláudio Manuel da Costa, Frei Gaspar da Madre de Deus, Borges da Fonseca e Domingos do Loreto Couto.

No Rio de Janeiro, a Academia mais antiga foi a dos Felizes (1736--1740), a que se seguiu a dos Seletos (1752) e finalmente a Sociedade Literária, fundada em 1786 por Silva Alvarenga. Todas tiveram existência efêmera, sendo que a dos Seletos celebrou apenas a sessão magna de abertura. A Sociedade Literária, patrocinada pelo vice-rei Luís de Vasconcelos, foi dissolvida pelo seu sucessor, o Conde de Resende, que, escarmentado com os sucessos recentes da Inconfidência, viu naquela reunião de literatos desígnios de insubmissão.

Muito citada é ainda uma certa Arcádia Ultramarina; pouco se sabe de positivo sobre ela, senão que já em 1768 Cláudio Manuel se dizia "árcade ultramarino". Veríssimo nega-lhe a existência como sociedade organizada: "Árcade", diz ele em sua *História da literatura brasileira,* "valia o mesmo que poeta. 'Árcade ultramarino' não dizia mais que poeta de ultramar, sem de forma alguma indicar a existência no Brasil dessas sociedades, que de fato nunca aqui existiram".

O Instituto Histórico e Geográfico, criado em 1838, tinha finalidade circunscrita pelos epítetos do seu nome. Não obstante, representou, até a fundação da *Academia Brasileira de Letras,* o alto cenáculo literário do país. O seu título de sócio era uma consagração, e os que entravam para ele poderiam dizer desvanecidos: "Esta a glória que fica, eleva, honra e consola".

Foi no seio do Instituto que renasceu a teimosa aspiração do século anterior. Em 1847 alguns sócios propuseram a criação de um Instituto literário, que compreenderia as seguintes seções: literatura propriamente dita, subdividida em prosaica e poética, linguística e literatura dramática. A comissão encarregada de dar parecer a respeito, composta de Joaquim Caetano, Frei Rodrigo de S. José, Francisco de Sales Torres Homem, Porto-Alegre e Raposo de Almeida, aprovou a proposta, sugerindo apenas a mudança do nome para Academia Brasileira. Se tivesse vingado a ideia, creio que teria nascido melhor o nosso Instituto, sem decalque do similar francês e com aquela seção especializada de linguística, que lhe teria dado, como à Academia das Ciências, de Lisboa, plena autoridade para decidir em pontos que pertencem à ciência da língua. Sem seção especializada de linguística, sempre me pareceu indébita em tal terreno a intervenção da Academia. Não vai nisso nenhuma desconsideração aos meus ilustres confrades. O bom escritor é um homem que se serve do idioma com propriedade e elegância; pode desconhecer-lhe, e geralmente desconhece, as raízes profundas, a evolução secular, a castidade fundamental. Será como o volante perito na condução do automóvel. O grande volante de corrida leva a seu lado o mecânico, é este que mexe no motor em caso de enguiço. Ainda até alguns anos atrás havia na Academia um grupo notável de escritores versados nos problemas do idioma: Rui Barbosa, Silva Ramos, João Ribeiro, Carlos de Laet, Ramiz Galvão. Hoje estamos sem mecânicos e por isso não há meio de resolver os enguiços da ortografia, do dicionário e da gramática. Seria melhor que abandonássemos definitivamente essas questões, para as quais já agora existe um instituto especializado, a Academia Brasileira de Filologia.

Fora da tutela oficial

Mas a tentativa do Instituto Histórico e Geográfico fracassou em 47, como fracassaria mais tarde, em 78. Cinco anos depois, bafejada pelo Imperador, surgiu a Associação dos Homens de Letras do Brasil, que inaugurada com solenidade no Liceu de Artes e Ofícios, sob a presidência do Conselheiro Pereira da Silva, não logrou no entanto manter-se.

Mal se proclamou a República, Medeiros e Albuquerque pensou na fundação oficial de uma Academia Brasileira. Aristides Lobo, ministro do Interior, acolheu com simpatia a ideia de Medeiros. Não concordou, porém, em incluir no orçamento a verba necessária, e deixando Aristides Lobo o Ministério e Medeiros e Albuquerque o seu cargo na Secretaria do Interior, ficou o projeto esquecido.

Ainda bem. Hoje pode-se orgulhar a Academia de ter nascido fora da tutela do governo, de ter nascido do meio das letras, numa casa de letras, a

Vida e trabalhos da Academia Brasileira de Letras

Revista Brasileira, que refundada em 1895 por José Veríssimo, continuava o nobre esforço de dar ao nosso meio literário uma revista digna de sua cultura.

A instalação da *Revista* era pobríssima: duas salas acanhadas, onde a luz vinha não do sol mas dos bicos de gás, duas mesas de pinho claudicantes. Contou Coelho Neto que ali se reuniam todas as tardes, para conversar e "chuchurrear um chá chilro", o diretor da revista, José Veríssimo, o secretário Paulo Tavares, Machado de Assis, Joaquim Nabuco, Lúcio de Mendonça, Graça Aranha, Paula Ney, Domício da Gama, Alberto de Oliveira, Rodrigo Octavio, Silva Ramos e Filinto de Almeida. Às vezes apareciam, também, Bilac, Raimundo Correia, Valentim Magalhães, Guimaraens Passos, Pedro Rabelo e outros. Foi numa dessas tertúlias que Lúcio de Mendonça levantou a ideia da fundação da Academia. Segundo Antônio Sales, que estava presente, Nabuco e o Visconde de Taunay apoiaram a iniciativa de Lúcio. Veríssimo, não. Machado de Assis opôs-lhe algumas objeções. Depois todos concordaram. Os monarquistas Nabuco, Laet, Taunay e Afonso Celso contrariaram o projeto de se criar a sociedade sob o amparo oficial.

Constituiu-se assim livremente a Academia e a primeira sessão se realizou aos 15 de dezembro de 1896, aclamados presidente Machado de Assis e secretários Rodrigo Octavio e Pedro Rabelo. Estavam presentes Artur Azevedo, Guimaraens Passos, Inglês de Sousa, que redigiu o projeto de estatutos, Nabuco, Patrocínio, Veríssimo, Filinto, Lúcio de Mendonça, Medeiros e Albuquerque, Bilac, Silva Ramos, Valentim Magalhães e Taunay. Coelho Neto, Murat e Urbano Duarte, ausentes, mandaram a sua adesão ao que fosse resolvido.

Mais duas sessões se efetuaram em dezembro do mesmo ano, e na de 28 foram aprovados os estatutos na forma que subsiste até hoje. O projeto de Inglês de Sousa dava à instituição o nome de Academia do Brasil. Foi de Pedro Rabelo a emenda que a chamava Academia Brasileira de Letras; de Joaquim Nabuco, a emenda ao Regimento, propondo que a cada uma das cadeiras se desse, em homenagem aos principais escritores mortos, o nome de um deles. Era uma novidade, uma disposição que não foi, como as outras, copiada da Academia Francesa, pela qual se modelou a nossa, conforme a declaração expressa de Machado de Assis na sessão inaugural solene em 20 de julho de 1897, celebrada no Pedagogium, à rua do Passeio nº 82.

Trinta foram os sócios fundadores: os já citados e mais Afonso Celso, Alcindo Guanabara, Araripe Júnior, Carlos de Laet, Garcia Redondo, Graça Aranha, Pereira da Silva (João Manuel), Rui Barbosa e Teixeira de Melo. O número de quarenta fixado nos Estatutos foi completado por eleição realizada na sessão de 28 de janeiro de 1897. A escolha recaiu nos nomes de Raimundo Correia, Aluísio Azevedo, Salvador de Mendonça, Domício da Gama, Luís Guimarães Júnior, Eduardo Prado, Franklin Dória, Clóvis Beviláqua, Oliveira Lima e Carlos Magalhães de Azeredo.

Lacunas

Se cotejarmos o quadro atual da Academia com o primitivo, um sentimento de modéstia e contrição impõe-nos o dever de constatar que o jogo fatal das injunções pessoais, das querelas de escola nos empobreceu bastante. Havia, é verdade, no elenco inicial algumas figuras apagadas, com sacrifício de outras mais ilustres. Não se compreende, por exemplo, que o Barão do Rio Branco não fosse admitido. Capistrano de Abreu sabemos que recusou o convite, dizendo que lhe bastava pertencer à sociedade humana, para a qual aliás entrara sem ser convidado. Mas a nata do Brasil intelectual em todos os gêneros estava presente: os maiores poetas – Alberto, Raimundo, Bilac (ficavam de fora Cruz e Sousa, ainda muito discutido e mal aceito, e Alphonsus de Guimaraens, então com 27 anos apenas); os grandes romancistas – Machado, Pompeia, Aluísio; os mestres da crítica – Romero, Veríssimo, Araripe Júnior; da historiografia – Nabuco, Oliveira Lima; do jornalismo, da oratória, da literatura social e política – Rui, Clóvis, Patrocínio, Laet, Medeiros, Alcindo; do teatro – Artur Azevedo. Tenhamos a coragem de dizer que a esse respeito a Academia atual apresenta sensíveis lacunas – na poesia, um Carlos Drummond de Andrade, um Murilo Mendes, um Schmidt, um Augusto Meyer, este não só grande poeta como grande crítico; no romance nem é bom falar, pois como nos dói a ausência dos mais fortes expoentes do gênero – Graciliano Ramos, José Lins do Rego; em outros gêneros, Basílio de Magalhães, Gilberto Freyre, Afonso Pena Júnior, Fernando de Azevedo, Sousa da Silveira, Antenor Nascentes, Afonso Arinos de Melo Franco, Sérgio Milliet e tantos e tantos outros.

Tem grandes culpas no seu passado a nossa casa cinquentona: não acolheu de braços abertos, como devia uma instituição que, segundo se declara no artigo 1º de seus Estatutos, tem por fim a cultura da língua, os eminentes filólogos Mário Barreto e Sousa da Silveira; não sufragou a candidatura de Monteiro Lobato, glorificado excepcionalmente pelo grande Rui; vem impondo ao nosso Jorge de Lima a mesma quarentena a que a sua irmã-modelo sujeitou Victor Hugo.

Se, porém, o quadro atual da Academia não dá toda a medida de nossa cultura, se lhe faltam valores dos mais expressivos no momento, cumpre dizer que a responsabilidade não é sua, ou não é toda sua. Da exclusão de Lobato, estamos absolvidos depois de sua recusa ao convite dos dez acadêmicos, entre os quais me honro de ter figurado. Não sei até que ponto vai o preconceito antiacadêmico de outros. Quando me apresentei candidato, muitos amigos me torceram o nariz com um certo nojo. Anos depois vi a sala das sessões da casa de Machado de Assis repleta de intelectuais comunistas que acompanhavam o extraordinário poeta de *Residencia en la tierra*, o qual, não obstante tão afastado dos cânones acadêmicos, prestava à Academia a homenagem de sua visita e ali pronunciou um pequeno discurso saudando o recinto espiritual *en que las formas de la creación estética de la vida del lenguaje van decantándose y depurándose como un licor de transparencia substancial y de perfume imperecedero.*

É certo que antes do famoso discurso de Graça Aranha, a Academia estava fechada à corrente moderna. Grande foi a reação da casa às palavras tumultuosas e irreverentes do confrade revolucionário. Não tardou, porém, que ela abrisse as portas aos poetas insubmissos. Primeiro entrou Guilherme de Almeida, depois Ribeiro Couto, depois Cassiano Ricardo. Chegou a vez de Alceu de Amoroso Lima, o grande crítico da geração modernista, um dos rapazes que depois da escandalosa sessão de 1924 carregaram em charola o ensaísta de *O espírito moderno*. E eu mesmo acabei instalando-me no *soi-disant* reduto da reação, com a minha preta Irene, a minha Estrela da Manhã e, *horresco referens!* as minhas três mulheres do sabonete Araxá.

Ensaios literários

Os prêmios literários

Alegam os adversários da Academia que a grande maioria das obras premiadas por ela estão no nível ou abaixo do nível da mediocridade. É dolorosamente verdade. Contudo não cabe culpa à Academia, mas aos bons escritores, sempre ausentes nos concursos. Não pode a Academia ser acusada de infensa à literatura avançada. Pois não premiou Cecília Meireles, que concorreu com o livro *Viagem*, essa obra-prima da poesia moderna no Brasil?

Mas voltemos ao fio de nossa história. Abrindo a sessão inaugural da Academia, o seu presidente, que era de poucas palavras, foi extremamente conciso.

> O vosso desejo, [disse] é conservar, no meio da federação política, a unidade literária. Tal obra exige, não só a compreensão pública, mas ainda e principalmente a vossa constância. A Academia Francesa, pela qual esta se modelou, sobrevive aos acontecimentos de toda casta, às escolas literárias e às transformações civis. A vossa há de querer ter as mesmas feições de estabilidade e progresso.

Sábias palavras estas de Machado de Assis, porque estabilidade e progresso resumem o eterno jogo das duas forças que regem o mundo. Em seguida falou Nabuco, na qualidade de secretário-geral. Seu discurso não é longo: falava-se pouco nos primeiros anos da Academia. Curtas foram as orações na posse de João Ribeiro e na de Domício da Gama. Bons tempos. Hoje os recipiendários se esfalfam em verdadeiras maratonas orais, como se quisessem provar que na sua eleição não houve equívoco. E às vezes o provam.

O discurso de Nabuco foi uma página deliciosa, aguda e elegantíssima, temperada do mais fino *humour*.

> Nós somos quarenta [dizia ele] mas não aspiramos a ser os *Quarenta*. Não podemos fazer o mal atribuído às Academias pelos que não querem na literatura sombra da mais leve tutela,

do mais insignificante compromisso. É um anacronismo recear hoje para as Academias o papel que elas tiveram em outros tempos, mas se aquele papel fosse ainda possível, nós teríamos sido organizados para não o podermos exercer. Se percorrerdes a nossa lista, vereis nela a reunião de todos os temperamentos literários conhecidos. Em qualquer gênero de cultura somos um México intelectual; temos a *tierra caliente*, *a tierra templada* e a *tierra fria...* Já tivemos a Academia dos Felizes; não seremos a dos Incompatíveis, mas na maior parte das coisas não nos entendemos. Eu conto que sentiremos todo o prazer de concordarmos em discordar; essa desinteligência essencial é a condição de nossa utilidade, o que nos preservará da "uniformidade acadêmica".

E Nabuco apontava como princípio vital literário que se precisava criar por meio da Academia "a responsabilidade do escritor, a consciência dos seus deveres para com a sua inteligência, o dever superior da perfeição, o desprezo da reputação pela obra". No final de sua oração reconhecia que "a principal questão ao fundar-se uma Academia de Letras brasileiras é se vamos tender à unidade literária com Portugal". O seu sentir era que

falando a mesma língua Portugal e Brasil têm de futuro destinos literários tão profundamente divididos como são os seus destinos nacionais. A raça portuguesa, entretanto, como raça pura, tem maior resistência e guarda assim melhor seu idioma; para essa uniformidade de língua escrita devemos tender. Devemos opor um embaraço à deformação, que é mais rápida entre nós; devemos reconhecer que eles são os donos das fontes, que as nossas empobrecem mais depressa e que é preciso renová-las indo a eles. A língua é um instrumento de ideias que pode e deve ter uma fixidez relativa; nesse ponto tudo precisamos empenhar para secundar o esforço e acompanhar os trabalhos dos que se consagram em Portugal à pureza de nosso idioma, a conservar as

Ensaios literários

formas genuínas, características, lapidárias da sua grande época... A língua há de ficar perpetuamente *pro indiviso* entre nós; a literatura, essa tem que seguir lentamente a evolução diversa dos dois países, dos dois hemisférios.

O tesouro dos clássicos

A citação foi longa, mas tem a sua oportunidade neste momento, e bem interpretada cai dentro do conceito magistral do maior filólogo americano de todos os tempos. Andrés Bello reconhecia às nações hispano-americanas o direito à tolerância de suas acidentais divergências de linguagem quando as patrocina o costume uniforme e autêntico da gente educada, mas julgava importante a conservação da língua de nossos pais em sua possível pureza como um meio providencial de comunicação e um vínculo de fraternidade. Sou pela admissão das diferenciações brasileiras genuínas que criaram não uma língua nova, mas um novo dialeto do português, entendida a palavra dialeto no seu sentido mais nobre – o de variedade local de um idioma. Mas, como poeta, recuso-me de pés juntos a renunciar ao tesouro opulentíssimo das dições clássicas. Poeta tradutor, invoco o testemunho dos dois maiores mestres tradutores de poesia entre nós, Guilherme de Almeida e Onestaldo de Pennafort; estou certo que eles dirão comigo que é impossível traduzir poemas do inglês e do alemão, com fidelidade ao pensamento e à forma, sem utilizar o vocabulário e a sintaxe clássica.

Uma Academia nova é, como disse Nabuco, uma religião sem mistérios; falta-lhe solenidade. Procurou a nossa enobrecer-se com brasão e divisa. Mas não se chegou logo a acordo. Não foi aceito o desenho de Rodolfo Amoedo, proposto por Lúcio de Mendonça: "Uma cabeça de Apolo com auréola grega radiante sobre um livro grosso encadernado, limitada, na parte inferior, por dois ramos cruzados de oliveira e cróton-Independência". Nem foi aceito outro projeto, desenhado por Raul Pederneiras. Quanto à divisa, propôs Veríssimo o camoniano "Mente às Musas dada".

Lúcio de Mendonça, porém, assustou-se: não fossem pensar lá fora que se dava na Academia o conselho detestável de mentir às Musas. Caiu também a proposta de Nabuco, a frase latina *Litterarum vincitur pace*. Antônio Sales, que não pertencia à Academia, mas assistiu a essas discussões na redação da *Revista Brasileira*, lembrou para a divisa o verso de Machado de Assis: "Esta a glória que fica, eleva, honra e consola", o qual foi adotado apenas para as publicações da casa. Só em 1923 é que a Academia resolveu o caso do emblema e da divisa, aprovando a proposta do presidente Afrânio Peixoto: uma coroa de louro, formada de dois ramos presos por um laço de fita (a Academia, não riais, prendeu-se, como o poeta, num laço de fita), contornando o moto *Ad immortalitatem*. Essa imortalidade de brasão não leva ninguém *ad astra*, leva-nos é frequentemente ao pelourinho das chufas irônicas, no gênero fácil da que eu mesmo dirigi a meu tio Souza Bandeira, quando ele entrou para o grêmio:

> Podeis dizer, confortado
> Pelo sucesso: – Afinal,
> Pois que já sou imortal,
> Posso morrer descansado.

Treze anos antes, em 4 de junho de 1910, haviam os acadêmicos adotado um trajo de grande gala, o fardão da imortalidade. Não imagineis que tenha responsabilidade nisso nenhum dos nossos mais elegantes confrades atuais – o senhor ministro Ataulfo de Paiva, ou o senhor Gustavo Barroso ou o nosso caro poeta Olegário Marianno. À sessão, presidida por Medeiros, compareceram Veríssimo, João Ribeiro, Silva Ramos, Alberto de Oliveira, Raimundo Correia, Bilac, Filinto, Coelho Neto e Mário de Alencar. Apresentou Medeiros uma indicação assinada por vários membros para que fosse criado um uniforme acadêmico, o qual deveria ser exigido dos novos membros. A indicação foi aprovada contra o voto de Veríssimo. Adotou-se o modelo diplomático de ministro residente, substituídos os emblemas do fumo e do café pela folha de mirto, e a cor preta pela de verde-garrafa. Sabeis que o mirto era, entre os gregos, o emblema da glória.

Quarenta e oito horas para refletir

Quando em 1940 um grupo de amigos acadêmicos me convidou a disputar a sucessão de Luís Guimarães Filho, pedi 48 horas para refletir. É que não me podia habituar à ideia de me ver coberto de tanto mirto rebrilhante. O espadim – na realidade um espadagão – assustava-me. Afrânio Peixoto, que me emprestou o seu, escreveu, animando-me: "Bandeira amigo, aí tem você o espadim, que vai honrar. Que ele não lhe dê impressão igual à de Eugênio Labiche, o comediógrafo francês, em ocasião semelhante: – 'É a primeira vez que uso uma arma... E nunca tive tanto medo...' Coragem, Bandeira!".

Lembrais-vos da cena do Cid, em que Dom Sancho traz a Chimène a espada de Dom Rodrigo? Toda a triste situação do amante derrotado se reflete no alexandrino magistral de Corneille, propositadamente homófono e arquejante: "*Obligé d'apporter à vos pieds cette épée...*". Pois assim entrei eu no grande salão da Academia no dia de minha recepção. Devia ter então o ar enfiado de Dom Sancho, como se lhe parodiasse o verso para me desculpar, perante a assistência, de tanta pompa marcial: "*Obligé de porter dévant vous cette épée...*".

Os tempos heroicos

Viveu a Academia até 1904 como o provinciano que desembarca no Rio sem um tostão no bolso: hospedado em casa alheia ou dormindo nos bancos dos jardins. Morou no Pedagogium, no Ginásio Nacional, na Biblioteca Fluminense, no escritório de Rodrigo Octavio, e celebrando as suas sessões de gala no Ministério do Interior ou no Gabinete Português de Leitura. Foram os "tempos heroicos", em que não só não havia *jeton*, mas os acadêmicos tinham que se ratear para acudir às magras despesas da casa. Em favor da sem-teto falou na Câmara o deputado Eduardo Ramos, e em 8 de dezembro de 1900 o presidente Campos Sales sancionou o decreto do Congresso que autorizava o governo a dar ao nosso instituto instalação

Vida e trabalhos da Academia Brasileira de Letras

permanente em prédio público, acrescentando que seriam impressas na Imprensa Nacional as publicações oficiais da Academia e as obras dos escritores brasileiros falecidos que ela houvesse reconhecido de grande valor e cuja propriedade estivesse prescrita. Quatro anos depois instalava-se a Academia numa das alas do Silogeu, o casarão da Lapa, que se não tem outras belezas, parece alguém que abre maternalmente os braços para acolher em seu seio os expostos da nossa cultura.

Depois veio, de 1910 a 1913, a subvenção oficial orçamentária de vinte contos. A Academia passou a distribuir o "cartão de presença". O júbilo foi grande. Não pelo dinheiro, que mal pagava quatro corridas de tílburi até Botafogo ou Laranjeiras, mas porque na Academia Francesa havia *jeton* e portanto imortalidade sem *jeton* soava ainda como meia imortalidade. Depois veio, em 1917, a herança Francisco Alves, fruto da influência de Rodrigo Octavio no espírito do benemérito livreiro-editor. Depois veio, em 1922, o *Petit Trianon*, graças a uma sugestão de Afrânio Peixoto ao embaixador francês Alexandre Conti. A doação foi feita ao governo do Brasil sob a cláusula de servir o pavilhão de sede à Academia Brasileira. Finalmente, sob o governo do sr. Getúlio Vargas, entrou a Academia na posse definitiva do prédio e do terreno.

Eis, minhas senhoras e meus senhores, a história da Casa de Machado de Assis. Eis como se realizou aquele milagre a que aludia Nabuco no seu discurso inaugural: "a estabilidade de uma companhia exposta como esta a tantas causas de desânimo, de dispersão e de indiferentismo". Eis como ficou assegurado o sonho dos Esquecidos, dos Renascidos, dos Felizes e dos Seletos do século XVIII.

Trabalhos bibliográficos

Direis agora: durante os seus cinquenta anos de existência que fez a Academia de bom e de útil em favor de nossas letras? Pelos seus estatutos tinha ela por fim a cultura da língua e da literatura nacional; pelo seu regimento original, a organização de um anuário bibliográfico das publicações

Ensaios literários

brasileiras que aparecessem no país ou no exterior, a coleção de dados biográficos e literários como subsídio para um dicionário bibliográfico nacional, a organização de um vocabulário crítico dos brasileirismos introduzidos na língua portuguesa e em geral das diferenças no modo de falar e escrever dos dois povos, a coleção e impressão das produções de escritores nacionais que estivessem inéditas e auxílio para impressão de obras de valor literário que não encontrassem editor, e finalmente a concessão de prêmios às composições literárias que os merecessem.

Apuremos agora o que foi realizado dentro de tão belo programa.

Relativamente aos trabalhos bibliográficos propôs Mário de Alencar, em 11 de junho de 1910, um plano que foi aprovado, com algumas alterações, na sessão seguinte. Constituiu-se então uma comissão chamada de Lexicografia, composta de Alberto de Oliveira, Artur Orlando, Coelho Neto, Filinto de Almeida, Mário de Alencar, Raimundo Correia, Salvador de Mendonça e Silva Ramos. Durante cerca de dois anos trabalharam esses acadêmicos e nos números de janeiro e julho de 1911 da *Revista da Academia* apareceu um "Ensaio de um repertório bibliográfico pelo sistema decimal", precedido de algumas explicações, onde se dizia: "É um simples ensaio, feito com o pensamento de estimular os competentes e pacientes a empreenderem com perseverança trabalho de maior tomo. Abrange número escasso de obras, mas suficiente para a aplicação do sistema e exemplificação de sua excelência". Seguiam-se umas duzentas fichas bibliográficas. Depois disso, só em 1920 se volta a tratar do assunto. A ata de 8 de abril regista que "continuaram os estudos acerca de um Dicionário de Bibliografia", e a 8 de julho do mesmo ano Alberto de Oliveira comunica que a Comissão de Bibliografia estava empenhada em preparar o Dicionário, já então chamado Biobibliográfico, o qual era pensamento da Academia fazer editar por ocasião do Centenário da Independência. A ideia era aproveitar o Dicionário de Sacramento Blake, completando-o e atualizando-o. Ataulfo de Paiva conseguira da família de Blake dois exemplares da obra, os quais foram reduzidos a fichas pelo secretário da Academia. Mas em outubro já o presidente Ataulfo de Paiva anunciava que infelizmente o Dicionário não poderia aparecer por ocasião do Centenário. E não apareceu. Em julho de 26 Alberto de Oliveira pede à Mesa

Vida e trabalhos da Academia Brasileira de Letras

informações sobre o Dicionário Biobibliográfico. O presidente, Coelho Neto, promete apresentar na sessão seguinte um sucinto relatório relativo ao assunto. Não o fez nunca. Em junho de 35 parece que os acadêmicos voltaram a se lembrar do velho projeto: pelo menos na sessão de 27 de junho Rodolfo Garcia inicia uma comunicação com estas palavras: "No momento em que a Academia cogita de organizar e publicar o Dicionário Bibliográfico Brasileiro..." Afrânio Peixoto, em 1937, obteve que se encomendasse ao oficial da Biblioteca sr. Osvaldo Melo Braga um Dicionário Biobibliográfico da Literatura Brasileira. Este trabalho, que durou uns oito meses, foi interrompido no início da presidência de Cláudio de Sousa, no ano seguinte. Nova tentativa partiu de Austregésilo, Levi Carneiro e Pedro Calmon, em 39, os quais propuseram que se autorizasse a organização de um *Dicionário biobibliográfico da Academia Brasileira de Letras*, abrangendo a indicação de dados relativos aos patronos de todas as cadeiras e aos acadêmicos falecidos e vivos. O Dicionário seria organizado pelo mesmo oficial da Biblioteca da Academia, o sr. Osvaldo Melo Braga. O projeto não vingou. Mas se a Academia não chegou a elaborar o seu Dicionário Biobibliográfico, ao menos concorreu com o seu auxílio – dez contos de réis – para a publicação do Dicionário de Velho Sobrinho, verba votada em 13 de fevereiro de 36.

Quase cinquenta contos gastos inutilmente

Quanto ao Dicionário de Brasileirismos, em 1910, por iniciativa de Mário de Alencar, começaram os acadêmicos a pesquisa de brasileirismos e dezesseis anos depois a Comissão de Publicações, tendo completado o material assim recolhido com o que já estava registado em vocabulários individuais, iniciou a impressão do Dicionário, cujas provas eram distribuídas aos acadêmicos para a tarefa de correções e acréscimos. No ano de 1927 já estavam impressas 224 páginas, até a letra M. Um belo dia, porém, Humberto de Campos criticou severamente o trabalho feito. Secundou-o João Ribeiro, o qual relembrou que tivera ocasião de aconselhar a não publicação dessa obra, por demasiado falha. Laet, no entanto, opinou que não se podia dizer não fosse boa a parte impressa: "Se tem alguns defeitos, nem tudo é ruim". Afonso Celso, como presidente, ponderou que, segundo as palavras de Afrânio Peixoto, pronunciadas na sessão anterior, não se tratava de obra definitiva, mas apenas uma consolidação do que já existia publicado em vários trabalhos relativos ao assunto e mais as contribuições ministradas à Comissão de Lexicografia. A 31 de março Humberto de Campos volta a tratar do caso. O dicionário, a seu ver, seria obra cara e de venda difícil, no que foi contestado por João Ribeiro, e propôs que a publicação fosse feita na *Revista da Academia*, oferecendo-se então para os trabalhos de revisão. Mas nos sete anos que ainda viveu, apenas reviu vinte páginas. Em 1936 foi contratada com outra tipografia a impressão do Dicionário; a tipografia, insuficientemente aparelhada, rescindiu o contrato depois de impressas dezesseis páginas. Três anos depois fracassa a terceira tentativa quando a impressão já chegara à letra L, com 324 páginas impressas. "Quarenta e cinco contos gastos inutilmente", comenta o sr. Fernando Nery num livro que levantou uma tempestade, foi sequestrado, mas ao qual, no entanto, temos sempre de recorrer, como tenho feito agora, para traçar a história da instituição.

Onde a Academia foi mais feliz

A Academia foi mais feliz no terceiro item do seu programa: a coleção e impressão das produções de escritores nacionais que estivessem inéditas, e auxílio para impressão de obras de valor literário que não encontrassem editor. E isso, em grande parte, graças ao interesse e pertinácia do nosso querido confrade Afrânio Peixoto. Iniciadas essas publicações em 1923, já formam uma valiosa biblioteca que por si só justificaria a existência da Academia. Basta citar entre essas edições ou reedições a *Prosopopeia*, a *Música do parnaso*, os seis volumes de Gregório de Matos, o *Peregrino da América*, o *Tratado da terra do Brasil*, a *Vida de D. João VI* por D. Francisco Manuel de Melo, os quatro volumes das *Cartas jesuíticas* e finalmente o *Florilégio* de Varnhagen, que acaba de aparecer em primorosa reedição, enriquecida de comentários desse mestre da crítica histórica e literária que é Rodolfo Garcia.

Como quarto item do seu programa inscreveu a Academia a concessão de prêmios, e em 36 anos, de 1909 a 1945, distribuiu prêmios na importância de 498.500 cruzeiros. Entre os autores premiados estavam alguns que mais tarde vieram a pertencer à Academia, como Rodolfo Garcia, Afonso Taunay, Guilherme de Almeida, Ribeiro Couto; outros que à Academia conviria que lhe pertencessem, como Said Ali, Sousa da Silveira, Antenor Nascentes, Eugênio de Castro, Fernando de Azevedo. Alguns dos livros laureados, longe de obedecer aos preceitos acadêmicos, pareciam, ao contrário, desafiá-los, como *Viagem* de Cecília Meireles, *A iluminação da vida* de Murillo Araújo, os romances *A mulher que fugiu de Sodoma* e *Rola-moça*, respectivamente de José Geraldo Vieira e João Alphonsus, os ensaios *A influência africana no Português do Brasil* e *O Português no Brasil* de Renato Mendonça etc.

O Dicionário da Língua Portuguesa

Não cogitara a Academia no seu primitivo Regulamento nem de um *Dicionário da Língua Portuguesa* nem de uma Gramática. Um e outro empreendimento tiveram, porém, os seus campeões. O do Dicionário foi Laudelino Freire, que em 1924 propôs à casa um plano, logo aprovado. Nomeou-se uma comissão de cinco acadêmicos, um técnico e cinco auxiliares. Trabalhou-se muito, e em 1928 foi publicado o primeiro fascículo do Dicionário, que chegava até a definição de *Abantes*, o antigo povo da Trácia. Em 1934 foi a comissão dissolvida. Segundo Fernando Nery, gastara a Academia com esses trabalhos cerca de 500 contos. Falecia Laudelino Freire em 37, mas a sua fracassada iniciativa encontrou novo campeão em Afrânio Peixoto, que se ofereceu para elaborar o anteprojeto de um Dicionário, o qual deveria estar pronto dentro de dois anos e custaria apenas 60 contos. Aprovado o anteprojeto, contratou-se a obra com o professor Antenor Nascentes, que de fato a entregou acabada em 1º de dezembro de 1943. Entregou-a na forma de fichas, e assim permanece o Dicionário até hoje.

Ensaios literários

A Gramática

A ideia da *Gramática* partiu de Afonso Celso em 10 de janeiro de 1929. Bem acolhida a iniciativa, indicou-se uma comissão, composta em definitivo dos acadêmicos Ramiz Galvão, João Ribeiro, Aloísio de Castro, Humberto de Campos e Gustavo Barroso, e dois secretários – Fernando Nery e Arlindo Leite. Em 14 de fevereiro lia João Ribeiro em plenário as bases do trabalho. A Gramática seria quanto possível um livro prático, destinado ao uso comum. Como consequência seriam excluídas todas as questões de pura erudição filológica, o objeto essencial seria a sintaxe da língua. Aprovadas as bases, parece que a comissão entendeu que se deveria esperar a resolução definitiva da questão ortográfica, outro empreendimento da Academia, cheio de vicissitudes, afinal levado a cabo graças à dedicação e ao tato de José Carlos de Macedo Soares. Entretanto, Afonso Celso não desanimava; em 30, em 31, em 32, interpelava o presidente acerca dos trabalhos da Gramática. A comissão iniciou os trabalhos em 32 e a 23 de fevereiro de 33 se achavam quase concluídas as partes relativas à Fonologia, à Lexeologia e à Estilística. Apareceram então para a obra duas propostas de casas editoras – Weizflog Irmãos e Civilização Brasileira.

A moléstia de Humberto de Campos, a morte de João Ribeiro, o afastamento de Arlindo Leite, abrindo claros na comissão, vieram retardar o completamento da Gramática. Passam-se os anos. Apesar do interesse, sempre vigilante, de Afonso Celso, de Austregésilo, de Fernando Magalhães, nada se faz. Em 10 de novembro de 38, o presidente Cláudio de Sousa nomeia uma comissão para estudar os capítulos já elaborados e dar parecer. Em 40 Fernando Magalhães e Osvaldo Orico renunciam aos seus lugares na comissão. Os dois outros membros eram Afonso Celso e Austregésilo. Este, em nome da nova comissão, composta de mais dois membros, Clementino Fraga e Múcio Leão, propõe se contratasse um técnico para organizar um projeto de Gramática, dando-se-lhe o prazo de um ano. Aprovada a proposta foi encomendada a Gramática ao professor Clóvis Monteiro. Mas até agora, nada de Gramática.

Não quero deixar de aludir neste resumo à *Revista Brasileira*, brilhantemente ressuscitada como edição da Academia na presidência de Levi Carneiro, autor da ideia.

Qualidades e defeitos

Reconheçamos em todos os empreendimentos malogrados as boas intenções e os bons esforços da Academia. A Academia Brasileira tem cinquenta anos de existência: lembremo-nos de que a francesa, fundada em 1635, só deu a primeira edição do seu Dicionário 59 anos depois. Quanto à Gramática, 78 anos depois da fundação da casa, Fénelon reclamava o cumprimento da disposição que a recomendava, e nada se fez. A Academia Francesa só deu a sua Gramática em 1932, isto é, decorridos 297 anos depois de instituída. Se continuarmos limitando-lhe a remansada atividade, podemos desde já felicitar-nos de ter no ano da graça de 2193 a Gramática da Academia, a qual vaticino será, em que pese a meus confrades Luís Edmundo, Cassiano Ricardo, Múcio Leão e Viriato Correia, da língua portuguesa e não da brasileira.

A Academia Brasileira de Letras tem os seus fãs e os seus detratores, uns e outros exagerados. Terá as suas qualidades e os seus defeitos: eu me enterneço, confesso, com uns e outros, quando considero que são qualidades e defeitos do nosso povo, do nosso meio, os mesmos de todas as nossas instituições. Não se pode negar que, pondo de parte os seus malogros, as suas omissões, ela concorreu para fortalecer no público o prestígio da profissão literária. E penso como Nabuco quando achava um anacronismo recear hoje para a nossa, como para qualquer Academia, o papel de tutela reacionária.

Saudação a Peregrino Júnior[*]

Sr. Peregrino Júnior:
No vosso conto dos "Cherimbabos do Tuchaua" o velho Florindo explica o segredo da raiz de uirapaçu:

> O pica-pau-da-cabeça-vermelha conhece uma raiz que abre todas as coisas. Quem possui ela, abre tudo que é de porta neste mundo. O diabo é descobrir adonde é que o uirapaçu tem o ninho. O pássaro é arisco e esconde o ninho bem dentro das matas, no bamburral, em riba de um pau seco. Quando o uirapaçu está criando, aproveita-se a hora em que ele sai atrás de comida pros filhos e tapa-se com barro o buraco de entrada do ninho. O pássaro volta, e achando o ninho tapado, voa pra longe e vai buscar a raiz encantada. A gente então acende uma fogueira embaixo do pau e espera que ele volte. Ele traz a raiz no bico e vem doido pra salvar os filhos. Assim que ele chega perto do ninho, a gente atiça o fogo e faz uma labareda grande. O uirapaçu se espanta e deixa cair a raiz no chão. Quem ajunta ela, está com a vida garantida.

Assim, não há porta fechada para quem tem raiz de uirapaçu. Ora, as portas desta Academia permaneceram durante quase dois anos ciosamente fechadas aos que pretendiam ocupar a cadeira nº 18. As eleições se

---

[*] Discurso de recepção na Academia Brasileira de Letras, em 25 de julho de 1946.

Saudação a Peregrino Júnior

sucediam sem que nenhum candidato alcançasse a necessária maioria absoluta. Parecia coisa-feita, alguma pajelança que o bom caboclo de Araruna houvesse praticado para retardar a transmissão de sua poltrona. Confesso-vos que, ao vê-las abrirem-se tão facilmente para vós, pensei comigo: aqui andou raiz de uirapaçu...

Não que subestimasse os vossos méritos, que são consideráveis. Mas – ai de nossas humanas fraquezas! sabemos todos que os méritos nunca bastaram para dar entrada nem nesta nem nas demais academias do mundo. Títulos excepcionais apresentavam alguns dos muitos candidatos que se inscreveram, em pleitos anteriores, à sucessão de Pereira da Silva: um grande poeta como Jorge de Lima, um grande filólogo como Sousa da Silveira, ambos aliás distinguidos com a maior láurea desta casa – o grande prêmio Machado de Assis.

Tão pouco subestimava a irresistível magia de vossa cordialidade. Ribeiro Couto inventou de uma feita a teoria do "homem cordial". Segundo o nosso amigo, a cordialidade seria a contribuição brasileira à obra da civilização. Essa intuição de poeta mereceu considerada num grave ensaio de pesquisa sociológica de Sérgio Buarque de Holanda. Comentando-a, escreveu o autor de *Raízes do Brasil*: "Seria engano supor que, no caso brasileiro, essas virtudes" (a lhaneza no trato, a hospitalidade, a generosidade) "possam significar 'boas maneiras', civilidade. São antes de tudo expressões legítimas de um fundo emocional extremamente rico e transbordante".

A cordialidade, assim entendida, foi sempre um dos vossos apanágios. A tal ponto, que desde logo associei a vossa pessoa à teoria de Ribeiro Couto, e quem sabe se não foi o principal inspirador dela? É, por excelência, o "homem cordial".

A verdade é que, com ou sem a raiz de uirapaçu, possuís o segredo de abrir todas as portas – a dos corações, a das academias, a das universidades. E certamente não foi por sortilégio da raiz amazônica, mas em virtude de provas eruditas e brilhantes que chegastes às cátedras de docente de Clínica Médica na Faculdade Nacional de Medicina e na Faculdade Fluminense de Medicina. Quando, em 1940, fostes nomeado catedrático de Biometria da Universidade do Brasil, recebestes as homenagens de numerosos amigos

Ensaios literários

e admiradores, e a palavra do mestre da famosa 20ª Enfermaria da Santa Casa de Misericórdia, o eminente professor Austregésilo, consagrou o vosso renome científico.

> O espírito de Peregrino Júnior [disse o nosso querido confrade] fez-se no hospital, legítimo "rato" da Santa Casa, pontual e viríssimo, sequioso de trabalho, discutidor e sorridente, às vezes ironista gracioso. Exame de enfermos, observações, novidades científicas, fatos e doutrinas andavam sempre espoucando daquela cabeça privilegiada de nordestino. O homem de ciência preferiu para as suas cogitações o novo trinômio proposto à sagacidade dos espíritos investigadores – vitaminas, hormônios e sistema holossimpático. Acerca das vitaminas, deu-nos um volume que logo se esgotou nas livrarias, tal a clareza e a precisão com que foi escrito; além disso, no Hospital, no nosso serviço, com Borges Fortes cuidou das questões das carências, da betavitaminose e chegou às mesmas conclusões defendidas pela nossa família da antiga 20ª. Na Policlínica do Rio de Janeiro criou o Serviço de Endocrinologia, o primeiro que se sistematizou entre nós e que apesar das faltas existentes em nossos centros científicos, marcha com a ânsia de aperfeiçoamento que é a fórmula mais encantadora do espírito.

Enriquecestes a literatura médica com uma longa série de monografias que não são simples compilações livrescas, mas o resultado de pesquisas pessoais e de experiências de clínica. A esse aspecto melhor fora que fôsseis aqui recebido por um de vossos irmãos de ciências. Que poderia um poeta lírico dizer das "hipuropatias póticas", da "meralgia parestésica", do "*flutter* e fibrilações parciais"? Houve tempo em que me interessei pela biotipologia e andei lendo os vossos trabalhos relativos ao assunto. Devo dizer que me senti perdido entre as classificações de Walter Mills, de Kretschmer, de Viola, de Pende, de Estappé. Dissestes vós mesmo que a biotipologia nos parece ainda muito confusa, porque a sua terminologia se compõe de palavras numerosas, nem sempre exatas e precisas, muitas vezes controversas e até certo ponto incongruentes. Em face de tantas incertezas, acabei preferindo o sistema de Kretschmer pelo fascínio poético de suas denominações, sobretudo por causa da palavra "leptossômico", que resolvi desde então incorporar ao meu vocabulário poético. Essa palavra "leptossômico" foi para mim o gérmen de um poema que até hoje não consegui formular. E tenho grande receio que à heroína dessa minha "Balada da mulher leptossômica" não aconteça a mesma coisa que ocorreu convosco, que de leptossômico passastes a pícnico, evolvendo da elegância longitípica para a braquitipia confortável, de que é símbolo essa poltrona azul em que estais sentado.

Afinal abandonei o sistema de Kretschmer para adotar outro mais novo, que não era de homens de ciência, mas de poetas – Jayme Ovalle e Augusto Frederico Schmidt. Conheceis sem dúvida a estranha classificação que distribui os homens, os bichos, os vegetais e até as coisas inanimadas em cinco categorias, cada qual com o seu tipo-padrão, o seu anjo: os parás, os mozarlescos, os quernianos, os onésimos e os dantas. Os parás são os indivíduos extrovertidos, ágeis, dinâmicos, brilhantes, que onde chegam, vencem. Entre nós a maioria vem do Norte ou do Rio Grande do Sul. Senão, olhai: quase toda a imprensa carioca está nas mãos de nortistas, e há dezesseis anos que os cordéis da política brasileira são manejados pelos gaúchos. Os mozarlescos... O nome não deriva de Mozart e sim do anjo da categoria, nem posso declará-lo aqui, porque sobre ela pesa injustamente uma vaga atmosfera de ridículo. Os mozarlescos são sentimentais, acreditam no esperanto, choram nos cinemas. Os quernianos definem-se facilmente; são os impulsivos. O onésimo é o antípoda do mozarlesco: duvida sempre, sorri quando os outros se entusiasmam, desaponta. Os dantas, mais difíceis de caracterizar, são raros: não se lhes dá do sucesso material, vivem em verdade e pureza, num equilíbrio perfeito da inteligência e da sensibilidade. Dantas cem por cento foi o Cristo; Pedro I, querniano; Pedro II, mozarlesco; Machado de Assis, onésimo. Parás somos todos um pouco. Pará sois também, meu caro Peregrino Júnior, permiti que vô-lo diga. Vejamos como vos retratou mestre Austregésilo: "Talento, sorriso, amabilidade, graça literária, pendor científico, solicitude amistosa, dinamismo, ânsia de subir com esforço e dignidade, tais são os predicados precípuos da personalidade de Peregrino Júnior". Pará e pescoço forte. Pescoço forte? Isto é outra história. O mais simples dos sistemas biotipológicos, obra do vosso colega Pedro Nava. Os homens podem dividir-se em duas classes – os pescoços fortes e os pescoços fracos. Já examinastes numa viagem de ônibus o pescoço dos passageiros que vão à vossa frente? Ou ele é fino, pálido, de tendões salientes e cabelos ralos: ou robusto, sanguíneo ou mate, bem plantado e piloso. Transportai a observação para o domínio moral, e tereis ali, como no domínio físico, o pescoço forte e o pescoço fraco.

Assim que, desde a adolescência vos revelastes pescoço forte, abandonando o ambiente familiar de vossa província natal, tão enternecidamente evocada em vosso discurso, para ganhar as esporas de cavaleiro do exército do Pará na dura terra amazônica.

Já dissestes, como Raul Bopp: "A maior volta do mundo que eu dei foi na Amazônia". Ambos vós ficastes marcados para sempre pela visão formidável daquele mundo paludial e como que ainda em gestação. O poeta cantou no grande poema-delírio da *Cobra Norato* as assombrações daquelas terras do Sem-Fim:

> Aqui é a floresta subterrânea de hálito podre parindo cobras
> Rios magros obrigados a trabalhar
> As raízes inflamadas estão mastigando lodo
> Batem martelos ao fundo
> Soldando serrando serrando
> Estão fabricando terra...
> Ué! Aqui estão mesmo fabricando terra!

A vossa atitude foi diferente. Sois mais um observador, um analista do que um poeta. Viajastes na Amazônia recolhendo em cadernos vasto material paisagístico e humano que mais tarde iríeis tramar na urdidura dos vossos contos. Não sei se naquele tempo – éreis ainda adolescente – já pensáveis na medicina. Como quer que fosse, a Amazônia foi para vós um caso clínico. Não se sente em vossas descrições o homem deslumbrado, senão o homem atento e lúcido. Amiúdo vos servis de imagens-diagnósticos: "Ali bem perto daqueles seringais hidrópicos e abandonados, onde cochilam de papo no chão, sem ter o que fazer, dezenas de desgraçados, é o vilório triste, que os 'do sítio' convencionaram chamar – 'a cidade'. Meia dúzia de casas miseráveis: uma rua. No fim da rua, num largo iluminado de sol, a capela. E eis tudo. O resto são becos de palhoças, diluindo-se, na anasarca dos pauis de tijuco". Inferno verde? Qual o quê! protestastes. "Literatura..."

> Inferno de terra podre, de águas envenenadas, de aspectos miseráveis e tristes. No ventre encharcado daquela terra empapada d'água, onde o pelo hirsuto da floresta é povoado de bichos feios, os igarapés lentos e turvos deslizam como negras jiboias de morno lombo oleoso. O rebotalho humano que ali agoniza, é a borra dos seringais abandonados, o resíduo imprestável da prosperidade que morreu com a borracha.

E fizeste no conto do "Paroara" a impressionante diagnose física e social do seringueiro:

> Seringueiro é assim mesmo. Vive e morre dentro da mata – e não conquista nem possui a terra. A terra aniquila-o, inexorável. Porém ele não a ama nem a odeia. E, diante dela, um indiferente e um vencido. A Natureza não o fascina, mas também não o assombra: esmaga-o. Exilado e intruso naquele mundo, guarda consigo um desejo permanente de fuga. Enquanto não pode fugir com os próprios pés, evade-se com o pensamento. As evasões da sua imaginação têm disfarces líricos: saudades do sertão, recordações sentimentais, desafios à viola, histórias... No entanto, fatalista incurável, ali vive e ali morre, entre as paredes esburacadas da barraca solitária, sem ter sequer a coragem de capinar o matagal da vereda. – Pra quê? A terra não é da gente... Atonia total dos músculos e do espírito. Sendo o pro-

Ensaios literários

tagonista épico de uma formidável tragédia, não sabe avaliar a grandeza heroica do papel que inconscientemente desempenha... Estranho ao drama cósmico da terra que habita, permanece também estranho ao drama humano da sua própria alma. E dessa pungente inconsciência vai nascendo a tragédia brutal da conquista daquele mundo apocalíptico da Amazônia... O triunfador sucumbe, apagado e triste, com um travo amargo de derrota nos lábios...

Eis aí em escorço magistral, o quadro terrível pintado pelo colombiano José Eustasio Rivera nas páginas sombrias do seu romance: o homem prisioneiro da selva, devorado por ela; a selva sádica e alucinatória, onde, como diz o autor de *La vorágine*, "os sentidos humanos equivocam as suas faculdades: o olho sente, a espádua vê, o nariz explora, as pernas calculam e o sangue clama: fujamos, fujamos!"

Mas Rivera, temperamento hiperestático, só tinha olhos para a tragédia, ao passo que os tendes também, fora da selva, nas cidades e nos vilórios, para a comédia e para a farsa. Mesmo em vossos contos de assunto trágico, vemos as personagens como que refratárias à tragédia. Júlio Assunção labuta durante anos no seringal, sempre com o pensamento de enricar só para Ritinha gostar mais dele. Quando pede o saldo no barracão, em vez de dinheiro lhe dão borracha. Júlio não protesta nem se lastima. É valente e nunca deu o seu direito a ninguém. Sabe, porém, bom realista, que naqueles cafundós do seringal não há direito para os pobres. "Bote pra cá o diabo dessa borracha, homem dos trezentos!" É tudo o que diz. Parte, perde a borracha numa corredeira, chega a Belém já ciente de que Ritinha o enganara. Mata-a a facadas e entrega-se à prisão, com a mesma alma leve com que partira para a selva. Só o perturba uma pequena dúvida: "O diacho é se seu Cosme levantou um falso à defunta!" Em "Feitiço", como Ritinha outro exemplar típico da vossa galeria de caboclas inzoneiras, as tragédias deslizam como a água nas folhas da taioba. Nessa história a verdadeira tragédia está no exame de Anatomia Patológica com o professor Leitão da Cunha. Dais aí um retrato inesquecível do reprovador manso e polido, de "doce voz quinhentista", com o seu vagamente macabro tratamento na segunda pessoa do plural, esse anacrônico "vós", que é um segundo fardão imposto aos recipiendários pela praxe acadêmica.

Se em "Feitiço" e em outros dos vossos contos a tragédia se dissimula em comédia, na anedota da "Frente única", a realidade política brasileira assume proporções de farsa, tão verídica para todo o Brasil, que a vossa história da Tujucupaua amazônica foi coincidir com a história paulista das "Cinco panelas de ouro" do saudoso António de Alcântara Machado. Por toda a parte encontraremos os coronéis Antunes e Anastácio, irreconciliáveis na politicalha municipal, mas solidários na subserviência ao governo estadual: o primeiro, prefeito, valendo-se do obituário do município para engrossar o seu eleitorado; o segundo, coletor federal, amigo do vigário, servindo-se para o mesmo efeito, da lista do batistério. Na eleição de 1930 apostavam-se os dois a ver qual daria mais votos ao governo. Contais então o que aconteceu:

> Na seção do coronel Antunes houve um fato muito desagradável: ao fazer-se a apuração, havia um voto para o dr. Getúlio!
> – Um voto para o dr. Getúlio!
> – Sim, coronel, um voto para o dr. Getúlio!
> – Que desaforo! Era só o que faltava! E o senhor, seu Escrivão, não viu quem foi o bandido que deu esse voto?
> – Não senhor, Coronel. Como todos os que votaram aqui eram amigos, não prestei atenção.
> – Bandido! Apunhalar-me pelas costas numa eleição como esta! Mas eu hei de descobrir quem foi o Judas que me atraiçoou!
> O delegado fez uma insinuação maliciosa:
> – Isso deve ter sido arte do Manduca Sacristão... Eu vi outro dia ele conversando na bodega do Sernambi com o Chico Tuíra...
> – Foi mesmo. Nem tinha pensado nisso. Cabra safado! E eu mandei dar a ele um par de sapato e uma roupa nova... Mas

não faz mal não: é p'ra eu não me fiar em espoleta de padre...
Bandido, atraiçoar-me, num pleito como este!

Após um momento angustiado de concentração gravíssima – Eureca! – o coronel Antunes achou uma solução para o impasse:

– Seu escrivão, isso não tem importância, não; rasgue o diabo do voto! E para compensar, ponha na ata mais trinta votos na candidatura nacional do dr. Júlio Prestes. É assim que eu respondo às misérias dos meus adversários!

– Mas isto não pode ficar assim, obtemperou, muito sério, o delegado, que tinha velhas contas a ajustar com o sacristão, por causa da filha do Zé Sernambi.

– É mesmo. Você tem razão, seu delegado. É preciso dar um ensino nesse tipo. Meta o sacristão na cadeia por minha conta, – dê-lhe uma pisa das boas! Ouviu? Não tenha pena dele, não!

Gostaria de reler todo o conto, para o qual, como para "Ritinha" e para "Putirum de fantasmas" vai a minha predileção na vossa obra de contista. Quero, porém, testemunhar-vos de público a minha admiração pelo sóbrio patético que pusestes no relato da compra de uma mulher em "Putirum de fantasmas":

Assim que teve um saldozinho, Severino cuidou de arranjar uma mulher.

O tapuio Remígio, que andava com umas febres brabas, era casado.

Severino procurou-o para propor negócio.

– Seu Remígio, você quer fazer um negócio?

O tapuio balançou com a cabeça – que sim.

– Você está por pouco... não é, seu Remígio?

O tapuio confirmou de novo com a cabeça.

– E a sua mulher, sinhá Virgolina, vai ficar sozinha neste

mundão de seringal, sem ter ninguém que puna por ela.

O tapuio arregalou os olhos, espantado mas sem revolta.

Severino falou mais claro:

– Você quer me vender sinhá Virgolina, seu Remígio?

– !? (uns olhos compridos de dor furaram o silêncio).

– Negócio é negócio. Eu pago a sua conta no barracão e inda lhe dou por cima duas peles de borracha fina.

O tapuio não disse nada. Mas seus olhos sem esperança buscaram no quarto os olhos da mulher.

Severino, sem hesitar, atirou duas peles no meio da barraca, com estrondo, e completou com uma frieza cruel o seu pensamento sinistro:

– Mas porém eu levo logo sinhá Virgolina lá pra casa!

O tapuio, compreendendo o irremediável da situação, envolveu-o num olhar resignado de fatalismo, cheio de uma tristeza que não sabia e não podia protestar.

D. Virgolina concordou sem piedade:

– É mesmo. Eu vou logo. Remígio está morrendo aos tiquinhos...

Todas essas histórias, ou trágicas ou cômicas, recolhidas nos vossos livros *Pussanga*, *Matupá* e *Histórias da Amazônia*, não as escrevestes no Pará. Ali éreis apenas o estudante. E o jornalista que sustentava o estudante. A vossa vocação para o jornalismo vinha da meninice. Quando ainda cursáveis em Natal o Ateneu Norte-rio-grandense, fundastes dois jornais. Em Belém, repórter policial da *Folha do Norte*, editastes duas revistas ilustradas. O rapaz que em 1920 saltou no Rio era um jornalista feito e, vós mesmo o contastes numa entrevista em 39, "um jovem literato da cabeça aos pés, compenetradíssimo do meu papel, devorador dos simbolistas franceses, de Camilo (era preciso conhecer a língua), de Eça de Queirós, e principalmente de Machado de Assis".

Ensaios literários

Entrastes na imprensa carioca pela mão de um grande jornalista, esse Cândido Campos, veterano descobridor e formador de vocações jornalísticas. Na redação da *Notícia* conhecestes Ribeiro Couto, a quem ficastes para sempre ligado por uma amizade verdadeiramente fraternal. Ele é que devia estar hoje aqui para celebrar a vossa vinda, para dizer dos vossos méritos, para evocar naquele estilo deslizante de que possui o segredo, a quadra em que juntos iniciastes a arrancada que ao cabo vos trouxe até esta casa. Permiti, meu caro Peregrino, a indiscrição de ler neste recinto um trecho da carta que em março me escreveu o nosso amigo a propósito de vossa eleição: dar-vos-ei assim por um momento a grata ilusão de sua presença.

> Estou muito contente por ser você quem vai receber o Peregrino. Está claro que eu me pelaria por recebê-lo. Estimulado pelo tema, faria um panorama da nossa boêmia difícil, entre 1918 e 1920 e tal. A nossa sinuca de bico. Com muita literatura e muita ambição de casar com moça rica... que afinal preterimos pelas pobres, naturalmente. Até hoje estou gozando a eleição do Peregrino. Parece mentira! Que longa viagem – afinal felizmente acabada! Dizer-se que nós todos, ainda no outro dia, estávamos à cata do vale de vinte mil-réis no *Rio-Jornal...*

A essas palavras posso acrescentar, agora sem indiscrição, as que ele pronunciou no almoço público de 1940:

> Há vinte anos que admiro e estimo Peregrino Júnior. Começamos a vida como "rapazes de jornal", neste mesmo Rio de Janeiro em que éramos provincianos, românticos e um pouco espantados. Ele andava sempre com livros debaixo do braço. Estudava uma coisa misteriosa. Depois vim a saber: era medicina. Como podia conciliar as horas de estudo e de laboratório com as horas absorventes da redação? É que, desde mocinho, Peregrino Júnior sempre surpreendeu os seus companheiros com a atividade prodigiosa de que é capaz. Tempos difíceis

aqueles nossos. Naquele ano de 1920, para nós a vida era bem dura. Ainda assim, que bom! Que maravilhosa esperança! Tínhamos a certeza de que havíamos de acabar fazendo "alguma coisa". Ninguém, do nosso grupo, fez mais e melhor do que ele. Do repórter saiu o escritor: aí estão os seus fortes livros, portadores das paisagens e dos tipos amazônicos. Do escritor saiu o médico: e sei de muitas casas onde a simples presença de Peregrino Júnior já é remédio. Do médico saiu o professor universitário, que hoje festejamos. Professor, de resto, ele sempre foi: professor de entusiasmo. Toda a sua vida é uma afirmação viril de otimismo e confiança. Tudo isso, sem perder um certo ar de candura, não sei quê de adolescente que subsiste nele e é consolo para os que envelhecem mais depressa.

Ribeiro Couto relembrou os vales do *Rio-Jornal*. Foi no vespertino de João do Rio e Georgino Avelino que contraístes, em 1922, o vosso único vício, o vício de que nunca mais vos libertastes, talvez *pour faire enrager les gens graves*, o vício da crônica mundana. Não sejamos demasiado severos para essa arte fútil mas difícil de dar um sorriso para todas e a perfídia para algumas. Podeis autorizar-vos de um exemplo ilustre: Proust também começou pela crônica mundana. *Les gens graves* da primeira década do século tomavam então por um *snob* inofensivo o homem que anos depois iniciaria com *Du côté de chez Swann* a mais profunda sondagem da quarta dimensão do tempo. Escrevendo bagatelas amáveis sobre os salões das princesas Matilde e Edmond de Polignac, das condessas d'Haussonville, Potocka e Guerne, de Mme. Madeleine Lemaire, ensaiava-se ele para a prova definitiva do salão de Mme. de Guermantes. Como fazíeis na "Vida fútil" do *Rio-Jornal*, como fazem hoje o nosso Jacinto de Tormes ou Gilberto Trompowski, alinhava nomes enlaçados, na guirlanda fácil dos adjetivos jornalísticos. "*M. Anatole France, le duc et la duchesse de Brissac, la comtesse de Briey, M. M. Robert de Flers et Gaston de Caillavet, les brillants auteurs du triomphal Vergy et leurs femmes exquises...*" Um sorriso para todos e para todas... De sopetão, no meio dos sorrisos, a fina perfídia:

Près du piano, un homme de lettres encore jeune et fort snob, cause familièrement avec le duc de Luynes. S'il était enchanté de causer avec le duc de Luynes, qui est un homme fin et charmant, rien ne serait plus naturel. Mais il paraît surtout ravi qu'on le voie causer avec un duc. De sorte que je ne puis m'empêcher de dire à mon voisin: des deux, c'est lui qui a l'air d'être "honoré".

É claro que a crônica mundana do Rio de 1922 não podia ter esse brilho. Não havia ainda entre nós príncipes autênticos nem reis exilados em terras da América. Era o Rio do centenário da Independência, governado pelo presidente Epitácio Pessoa, o Rio dos "almofadinhas" e das "melindrosas", o Rio que se ria com as farsas do Chico Boia e achava ainda vertiginosas as janelas do Palace-Hotel. Gago Coutinho e Sacadura Cabral sobrevoavam pela primeira vez o Atlântico. Ângela Vargas, em sua casa da praia de Botafogo, reunia os poetas e as discípulas e os amigos nas "horas de inverno", onde Adelmar Tavares falava sobre "A alma feiticeira da trova", onde Olegário Marianno era sempre reclamado para dizer "Água corrente" ou "As duas sombras..."

Vida fútil... Mas quem sabe se um Gilberto Freyre do futuro, que digo? se o próprio Gilberto Freyre de hoje não encontrará nas páginas do vosso livro o pormenor que o ajudará a interpretar sociologicamente a nossa terra e a nossa gente? Nada é fútil, ou tudo será fútil aos olhos de Deus e dos sociólogos.

Não vos poupei, meu caro confrade, no comentário do vosso vício. Não vos pouparei tão pouco em falta mais grave. Dissestes a certa altura das memórias que estais escrevendo: "Sem nunca ter perpetrado versos, eu sempre senti em mim a vocação da poesia". Não é verdade que nunca tenhais perpetrado versos. Esquecestes que no conto "Caboré" destes sortida à vocação poética, descrevendo em versos onomatopaicos uma dança de negros nos mocambos do Trombetas. Vou dizer aqui esse poema, que me dará o prazer de vos incluir na minha antologia dos poetas bissextos, porque ele pode ser posto ao lado dos poemas negros de Raul Bopp e de Jorge de Lima:

A atabaque no batuque bate-boca
Qui-tim-bum-bum... quitimbum...

Os negros dançam, o corpo mole, batendo os pés no chão duro,
Qui-tim-bum-bum... qui-tim-bum...
Tronco cavado, couro esticado, bem retesado,
Qui-tim-bum...
O tocador, com as mãos abertas, marca o compasso,
Bum-bum-qui-tim-bum-bum...
No ritmo do carimbo, dançando a dança negra, os negros
[recordam as velhas senzalas tristes.
Ouvem o grito longínquo da África, o grito dos que ficaram lá
[longe chorando, e dos que partiram humilhados
Qui-tim-bum... qui-tim-bum-bum...
A melancolia sem revolta das levas mansas no porão do
[negreiro...
E o grito fino do chicote do feitor zebrando de riscas o lombo
[envernizado de suor.
Qui-bum-bum... qui-tim-bum-bum...
Ouvem tudo... a fuga... o chuá das águas do Trombetas... a
[voz de libertação dos quilombos de Óbidos.
Qui-bum-bum... qui-tim-bum-bum...
E o carimbó cantando geme soturno na noite negra, no
[compasso grave do bate-boca do batuque...

Aos que vos conhecemos mais intimamente não poderiam causar estranheza esses versos. Porque sabemos como em vossa atividade espiritual se conjugam harmoniosamente as três forças da imprensa, da literatura e da medicina. Nem há trabalho que melhor e mais completamente vos represente do que o vosso estudo sobre a *Doença e constituição de Machado de Assis*. Nesse livro, se o médico firma com segurança o seu diagnóstico, o homem de letras, o crítico revela-se cabalmente na documentação literária sacada da obra do romancista. E o ensaio, que podemos considerar definitivo, resultou da ampliação de um simples artigo do jornalista que sempre fostes e continuais sendo. Particularmente incisivo e esclarecedor é o vosso capítulo sobre a ambivalência de pensamento e sentimento, não só na vida, como na obra de

Machado de Assis. Augusto Meyer já havia notado que "esse homem era uma colônia de almas contraditórias, como toda personagem complexa: o niilista feroz foi um funcionário exemplar, o céptico fundou a Academia de Letras, o cínico deliciava-se mentalmente na companhia da pérfida Capitu, porém amou a meiga Carolina". Sentindo em si próprio tamanhas contradições, não queria o desenganado espectador da vida deixar-se lograr pelas falsas aparências dos móveis inconfessáveis. Estava sempre em guarda contra as boas ações ou contra o humorismo alheio. Assim lhe explico a reação de enfado no caso da aquarelinha de meu pai. Era uma vistazinha do posto semafórico do Morro do Castelo. Talvez por lhe lembrar os dias da infância, Machado de Assis agradou-se muito da paisagem pintada em papel-almaço. Pediu-a, e no dia seguinte contou que a tinha mandado encaixilhar. Meu pai, extremamente envaidecido com esse seu único triunfo de aquarelista amador, saiu do Ministério rufando caixa. Dias depois o engenheiro Antonino Fialho se encontra com o romancista na rua do Ouvidor e lhe fala do caso da aquarela. Machado de Assis, gaguejando com raiva, diz-lhe: "Já é a... a... a terceira pessoa que me vem falar nisso!" Ao que Antonino Fialho respondeu com aniquiladora polidez: "Sinto muito ter sido a terceira..." Devo acrescentar que nem por isso deixou Machado de Assis de aparecer assiduamente na sala de meu pai toda vez que o serviço oficial dava alguma folga. Ali gostava de conversar com o engenheiro Abel Ferreira de Matos, ao qual, no conto "Um incêndio" se refere, encarecendo "o pico, a alma própria que este Abel põe a tudo o que exprime, seja uma ideia dele, seja, como no caso, uma história de outro". Os dois engenheiros, quando se juntavam, eram como duas crianças: falavam em língua de preto velho ou com sotaque de português ou de italiano, faziam toda a sorte de jogos verbais improvisados, praticavam uma espécie de surrealismo *avant la lettre*, nem se vexavam da presença do romancista a quem tanto admiravam e respeitavam. Quando apareceu o romance *Dom Casmurro*, Abel de Matos, leitor sempre atento, descobriu no livro um errozinho de cálculo elementar nas contas de uma personagem. Escreveu logo a Machado de Assis uma carta, em que estranhava o cochilo, se não do romancista, ao menos "do Chefe da Contabilidade do Ministério". Muito se tem falado do caráter retraído e desconfiado do Mestre. Sabe-se que detestava os indivíduos

Saudação a Peregrino Júnior

indiscretos e derramados. Gostava, porém, de conversar com as mocinhas e os rapazolas. A esse respeito posso dar o meu depoimento. Conservo entre as minhas melhores lembranças certa viagem de bonde que fiz do largo do Machado até a minha casa em Laranjeiras. Tinha eu os meus quinze anos. Aconteceu sentar-me no carro ao lado de Machado de Assis, que vinha lendo *A Notícia*. Reconhecendo-me apertou-me a mão, dobrou a folha e, para minha delícia, entrou a conversar. Contou-me um passeio de lancha que fizera na baía com um grupo de poetas, entre os quais estava Bilac. Eugênio Marques de Holanda recitara uma estrofe do segundo canto dos *Lusíadas*. Quis o Mestre repetir os versos, não se lembrava. Eu, que sabia o meu Camões de cor, balbuciei timidamente: "Com um delgado cendal as partes cobre..." O Mestre interrompeu-me: "A anterior... a anterior..." Mas a memória traiu-me, e eu me recordo bem que entrei em casa mortificado dessa traição.

Conto esse caso para apoiar as vossas palavras, quando dissestes que "Machado de Assis, ao contrário do que se tem pensado e dito, não era um coração seco e estéril: era um amigo afetuoso, cuja alma escondia as mais generosas reservas de ternura e cordialidade". Conto-o também para contradizer-vos, e explico por quê. Falastes em vosso livro no "interesse muito relativo que ele (Machado de Assis) tinha pelo mundo exterior e pela natureza" e mais adiante escrevestes: "Sem amar propriamente a Natureza..." Será admissível esse desinteresse de Machado de Assis pela Natureza? É verdade que nos seus romances não há paisagens. Mas elas abundam na sua obra poética. Não amaria a Natureza quem escolheu para residência definitiva a encosta do Cosme Velho, um dos trechos mais amoráveis da paisagem carioca? Quando o Mestre me falou do passeio na baía, fez uma descrição do crepúsculo onde era evidente o sentimento da Natureza, a capacidade de íntima comunhão com ela. Tudo o que se pode dizer é que, embora sentindo e amando o mundo exterior, interessava-se mais pelo mundo interior do homem. A sua atitude está claríssima no soneto "Mundo interior":

> Ouço que a natureza é uma lauda eterna
> De pompa, de fulgor, de movimento e lida,

Ensaios literários

Uma escala de luz, uma escala de vida
Do sol à ínfima luzerna.

Ouço que a natureza, – a natureza externa, –
Tem o olhar que namora, e o gesto que intimida,
Feiticeira que ceva uma hidra de Lerna
Entre as flores da bela Armida.

E contudo, se fecho os olhos, e mergulho
Dentro em mim, vejo à luz de outro sol, outro abismo,
Em que um mundo mais vasto, armado de outro orgulho,

Rola a vida imortal e o eterno cataclismo,
E, como o outro, guarda em seu âmbito enorme,
Um segredo que atrai, que desafia – e dorme.

Nesse poema, que é das *Ocidentais*, me parece que está inteiro o pessimista que no mundo exterior da natureza e no mundo interior do homem via sempre "o eterno cataclismo", e pior que isso, a famosa "contração cadavérica", a destruição que se afirma sob as aparências de perpétua recriação, enfim a criatura "antiga e formidável".

A essas páginas de crítica tão fina e tão lúcida que escrevestes acerca do romancista das *Memórias póstumas de Brás Cubas*, juntais agora as que acabais de pronunciar sobre o poeta das *Solitudes*. Nelas a figura, a vida e a obra do vosso antecessor ressurgem palpitantes de vida no ambiente da escola em que ele iniciou a sua carreira literária. Perguntastes, em dúvida: "Terá sido Pereira da Silva realmente um simbolista?" E concluístes, com Andrade Muricy e Tasso da Silveira, que o poeta paraibano pertenceria mais à estirpe dos últimos românticos. De fato, ressalvada a atitude espiritualista, a repugnância ao "triunfo imortal da carne e da beleza", o simbolismo em Pereira da Silva se revelou apenas no primeiro livro e por certos cacoetes da escola. Deles zombou João Ribeiro dizendo que "a escola novíssima de poetas pôs a saco o pecúlio sagrado das igrejas, roubando-lhes os cimélios de ouro e as ladainhas sonoras". Esses poetas que não sabiam latim gostavam de gastar latim. *Vae Soli!* chamou Pereira da Silva ao seu livro de estreia, onde citava em latim as *Lamentações de Jeremias*. E assinava-se Da-Silva, com D maiúsculo e hífen unindo a partícula ao apelido. Esses poetas pretendiam encher de misterioso sentido certos substantivos, grafando-os com maiúscula inicial. "Tristeza" não seria bastante triste se não levasse maiúscula, e personalizavam-na em Dona Tristeza. Certas letras punham-nos em estado de transe: o "y", o digrama "th" (Castro Meneses intitulou o seu livro *Mythos*, porque essa privilegiada palavra ostentava ainda o duplo timbre da linguagem grega). As datas não podiam ser em algarismos árabes, banalizados pelo emprego cotidiano, senão no aristocrático sistema romano. Com todas essas exterioridades, que irritavam grandemente os velhos críticos, disfarçava Pereira da Silva o seu romantismo inato para se exprimir na tonalidade da escola. Ele, que era tão simples e modesto, filho de um fabricante não de alaúdes, mas de violas sertanejas, semeou os seus primeiros poemas de complicados vocábulos como "aureolais", "resplandorada", "sugestional", sobrecarregou-os dos cimélios tomados à Igreja, trivializou a sua funda e rara melancolia de solitário com os lugares-comuns da grei, chamando-a Santa Tristeza, Dona Palidez, Soror Mágoa. Com a idade, e à proporção que o poeta tomava consciência do seu destino, esses alambicamentos foram sendo postos de lado e ele pôde chegar à pureza de poemas como o soneto "Nihil", onde se exprime com tanta simplicidade aquilo que chamastes a sua mística da tristeza:

Dia parado entre nevoento e enxuto.
A natureza como semimorta.
Quanto aos vencidos, Musa, desconforta
Essa infinita sugestão de luto!

Quanto a mim, de minuto por minuto,
Ouço alguém... Alguém bate à minha porta...
Quem é? Quem sabe? Uma saudade morta,
Coisas tão d'alma que eu somente escuto.

Nesta indecisa solidão sombria
Sem cor, sem som, meio entre a noite e o dia,
Como que a Morte a tudo, a tudo assiste...

Como que pela Terra desolada
A consciência universal do Nada
Deixa um silêncio cada vez mais triste...

De resto, foi na forma soneto que o poeta deu o melhor de si, como se o seu temperamento romântico necessitasse dessa disciplina de contenções e limitações para se despojar das superfluidades. Outra forma sua predileta, e onde creio é exemplo melhor se não único em nossa poesia, foi a dos decassílabos emparelhados, como os da "Loa da vagabunda", álveo natural dessa veia poética, definível por uma imagem desse mesmo poema:

... uma levada
Que ia correr tumultuosamente
Para dar água para a toda a gente...

Sr. Peregrino Júnior: sois agora dos nossos. Não creiais porém seja esta "a glória que fica". A glória que fica nas Academias é a que se traz de fora delas. Basta ler a lista dos nomes daqueles por quem Victor Hugo foi preterido na Academia Francesa em várias eleições, para nos convencermos da falácia com que aqui nos prometem a imortalidade. A glória que consola é a do trabalho. Sois um grande trabalhador. E eu quero terminar estas minhas palavras de admiração e afeto numa festa em que tanto falastes do simbolismo, repetindo-vos o incitamento de Antônio Nobre:

Vamos semear o pão, podar as uvas,
Pegai na enxada, descalçai as luvas...

No caso, despi o uniforme:

Tendes bom corpo, irmão! Vamos cavar!

Oração de paraninfo (1949)*

Pela segunda vez recebo nesta Faculdade a honra do paraninfado, sempre grata aos que apreciam o afeto da mocidade, mas bem difícil para mim, que me julgo tão de todo indigno dela.

E como da passada ocasião, a mim mesmo me pergunto agora se a homenagem dos filhos desta casa se dirige ao poeta ou ao professor. Endereçada ao poeta, acarretar-vos-á, senhores bacharéis, uma grossa decepção, porque não saberei dar maior calor a esta vossa festa com os meus possíveis estos de poeta. À perspectiva do auditório, entra-me logo a desertar o meu mofino vocabulário, batem voo as imagens como pombas alvejadas, seca em mim a própria fonte das ideias. É que sou, perdoai-me, um poeta que só funciona dentro do poema. Mas se é ao professor que distinguis, então não entendo mais nada, porque me sinto, na verdade, tão pouco professor no meio de meus eminentes colegas, que mais colega me julgo de meus próprios alunos do que dos membros desta colenda congregação. A incompletação dos meus estudos superiores me deixou no grau de estudante vitalício, por isso talvez mais perto de vós.

Traz-me esta cerimônia aos olhos da imaginação outra semelhante, ocorrida há 47 anos no salão nobre do Externato Pedro II. O orador da turma que então se bacharelava em ciências e letras tem hoje assento nesta Faculdade e é o meu querido amigo e mestre Sousa da Silveira, uma das mais puras glórias do magistério nacional. Havia uma espécie de profissão

---

* Proferida em 1949 na Faculdade de Filosofia da Universidade do Brasil.

Ensaios literários

de fé positivista no discurso do rapaz que sonhava entregar-se de corpo e alma ao estudo e ensino da matemática elementar. A vida, porém, encarregou-se de encaminhar aquela vocação para Deus e para o vernáculo. Como torceria a minha da arquitetura, em que comecei a enveredar no ano seguinte, para a literatura, onde nunca me achei completamente em casa, e para o magistério, pouso que tenho como ainda mais de empréstimo para mim.

Aludo a estas reminiscências, meus caros afilhados, para vos fazer sentir que os caminhos da vida são muitos e às vezes imprevisíveis. Se tendes ânimo de trabalhar, parti confiantes, não no diploma que levareis hoje, mas no esforço que despenderdes. O diploma... Paul Valéry chamou a esse passaporte para o fim imediato o inimigo mortal da cultura. A verdadeira, a nobre educação é antes a que visa a fins mediatos, a que se cultiva desinteressadamente. A que se devera programar para esta Faculdade.

Acreditais que em três ou quatro anos possa alguém estudar cinco línguas e cinco literaturas o bastante para delas vir a ser professor? Pois o curso de letras neolatinas de nossa Universidade vos habilita a essa áfrica e vos atribui diploma para ensinar latim, português, francês, italiano, espanhol, e ainda vos dá de prêmio uma vertiginosa excursão aérea por sobre dezenove literaturas, que em tal consiste a cadeira de Literaturas Hispano--Americanas, de que sou o estupefato e mísero ocupante. O resultado é que tudo se estuda pela rama, ou seja, pelo brasileiríssimo sistema do "gato por brasa" ou do "fogo, viste linguiça?"

Imagino com que prazer os meus prezados colegas Madame Manuel, a sra. Bianchini, Alceu de Amoroso Lima, Thiers Martins Moreira, Ernesto de Faria, José Carlos Lisboa e Roberto Alvim Corrêa dedicariam todo um ano letivo a devassar em profundidade a obra de, respectivamente, um Montaigne, um Dante, um Machado de Assis, um Gil Vicente, um Virgílio, um Cervantes, um Racine. Mas não: o diploma de professor, que é mister conceder a quem precisa ganhar a sua vida, não o permite. E o que vemos é o venerando mestre Sousa da Silveira obrigado a relembrar flexões de conjugação irregular em vez de proporcionar às suas classes uma dessas luminosas interpretações como foi há anos a do *Auto da alma*.

Para agravação do mal aí está o inelutável problema econômico. A grande maioria da mocidade de hoje estuda nas horas de folga do trabalho. Aqui como no Colégio Pedro II, de que fui docente, tive alunos menores de vinte anos já com encargo de família. Eis por que costumo ser indulgente na minha classe. Não leveis a mal que vos conte a fraqueza de um meu aluno, adormecido discretamente enquanto eu me esbofava sobre certo ponto menos ameno do programa: não me escandalizei, não o repreendi, antes baixei a voz, não fosse acordar o nobre rapaz exausto das canseiras fora da Faculdade e de quatro horas de atenção dentro dela!

Mas erros de estruturação, má organização social podem ser debelados com o tempo e

> *Dios ha de permitir*
> *que esto llegue a mejorar,*

como cantou o grande poeta de *Martin Fierro*. À morte é que não se debela, e este ano andou ela a abrir claros muito sensíveis nesta escola. Apagou-se de súbito em pleno refulgir de sua operosa maturidade o autor de *Introdução à Antropologia Brasileira*, de *O negro brasileiro*, de *O folclore negro do Brasil*, de *As culturas negras no Novo Mundo*, obras admiráveis, que valeram ao professor Artur Ramos nomeada universal. Outro luto dolorosíssimo foi o que nos infligiu o triste caso dos alunos Giordana Cohen e Gerald Martynes. Jovens, belos, inteligentes, aplicados, tudo pareciam ter para fruir a existência nos seus mais sedutores aspectos. Preferiram, porém, voltar as costas para todo o sempre a este mundo agora tão feio, levando consigo o segredo de sua resolução, deixando-nos saudosos e perplexos. E o bom Palmeira, sempre bem-humorado, sempre pronto a prestar-nos um pequeno favor, figura inseparável desta casa, mesmo na morte, pois a sua sombra como que ainda se demora nesta outra presença que é a lembrança dos amigos.

Meus jovens afilhados, sois os bacharéis do ano da graça de 1949, isto é, do ano que baliza o decênio da fundação desta Faculdade, grande ano, em verdade, que passou todo ressonante dos festejos com que comemoramos o centenário do nascimento de dois dos maiores entre os brasileiros que já ilustraram a cultura em terras do Novo Mundo.

Nabuco e Rui! Tão iguais na sua esplêndida vocação de servir ao Brasil, ao continente e ao mundo, tão diversos em sua compleição física, intelectual e moral. Em Nabuco a aparência exterior espelhava o mundo interior. Testemunham quantos o viram que foi um dos homens mais virilmente belos que já produziu a nossa terra. Era uma beleza que provocava admiração mesmo nos centros mais aristocráticos da velha civilização da Europa. Lembra-me ter ouvido certa vez o diplomata e escritor Tomás Lopes contar a aparição de Nabuco na sala de refeições de um dos mais elegantes hotéis de Londres. Chegou o nosso ministro à porta do salão, parou e relanceou a vista pelas mesas repletas. Toda a gente cessou de comer, todos os olhos se volveram fascinados para aquela soberba figura de 1,85 metro de altura, aprumado mas sem afetação, respirando nos olhos francos e dominadores a inteligência e a bondade. Em Rui, nada disso; era pequeno, raquítico, reconcentrado. Precisava exteriozar-se em palavras, faladas ou escritas, para nos dar a medida de sua alma. Mas então, como se agigantava!

Grandes escritores, grandes oradores ambos, Rui era um Vieira redivivo, a mesma máquina raciocinadora e trituradora de adversários, com a mesma força, variedade e pompa do vocabulário, o mesmo gosto das velhas dições incontaminadas, como cioso sempre de ostentar a cada passo os mais genuínos timbres de nobreza da língua: Nabuco, sem embarbo de admirar a robusta fibra dos clássicos portugueses, homem todo do seu tempo, tão influenciado pela França que a ele próprio a sua frase se afigurava uma tradução livre do francês, mas sabendo tão habilmente ajustar, como grande artista que era, os mais amoráveis matizes e fios vernáculos ao seu tear importado, que logrou inventar um dos estilos mais pessoais, mais claros, mais transparentes, mais elegantes – mais nossos na literatura da língua portuguesa.

Soberanamente dotados um e outro para a carreira das letras, compreenderam ambos, como os seus irmãos hispano-americanos Sarmiento, Hostos, Martí, Varona, que era forçoso sacrificá-la a outra, mais generosa e muito mais áspera e arriscada, – ao apostolado da liberdade, da justiça, da razão e do bem. O pernambucano, que tudo tinha para desfrutar voluptuosamente a vida no ramerrão diplomático, viveu em voto perpétuo de servir a grandes causas nacionais – a abolição, a federação, a defesa dos nossos limites com a Guiana Inglesa, a definição do sistema monroísta. Rui, a quem, se egoísta, deveria bastar a fortuna que lhe poderia render a sua banca de príncipe dos advogados e jurisconsultos, faz-se o paladino da ordem jurídica, o campeão dos pequenos e humildes, indivíduos ou nações, o mais eloquente alertador dos perigos que nos conduziram à ditadura e à confusão.

Em nenhum dos dois morreu o escritor, mas em ambos o escritor não se afirmava senão em função da coisa pública.

Senhores bacharéis, tomai exemplo nesses dois grandes vultos tutelares da nossa pátria. Certo só a raríssimos será dado poder ombrear com eles nos primores do gênio. A todos, porém, é lícito tentar imitá-los no amor do trabalho, no calor da fé, na constância e na coragem. Tomai de Rui a lição de honrar a verdade republicana, de Nabuco a de realizar na vida ao menos uma parcela de beleza.

Silva Ramos[*]

Quando entrei para o Externato do Ginásio Nacional, que era como se chamava em 1897 o Colégio Pedro II, a minha turma teve para professor de Português o homem admirável cujo centenário estamos hoje festejando. Já naquele tempo Silva Ramos não parecia moço à nossa meninice. Tinha o busto acurvado e a fisionomia cansada. No entanto, mal passara dos quarent'anos. O espírito, esse guardava ainda todo o calor da mocidade. E de fato, bastava que um aluno, mau leitor, estropiasse em aula a dição de uma bela página da *Antologia nacional*, de Fausto Barreto e Carlos de Laet, para que a sensibilidade do mestre, ferida em suas fibras mais finas, estremecesse e buscasse evadir-se conosco da sombria sala da classe: de todo esquecido da gramática, Silva Ramos interrompia o aluno para lhe fazer sentir a beleza do trecho, que passava a ler com entusiasmo vibrante e comunicativo. E ficávamos todos fascinadamente presos à sua palavra, em que havia um leve sabor de pronúncia portuguesa, aquela pronúncia que lhe permitia colocar certo os pronomes sem que pensasse nisso, porque, como certa vez nos disse em aula e depois escreveu em carta a Mário Barreto, "não sou eu quem coloca os pronomes, eles é que se colocam por si mesmos, e onde caem, aí ficam".

Ainda hoje recordo com saudade a maravilhosa lição que foi a leitura que fez da "Última corrida real de touros em Salvaterra": não só tenho bem presente na memória o quadro objetivo da sala de aula, a atitude dos

---

[*] Discurso na Academia Brasileira de Letras, em 1953.

colegas, a figura subitamente remoçada do mestre, a voz com todas as suas inflexões mais peculiares, como também todas as imagens interiores evocadas pelo surto eloquente da leitura: o garbo e esplendor da ilustre Casa de Marialva ficou para sempre dentro de mim como um painel brilhante. Na verdade em um ponto da minha consciência quedou armado um redondel definitivo para essa última corrida de touros em Salvaterra, a qual nunca deixou de ser uma das festas preferidas da minha imaginação. A tal ponto, que longe de ser a última, passou a ser a eterna corrida de touros, eterna e única, pois foi a primeira que vi – porque positivamente a vi! – e me fez achar insípidas, mesquinhas, labregamente plebeias as verdadeiras touradas a que assisti depois com os olhos do corpo e não com os da imaginação excitada pelo gosto literário do mestre.

Silva Ramos era um espírito de formação clássica portuguesa. Conhecera Castilho, convivera com João de Deus, Guerra Junqueiro, Cesário Verde. Aprendera o seu bom português da boca dos grandes poetas portugueses do tempo. Assim, de tal modo tomou consciência do verdadeiro gênio do idioma, que jamais tomou entre nós atitudes de policial da língua diante das diferenciações brasileiras. Era a mesma posição de Andrés Bello em face do castelhano da América espanhola, quando ensinava que o Chile e a Venezuela tinham tanto direito quanto Aragão e Andaluzia a que se lhes tolerassem as acidentais divergências, desde que patrocinadas pelo costume uniforme e autêntico da gente bem educada. Para Silva Ramos o papel dos mestres de português em nossa terra é

> ir legitimando, pouco a pouco, com a autoridade das nossas gramáticas, as diferenciações que se vão operando entre nós, das quais a mais sensível é a das formas casuais dos pronomes pessoais regidos por verbos de significação transitiva e que nem sempre coincidem lá e cá; além da fatalidade fonética que origina necessariamente a deslocação dos pronomes átonos na frase, o que tanto horripila o ouvido afeiçoado à modulação de além-mar.

Não ficou o mestre na pregação: quis passar à prática e uma vez alvitrou, contra o que lhe pedia o ouvido, que se tolerasse, nas provas de exame, a deslocação dos pronomes átonos. Mas logo lhe gritaram: *Não pode!* E ele conta que nada mais tentou. Sim, mas continuou a ensinar que para ganhar beijo de uma brasileira, é preciso dizer: "Me dá um beijo". Senão não se ganha o beijo. Confessou o mestre que se sentia sem autoridade para sancionar certas regências brasileiras. "E contudo" acrescentou, "o que nem um de nós, professores, teria coragem de fazer, hão de consegui-lo os anos que se vão dobrando lentamente". É que para o mestre não lhe restava a mínima dúvida que o idioma brasileiro, de dialeto português que ainda é, chegará a ser um dia a língua própria do Brasil.

Detestava o mestre as consultas do tipo: "Qual a sua opinião sobre a função do pronome *se?*" ou "Que me diz do sujeito do verbo *haver?*" Fenômenos que lhe pareciam essenciais e como tais independentes do que sobre eles pudesse pensar o professor A ou o professor B.

> Quantas vezes [escreveu Silva Ramos prefaciando os *Novos estudos da língua portuguesa*] não ocorre à pena do escritor completamente possuidor de sua língua a contextura de uma frase que, se houvera de ser submetida ao acanhado molde em que nos comprime a análise convencional, embaraçaria grandemente a quem tentasse fazê-lo, e de cuja vernaculidade ele não pode, entretanto, duvidar, ou porque lhe esteja cantando no cérebro por a ter encontrado nos clássicos ou porque lhe ficasse gravada no coração de havê-la colhido da boca do povo, que sempre reveste os seus conceitos de graça simples e nativa.

Era assim esse mestre admirável, que desdenhava da chamada análise lógica, "que de lógica muitas vezes nada tem", e sabia recolher a lição na graça simples e nativa da boca do povo.

Nem era só de fatos da língua que esse homem tão sábio e tão modesto podia falar tão bem. Há numa de suas crônicas, a que se intitula "Pessimismo", um comentário sobre a expressão "a vida é um sonho", que é das coisas mais bem pensadas e mais bem expressas que já li em qualquer literatura. "Adormecemos", escreveu o mestre, "como entramos na vida, inconscientemente, e inconscientemente saímos dela, como despertamos. Quem dorme não sabe o que é o sono, quem vive não sabe o que é a vida; é preciso acordar, é preciso morrer." Tão poético era o pensamento do mestre que o seu período se rematou na cadência perfeita de um alexandrino clássico.

Mas Silva Ramos viveu toda a vida como se soubesse, como se acreditasse que a vida nos foi dada para o exercício do amor e da compreensão. Foi um santo homem. O bem que ele nos fez, aos seus alunos e de um modo geral a todos quantos dele se aproximaram, nos confirma na verdade daquilo que o grande cubano José Martí escreveu a sua mãe num bilhete de despedida, e é que nesta vida *no son inútiles la verdad y la ternura.*

Juventud, divino tesoro...[*]

De todo o coração acedi ao convite para esta festa, de todo o coração a agradeço. Recuso-me todavia a ver nele uma homenagem que não mereço. Aceito-a tão somente como um sinal eloquente da aprovação e do afeto da mocidade. Quando somos chegados à velhice, meus caros amigos, nada mais reconfortante do que o interesse dos moços. Isso quer dizer afinal que não morremos em vida, a pior das mortes, quer dizer que alguma coisa ainda palpita em nós daquele calor, daquela esperança, daquela coragem que são o vosso apanágio. *"Juventud, divino tesoro..."*, cantou Rubén Darío. Se algum conselho vos posso dar, será para que preserveis esse tesouro, para que preserveis aquele menino que cada um traz dentro de si. Foi essa a grande lição que recebi da poesia.

Sabei que embora eu fizesse versos desde os dez anos de idade, meu pai não me criou para poeta: criava-me para arquiteto. A poesia era apenas uma distração da minha adolescência. Quando eu fazia o meu curso de bacharel em letras no Colégio Pedro II, a minha ambição literária não chegava ao livro. Por volta de 1902, tinha eu dezesseis anos, o *Correio da Manhã* costumava publicar diariamente, na primeira página um soneto envolvido em cercadura *art nouveau*. Pois toda a minha aspiração poética se reduzia a ver um soneto meu na primeira página do jornal de Edmundo Bittencourt. Manipulei então laboriosamente quatorze alexandrinos tremendos e mandei-os ao bom Antônio Sales que era redator influente do jornal. Todos

---

[*] Palavras proferidas no Colégio Santo Inácio, em agradecimento à homenagem que lhe foi prestada pela Academia de Letras Santo Inácio, associação literária estudantil.

Juventud, divino tesoro...

os dias, às primeiras horas da manhã, comprava eu o *Correio* com o coração palpitante de emoção. Quinze dias se passaram e nada do meu soneto. Murchei e deixei de comprar o jornal, não por despeito, mas porque não podia arcar com aquela despesa diária de cem réis. Um belo dia, ó surpresa, ó maravilha! lá estava o meu soneto na primeira página com a cercadura *art nouveau*. Antônio Sales nunca soube que deu essa esplêndida alegria a um rapazola de dezesseis anos. Alegria toda pessoal, toda íntima, privadíssima, porque não ousei falar dela em casa e o soneto estava assinado com um pseudônimo.

Não sonhei com mais triunfos nas letras. Terminado o meu currículo do Pedro II, fui para São Paulo matricular-me na Escola Politécnica. Não me julgava destinado à poesia, tomava a minha veia versificadora com uma simples habilidade. O que eu queria era ser arquiteto, construir casas, remodelar cidades, encher o Rio ou o Recife de edifícios bonitos, como Ramos de Azevedo fizera em São Paulo. Tudo isso foi por água abaixo com a doença que me prostrou nas férias do primeiro para o segundo ano. Interrompi para sempre os estudos, andei pelo interior verificando a verdade daquele paradoxo do João da Ega: "Não há nada mais reles do que um bom clima".

Então, na maior desesperança, a poesia voltou como um anjo e veio sentar-se ao pé de mim. Desforrei-me das minhas arquiteturas malogradas reconstruindo uma cidade da Pérsia antiga – Pasárgada. Pasárgada era, como tantos outros temas da minha obra, uma reminiscência da minha vida de menino. Quando, na classe de grego, traduzíamos a *Ciropédia*, fiquei encantado com esse nome de uma cidadezinha construída por Ciro, o Antigo, nas montanhas do sul da Pérsia para lá passar os verões. Trinta anos depois, num dia de profundo abatimento, saltou-me repentinamente da alma como um grito de evasão este verso: "Vou-me embora pr'a Pasárgada!" E atrás dele vieram os outros.

Muita gente pensa que o poeta é como aquele trapezista do conto de Kafka, um homem diferente dos outros, um sujeito que vive nas nuvens e almoça e janta sublime. Essa gente não admite que o poeta brinque. Daí a incompreensão com que leem certos poemas em que o autor não faz mais do que voltar a certos *moods* da infância. Tenho sido alvo dessas incompreensões. Quando publiquei o meu segundo livro, *Carnaval*, o crítico de uma revista importante, a *Revista do Brasil*, na fase dirigida por Monteiro Lobato, limitou-se a transcrever o primeiro verso da coleção, o qual não passava de outro grito de evasão de um doente recluso e perfeitamente abstêmio: "Quero beber, cantar asneiras", acrescentando apenas este comentário ferino: "O sr. Manuel Bandeira conseguiu plenamente o que queria".

O remoque não me doeu nem me fez mossa. Tive para reconfortar-me o juízo honrosíssimo de João Ribeiro. Tive para reconfortar-me a simpatia e o apreço de moços pouco mais velhos do que sois agora, os rapazes que alguns anos depois iniciavam o movimento de renovação literária conhecido em nossas letras pelo nome de modernismo. O meu primeiro livro, *A cinza das horas*, não tivera aliás a intenção de começar uma carreira poética. Se o publiquei, foi apenas para me dar a ilusão de não ser completamente ocioso. E era esse o sentido da epígrafe, que tomei a uma canção de Maeterlinck:

> *Mon âme en est triste à la fin.*
> *Elle est triste enfin d'être lasse.*
> *Elle est lasse enfin d'être en vain.*

A simpatia acordada nos rapazes me abriu os olhos, mostrando-me que na expressão genuína de minhas tristes experiências eu podia levar a outros uma mensagem de fraternidade humana. Depois dessa primeira prova fui recebendo novos testemunhos, fui fazendo em todo o Brasil numerosos amigos, a maioria dos quais não conheço pessoalmente. Desde então senti que podia ficar em paz com o meu destino, já que passara aquele cansaço de existir em vão, o mais pungente dos cansaços.

A vossa festa de hoje, meus caros amigos do Santo Inácio, é a mais recente gota desse bálsamo cicatrizado das minhas velhas feridas. Dura, muito dura em verdade foi a minha vida. Mas se faço as minhas contas, encontro um saldo que me ressarce de todas as agruras. Um dos mais belos e mais tristes poemas de Machado de Assis diz assim:

Juventud, divino tesoro...

O poeta chegara ao alto da montanha,
E quando ia descer a vertente do oeste,
    Viu uma coisa estranha,
    Uma figura má.

Então, volvendo o olhar ao sutil, ao celeste,
Ao gracioso Ariel, que de baixo o acompanha,
    Num tom medroso e agreste
    Pergunta o que será.

Como se perde no ar um som festivo e doce,
    Ou bem como se fosse
    Um pensamento vão.

Ariel se desfez sem lhe dar mais resposta.
    Para descer a encosta
    O outro estendeu-lhe a mão.

A mim sucedeu o contrário. Subi a encosta de leste acompanhado de perto, não por Ariel, mas pelo outro. E eis que chegado ao alto da montanha, é Ariel que me vem receber, encarnado em vossa bela e radiante mocidade.

A rima*

A época parnasiana marcou o auge do prestígio da rima. Banville chegou a dizer que era ela a única harmonia do verso: *Elle est tout le vers*. O nosso Bilac, no tratado de versificação que escreveu em colaboração com Guimaraens Passos, escreveu que "em composição alguma de versos se deve prescindir da rima. Ela é indispensável". Sem se lembrar que em "Satânia", poema das *Sarças de fogo*, prescindira da rima e escrevera 109 melodiosíssimos e harmoniosíssimos versos brancos.

Antônio Feliciano de Castilho é que não tinha lá grande amor às rimas: pareciam-lhe um postiço e um enfeite. "As línguas de si formosas", escreveu, "dispensam-nas; as menos belas têm razão para as tomar; as feias, necessidade." Tinha especial ojeriza às rimas toantes, moda que diz introduzida em Portugal no tempo dos Filipes (mas as *cantigas de amigo* estão cheias de toantes) e que qualificou de "não das mais guapas".

Os modernistas brasileiros não desprezaram propriamente a rima. Mas praticando o verso livre, em que dificilmente cabe a rima, passaram alguns anos sem ela. Todavia quando voltaram ao verso medido, voltaram também às rimas, servindo-se porém tanto das toantes como das consoantes.

Três sortes de rimas há que nunca foram cultivadas entre nós. Uma é a de sílabas finais átonas; outra é a de final de palavra esdrúxula com a tônica de palavra aguda; a terceira é a de fonemas ou sílabas iniciais.

A primeira espécie foi muito usada nas prosas da Igreja. Temos ótimo exemplo no belo hino *Veni, Sancte Spiritus*:

---

* In: *Miscelânea de estudos em honra de Antenor Nascentes*. Rio de Janeiro, 1941.

Veni, Sancte Spiritus,
Et emitte coelitus
Lucis tuae radium.

Veni, Pater pauperum,
Veni, dator munerum,
Veni, lumen cordium.

Consolator optime,
Dulcis hospes animae,
Dulce refrigerium.

In labore requies,
In aestu temperies,
In fletum solatium.

Usam-na também os poetas de língua inglesa. Shakespeare no soneto que é o prólogo de *Romeu e Julieta*, rima *dignity* com *mutiny*:

Two households, both alike in dignity.
In fair Verona, where we lay our scene.
From ancient grudge break to new mutiny...

Aliás, Chaucer já rimara assim:

... That boldely dide execucioun
In punisshinge of fornicacioun,
Of wicchecraft, and eek bauderye,
Of diffamacioun, and avoutrye,
Of chirche-reves, and of testaments,
Of contractes, and of lakke of sacraments...
... ("The Friar's Tale" in *Canterbury Tales)*

Ensaios literários

Lemos em Milton, soneto *"On Shakespeare"*:

> *Thou in our wonder and astonishment*
> *Hast built thyself a livelong monument.*

E na *"Ode on a Grecian Urn"* de Keats vemos "Arcady" rimando com "ecstasy".

Às vezes encontramos nos poetas de língua inglesa uma sílaba tônica rimando com uma átona. Assim em Chaucer:

> *On which ther was first writ a crowned A,*
> *And after,* Amor vincit omnia.
> (Op. cit., *"A Prioress"*)

Em Milton:

> *And fancies fond with gaudy shapes possess*
> *As thick and numberless...*
> (*"Il Penseroso"*)

> *And in thy right hand lead with thee*
> *The moutain-nymph, sweet Liberty;*
> (*"L'Allegro"*)

Uma e outra variedade de rimas, isto é, de sílabas átonas ou de tônica com átona se nos deparam no alemão. Alguns exemplos de Heine:

> *Doch wenn da sprichst. "Ich liebe dich!"*
> *So muss ich weinen bitterlich.*
> (*Lyrisches Intermezzo*, 4)

> *Erlöschen wir das Himmelslicht*
> *Das aus den frommen Augen bricht.*
> (*Lyrisches Intermezzo*, 5)

A rima

Ich, ein tolles Kind, ich singe
Jetzo in der Dunkelheit;
Klingt das Lied auch nicht ergötzlich
Hat's mich doch von Agnst befreit.
(*Die Heimkehr*, 1)

No meu *Carnaval* fiz algumas tentativas de rimar sílaba tônica com átona:

Era desejo? – Credo! De tísicos?
Por história... quem sabe lá?...
A Dama tinha caprichos físicos:
Era uma estranha vulgívaga.
....
Ao pobre amante que lhe queria,
Se lhe furtava sarcástica.
Com uns perjura, com outros fria.
Com outros má...

A rima de fonemas ou sílabas iniciais pode ser um recurso rítmico de belo efeito, como provam certas aliterações, cujo exemplo mais indiscreto nos dá Cruz e Sousa:

Vozes veladas, veludosas vozes,
Volúpia dos violões, vozes veladas...

Mas há um exemplo que, introduzido instintivamente pelo poeta, é no poema um dos elementos sensíveis da sua sutil musicalidade. Está na segunda e na terceira estrofes da "Canção do exílio" de Gonçalves Dias. Na segunda, rimando *primores* com *palmeiras*. Mas a terceira e última estrofe é a esse aspecto mais notável:

Não permita Deus que eu morra,
Sem que volte para lá;

345

Sem que desfrute os primores
Que não desfruto por cá;
Sem que inda aviste as palmeiras,
Onde canta o sabiá.

Acho, como o grande mestre que reverenciamos nesta coleção de escritos, meu mestre e amigo de quase meio século, o professor Nascentes, que a rima "não é elemento essencial do verso, nem antigo nem moderno". Mas ela tem muitas vezes os seus encantos, mesmo quando não passa de *bijou d'un sou.*

Volta ao Nordeste

Outro dia entrei na Confeitaria Colombo para almoçar e vi uma coisa que é rara ali: uma comprida mesa cheia de alegres convivas. Quase todos eles eram cabeças-chatas na flor da idade. Imediatamente palpitei: o *scratch* cearense de futebol! E era mesmo. Enquanto almoçava, fiquei observando-os. E o tipo físico dos jogadores, o plano braquicéfalo, o ar "permanentemente fatigado" de que falou Euclides, uma ou outra inflexão cantada que me chegava aos ouvidos me foram enchendo de uma estranha emoção, em que ao cabo reconheci o velho sentimento de pátria, despertado assim mais fortemente do que por manifestações oficiais ou de encomenda. Senti-me então torrencialmente submergido naquela "onda viril de fraterno afeto" a que fiz alusão no meu poema do "Marinheiro triste".

Muito bem: a mesma aura de emoção, o mesmo amor da pátria total identificada numa expressão regional me salteou desde as primeiras páginas do novo romance de José Lins do Rego. Com *Fogo morto* volta o menino de engenho aos seus banguês da Paraíba. Volta Zé Lins ao Nordeste, donde nunca devera ter saído, porque só ali é que está em casa. Não quero dizer com isso que *Água mãe* seja um mau romance. Não tivesse o romancista escrito nada mais, e o livro, por si só, lhe daria um lugar de destaque entre os nossos ficcionistas. Mas a história de Cabo Frio foi tirada da cabeça, ao passo que os romances do Nordeste o autor os saca do coração: paisagens, tipos, cenas, o menor detalhe, o mínimo fragmento de diálogo vêm na força das primeiras impressões da infância, reproduzidos com tal ingenuidade que, para um nordestino como eu, saudoso do seu Nordeste, desautorizam

Ensaios literários

o senso crítico e até certos defeitos de linguagem se nos impõem afinal como fatalidades saborosas. Mostra-nos o romancista o mestre José Amaro chorando, como um menino, debaixo da pitombeira. Que aconteceu? "O bode manso chegou-se para perto dele e lambeu as suas mãos." Qualquer de nós diria "lambeu-lhe as mãos". Mas isso não seria mais Zé Lins. Zé Lins está todinho naquele bode que lambe as suas mãos...

Andou-se dizendo que Zé Lins só era bom mesmo na psicologia dos fracassados, dos indivíduos de vontade fraca, do tipo de Carlos de Melo: o mestre José Amaro e sobretudo Vitorino Carneiro da Cunha – Vitorino Carneiro da Cunha, não! Capitão Vitorino Carneiro da Cunha, o homem pagou patente e a defendia no campo da honra! – vieram mostrar que Zé Lins traz todo o Nordeste no sangue. E justamente o capitão Vitorino me parece de longe a criação mais acabada, mais viva, mais inteiriça de toda a sua galeria de tipos. Aquele Quixote do Nordeste não precisou de novelas de cavalaria para esquentar a imaginação e criar fibra de herói andante, defensor dos pobres e paladino da justiça. Não tinha sequer um Sancho Pança a acompanhá-lo, não queria auxílio de ninguém e toda a sua fortuna era o punhal de Pasmado e uma burra velha caindo aos pedaços pelas estradas. Mentiroso sem baixeza, vadio sem preguiça, valentão sem muque, desacatado até pelos garotos que o enfureciam ao gritarem de longe a alcunha indecente. Vitorino – dobro a língua, o Capitão Vitorino, – mal escondia debaixo dos seus despropósitos uma pureza de criança. E só mesmo os demônios como os cangaceiros de Antônio Silvino ou os "macacos" da volante do Tenente Maurício ousavam bater-lhe. Mas Vitorino Carneiro da Cunha jamais foi moralmente vencido. As cenas em que o romancista descreve a intrepidez desbocada do velho em face da crueldade dos bandidos do cangaço ou da polícia estadual são verdadeiramente épicas e se colocam, como a da surra terapêutica do mestre José Amaro na filha doida, entre as mais fortes de sua obra, se não ainda de toda a ficção brasileira.

O engenho de Zé Lins está de fogo morto como do Coronel Lula de Holanda. A nova "botada" foi magnífica. Paraninfou-a o novo brasileiro Otto Maria Carpeaux, que, se veio aumentar o nosso pessimismo (oh homem pessimista), também anda apurando o nosso gosto crítico, ensinando a ver as obras em profundidade. O seu prefácio diz de José Lins do Rego as coisas essenciais: "Todas as virtudes e todos os defeitos do escritor residem na sua espontaneidade fabulosa, na sua riqueza vital, na sua força instintiva. A obra de José Lins do Rego é ele mesmo. É uma epopeia da tristeza, da tristeza da sua terra e da sua gente, da tristeza do Brasil. É grande literatura."

Prefácio*
[a *Versificação portuguesa*]

O compêndio *Versificação portuguesa*, ora editado pelo Instituto do Livro, parece-me, não obstante a sua brevidade e concisão, o mais inteligente e incisivo que sobre a matéria já se escreveu no Brasil, senão também em Portugal. O eminente professor Said Ali, de quem tive a honra de ser aluno de alemão no Colégio Pedro II, medíocre aluno de uma turma cujos ases eram Sousa da Silveira, Antenor Nascentes, Artur Moses e Lopes da Costa, o professor Said Ali, a quem devemos tantas contribuições magistrais ao estudo do mesmo idioma, não é um poeta. Mas o seu íntimo conhecimento da poesia latina e da poesia das grandes literaturas ocidentais dá-lhe competência para versar o assunto com uma autoridade que não terá talvez atualmente nenhum poeta de língua portuguesa.

No Brasil os compêndios anteriores a este não passavam de um decalque, com pequenas variantes, do *Tratado de metrificação portuguesa*, de A. F. de Castilho. A sistematização de Castilho, como a de Malherbe na França, se por um lado prestou grandes serviços no sentido de policiar a técnica poética, por outro lado teve como consequência um empobrecimento da expressão. Os nossos parnasianos ainda agravaram o defeito. No caso dos hiatos, por exemplo. Atidos com demasiado rigor ao conceito escultural da forma, renunciaram a um elemento musical que estava tão dentro da tradição portuguesa e do qual os grandes poetas da nossa língua

---

* A *Versificação portuguesa*, de M. Said Ali. Rio de Janeiro, Imprensa Nacional, 1949.

Prefácio [a *Versificação portuguesa*]

tiraram tantas vezes efeitos admiráveis. Ainda que não apresentasse outros altos méritos, teria o presente trabalho este de defender o hiato, sacrificado durante várias décadas pela "usual e mecanizada contagem das sílabas". O mestre vai mais longe e admite, fundado nos exemplos de Shakespeare e Milton, as pausas intencionais, independentes de vogais em contato e preenchendo o lugar de uma sílaba. Há vários casos desta espécie no nosso Gonçalves Dias. Para os que não sentem na estrutura do verso o valor do silêncio intencional está errado aquele da poesia "Seus olhos":

> Às vezes, oh, sim, derramam tão fraco

Comenta o professor Said Ali:

> Consta a poesia de 49 versos dodecassílabos sendo o segundo e o último de cada estrofe reduzido a um só hemistíquio: o ritmo é rigorosamente formado com o metro anfíbraco, qua-druplicado em cada verso completo. O mesmo metro nos ver-sos curtos, que vão até a sílaba quinta (anfíbraco completo + anfíbraco inacabado). Não se pode imaginar maior apuro em compor versos tão formosos. Só de propósito deliberado usaria o poeta a pausa em lugar de uma sílaba.

Ao verso citado de Gonçalves Dias chama Said Ali dodecassílabo. É uma das novidades deste precioso livrinho voltar ao uso antigo de tomar o verso grave como critério para a especificação e denominação dos versos. Castilho abandonou pela tradição francesa a das outras línguas românicas. Assim o verso que era chamado hendecassílabo passou a denominar-se de-cassílabo. A lição do mestre português foi aceita pelos parnasianos e pelas escolas que lhes sucederam. Haverá vantagem no retrocesso? É um caso por discutir e naturalmente provocará debates. Pessoalmente prefiro o critério de Castilho, isto é, a contagem até a última sílaba tônica. As sílabas átonas dos versos graves e esdrúxulos não influem na estrutura dos mesmos: podem influir na do verso seguinte. Assim na poesia "Valsa", de Casimiro de Abreu:

Ensaios literários

> Pensavas,
> Cismavas,
> E estavas
> Tão pálida
> Então;
> Qual pálida
> Rosa
> Mimosa,
> No vale,
> Do vento
> Cruento
> Batida...

No sexto verso a última sílaba de "pálida" pertence na realidade ao verso seguinte "Rosa", que tem uma sílaba a menos, como era de necessidade, sem o que se quebraria o ritmo uniforme do poema.

Basta esse único exemplo para mostrar que o número de sílabas, como a rima, a aliteração, o paralelismo, o encadeamento etc., não são mais do que elementos organizadores do ritmo, finalidade soberana na estrutura formal do poema. O ritmo como o entende muito justamente o professor Said Ali, observado tanto na sua forma positiva como na negativa – silêncio, pausas, interrupções. Qualquer dos elementos acima mencionados pode faltar no poema sem prejuízo do ritmo. É por isso que ousamos discordar do sábio mestre quando afirma que o ouvido moderno "reclama a rima como beleza natural e essencial da poesia". Natural, sim; essencial, de modo nenhum. O próprio mestre dissera dois parágrafos atrás que "a poesia não rimada requer elevação de ideias, vigor de expressão, inversões e outros artifícios que permitem realçar bem certas sílabas acentuadas, sem o que os versos mal se distinguirão da prosa chata". Logo, a rima não é essencial.

A especificação e exemplificação dos metros é feita neste compêndio com evidente superioridade sobre os demais já escritos em língua portuguesa.

É de desejar que em futura edição dê o professor Said Ali maior desenvolvimento à sua obra, contemplando nela as formas fixas, o verso livre

Prefácio [a *Versificação portuguesa*]

moderno, e a este respeito tomamos a liberdade de lhe chamar a atenção para o notável ensaio de Pedro Henríquez Ureña *En busca del verso puro*. Deus conceda ao provecto mestre bastante vida e saúde para completar este e outros trabalhos.

Prefácio às cartas de
Mário de Andrade a Manuel Bandeira

Tive com Mário de Andrade uma correspondência epistolar que se iniciou em 1922 e se prolongou sem interrupção até a sua morte. Mário escreveu milhares de cartas. Nunca deixou carta sem resposta. Creio, no entanto, que as da nossa correspondência têm importância especial, porque comigo ele se abria em toda a confiança, de sorte que estas cartas valem por um retrato de corpo inteiro, absolutamente fiel. Nelas, está todo o Mário, com as suas qualidades, que eram muitas e algumas de natureza excepcional, e os seus defeitos, jamais de origem mesquinha. Certos aspectos de sua personalidade poderosa são mesmo difíceis de classificar: como qualidade ou como defeito? O seu orgulho, por exemplo, que era imenso, mas frequentemente se exprimia em formas de aparente humildade, que a ele próprio intrigavam.

Além de retratarem com tanta verdade o seu autor, são estas cartas do maior interesse para a compreensão de sua obra, sobretudo de sua poesia, porque o meu saudoso amigo costumava expor-me a motivação, gênese e trabalhos de construção de suas produções, quer se tratasse de um romance, de um ensaio, de um livro didático, ou de um simples poema. Pedia-me a opinião e crítica. Eu dava-as. Ele redarguia. Discutíamos. Eram longas missivas "pensamenteadas", como certa vez ele as qualificou. Mesmo sem se ter conhecimento de minhas respostas, percebe-se claramente todas as minhas contraditas e reservas, tal a ordem que Mário punha na exposição do nosso debate. A discussão provocada pela "Carta às

Icamiabas", do livro *Macunaíma*, mostra o mundo de intenções que Mário insinuava nas invenções aparentemente mais ingênuas. A evolução de sua poesia, desde os poemas de *Pauliceia desvairada*, feitos para serem gritados, cantados, até os *Poemas da negra* e os *Poemas da amiga*, que nem para ser ditos foram feitos e sim para ser lidos, está minuciosamente revelada, quase poema a poema.

Outra coisa que vemos largamente esclarecida nesta correspondência é o caso da língua. Sempre fui partidário do abrasileiramento do nosso português literário, de sorte que aceitava em princípio a iniciativa de Mário. Mas discordava dele profundamente na sua sistematização, que me parecia indiscretamente pessoal, resultando numa construção cerebrina, que não era língua de ninguém. Eu não podia compreender como alguém, cujo fito principal era "funcionar socialmente dentro de uma nacionalidade", se deixava levar, por espírito de sistema, a escrever numa linguagem artificialíssima que repugnava à quase totalidade de seus patrícios. Mário, que se prezava de psicólogo, escrevia-me, para justificar-se de seus exageros, que era preciso forçar a nota: "exigir muito dos homens pra que eles cedam um poucadinho". O reformador não se limitava a aproveitar-se do tesouro das dições populares, algumas tão saborosas como esse "poucadinho", nascido por contaminação de "pouco" e "bocado". Ia abusivamente além, procedendo por "dedução lógica, filosófica e psicológica".

Outro aspecto anárquico de sua escrita foi o ortográfico. Pretendemos, o editor Simões e eu, respeitar a ortografia dos originais, o que dificultou enormemente os trabalhos desta edição, sem que tenhamos obtido a perfeita fidelidade. As contradições são estarrecentes. Mário grafava quase sempre *porêm*, mas não acentuava *ninguem, tambem, Belem*. Podia-se imaginar que acentuava *porêm* para distingui-lo de *porem* verbo, que ele não acentuava. Mas então por que escrevia o infinitivo *pôr* sem o acento que o distinguisse da preposição? Certa vez estranhei que ele escrevesse *obsecado*. Escrevi-lhe sobre isso e ele me saiu com uma explicação, justificando a forma por uma contaminação ("obsessão" com "obcecado") de origem jornalística, e até propondo para o caso o neologismo "jornalistismo". E os suarabáctis, que ora ele grafava, ora não (*admirar* etc.)? Um ponto em que punha muita atenção era grafar *ũa* quando a palavra seguinte começava por *m*. É possível que nesta edição tenha escapado o artigo grafado em tais casos *uma* ou *u'a*: entenda-se que devia estar *ũa*. Os títulos de obras ou poemas estão quase sempre sem grifo nem aspas; apenas com iniciais maiúsculas. "Ruim" vem sempre pronunciado e grafado *rúim*.

Mas tornemos ao fundo das cartas. Muita gente ignora que as opiniões sustentadas por Mário decorriam frequentemente não de convicção, mas de pragmatismo ocasional. Houve ocasião em que deu para atacar Beethoven, que era compositor muito de sua admiração, só porque no momento convinha combater a mania de Beethoven. Também combateu a Europa, e explicou-me: "não porquê [acentuava sempre o porquê] deixe de reconhecê-la ou admirá-la mas para destruir o europeísmo do brasileiro educado". E acrescentava satisfeito: "Sou o maior chicanista da literatura brasileira!". Estas cartas, escritas em toda a pureza de coração, ensinarão a ler a obra de Mário com as necessárias cautelas.

Tudo o que acabo de dizer será também para me absolver de não ter obedecido à vontade do amigo, que mais de uma vez me recomendou a não divulgação desta correspondência. "As cartas que mando pra você são suas. Si eu morrer amanhã não quero que você as publique. Essas coisas podem ser importantes, não duvido, quando se trata dum Wagner ou dum Liszt, que fizeram também arte pra se eternizarem. Eu amo a morte que acaba tudo. O que não acaba é a alma e essa que vá viver contemplando Deus."

Para um homem como Mário de Andrade não pode haver a morte "que acaba tudo". Porque a sua obra é imperecível, e por dois motivos: pelo seu valor intrínseco e pelo que há nela de interesse social. Mário foi o brasileiro que mais se esforçou na tarefa de "patrializar" a nossa terra. Tal esforço está sempre nas cartas que dele recebi.

Quando me apertam as saudades de Mário, é a elas que recorro. Não escolho: tiro uma qualquer, ao acaso, porque em todas estou certo de encontrar a mesma rica substância humana, e todas me restituem de golpe o amigo desaparecido.

Possuo cartas de Mário indevassáveis devido à intimidade das confidências (é o caso das duas cartas em que ele me relatou a breve ligação com

Prefácio às cartas de Mário de Andrade a Manuel Bandeira

a mulher que lhe inspirou o *Girassol da madrugada*) ou à rudeza de certos juízos pessoais, fruto muitas vezes de irritações momentâneas. Todos fizemos isso e, arrependidos que estamos, pensamos com inquietação numa possível leviandade dos destinatários.

Nas que aqui se vão ler, cartas tão esclarecedoras da obra de Mário, da sua maneira de trabalhar, da sua visão, tão pessoal, da vida e da literatura, da música e das artes plásticas, uma ou outra passagem seria indiscreto revelar sem a cautela de alguns cortes. Assim procedendo, atendo à confiança com que o grande poeta escreveu e me mandou tantas páginas admiráveis, muitas não inferiores às melhores que publicou em livro.

Impressões literárias*

I[1]

Ribeiro Couto estreou nas letras fazendo confidências num jardim onde havia os bustos de Samain e Verlaine e onde chovia muito. Chovia melancolia. Sua poesia era "toda mansa". Tinha o pudor de falar alto. Detestava a eloquência. Mas o homem de ação que dormitava nele sabia muito bem que a eloquência "inflama as multidões contentes". Hoje Ribeiro Couto sabe falar em todos os registros segundo as ocasiões. *Noroeste* é um poema eloquente. Nem podia ser de outro modo, já que ele narra a formidável arrancada dos paulistas para as fronteiras de Mato Grosso. E quando o poeta vai passando as estações longínquas, Miriguri, General Glicério, Capituva, Albuquerque Lins, "mistura de instinto caboclo e homenagens pessoais", Guaicara, Miguel Calmon, Avaí, Toledo Pisa, o que se lhe oferece aos ouvidos é toda "a intuição deleitosa da epopeia rural". Criação de ontem:

> Nenhum homem feito, ó Noroeste,
> Poderá dizer-te: minha terra natal.

---

* Em 1933 e 1934, Manuel Bandeira manteve uma seção de crítica literária no *Diário de Notícias* do Rio de Janeiro, sob o título "Impressões literárias". Recolhem-se nas páginas seguintes algumas amostras dessa atividade do escritor.

1 Sobre Ribeiro Couto. *Noroeste e outros poemas.*

Um dos trechos mais belos do poema é o que se refere aos mineiros de roupa de chita, com o dinheirinho amarrado na ponta do lenço, que vêm colaborar com os paulistas nas bandeiras do café:

> Não sabem que são bandeirantes de torna-viagem.
> Não sabem que são descendentes daqueles ousados do século XVII
> Que deixavam em casa as mulheres fiando na roca
> E subindo a Mantiqueira nunca dantes pisada pelos brancos
> Iam pelo curso dos rios procurar esmeraldas e ouro
> Fundando pelo caminho no mato violado os Baipendis.
> Ó raça misteriosa
> ....
>
> Raça incendiada de ambições construtoras
> Nasceu dela esta gente que regressa agora
> Tem na alma adormecida por três séculos
> A mesma audácia persistente e sem juízo
> Que outrora fez o espanto da burocracia colonial.

O poema acaba com a apoteose de São Paulo, muito oportuna neste momento de vitória da frente única; São Paulo "acima de todos os desastres".

Os outros poemas do Brasil falam mais baixo. E a cidade natal, a Santos das recordações de infância, com as suas sombras angélicas – Chiquita, Bilu, Das Dores e Senhorinha, Sinhá Maria do Bolo – a cidade que o poeta encontra por todos os climas, porque basta o cheiro do café para lhe dar a presença dela; é a Bahia "de todos os santos, de todas as glórias"; Rio, São Vicente e Recife. No poema do Recife há dois versos que têm a virtude de pôr *upset down* todo coração de pernambucano da gema. É quando ele fala dos mocambos de Afogados e do Pina:

> Indo à tardinha ver o folguedo dos bairros pobres
> Em que os mocambos, pobres negrinhos, têm os pés na água...

É dessas imagens que fazem a gente gritar: *Mouche!* (11 junho 1933).

Ensaios literários

II[2]

Os amigos de Bopp fizeram mal em publicar à guisa de prefácio de *Urucungo* uma carta que tudo está indicando não ter sido escrita para o público. Mesmo como carta particular é documento tão ruim que parece apócrifa. Era preciso que Bopp andasse quando a escreveu pelo rabo da África equatorial para errar tanto e num tom tão abestalhado. Não é de Bopp. Bopp é o homem moderno que corre o mundo inteiro, a pé, de trem, de auto, de avião (da Aeropostale) e donde passa, manda recadinhos breves e quase ilegíveis acompanhando presentes de quimonos autênticos, charpas de seda oriental, Utamaros obscenos, gris-gris do Congo, a legítima vodca etc. Não tem tempo para se lastimar, com falsa modéstia, porque *soi disant* ninguém fez caso da *Cobra Norato*. Ora, pouca gente escreveu nos jornais sobre *Cobra Norato* (eu não escrevi), mas o que todo o mundo que entende de *poesia* entre nós repete, sempre naquilo que João Ribeiro chamou a crítica consuetudinária, é que a *Cobra Norato* é um grande poema, uma obra-prima da poesia em língua portuguesa, a melhor *réussite* do poema regional brasileiro. Não se escreveu dele pela própria excelência dele: é dessas coisas que nos obliteram o senso crítico, a inteligência, abismada na assombração formidável do ambiente poético criado.

Eu disse que a carta de Bopp não presta. Mas tem que se salvar um pedaço, que é ótimo. O prefácio de *Urucungo* devia ser só este pedaço:

> A *Cobra Norato* representa a tragédia das minhas febres. *A maior volta do mundo que eu dei foi no Amazonas.* Canoa de vela. Pé no chão ouvindo aquelas mil e uma noites tapuias. Febre e cachaça. O mato e as estrelas conversando em voz baixa. Este outro de negro (o *Urucungo*) é um livro fácil. Fracionado. Consciente. O outro não fui eu que fiz. Instinto puro. Bruto. Subsexual. Místico quase.

---

2   Sobre Raul Bopp. *Urucungo.*

O Bopp destas linhas é o que nós todos admiramos e a que queremos bem. Elas dispensam mais crítica. A autocrítica de Bopp está exata. Mas convém dizer que na facilidade de *Urucungo* aparece aqui e ali o mesmo instinto bruto da *Cobra*, como nesta entrada, de uma grandeza cósmica, do poema "Casos de negra":

A floresta inchou
Uma árvore disse:
Eu quero ser elefante
E saiu caminhando no meio do silêncio.

Essa é a ressonância mais grave e mais bela de *Urucungo* (18 junho 1933).

III[3]

Há uma linhagem de contistas cariocas remontando a Manuel Antônio de Almeida com as *Memórias de um sargento de milícias*. Manuel Antônio de Almeida, Machado de Assis, Lima Barreto, Ribeiro Couto (santista de nascimento, mas isto não tem a menor importância) e Marques Rebelo. Cinco ao todo: uma linha de *forwards* que combinam bem, perigosa, agilíssima. Me vali da terminologia do *football* para os caracterizar, porque de fato todos eles se assinalam pelas qualidades que distinguem no campo os jogadores de linha, – a presteza, a malícia, a presença de espírito, o passe curto e baixo.

Marques Rebelo estreou com um volume de contos, *Oscarina*. Entrou logo para o *scratch*. O seu novo livro confirma definitivamente o juízo geral. São três contos de uma arte admirável em todos os seus detalhes: "Vejo a lua no céu", "Circo de coelhinhos" e "Namorada". No primeiro há que notar aquele dom de criar o ambiente da história pela notação sutil de pequeninos episódios, um gesto, uma frase, escolhidos com a mais fina intuição

---

3   Sobre Marques Rebelo. *Três caminhos.*

dos efeitos e apresentados com a sobriedade e a precisão de um passe impecável. "Circo de coelhinhos" ainda me parece melhor pelo interesse psicológico da narrativa. É o caso de um menino que recebe o presente de uns coelhinhos. Começou então um amor que virou paixão com todos os matadores. Porque havia na casa um moleque que disputou ao pequeno o amor dos bichinhos. O trecho em que o autor conta o tormento que o menino passava nas horas de escola, imaginando o que estaria fazendo o moleque em casa ("Estará carinhando-os, coçando-os, levando-os para pastar no quintal?...") pinta ao vivo o sofrimento do ciúme, como ele é de verdade no coração das crianças: e dos adultos. Isto faz a delícia maliciosa do conto. Psicologia exata da infância, serve para todas as idades. Os leitores vão ver como acaba. O moleque é apanhado um dia pelo caminhão do gelo. Sofre muito, agoniza demoradamente, morre. O menino branco se sente agora único no amor dos seus coelhinhos. Vai ficar feliz? Que esperança! A falta de concorrência lhe tirou o apaixonado estímulo, diz o narrador. O amor tinha sido devorado pela paixão absorvente e dissolvente do ciúme: eu não disse que era psicologia para todas as idades? O terceiro conto, "Namorada", é dessas coisas bem-feitas, que não se sabe como são feitas.

Três caminhos é um livro ótimo. Dá vontade de rematar a crítica como o fazia o falecido Osório Duque-Estrada quando gostava do autor: felicitando-o, mandando parabéns à família etc. (16 julho 1933).

IV[4]

Em *Garimpos* Herman Lima estreia no romance. Mas no romance ele ainda não acertou a mão, como nos contos. E é ainda o contista traquejado que aparece aqui e ali na trama fraca do romance, relatando episódios da vida rude dos garimpeiros da zona de Lençóis. O livro, afinal, vale é pela reportagem fidedigna que faz das lavras diamantinas do interior da Bahia. O talento descritivo do autor leva-nos ao labirinto sombrio e pérfido das grunas, onde assistimos ao heroísmo cotidiano dos camaradas e dos meias-

---

4   Sobre Herman Lima. *Garimpos.*

-praças, tipos do sertanejo euclidiano, a que Herman Lima tece em prefácio o comovido elogio.

Falei no talento descritivo do romancista. Para ser inteiramente franco devo dizer que ele é um tanto prejudicado pela própria virtuosidade em que se compraz, e como a principal qualidade de sua prosa é ser numerosa e bem balançada, ao cabo a atenção do leitor se sente como que anestesiada e acaba não reagindo mais: não vê mais nada e passa a ouvir tão somente a música das palavras. E ainda é preciso dizer que Herman Lima escolhe demais as palavras. As suas imagens são deficientes de realidade, porque estão sempre a amplificar em sentido heroico a realidade. Disso resulta um efeito de ênfase cansativo. É uma imaginação que está sempre vendo cataclismos nos trabalhos, nas emoções humanas. Eis como descreve a sensação da principal personagem da história ao rever a antiga namorada, já então casada com outro:

> Os olhos da moça, batidos pelo clarão violento, como luz de ribalta, coruscaram um segundo sobre o rapaz, num resplendor de imensos diamantes tocados do sol. Ele desceu as pálpebras, de súbito, guardando o relâmpago estonteante. Duas estrelas, apagando todo o brilho de redor...

Se fala de diamantes, é para lembrar que irão depois "acender os pequeninos sóis maravilhosos para ornamento das mãos e dos colos opulentos". Porque necessariamente opulentos esses colos? Descrevendo a paisagem das lavras: "Em roda, pompeava um cenário de terremoto. O solo erguia-se e descia, como oceano petrificado, revolvido e escancarado em faces negras..." Mais adiante: "Pairava um silêncio religioso na convulsão daquela cenografia shakespeareana...". O Sebastião do romance sente a vista turva e cambaleia: "Mentalmente ele todo oscilava, como um mastro de navio em tempestade". Na gramatiquinha imbecil em que estudei o primeiro ano de português, creio que se chamava a isso estilo "oriental". A prosa de Herman Lima ganharia muito se renunciasse a essas pompas. Apesar da maneira guindada com que nos conta o episódio capital do livro –

Ensaios literários

o tifo brabo de Guida, a luta do médico para salvá-la, as emoções de vária sorte dos dois homens rivais, o marido e o médico, um momento irmanados sob a ameaça de morte da moça, essas páginas revelam em Herman Lima um romancista. Em *Garimpos* o que faz o romance está servindo apenas para dar alguma cor sentimental às longas páginas de informação, excelente informação muito interessante do ponto de vista do léxico brasileiro, sobre as Lavras baianas, aquela "terra rica, de gente pobre" (6 agosto 1933).

V[5]

É o terceiro volume da série "Cartas jesuíticas", cuja organização está confiada a Afrânio Peixoto. Faz parte dessa "Biblioteca de Cultura Nacional" que a Academia de Letras vem editando, com tão grande benefício para os nossos estudos de história e literatura. Tarefa que a honra sobremodo e já agora a impõe ao respeito de todos. Ainda bem que nem tudo ali são cabalas indecentes para preenchimento de vagas e distribuição de prêmios. Certo que a Academia tem que ser uma força renovadora, mas essa missão, no alto sentido, deve cumprir-se em conservar, estudando-as, explicando-as, completando-as, reanimando-as enfim, as grandes obras onde nos podemos nutrir da seiva forte do nosso passado, do passado útil e que afinal não é passado e só conosco morrerá.

Grande figura e grande obra desse passado medular é o padre Anchieta. Desde meninos aprendemos a amar a doçura formidável do canarino que se tornou tão brasileiro quando ainda o Brasil estava nos limbos. Na Introdução a este volume propõe Afrânio Peixoto que se considere Anchieta, com os sermões de 67 e 68, o iniciador da literatura brasileira em prosa. É justo. Leiam-se os dois sermões, faça-se o cotejo com a melhor literatura do tempo em Portugal. É a época de Camões, de João de Barros, de Gil Vicente, de Heitor Pinto, de Francisco de Morais, para só citar os maiores. A língua dos sermões parece levar vantagem à de todos os prosadores quinhentistas em sua naturalidade verdadeiramente adorável: obra de santo,

---

5 Sobre *Cartas, informações, fragmentos históricos e sermões* do padre José de Anchieta.

que tanto sofreu e trabalhou por nós, e assim ficou mais perto de nós e da língua que falamos hoje. A elevação do pensamento desses sermões, a beleza e sobriedade clássica da sua linguagem de modo nenhum obstaram a que o santo padre se servisse de expressões de deliciosa cotidianidade. É que em sua alma angélica o sublime e o trivial tudo se funde numa só harmonia divina. O latim que cita sai sem o menor ressabio de pedantismo. Ele diz *ubi nulla est redemptio* e logo traduz foríssima da letra, encantadoramente, *onde não há mezinha nem remédio*. A transubstanciação do Verbo na carne está expressa nesta maravilha de poesia e ternura franciscana: "...Jesus Cristo, que se fez bichinho por amor de mim". No sermão de 67 o desenvolvimento do tema *incipiebam mori* está feito de maneira magistral e pode-se dizer que nele a eloquência sagrada atingiu as suas maiores alturas em língua portuguesa. E assim sem nenhuma afetação de sublime. Antes valendo-se de imagens bem próximas da vida de todos os dias ("quando me achei em tal tormento ou perigo do mar, em que já estava com a alma no papo e tudo dava já por acabado...").

Entre os trechos que apontei como preparo a esta notícia destaco este ao acaso:

> Quantas vezes acontece a uma alma temente a Deus... descuidar-se de Deus e fazer pouco caso das coisas pequenas, senão quando se acha quase nas grandes. Exemplo: começa a tomar conversação com uma mulher ainda que seja com mui boa intenção e sem nenhum mal; senão quando ele por descuido e pouco caso que fez disso, começa a sentir em si maus pensamentos, começa já a olhá-la ou ela para ele com olhos pouco castos, começa a desmandar-se em risos e palavras; e o diabo atiça por sua parte quanto pode; a carne pela sua. Todavia como ele traz o tento de sua alma posto em não fazer nenhum pecado mortal, torna em si pela bondade do Salvador e larga a tal conversação, dizendo consigo *incipiebam mori*, eu já começava a morrer, perto estava de fazer algum grande mal ou pelo menos consentir num pecado mortal e dar escândalo com minha

muita conversação. *Nisi quia Dominus adiuvit me paulo minus habitasset in inferno anima mea. Incipiebam mori!*

Toda a matéria deste volume está minuciosamente comentada em mais de 700 notas por António de Alcântara Machado, – anchietano já de quarta geração, como lhe chama Afrânio Peixoto, pois o pai, Alcântara Machado, o avô, Brasílio Machado, e o bisavô, J. J. Machado d'Oliveira, amaram e estudaram a figura de Anchieta. Essas notas que representam um trabalho inestimável, magistralmente realizado, vão de certo provocar debates apaixonados entre os eruditos. Porque há pontos que malgrado a autoridade do comentador ainda me parece que ficam duvidosos. Serão de fato de Anchieta a *Informação do Brasil e de suas capitanias*, a *Informação dos primeiros aldeamentos*, a *Informação da Província do Brasil*? Coitado de mim para me meter entre Capistrano, Rodolfo Garcia e António de Alcântara Machado. Todavia talvez haja aqui um lugarzinho para a intuição inteiramente aérea de um poeta: eu não reconheci no tom dessas memórias o tom de Anchieta. A respeito da última memória o único testemunho que posso apresentar é o do tatu. Na X carta, de São Vicente, Anchieta descreve-o como "quase semelhante aos lagartos pela cauda e cabeça"; na *Informação* se diz que "os tais animalejos que chamam tatus parecem-se com leitões". Parecem informações de duas pessoas. O tom literário desta memória é de resto bem diferente do tom das outras, que é mais massudo, menos interessante. Na *Informação da província* aparece muitas vezes a expressão "de bom prospecto para o mar" nunca empregada alhures por Anchieta. Na *Informação dos primeiros aldeamentos* há pronomes oblíquos antepostos aos sujeitos, construção que não é usada por Anchieta: "Foi causa isso com o mais que lhe os portugueses fizeram de se levantarem..." ; "acabado de eles ditos padres soltarem"; "que não cressem o que lhes o padre dizia". Talvez se possa dizer desses trabalhos o que António de Alcântara Machado diz da *Informação dos primeiros aldeamentos* que "em todo o caso, se não é ele o autor, certamente a seu mandado e sob suas vistas" foram escritos.

Este livro tem apresentação de edição erudita, como de fato é. Nada impede, porém, que interesse ao grande público de São José de Anchieta (13 agosto 1933).

VI[6]

Murillo Araújo surgiu em *Carrilhões* com uma personalidade que se tem mantido sempre igual a si mesma através dos seus livros posteriores – *A cidade de ouro*, *A iluminação da vida* e agora *As sete cores do céu*. Em *Carrilhões* ressoava ainda a nota dos desassossegos e melancolias da adolescência. Hoje Murillo é o poeta mais cheio de sol desta terra de soalheira. Mas na sua poesia o sol não reluz como na natureza: ela o refrange à maneira dos prismas de cristal com que todos gostamos de brincar em meninos. Assim nunca há luz branca nos poemas de Murillo: há sempre as sete cores do céu.

Neste livro Murillo fala de sua Vovó Eva,

> Minha bisavozinha que nem em retratos conheci,
> E a sua mãe, bugre aimoré
> Pegada a laço pelo Emboaba nua e ingênua no mato...

Eis aí o que explica o ar espantado e deslumbrado do poeta, o seu gosto pelos tons brilhantes. É uma poesia a sua que lembra sempre os cocares e enduapes de cores dos nossos índios. O próprio Murillo assim a define:

> Toda ela é claridade
> Arde em seu sangue o sol da América;
> E erram em seu sonho arás, saíras e tucanos
> Duma floresta alta e feérica.
>
> Em cada pobre seixo de amargura
> Encontra um jogo
> Para brincar.
>
> E até nas ruas da cidade em flor de luzes
> Costuma ver Mapinguaris de fogo
> E Bois-tatás de chama a se desenrolar.

---

6   Sobre Murillo Araújo. *As sete cores do céu*.

Deixem, pois, que ela salte, que ria inocente
Que até nas próprias lágrimas do mundo
Vê miçangas de estrelas e de gema...

Não se poderia dizer melhor e esses versos são um retrato fiel, onde nada falta, desde o brilho dos olhos até o vinco das rugas.

VII[7]

O primeiro romance de Jorge Amado – *O país do carnaval* – revelava, com evidentes dons para o gênero, muita puerilidade. O amadurecimento do espírito do primeiro para este segundo livro salta à vista. No entanto dir-se-ia haver em *Cacau* um retrocesso na técnica mesma do romance, se não fossem conhecidas as ideias do seu autor sobre o que ele entende ser o romance proletário. Ora, escrevendo na revista *Ariel* sobre *Os corumbas*, de Amando Fontes, assim definiu ele a literatura proletária: "... é uma literatura de luta e de revolta. E de movimento de massa. Sem heróis nem heróis de primeiro plano. Sem enredo e sem senso de imoralidade. Fixando vidas miseráveis sem piedade mas com revolta. É mais crônica e panfleto (ver *Judeus sem dinheiro, Passageiros de terceira, O cimento*) do que romance no sentido burguês". Confesso não ver por que o romance proletário tenha que ser crônica e panfleto, sem enredo nem senso de imoralidade. Parece-me que o romance proletário será o romance para proletários, e se ele conseguir, comovendo-os, revoltá-los, dar-lhes o sentimento de classe, o sentimento da força de sua classe e a compreensão da ideia marxista da luta de classes, então será um bom romance proletário... do ponto de vista comunista. Pode-se admitir até certo limite que estará mais de acordo com a ideologia marxista o romance sem heróis individuais, o romance de massas. Mas a ideologia marxista precisa ser entendida segundo o oportunismo político que a caracteriza. Não creio que Marx julgasse possível o nivelamento do indivíduo na massa e a extinção dos heróis. O que ele via

---

7 Sobre Jorge Amado. *Cacau*.

Impressões literárias

como necessário era combater na massa proletária os heróis burgueses, quase sempre aproveitadores cínicos. E o que se está vendo é que para implantar o comunismo na Rússia foram necessárias personalidades gigantescas, como Lenin, como atualmente Stalin. Foram decerto os modelos citados por Jorge Amado que o levaram a essa concepção, que me parece não só estreita, mas de todo falsa, do romance proletário. E proletário ou não, *Cacau* como romance é muito defeituoso. Mal colocado no seu primeiro arcabouço, porque aquele rapaz pequeno-burguês que vira trabalhador de enxada e mais tarde vem escrever o romance é de todo inaceitável. Não viraria trabalhador de enxada, e se por ventura o fizesse não escreveria na maneira requintada, apesar de todos os palavrões, em que se exprime Jorge Amado. Quem escreve a gente sente que é sempre Jorge Amado, que passou algum tempo em Ilhéus para observar, como de fato observou muito bem, a vida dos pobres cacaueiros. Esse o vício fundamental do livro. Há outro que nasce do *parti pris* de propaganda socialista: todos os proletários são bons, ou pelo menos desculpáveis, e o resto da humanidade que passa no romance, umas pestes. Ninguém melhor que Jorge Amado sabe que a vida não é tão simples assim. Num romancista essa vista grossa desumaniza inteiramente as suas personagens. Elas cessam logo de interessar, e adeus a própria propaganda. Mais inteligente será mostrar que misérias e maldades de todos, ricos ou pobres, decorrem da organização social defeituosa no regime sob que vivemos.

Cacau ainda não é o romance que todos esperamos do talento de Jorge Amado.

VIII[8]

Os corumbas é um romance indigesto.

Preciso explicar-me. Geralmente se diz da má literatura, dos livros malfeitos que são indigestos. A expressão me parece imprópria. A má literatura é intragável, isso é o que ela é. Agora o bom livro, o livro rico de

---

8 Sobre Amando Fontes. *Os corumbas.*

Ensaios literários

substância humana, rico de ensinamentos ou de poesia, esse a gente o fecha pensando que acabou e o danado continua a remexer dentro da gente, coisa viva e imperecível que nunca pode ser inteiramente assimilada em nossa própria substância. Assim *Os corumbas*. À proporção que me afastava da primeira impressão da leitura, as suas personagens passaram a me preocupar como gente que conheci de fato, cujo destino me abalou profundamente e de cuja lembrança nunca mais me libertei. E agora mesmo, virando-lhe as páginas em procura de notas que risquei à margem, senti as pontadas de emoção reavivarem-se aqui e ali, como a gente costuma sentir com elementos da própria experiência. Sobretudo com o caso de Caçulinha, a mais nova das corumbas, talvez a figura feminina mais tocante de todos os romances brasileiros, criação admirável que por si só revela um grande romancista.

E é de fato um grande romancista Amando Fontes, quaisquer que sejam as restrições que se entenda fazer ao escritor. O tipo de Caçulinha não é singular e todos os outros tipos do romance estão traçados com a mesma verdade, a mesma coerência. Os seus gestos, como os conflitos de sentimento em que são arrastados, são descritos de tal sorte que nada parece invenção do romancista, senão narrativa de testemunha do drama. A arte de Amando Fontes como escritor parece até negação da arte, tal a ausência de artifícios, – a naturalidade do mau escritor, tenho mesmo vontade de dizer, mas será melhor dizer do escritor despretensioso, indiferente às qualidades elegantes da expressão e só atento ao que é essencial ao romance, ao movimento do romance, às suas exigências de construção e de verossimilhança psicológica. Tudo nele está bem disposto, resultando numa expressão de solidez e de ordem. A ação progride sempre para obter o máximo de emoção no episódio em que Caçulinha perdida grita para a mãe: "Mãe! Mãe! Não presto mais". Então o drama daquela pobre família, que resume tantas famílias, – toda uma classe de deserdados e explorados, sufoca-nos. Geraldo e Sá Josefa vieram para Aracaju fugindo à seca e para melhorar. Todos os filhos se perdem. E o casal de velhos regressa derrotado para o interior. "Era noite fechada. Todas as luzes estavam acesas. Na estação um apito estridente deu a ordem de partida. A locomotiva resfolegou, silvou forte, e o trem começou a deslocar-se, em marcha lenta." Eis a maneira de

Impressões literárias

escrever de Amando Fontes. Alguém notou que lhe falta ao estilo o que chamou o ouro essencial das imagens. Falta o ouro das imagens e ainda bem. Não é essencial. É curioso notar como Amando Fontes atinge a força do estilo pelo sentido da situação. Descrevendo uma paisagem ou o tipo físico de uma personagem, não é o mesmo que em certas cenas do drama, nas quais, pela escolha do detalhe ou justeza do diálogo, acerta sempre e por vezes excelentemente. A morte de Bela, por exemplo, é uma grande página.

Amando Fontes deve continuar na mesma linha em que compôs *Os corumbas*, indiferente aos conselhos dos estilistas, dos amadores de dissertações ideológicas e dos puristas. Ele escreve na linguagem brasileira desafetada, como fazia Lima Barreto. Às vezes vem um "lhe" empregado como objeto direto (página 11). Está muito certo em nossa fala, embora errado na língua atual de Portugal. Não será nosso o dizer: "Não houve quem 'na' pudesse contar" (página 162). Quem escreveu *Os corumbas* pode dar-nos outros romances, e fio que muito é de esperar do autor (3 setembro 1933).

IX[9]

É tudo literatura infantil, e vem a tempo para as festas de Natal e Ano-Bom. Só o primeiro livro é propriamente do autor de *Urupês*; os demais são traduções ou arranjos. Mas todos trazem a marca pessoal do sr. Monteiro Lobato.

Eis um escritor feliz, que começou agradando a Rui Barbosa e acabou agradando às crianças. Esta última felicidade, sobretudo, é invejável. E não há a menor dúvida a esse respeito: o sr. Monteiro Lobato sabe falar às menininhas de nariz arrebitado ou não. Se a sua linguagem é às vezes por demais de gente grande, por demais gramaticalmente certa, o mesmo não há que dizer da imaginação e do espírito, sempre bem perto do adorável lirismo da infância.

---

9 Sobre Monteiro Lobato. *As caçadas de Pedrinho, História do mundo para crianças, Alice no País das Maravilhas, Alice no País do Espelho, Pinóquio* e *Aventuras do Barão de Munchausen.*

Ensaios literários

O sr. Monteiro Lobato vai criando um mundozinho de personagens em que a gente já se sente como em família: Narizinho, Pedrinho, o marquês de Rabicó, que não é senão o leitão do sítio de dona Benta, o visconde de Sabugosa, que não passa de um sabugo de milho... Este visconde de Sabugosa já é criação rica de maravilhoso e digna de figurar nos países em que Alice andou pela mão de Lewis Carroll. Mas a personagem mais divertida desse mundozinho, a de mais vida, a que está sempre saltando das páginas do livro, é Emília. As suas espevitices, os seus palpites, a sua ciganagem fazem dela o centro da ação e do interesse toda vez que aparece. No entanto Emília é... uma boneca – a boneca de Narizinho.

Na *História do mundo para as crianças*, adaptação do livro de Hillyer, introduziu o sr. Monteiro Lobato toda essa gentinha já nossa conhecida. Quem conta a história é dona Benta. De vez em quando a bonequinha terrível interrompe-a, decerto a tempo de evitar um possível bocejo da criançada. Às vezes os seus palpites são bem engraçados: nisto o sr. Monteiro Lobato é mestre e não se pode desejar maior espevitamento. Assim, quando dona Benta falou aos meninos nas Colunas de Hércules...

"Sabem como se chamava o estreito de Gibraltar naquele tempo?" perguntou-lhes a boa senhora.

"Eu sei, eu sei, vovó!" exclamou Pedrinho. E gaguejou:

"Chamava-se Coluna... Colunas..."

Aqui a Emília saiu-se muito lampeira com esta:

"Colunas de mármore cor-de-rosa, com veios azuis, vermelhos e amarelos!"

Isso me fez lembrar a resposta de uma certa Silvinha que conheci e que tinha a mesma espevitice da bonequinha. Era a filha de nossa cozinheira. Uma manhã chegou de casa com um embrulho na mão – "Que é esse embrulhinho, Sílvia?" E ela sem pestanejar: – "Roupa de boneca". Fui ver a roupa de boneca: eram dois botões de osso, um vidro de homeopatia e uns pedacinhos sujos de linha... Roupa de boneca!

Esta *História do mundo* foi escrita para crianças, mas aposto que a gente grande toda vai lê-la também. Por mim, li-a com grande deleite. Queria era mais coisa sobre o Brasil. Só tem algumas linhas sobre a independência, um juízo um tanto exagerado sobre Pedro II ("um dos grandes monarcas que existiram") – enfim na boca de dona Benta passa, e alguns períodos sobre a escravidão e a princesa Isabel e sobre Santos Dumont. Mas provavelmente Monteiro Lobato irá escrever no mesmo estilo a *História do Brasil para crianças*. O diabo é que não está prometido, como estão neste livro as *Memórias da Marquesa de Rabicó* e a tradução das viagens de Marco Polo.

Sobre a moralidade desta *História do mundo* haverá o que dizer. Às vezes acerta em cheio:

"Que quer dizer Grandes Potências?" pergunta Pedrinho ou Narizinho.

E dona Benta – "Grandes Potências são os países que dispõem de grandes exércitos e grandes esquadras e portanto, podem provocar grandes guerras..."

Mas outras vezes Hillyer ou Monteiro Lobato – deve ser o Hillyer, pois o nosso Monteiro Lobato só não é pessimista em matéria de petróleo – lá vem com uma daquelas tiradas que o sr. Gilberto Freyre chama, não sei por quê, *mozarlescas*, como ao se referir à frase de Pershing junto ao túmulo de Lafayette.

A iniciativa do sr. Monteiro Lobato e da Companhia Editora Nacional é tão louvável que vale a pena chicanar um pouco a respeito das imperfeições dessa edição. Coisas que num livro qualquer não tem importância, devem estar bem direitinhas e certas num compêndio para meninos. A ortografia, por exemplo. A deste livro, que devia ser adotado pelo governo, vem inçada de erros. Toda vez que Hillyer ou Monteiro Lobato – deve ser Monteiro Lobato – se mete em latim, sai o livro errado: *Tu quoque, Brutus, Annus Dominum*. As palavras de todas as línguas vão mudando sempre. No tempo dos romanos nariz era *nasus* e Pedro era *Petrus*. Mudaram ou foram mudando lentamente. Aqui era preciso tomar por exemplo outra palavra que não nariz, que não é transformação de *nasus*, mas de *naricae*.

À página 157 Jerusalém é dada como ainda pertencente à Turquia e no entanto mais adiante, à página 197 vem certo.

A distância a correr na Maratona era igual à que ia desta localidade a Atenas, cerca de 40 quilômetros. Por inadvertência saiu à página 182 entre Atenas e Esparta.

Ensaios literários

À página 146 limita-se a Idade Média aos anos que vão de 500 a 1000. Todavia à página 198 diz-se que foi a derradeira cruzada que marcou o fim daquela era.

À página 224 escreve-se que o Cabo das Tormentas passou a ser chamado da Boa Esperança depois que Vasco da Gama o dobrou. Não é bem isso. O nome do cabo foi mudado por D. João II quando Bartolomeu Dias o descobriu. Diz mais Monteiro Lobato – ou deixou passar no Hillyer, que *Vasco da Gama dobrou o cabo, não viu Adamastor nenhum* etc. Quem viu foi precisamente Vasco, isto é, o Vasco de *Os Lusíadas*, pois o Adamastor é criação alegórica de Camões. Tudo isso é um pouco chicanagem repito mas não é verdade que convém redigir com mais cuidado os livros para meninos? A *História do mundo para as crianças* merece-o, pois descontados pequenos senões fáceis de corrigir, é excelente; faz sentir o que diz Narizinho – "que não há tão grande diferença entre a História e os contos de fadas".

E Hillyer, ou Monteiro Lobato – os dois certamente – sabem contar uma e outra coisa (12 novembro 1933).

X[10]

Foram bem mal revistos estes versos do autor de *Juca Mulato*. Para só citar dois exemplos: "Teu lirismo é a nostalgia tristeza" (página 50). Mas aí todos sentem que está nostalgia por nostálgica; à página 15 vem este verso defeituoso, que não poderia ter saído da pena de Menotti del Picchia no meio dos decassílabos tão brunidos da "Vingança das montanhas": "E os dentes febris das picaretas". É verdade que o poeta utiliza uma ou outra vez o hiato: "Mas sinistra desperta. O ar perscruta", o hiato aliás tradicional na poesia portuguesa e muito encontradiço em Camões.

Nestas *Poesias*, que foram escolhidas pelo próprio autor, quis este dar ao leitor uma "visão panorâmica do seu já largo esforço no setor da poesia". Me parece no entanto que falhou a visão panorâmica. Esta seleção não dá a medida do poeta. Há aqui elementos demais do plano mais recente. Vou ser

---

10   Sobre Menotti del Picchia. *Poesias*.

Impressões literárias

franco, embora Menotti del Picchia diga em breve prefácio que pouco se lhe dá do que pense a crítica sobre a feição vanguardista ou passadista dos seus trabalhos. Gosto menos da sua feição vanguardista do que da outra, que não chamo passadista, porque é preciso acabar com isso de chamar passadismo o verso regular, o soneto e outras formas rígidas. Este mesmo livro me justifica: trata-se do começo ao fim do mesmo Menotti em essência. A diferença que noto é somente esta que havendo muita vivacidade de imaginação neste poeta, as formas rígidas e os ritmos regulares o obrigam a uma certa escolha, de resultado proveitoso para o poema, como construção e como expressão. Também é verdade que deve entrar como motivo de minha preferência o meu pouco gosto pelo imagismo, tão exagerado em certos modernistas de todos os países. Não é só em Menotti del Picchia que ele me desagrada: a deliciosa Amy Lowell também muitas vezes me enfada e cansa (3 dezembro 1933).

XI[11]

No Brasil que escreve é comum o vezo de simular profundidade. Mas a profundidade só pode vir de pensamento ou sensibilidade forte, ou então de sólida cultura. Na falta de uma e outra coisa, os nossos simuladores se valem da sintaxe embatida e da terminologia braba: turvam assim as águas, a que o lodo raso dá aparências de profundidade.

É por isso um regalo quando se encontra um livro como este do professor Roquette-Pinto, precisamente o contrário daquela espécie detestável! Obra de um cientista em quem desde logo se tem a certeza boa de poder confiar e onde se aprendem coisas que não foram tiradas de livros alheios mas sim de observações e conclusões próprias, representando uma contribuição de primeira mão, os *Ensaios de antropologia brasiliana* estão escritos na linguagem mais simples, quase de conversa ou de carta, sem sombra de pedantismo. Eis aqui a verdadeira profundidade, a profundidade límpida em que a areia pura do fundo tão fundo parece tão perto da tona e ao alcance da mão.

---

11   Sobre E. Roquette-Pinto. *Ensaios de antropologia brasiliana.*

Através de capítulos curtos e leves como crônicas, o sr. Roquette-Pinto fala aqui do concurso das *misses*, ensinando-nos o verdadeiro critério estético da beleza, ali corrige juízos menos justos sobre Malthus e Gall, mais adiante comenta a ideia de Alberto Torres, que condenava a imigração estrangeira, mostrando a necessidade da *imigração nacional*... A cada passo se tem uma surpresa como esta do trecho de uma carta de Fritz Müller ao irmão:

> Entre os meus discípulos deste ano, o melhor é um preto de puro sangue africano; compreende facilmente e tem ânsia de aprender como nunca encontrei, raro mesmo no vosso clima tão frio. Esse negro representa para mim mais um esforço da minha velha opinião, contrária ao ponto de vista dominante, que vê no negro um ramo por toda a parte inferior e incapaz de desenvolvimento racional por suas próprias forças...

Sabem quem era esse negro? Cruz e Sousa!

Creio ser Roquette-Pinto o primeiro a retificar o cálculo da nossa densidade de população. Levando em conta os oito milhões e meio de quilômetros quadrados, teríamos a densidade de quatro habitantes por quilômetro. Mas descontadas as imensas planícies arenosas inabitáveis, fica o ecúmeno brasileiro reduzido a cinco milhões de quilômetros, com a densidade real de sete habitantes por quilômetro.

Outro capítulo muito interessante é o que diz respeito ao caso da língua. "Há pelo menos uma diferença essencial entre os idiomas falados oficialmente em Portugal e no Brasil: a pronúncia." E mais adiante tira Roquette-Pinto a consequência lógica e bem manifesta na questão da colocação dos pronomes oblíquos: "A pronúncia brasiliana conduz a outra sintaxe!". Para o autor dos *Ensaios de antropologia brasiliana* é fatal a constituição do brasiliano em idioma ou dialeto (aliás, embora assim pense, não faz força, como o Mário de Andrade: fica na posição de torcedor, a exemplo do grande mestre da prosa de sabor clássico – João Ribeiro). Oh, que caso difícil este da nossa língua! Confesso não acreditar muito que o idioma brasileiro saia do português como este saiu do latim. Chegamos a um estado de comunicação e cultura em que se tornou impossível o esfacelamento de uma língua, como aconteceu ao latim na boca dos bárbaros. É certo que falaremos cada vez mais diferente de Portugal; há de se nos conceder "o direito de estragar o português". Mas essas diferenças não bastam a extremar um idioma. "A língua que escreve um Mário de Andrade difere menos da de um Eça de Queirós do que a deste de *A lenda de Santo Eloi.*" Vai assim nos levando o professor Roquette-Pinto nessa espécie de conversa sobre um assunto e outro até o que constitui o cerne do livro – o estudo das características antropológicas dos tipos de nossa gente. "Vejamos", diz Roquette-Pinto, "se é gente *fisicamente degenerada.*" E fundando-se nos dados antropométricos que há vinte anos vem coligindo, examina os quatro tipos de leucodermos (brancos), faiodermos (branco com preto), xantodermos (branco com índio), melanodermos (negros) que formam a nossa população. As suas conclusões são de molde a suscitar o mais fagueiro otimismo:

> À vista de todos os dados condensados nesta monografia, pode-se concluir que nenhum dos tipos da população brasiliana apresenta qualquer estigma de degeneração antropológica. Ao contrário. As características de todos eles são as melhores que se poderiam desejar. Fica também provado mais uma vez que o cruzamento longe de ser uma *fusão* ou *caldeamento*, seguiu aqui leis biológicas já conhecidas e de nenhum modo – documentadamente – pode ser considerado fator disgênico. A grande maioria de indivíduos somaticamente deficientes corre por conta de causas sociais removíveis: questão de polícia sanitária e educativa.

Inútil encarecer a importância dessas conclusões, partindo de um homem da probidade científica e da excepcional inteligência do professor Roquette-Pinto (10 dezembro 1933).

Cronologia

1886

A 19 de abril, nasce Manuel Carneiro de Souza Bandeira Filho, em Recife. Seus pais, Manuel Carneiro de Souza Bandeira e Francelina Ribeiro de Souza Bandeira.

1890

A família se transfere para o Rio de Janeiro, depois para Santos, São Paulo e novamente para o Rio de Janeiro.

1892

Volta para Recife.

1896-1902

Novamente no Rio de Janeiro, cursa o externato do Ginásio Nacional, atual Colégio Pedro II.

1903-1908

Transfere-se para São Paulo, onde cursa a Escola Politécnica. Por influência do pai, começa a estudar arquitetura. Em 1904, doente (tuberculose), volta ao Rio de Janeiro para se tratar. Em seguida, ainda em tratamento, reside em Campanha, Teresópolis, Maranguape, Uruquê e Quixeramobim.

1913

Segue para a Europa, para tratar-se no sanatório de Clavadel, Suíça. Tenta publicar um primeiro livro, *Poemetos melancólicos*, de poemas em parte extraviados no sanatório quando o poeta retorna ao Brasil.

1916

Morre a mãe do poeta.

1917

Publica o primeiro livro, *A cinza das horas*.

1918

Morre a irmã do poeta, sua enfermeira desde 1904.

1919

Publica *Carnaval*.

1920

Morre o pai do poeta.

1922

Em São Paulo, Ronald de Carvalho lê o poema "Os sapos", de *Carnaval*, na Semana de Arte Moderna. Morre o irmão do poeta.

1924

Publica *Poesias*, que reúne *A cinza das horas*, *Carnaval* e *O ritmo dissoluto*.

1925

Começa a escrever para o "Mês Modernista", página dos modernistas em *A Noite*.
Exerce a crítica musical nas revistas *A Ideia Ilustrada* e *Ariel*.

1926

Como jornalista, viaja por Salvador, Recife, João Pessoa, Fortaleza, São Luís e Belém.

1928-1929

Viaja a Minas Gerais e São Paulo. Como fiscal de bancas examinadoras, viaja para Recife. Começa a escrever crônicas para o *Diário Nacional*, de São Paulo, e *A Província*, do Recife.

1930

Publica *Libertinagem*.

1935

Nomeado pelo ministro Gustavo Capanema inspetor de ensino secundário.

1936

Publica *Estrela da manhã*, em edição fora de comércio.
Os amigos publicam *Homenagem a Manuel Bandeira*, com poemas, estudos críticos e comentários sobre sua vida e obra.

1937

Publica *Crônicas da Província do Brasil*, *Poesias escolhidas* e *Antologia dos poetas brasileiros da fase romântica*.

1938

Nomeado pelo ministro Gustavo Capanema professor de literatura do Colégio Pedro II e membro do Conselho Consultivo do Departamento do Patrimônio Histórico e Artístico Nacional.
Publica *Antologia dos poetas brasileiros da fase parnasiana* e o ensaio *Guia de Ouro Preto*.

1940

Publica *Poesias completas* e os ensaios *Noções de história das literaturas* e *A autoria das "Cartas chilenas"*.
Eleito para a Academia Brasileira de Letras.

1941

Exerce a crítica de artes plásticas em *A Manhã*, do Rio de Janeiro.

1942

Eleito para a Sociedade Felipe d'Oliveira. Organiza *Sonetos completos e poemas escolhidos*, de Antero de Quental.

1943

Nomeado professor de literatura hispano-americana na Faculdade Nacional de Filosofia. Deixa o Colégio Pedro II.

1944

Publica uma nova edição ampliada das suas *Poesias completas* e organiza *Obras poéticas*, de Gonçalves Dias.

1945

Publica *Poemas traduzidos*.

1946

Publica *Apresentação da poesia brasileira*, *Antologia dos poetas brasileiros bissextos contemporâneos* e, no México, *Panorama de la poesía brasileña*. Conquista o Prêmio de Poesia do IBEC.

1948

Publica *Mafuá do malungo: jogos onomásticos e outros versos de circunstância*, em edição fora de comércio, um novo volume de *Poesias escolhidas* e novas edições aumentadas de *Poesias completas* e *Poemas traduzidos*. Organiza *Rimas*, de José Albano.

1949

Publica o ensaio *Literatura hispano-americana*.

1951

A convite de amigos, candidata-se a deputado pelo Partido Socialista Brasileiro, mas não se elege.
Publica nova edição, novamente aumentada, das *Poesias completas*.

1952

Publica *Opus 10*, em edição fora de comércio, e a biografia *Gonçalves Dias*.

1954

Publica as memórias *Itinerário de Pasárgada* e o livro de ensaios *De poetas e de poesia*.

Cronologia

1955

Publica *50 poemas escolhidos pelo autor* e *Poesias*. Começa a escrever crônicas para o *Jornal do Brasil*, do Rio de Janeiro, e *Folha da Manhã*, de São Paulo.

1956

Publica o ensaio *Versificação em língua portuguesa*, uma nova edição de *Poemas traduzidos* e, em Lisboa, *Obras poéticas*.
Aposenta-se compulsoriamente como professor de literatura hispano-americana da Faculdade Nacional de Filosofia.

1957

Publica o livro de crônicas *Flauta de papel* e a edição conjunta *Itinerário de Pasárgada / De poetas e de poesia*.
Viaja para Holanda, Inglaterra e França.

1958

Publica *Poesia e prosa* (obra reunida, em dois volumes), a antologia *Gonçalves Dias*, uma nova edição de *Noções de história das literaturas* e, em Washington, *Brief History of Brazilian Literature*.

1960

Publica *Pasárgada*, *Alumbramentos* e *Estrela da tarde*, todos em edição fora de comércio, e, em Paris, *Poèmes*.

1961

Publica *Antologia poética*. Começa a escrever crônicas para o programa *Quadrante*, da Rádio Ministério da Educação.

1962

Publica *Poesia e vida de Gonçalves Dias*.

1963

Publica a segunda edição de *Estrela da tarde* (acrescida de poemas inéditos e da tradução de *Auto sacramental do Divino Narciso*, de Sóror Juana Inés de la Cruz) e a antologia *Poetas do Brasil*, organizada em parceria com José Guilherme Merquior. Começa a escrever crônicas para o programa *Vozes da cidade*, da Rádio Roquette-Pinto.

1964

Publica em Paris o livro *Manuel Bandeira*, com tradução e organização de Michel Simon, e, em Nova York, *Brief History of Brazilian Literature*.

1965

Publica *Rio de Janeiro em prosa & verso*, livro organizado em parceria com Carlos Drummond de Andrade, *Antologia dos poetas brasileiros da fase simbolista* e, em edição fora de comércio, o álbum *Preparação para a morte*.

1966

Recebe, das mãos do presidente da República, a Ordem do Mérito Nacional. Publica *Os reis vagabundos e mais 50 crônicas*, com organização de Rubem Braga, *Estrela da vida inteira* (poesia completa) e o livro de crônicas *Andorinha, andorinha*, com organização de Carlos Drummond de Andrade. Conquista o título de Cidadão Carioca, da Assembleia Legislativa do Estado da Guanabara, e o Prêmio Moinho Santista.

1967

Publica *Poesia completa e prosa*, em volume único, e a *Antologia dos poetas brasileiros da fase moderna*, em dois volumes, organizada em parceria com Walmir Ayala.

1968

Publica o livro de crônicas *Colóquio unilateralmente sentimental*.
Falece a 13 de outubro, no Rio de Janeiro.

Índice onomástico

A

ABRAÃO, 196

ABREU, Capistrano de, 43, 44, 100, 179, 180, 193, 296, 366

ABREU, Casimiro de, 13, 17, 36, 37, 38, 39, 42, 45, 46, 48, 189, 190, 194, 199, 276, 351

ABREU, Rodrigues de, 260

ACKERMANN, Louise, 52

AGASSIZ, Louis, 101

AGOSTINHO, santo, 164

AICARD, Jean, 20

ALARCÓN, Juan Ruiz de, 142, 144

ALBANO, José de Abreu, 222, 223, 224

ALBERDI, Juan Bautista, 141

ALENCAR, José de, 12, 262

ALENCAR, Mário de, 58, 59, 301, 304, 305

ALI, Said, 102, 307, 350, 351, 352

ALIGHIERI, Dante, 142, 205, 330

ALMEIDA, Afonso Lopes de, 22

ALMEIDA, Fernando Mendes de, 279

ALMEIDA, Fialho de, 112, 113

ALMEIDA, Filinto de, 58, 295, 301, 304

ALMEIDA, Guilherme de, 136, 241, 255, 256, 297, 300, 307

ALMEIDA, Manuel Antônio de, 262, 361

ALMEIDA, padre Correia de, 36

ALMEIDA, Raposo de, 293

ALMEIDA, Renato de, 241

ALMEIDA JÚNIOR, 140

ALPHONSUS, João, 264, 307

ALVARENGA, Manuel Inácio da Silva, 13, 153, 154, 156, 161, 162, 293

ALVARENGA, Oneyda, 279

ALVES, Antônio de Castro, 13, 17, 36, 38, 39, 40, 42, 46, 58, 194, 199, 200, 201, 203

ALVES, Constâncio, 59

ALVES, Francisco, 303

ALVES, Vilhena, 36

ALVES FILHO, Tomás, 51

AMADO, Gilberto, 239

AMADO, Jorge, 368, 369

AMÁLIA, Narcisa, 59

AMARAL, Amadeu, 221, 239

AMARAL, d. Belisária, 135

AMARAL, José Maria do, 36, 38

AMÉLIA, dona, (rainha de Portugal), 217

AMOEDO, Rodolfo, 300

ANA, dona, 46

ANCHIETA, padre José de, 13, 148, 149, 195, 364, 366

ANDRADA, Gomes Freire de, 163

ANDRADE, Carlos Drummond de, 264, 265, 266, 269, 296

ANDRADE, Goulart de, 57, 209, 221, 239

ANDRADE, Joaquim de Sousa, (Sousândrade), 36, 38, 193

ANDRADE, José Joaquim, 131
ANDRADE, Mário de, 45, 46, 189, 239, 240, 241, 243, 244, 245, 247, 250, 252, 259, 271, 274, 275, 276, 279, 354, 355, 356, 357, 376, 377
ANDRADE, Oswald de, 239, 241, 243, 244, 247, 248, 250, 256, 258, 259, 261, 275
ANDRADE, Pais de, 37
ANDRADE, Rodrigo M. F. de, 222, 253
ANJOS, Augusto dos, 235, 236, 237, 238
APARECIDA, Nossa Senhora, 129
APOLLINAIRE, Guillaume, 250
ARAGÃO, rei Fernando II de, 172, 174, 175
ARANHA, Graça, 224, 241, 242, 243, 256, 274, 295, 296, 297
ARANTES, Ramos, 59
ARARIPE JÚNIOR, 55, 296
ARAÚJO, cônego Luís Pereira Gonçalves de, 125, 126
ARAÚJO, Murillo, 239, 261, 262, 307, 367
ARMANDO, Paulo, 279
ARRUDA, Paulo de, 59
ÁRYA, 136
ASSIS, Machado de, 17, 23, 24, 36, 38, 39, 42, 46, 48, 49, 51, 52, 53, 54, 55, 57, 203, 204, 208, 213, 214, 262, 295, 296, 298, 301, 313, 319, 323, 324, 325, 331, 340, 361
ASSIS, Paulo de, 59
ATAÍDE, Manuel da Costa, 154
ATHAYDE, Austregésilo de, 305, 308, 312, 313
ATHAYDE, Tristão de, 261
AUBERTIE, 131
AVELINO, Georgino, 321
AZEREDO, Carlos Magalhães de, 58, 296
AZEREDO, Ronaldo, 281
AZEVEDO, 49
AZEVEDO, Aluísio, 296

AZEVEDO, Álvares de, 13, 17, 36, 37, 38, 39, 39, 42, 45, 170, 185, 186, 188, 189, 194, 199, 243, 276
AZEVEDO, Artur, 21, 51, 58, 137, 138, 207, 295, 296
AZEVEDO, Fernando de, 145, 296, 297, 307
AZEVEDO, Ramos de, 339
AZEVEDO, Severiano de, 37

B

BANDEIRA, Antônio Rangel, 280, 281
BANDEIRA, Manuel, 9, 10, 11, 12, 13, 14, 45, 46, 224, 239, 262, 275, 283, 284, 286, 287, 288, 289, 290, 291, 302, 340, 354, 355, 357, 358
BANDEIRA, Moniz, 281
BANDEIRA, Souza, 98, 301
BANDEIRA, Torres, 36
BANVILLE, Théodore de, 17, 31, 33, 53, 219, 342
BARATA, d. Gaspar, 150
BARATA, Rui Guilherme, 281
BARBOSA, Domingos Caldas, 167, 168
BARBOSA, Rui, 135, 137, 294, 296, 297, 332, 333, 371
BARBOSA, Soares, 100, 134
BARCA, Pedro Calderón de la, 142
BARREIROS, Artur, 50
BARRETO, 53
BARRETO, Fausto, 334
BARRETO, Francisco Moniz, 36, 37, 38, 39
BARRETO, Lima, 262, 361, 371
BARRETO, Mário, 102, 297, 334
BARRETO, Paula, 119
BARRETO, Rosendo Moniz, 36, 42, 53
BARRETO, Tobias, 36, 38, 39, 127, 194, 199, 200
BARROS, João de, 364
BARROSO, Gustavo, 301, 308
BASTIDE, Roger, 226

Índice onomástico

BATAILLE, Georges, 18
BATISTA, Sabino, 59
BAUDELAIRE, Charles, 53, 57, 214
BEETHOVEN, Ludwig van, 356
BELEZA, Pimentel, 37
BELL, Aubrey, 142
BELLO, Andrés, 143, 144, 300, 335
BERGERET, Mr., 29
BERNARDES, padre Manuel, 150
BERREDO, A. César de, 37
BERTOLDO, José Antônio de Sousa, 130
BESTUCHEFF, 131
BEVILÁQUA, Clóvis, 296
BEZERRA, Severiano, 36
BIANCHINI, sra., 330
BILAC, Olavo, 17, 22, 26, 31, 47, 54, 56, 57,
58, 114, 208, 209, 210, 215, 216, 217,
218, 219, 255, 295, 296, 301, 325, 342
BITTENCOURT, Edmundo, 338
BITTENCOURT, Epifânio, 37
BITTENCOURT, Manuel Homem de, 139,
140
BLAKE, Sacramento, 304
BLAKE, William, 284
BLUTEAU, Raphael, 61
BOBADILLA, Francisco de, 174
BOCAGE, 54, 107, 154
BOCAIÚVA, Quintino, 111, 139
BOILEAU, Nicolas, 18, 20
BONAPARTE, Napoleão, 33, 194
BONFIM, Paulo, 281
BONIFÁCIO, José, (o Moço), 36, 38, 39, 42,
188, 194
BONIFÁCIO, José, (o Patriarca da
Independência), 167
BOPP, Raul, 256, 258, 314, 322, 360, 361
BOSCÁN, Juan, 114
BOUCHAUD, 131
BOYLE, reverendo, 133
BRAGA, Edgard, 279

BRAGA, Gentil-Homem de Almeida, 36, 37,
38, 39
BRAGA, Osvaldo Melo, 305
BRAGA, Teófilo, 47, 100, 134, 135, 206
BRANDEBURGO, Alberto de, 145
BRECHERET, Victor, 239
BRIEY, condessa de, 321
BRISSAC, duque de, 321
BRISSAC, duquesa de, 321
BYRON, Lord, 37, 52, 170, 188, 193

C

CÁDIZ, marquês de, 172
CAETANO, Joaquim, 293
CAILLAVET, Gaston de, 321
CALADO, frei Manuel, 248
CALASÃS, Pedro de, 36, 37
CALMON, Miguel, 358
CALMON, Pedro, 305
CÂMARA, Eugênia, 200
CAMBINDA, Joaquim, 107
CAMINHA, Pero Vaz de, 248
CAMÕES, Luís de, 56, 100, 115, 209, 223,
246, 325, 364, 374
CAMPOS, Augusto de, 193, 281
CAMPOS, Cândido, 320
CAMPOS, Geir, 280
CAMPOS, Haroldo de, 193, 281
CAMPOS, Humberto de, 221, 305, 306, 308
CAMPOS, Mário Mendes, 25, 29, 30, 31, 33
CAMPOS, Paulo Mendes, 280
CAMPOS SALES, Manuel Ferraz de, 111, 302
CÁPAC, Manco, 173
CAPANEMA, Gustavo, 45
CARDOSO, Lúcio, 278
CARDOZO, Joaquim, 268, 269
CARMO, Nossa Senhora do, 286
CARNEIRO, Dias, 37
CARNEIRO, Levi, 305, 309

Ensaios literários

CAROLINA, (esposa de Machado de Assis, irmã de Faustino Xavier de Novais), 204
CARPEAUX, Otto Maria, 13, 146, 236, 265, 271, 283, 348
CARROLL, Lewis, 372
CARVALHO, A. Vale de, 37
CARVALHO, J. Emiliano Vale de, 37
CARVALHO, R. Alexandre Vale de, 37
CARVALHO, Ronald de, 38, 39, 58, 110, 233, 239, 241, 243, 250, 251, 252, 262, 270
CARVALHO, Vicente de, 57, 58, 140, 209, 210, 219, 220
CARVALHO JÚNIOR, 51, 52, 57, 208
CASO, Antonio, 146
CASTELO BRANCO, Camilo, 207, 243, 319
CASTELO MELHOR, marquês de, 167
CASTILHO, Antônio Feliciano de, 18, 335, 342, 350, 351
CASTRO, Aloísio de, 308
CASTRO, Eugênio de, 239, 307
CASTRO, Francisco de, 51
CASTRO, Gomes de, 37
CATANHEDE, Caetano, 37
CATANHEDE, Pedro, 37
CAVIEDES, Juan de, 152
CAXIAS, barão de, 128
CEARENSE, Catulo da Paixão, 13, 239, 268
CELSO, Afonso, 51, 58, 295, 296, 306, 308
CERVANTES, Miguel de, 143, 330
CÉSAR, Guilhermino, 264
CHAMBERLAIN, reverendo, 130
CHAMIE, Mário, 281
CHATEAUBRIAND, 45, 177, 180
CHATRIAN, Alexandre, (Erckmann--Chatrian), 50
CHAUCER, Geoffrey, 343, 344
CHAVES, Ruth Maria, 281
CHICO, mestre, 126

CHRISTIE, William, 195
CÍCERO, padre, 270
CIRO, O ANTIGO, 339
CLEMENTE XIV, papa, 164
CLEÓPATRA, 35
COELHO, Adolfo, 134
COELHO, Alexandre, 52
COELHO, Carlos, 59
COELHO, Jorge de Albuquerque, 149
COELHO, Sinfrônio Olímpio Álvares, 36
COELHO NETO, 295, 301, 304, 305
COHEN, Giordana, 331
COLIN, Augusto, 36, 38
COLOMBO, Arnaldo, 49
COLOMBO, Cristóvão, 173, 174, 175
COMTE, Auguste, 134
CONCEIÇÃO, José Manuel da, 130
CONTI, Alexandre, 303
COOPER, Fenimore, 45, 180
COPPÉE, François, 20, 21, 53, 213
COQUEIRO, João Antônio, 37
CORIOLANO, José, 36
CORNEILLE, Pierre, 20, 302
CORRÊA, Roberto Alvim, 330
CORREIA, Diogo Álvares, (Caramuru), 165, 166
CORREIA, Frederico, 38
CORREIA, Leôncio, 59
CORREIA, Raimundo da Mota de Azevedo, 13, 26, 30, 31, 32, 33, 47, 52, 53, 54, 56, 57, 58, 114, 115, 208, 209, 210, 212, 215, 219, 295, 296, 301, 304
CORREIA, Viriato, 309
CORTINES, Júlia, 59
COSTA, Cláudio Manuel da, 13, 60, 61, 62, 63, 64, 65, 66, 67, 68, 69, 70, 71, 72, 76, 94, 95, 96, 97, 153, 154, 155, 156, 158, 159, 160, 293
COSTA, filho, Odylo, 279
COSTA, José Mariano da, 37

Índice onomástico

COSTA, Lopes da, 350
COSTA, Rodrigues da, 36, 37
COSTA E SILVA, Antônio Francisco Da, 221, 239
COUTO, Domingos do Loreto, 293
COUTO, padre Manuel do, 148, 149
COUTO, Ribeiro, 98, 239, 241, 243, 250, 252, 253, 262, 297, 307, 311, 320, 321, 358, 361
CRESPO, Gonçalves, 51, 58, 207
CRISTO, Jesus, 50, 148, 181, 195, 196, 237, 270, 273, 313, 365
CRUZ E SOUSA, João da, 57, 225, 226, 227, 229, 233, 234, 296, 345, 376
CUNHA, Euclides da, 238, 347
CUNHA, José Anastácio da, 154
CUNHA, Sylvio da, 279
CUNHA, Vitorino Carneiro da, 348

D

D'AIGUILLON, 138
D'AUBIGNÉ, Jean-Henri Merle, 130
D'HAUSSONVILLE, condessa, 321
D'OLIVEIRA, Felippe, 234, 239
D'OLIVEIRA, J. J. Machado, 103, 366
DAMASCENO, Darcy, 281
DANTAS, Pedro, 282
DARIO, Rubén, 141, 234, 238, 338
DEBRET, Jean-Baptiste, 172
DEBUSSY, Claude, 18
DELFINO, Luiz, 36, 38, 39, 40, 56, 57, 58, 203, 206, 209
DELFINO, Tomás, 53
DELORME, Marion, 50
DESTERRO, visconde do, 56
DEUS, João de, 62, 335
DI CAVALCANTI, Emiliano, 241, 250
DIAS, Antônio Gonçalves, 13, 17, 36, 37, 38, 39, 40, 42, 56, 170, 171, 175, 176, 180, 183, 184, 185, 194, 199, 217, 345, 351
DIAS, Bartolomeu, 374
DIAS, Teófilo, 51, 52, 53, 54, 58, 207, 208
DOESBURG, Theo van, 281
DORCHAIN, Auguste, 18
DÓRIA, Franklin, 36, 37, 296
DUARTE, Artur, 59
DUARTE, Urbano, 53, 138, 295
DUMONT, Santos, 373
DUQUE ESTRADA, Luiz Gonzaga, 53
DUQUE-ESTRADA, Osório, 59, 362
DURÃO, Santa Rita, 13, 154, 164, 165, 166, 167
DUTRA E MELO, 36, 39

E

EDMUNDO, Luís, 309
EMERSON, 143
ERCKMANN, Émile, (Erckmann-Chatrian), 50
ERNESTO JÚNIOR, Bento, 59
ESTAPPÉ, 312
ESTEVES, Joaquim, 37
EURÍPEDES, 33
EVA, (avó de Murillo Araújo), 367

F

FABRINO, Randolfo, 52
FACÓ, Américo, 221, 224
FALCÃO, Aníbal, 47
FALCÃO, Barros, 36
FARANI, 49
FARIA, Alberto, 158, 160
FARIA, Ernesto de, 330
FARIA, José Escobar, 281
FARIA, Octavio de, 276, 277
FÉNELON, François, 309
FERRÃO, frei Custódio, 38
FERRÃO, Pires, 36

Ensaios literários

FERREIRA, Ascenso, 268, 269
FERREIRA, Carlos, 38
FERREIRA, Vieira, 37
FIALHO, Antonino, 324
FIGUEIRA, Carvalho, 37
FIORAVANTI, Gervásio, 59
FLÁVIO, Alcides, 59
FLERS, M. Robert de, 321
FONSECA, Borges da, 293
FONSECA, José Paulo Moreira da, 280
FONSECA, padre Manuel da, 104
FONTENELLE, Benício, 37
FONTES, Amando, 368, 369, 370, 371
FONTES, Eugênio, 37
FONTES, Hermes, 221, 239
FONTES, Martins, 140, 221, 239
FONTES, Silvério, 140
FONTOURA, Adelino, 49, 58
FORTES, Borges, 312
FRAGA, Clementino, 308
FRANCE, Anatole, 321
FRANCO, Afonso Arinos de Melo, 158, 159, 297
FRANCO, Caio de Melo, 71, 86, 94, 95, 96
FRANCO, Francisco de Melo, 167
FREIRE, Ezequiel, 51
FREIRE, Junqueira, 36, 37, 38, 39, 42, 190, 192
FREIRE, Laudelino, 307
FREIRE, Teotônio, 59
FREITAS, Eduardo de, 37
FREITAS, padre Sena, 112, 137, 140
FREYRE, Gilberto, 45, 99, 149, 296, 322, 373
FUSCO, Rosário, 264

G

GAIOSO, Sousa, 37
GALENO, Juvenal, 36, 37, 42
GALVÃO, Ramiz, 99, 294, 308
GALVÃO, Trajano, 36, 37, 38, 39
GAMA, Basílio da, 154, 156, 162, 164

GAMA, Domício da, 295, 296, 298
GAMA, Luís, 36, 39, 43
GAMA, Marcelo, 233
GAMA, Vasco da, 374
GÂNDAVO, Pero de Magalhães, 248
GARCIA, Rodolfo, 149, 305, 306, 307, 366
GARRETT, Almeida, 133, 164, 243
GAUTIER, Théophile, 21, 213, 216
GIDE, André, 256
GOETHE, Johann, 52, 178
GOMIDE, Paulo, 279
GÓNGORA, Luis de, 151
GONZAGA, Tomás Antônio, 13, 60, 61, 62, 63, 64, 65, 66, 67, 68, 69, 70, 71, 72, 87, 94, 95, 96, 97, 154, 155, 156, 158, 159, 160
GRACIÁN, Baltasar, 158
GUANABARA, Alcindo, 56, 59, 296
GUÉRIN, Charles, 18
GUERNE, condessa de, 321
GUIDO, Carlos, 42
GUILHERME, Frederico, 145
GUIMARAENS, Alphonsus de, 229, 230, 296
GUIMARAENS, Eduardo, 239
GUIMARAENS FILHO, Alphonsus de, 232, 279
GUIMARÃES, Bernardo, 36, 37, 38, 39, 42, 188, 189
GUIMARÃES FILHO, Luís, 39, 59, 112, 113, 114, 116, 118, 119, 120, 121, 302
GUIMARÃES JÚNIOR, Luís, 36, 38, 39, 40, 112, 113, 221, 296
GULLAR, Ferreira, 281
GUSMÃO, Alexandre de, 26, 292
GUSMÃO, Bartolomeu Lourenço de, 26, 292

H

HAECKEL, Ernst, 134

Índice onomástico

HALLEY, Edmond, 271
HAWTHORN, 143
HECKER FILHO, Paulo, 281
HEINE, Heinrich, 231, 344
HENOC, 134
HENRIQUE II, 166
HERCULANO, Alexandre, 177, 179, 243
HEREDIA, José Maria de, 115, 217
HERODES, 197
HILLYER, V. M., 372, 373, 374
HOEFER, Carlos, 135
HOLANDA, Aurélio Buarque de, 178
HOLANDA, Eugênio Marques de, 325
HOLANDA, Sérgio Buarque de, 311
HOLMES, 134, 135
HOMEM, Francisco de Sales Torres, 171, 293
HOMERO, 142, 159, 171, 240
HOSTOS, Eugênio Maria, 141, 146, 147, 332
HUGO, Victor, 17, 19, 20, 42, 52, 170, 193, 213, 297, 328

I

IRVING, 143
ISABEL I, rainha, 172, 174
ISABEL, Maria, 279
ISABEL, princesa, 373
ITAPARICA, frei Manuel de Santa Maria, 153, 158
ITIBERÊ, Brasílio, 261
IVO, Lêdo, 280

J

JABOATÃO, frei Antônio de Santa Maria, 293
JAMMES, Francis, 233, 252
JARDIM, Reynaldo, 281
JAUFFERT, José, 37
JOÃO II, d., 374
JOÃO VI, d., 172

JOEL, 133, 137
JORGE, José, 37
JOSÉ I, d., 161, 164
JOSEFA, Sá, 370
JUNQUEIRO, Guerra, 53, 335

K

KAFKA, Franz, 339
KEATS, John, 344
KRETSCHMER, 312, 313

L

LABICHE, Eugênio, 302
LAET, Carlos de, 190, 294, 295, 296, 305, 334
LAFAYETTE, marquês de, 373
LAFORGUE, Jules, 31
LAMARTINE, Alphonse de, 19, 37, 52, 170
LAMEGO, Alberto, 153
LANE, reverendo, 129
LAPA, Rodrigues, 61, 156, 157
LAVRADIO, marquês do, 160
LEAL, Alexandre Teófilo de Carvalho, 183
LEAL, Antônio Henriques, 38, 185
LEAL, Ricardo Henriques, 37
LEÃO, Carneiro, 146
LEÃO, Múcio, 239, 308, 309
LEFÉVRE, André, 52, 135
LEITE, Alfredo, 59
LEITE, Arlindo, 308
LEITE, padre Serafim, 148
LEMAIRE, mme. Madeleine, 321
LEME, Fernão Dias Paes, 217, 218
LENIN, Vladimir, 369
LEONARDOS, Stella, 281
LEONI, Raul de, 221, 222
LESSA, Aureliano, 36, 37, 38, 39, 188
LESSA, Elsie, 133, 135
LESSA, Orígenes, 129, 133

LESSA, Vicente Themudo, 129, 133
LIMA, Alceu de Amoroso, 297, 330
LIMA, Augusto de, 52, 212
LIMA, Herman, 362, 363, 364
LIMA, Jorge de, 268, 269, 270, 297, 311, 322
LIMA, Oliveira, 120, 296
LIMA, Plínio de, 37
LIMA, Rui Cirne, 267
LIMA, Silvestre de, 53
LINDSAY, Vachel, 262
LINS, 49
LINS, Albuquerque, 358
LINS, Francisco, 48
LISBOA, Antônio Francisco, (Aleijadinho),
    154
LISBOA, Henriqueta, 266
LISBOA, José Carlos, 330
LISLE, Leconte de, 52, 53, 55, 217, 219
LISZT, 356
LOBATO, Monteiro, 239, 297, 340, 371,
    372, 373, 374
LOBO, Aristides, 294
LOBO, Artur, 59
LODI, Ernesto, 59
LOPES, B., 57, 58, 209, 221
LOPES, Castro, 36
LOPES, Tomás, 332
LÓPEZ, Solano, 40, 193
LORETO, barão de, 137
LOWELL, Amy, 375
LUCINDO FILHO, 59
LUÍS, Pedro, 36, 38, 39, 40, 42, 194
LUYNES, duque de, 321

M

MAÇARONA, Silva, 37
MACEDO, Joaquim Manuel de, 36, 38, 42
MACEDO, Álvaro Teixeira de, 36
MACHADO, Aníbal, 282
MACHADO, António de Alcântara, 317, 366

MACHADO, Brasílio, 366
MACHADO, Gilka, 221, 239
MACHADO, Temístocles, 59
MADRE DE DEUS, frei Gaspar da, 103, 293
MAETERLINCK, Maurice, 220, 231, 340
MAFFEI, marquês de, (Francesco Scipione),
    160
MAGALHÃES, Adelino, 261
MAGALHÃES, Basílio de, 296
MAGALHÃES, Celso de, 37, 38
MAGALHÃES, Domingos José Gonçalves
    de, (visconde de Araguaia), 13, 36,
    37, 38, 39, 40, 169, 170, 171, 172,
    175, 194
MAGALHÃES, Fernando, 308
MAGALHÃES, Henrique de, 59
MAGALHÃES, Valentim, 49, 51, 111, 207, 295
MAGNO, Santa Helena, 36
MAISTRE, Joseph de, 273
MALEAGRO, Oscar, 59
MALFATTI, Anita, 239
MALHERBE, François de, 350
MALLARMÉ, Stéphane, 56, 209
MALLET, Pardal, 59
MAMEDE, Zila, 281
MANUEL, Madame, 330
MARIA, (Virgem; Virgem Santa; Virgem
    Maria), 50, 128, 166, 224
MARIA I, rainha Dª, 63
MARIANA, Santa Ant. da, 123
MARIANNO, Olegário, 238, 301, 322
MARINETTI, Filippo Tommaso, 239
MARINHO, Saldanha, 129
MARITAIN, Jacques, 256
MARTÍ, José, 141, 143, 144, 147, 332, 337
MARTINS, Antônio Félix, 36, 38
MARTINS JÚNIOR, 47, 207
MARTYNES, Gerald, 331
MARX, Karl, 368
MASCARENHAS, José, 152, 292

Índice onomástico

MATILDE, princesa, 321
MATOS, Abel Ferreira de, 324
MATOS, comendador, 140
MATOS, Gregório de, 13, 149, 151, 152, 306
MATOSO, Lopes, 137
MATUSALÉM, 134
MAXIMILIANO, 197
MAYLASKY, Matheus, 131, 132
MEDEIROS, Antônio Pinto de, 281
MEDEIROS E ALBUQUERQUE, 59, 111, 139, 294, 295, 296, 301
MEIRELES, Cecília, 261, 262, 263, 264, 298, 307
MELLO, Thiago de, 280
MELO, Afonso, 59
MELO, d. Francisco Manuel de, 306
MELO, Justiniano de, 37
MELO NETO, João Cabral de, 269, 280
MELO, Teixeira de, 17, 36, 38, 39, 40, 296
MELVILLE, 143
MENDES, Artur, 59
MENDES, Brito, 59
MENDES, Murilo, 270, 271, 272, 273, 274, 275, 296
MENDES, Odorico, 36
MENDES, Teixeira, 46
MENDONÇA, Antônio Augusto de, 36, 37
MENDONÇA, Lúcio de, 51, 57, 136, 295, 301
MENDONÇA, Renato, 307
MENDONÇA, Salvador de, 296, 304
MENESES, Castro, 327
MENESES, d. Rodrigo José de, 84
MENESES, d. Vasco Fernandes César de, 152, 292
MENESES, Luís da Cunha, 63, 158, 159
MENEZES, Agrário de, 36
MENEZES, Emílio de, 17, 57, 59, 115, 210, 221
MENEZES, Ferreira de, 36

MENEZES, João Barreto de, 59
MESQUITA, Júlio, 112
METASTÁSIO, Pietro, 213
MEYER, Augusto, 267, 279, 296, 324
MICKIEWICZ, Adam, 52
MIGUEL PEREIRA, Lúcia, 175, 185
MILANO, Dante, 252
MILLIET, Sérgio, 259, 297
MILLS, Walter, 312
MILTON, John, 343, 351
MIRALES, José, 293
MIRANDA, Sá de, 114
MISTRAL, Gabriela, 141
MOISÉS, 196
MOLIÈRE, 19, 44
MOLINA, Tirso de, 142
MONTAIGNE, Michel de, 330
MONTALVO, Juan, 141, 144
MONTEIRO, Clóvis, 102, 308
MONTEIRO, Maciel, 31, 37, 38, 39
MORAES, Vinicius de, 272, 276, 277
MORAIS, Emanuel de, 280
MORAIS, Francisco de, 364
MORAIS, Melo, 114
MORAIS, Prudente de, 111
MORAIS FILHO, Melo, 36, 37, 39, 53
MORAIS SILVA, António, 61
MORÉAS, Jean, 21, 31
MOREIRA, A. R. Rangel, 279
MOREIRA, Pedro, 37
MOREIRA, Thiers Martins, 330
MOREYRA, Álvaro, 234, 238, 262
MORLEY, Sylvanus Griswold, 60
MORTON, reverendo, 134
MOSES, Artur, 350
MOTA, Mauro, 279
MOURA, Emílio, 264, 266, 274
MOZART, Wolfgang, 313
MÜLLER, Fritz, 225, 376
MURAT, Luís, 37, 38, 59, 295

MURICY, Andrade, 225, 258, 260, 261, 263, 326
MURRAY, Lindley, 134
MUSSET, Alfred de, 17, 37, 53, 170, 193

N

NABUCO, Joaquim, 40, 135, 295, 296, 298, 299, 301, 303, 309, 332, 333
NAPOLEÃO, Artur, 18
NASCENTES, Antenor, 102, 297, 307, 346, 350
NAVA, Pedro, 282, 314
NÉRI, são Felipe, 273
NERY, Adalgisa, 279
NERY, Fernando, 122, 306, 307, 308
NERY, Ismael, 271, 272
NEVES SOBRINHO, Faria, 59
NEY, Paula, 59, 295
NICOLAS, Joseph Auguste, 131
NIETZSCHE, Friedrich, 250, 252
NIJINSKY, Vaslav, 271
NOBRE, Antônio, 233, 328
NOÉ, 134
NORBERTO, Joaquim, 36, 38, 39, 42
NOVAIS, Faustino Xavier de, 204

O

OCTAVIO, Rodrigo, 58, 295, 302, 303
OCTAVIO FILHO, Rodrigo, 234
OEHLENSCHLÄGER, Adam, 52
OJEDA, 174
OLINDA, Demóstenes de, 59
OLINTO, Antônio, 281
OLIVEIRA, A. A. de Carvalho, 37
OLIVEIRA, Alberto de, (Antônio Mariano Alberto de Oliveira), 17, 23, 24, 26, 27, 31, 47, 48, 51, 52, 54, 57, 58, 114, 207, 208, 209, 210, 211, 212, 219, 295, 296, 301, 304

OLIVEIRA, Artur de, 51, 207
OLIVEIRA, Bernardo de, 59
OLIVEIRA, Luís Camilo de, 63
OLIVEIRA, Manuel Botelho de, 13, 152, 154, 158
OLIVEIRA, Mariano de, 51
OLIVEIRA, Marly de, 281
OLIVEIRA E SILVA, 59
OLIVEIRA NETO, Luís Camilo de, 63, 159
ORICO, Osvaldo, 308
ORTIGÃO, Ramalho, 112
OSSIAN, 193
OTAVIANO, Francisco, 36, 38, 39, 42, 192, 193
OTHÓN, Manuel José, 215
OTONI, Elói, 167
OTTONI, 126, 127, 128
OVALLE, Jayme, 313

P

PACHECO JÚNIOR, 134, 135
PAIVA, Ataulfo de, 301, 304
PALHARES, Vitoriano, 36, 38, 39
PAOLIELO, Domingos, 281
PARAGUAÇU, Catarina Álvares, 165, 166
PARANAPIACABA, 36, 39
PASSOS, Gualberto de, 37
PASSOS, Guimaraens, 58, 114, 221, 295, 342
PATROCÍNIO, 49, 296
PEDERNEIRAS, Mário, 59, 233, 262
PEDERNEIRAS, Raul, 300
PEDRO I, d., 180, 313
PEDRO II, d., 313, 373
PÉGUY, Charles, 276
PEIXOTO, Afrânio, 200, 201, 207, 301, 302, 303, 305, 306, 307, 364, 366
PEIXOTO, Alvarenga, 154, 156, 160, 161
PEIXOTO, Mário, 279
PELLEGRINO, Hélio, 281
PENA JÚNIOR, Afonso, 296

Índice onomástico

PENDE, 312

PENA FILHO, Carlos, 279

PENNAFORT, Onestaldo de, 46, 238, 300

PEREGRINO JÚNIOR, João da Rocha
Fagundes, 11, 310, 312, 313, 314, 320, 321, 328

PEREIRA, França, 59

PEREIRA E SOUSA, Raimundo, 37

PERNETTA, Emiliano, 59, 233

PERSHING, John J., 373

PESSOA, Epitácio, 322

PESSOA, Fernando, 250

PETRARCA, Francesco, 115, 163

PICCHIA, Menotti del, 241, 256, 258, 261, 374, 375

PIGNATARI, Décio, 281

PILATOS, 197

PIMENTEL, Ciro, 281

PIMENTEL, Figueiredo, 59

PÍNDARO, 268

PINHEIRO, Albertino, 136

PINHEIRO, Fred, 281

PINTO, Elzeário, 36, 38

PINTO, Heitor, 364

PINTO, Nilo Aparecida, 281

PINTO, Sousa, 37

PINZÓN, Martín, 174

PITA, Sebastião da Rocha, 292

PLÁCIDO JÚNIOR, 59

POE, Edgar Allan, 115

POLIGNAC, princesa Edmond de, 321

POLO, Marco, 373

POMAIROLS, Charles de, 20

POMBAL, Marquês de, 161, 162, 163

POMBEIRO, conde de, 167

POMPEIA, Raul, 296

PORTO-ALEGRE, Apolinário, 13

PORTO-ALEGRE, Manuel de Araújo, 36, 37, 38, 39, 40, 42, 170, 172, 175, 293

POTOCKA, condessa, 321

PRADO, Eduardo, 296

PRADO, Paulo, 241

PRAMPOLINI, 131

PROUST, Marcel, 321

PUJOL, Alfredo, 107, 137

Q

QUADROS, Luís, 37

QUEIROGA, Antônio Augusto de, 36, 38

QUEIROGA, João Salomé, 36

QUEIRÓS, Eça de, 142, 143, 319, 377

QUENTAL, Antero de, 47, 52, 115, 192, 206

QUEVEDO, Francisco de, 151

QUINET, Edgar, 170

QUINTANA, Mário, 279

R

RABELO, Antônio da Cunha, 37

RABELO, Laurindo, 36, 37, 38, 39, 189

RABELO, Pedro, 295

RACINE, Jean, 18, 20, 21, 56, 330

RAIOL, Augusto, 37

RAMOS, Artur, 331

RAMOS, Eduardo, 59, 302

RAMOS, frei João das Mercês, 191

RAMOS, Graciliano, 296

RAMOS, Péricles Eugênio da Silva, 59, 98, 280, 294, 295, 301, 304, 334, 335, 336, 337

REBELO, Marques, 262, 361

REBELO JÚNIOR, Castro, 59

REDONDO, Garcia, 112, 296

RÉGIS, Edson, 281

RÉGNIER, Henri de, 21

REGO, José Lins do, 270, 296, 347, 348, 349

RÊGO, Valentiniano, 37

REIS, Marcos Konder, 280, 281

REIS, Maria Firmina dos, 37

Ensaios literários

REIS, Sotero dos, 37, 100, 134
RENAULT, Abgar, 264
RESENDE, conde de, 161, 293
RESENDE, Severiano de, 59
REYES, Alfonso, 290
RIBEIRO, Belisária (Amaral), 133, 135, 136, 140
RIBEIRO, Bernardim, 239
RIBEIRO, Costa, 36, 146
RIBEIRO, Francisco Bernardino, 36
RIBEIRO, Francisco das Chagas, 158
RIBEIRO, João, 17, 58, 99, 133, 154, 294, 298, 301, 305, 306, 308, 326, 340, 360, 376
RIBEIRO, Júlio, (J. C. Vaughan), 11, 99, 100, 101, 102, 103, 104, 105, 106, 107, 109, 110, 111, 112, 123, 124, 125, 126, 127, 128, 129, 130, 131, 132, 133, 134, 135, 136, 137, 138, 139, 140
RIBEIRO, Maria Francisca, 123, 124, 125, 126, 127, 128, 129, 132, 136
RIBEIRO, Santiago Nunes, 158
RIBERTE, Myrtes, 281
RICARDO, Cassiano, 256, 257, 258, 297, 309
RIO, João do, 321
RIO BRANCO, barão do, 296
RIVERA, Bueno de, 280
RIVERA, José Eustasio, 316
ROBOREDO, Amaro de, 134
RODÓ, José Enrique, 147
RODRIGUES, Marques, 37, 38
RODRIGUES, Totônio, 289
ROLIM, Zalina, 59
ROMERO, Sílvio, 36, 38, 40, 42, 47, 51, 58, 170, 172, 193, 199, 200, 207, 296
RONSARD, Pierre de, 20, 31
ROQUETTE-PINTO, Edgard, 375, 376, 377
ROSA, 289
ROSA, Coriolano, 37
ROSA, Luís, 59
ROSAS, Oscar, 59

S

S. JOSÉ, frei Rodrigo de, 293
SÁ, Cestino Franco de, 37, 38
SÁ, Eduardo de, 36
SÁ, Francisco de, 36
SÁ-CARNEIRO, Mário de, 250
SAINT-PIERRE, Bernardin de, 177
SALES, Antônio, 59, 295, 301, 338, 339
SALES, Pereira, 130, 131
SALGADO, Plínio, 256
SALOMÉ, 197
SALVADOR, frei Vicente do, 248
SAMAIN, Albert, 21, 233, 252, 358
SAMPAIO, Bittencourt, 36, 37, 39
SAMPAIO, Prado, 47
SANTOS, Generino dos, 37, 38
SANTOS, Quirino dos, 38
SÃO CARLOS, frei Francisco de, 167
SAPUCAÍ, 36, 38
SARAIVA, João, 59
SARMENTO, Ulisses, 59
SARMIENTO, Domingo Faustino, 141, 143, 144, 332
SCHILLER, Friedrich, 52, 169, 185
SCHMIDT, Augusto Frederico, 115, 260, 275, 276, 277, 278, 296, 313
SCHNEIDER, pastor, 129
SCINTILLA, 136
SCOTT, Walter, 131
SEABRA, Bruno, 36, 37, 39, 42
SEIXAS, Maria Doroteia Joaquina de, 155
SELOMITH, 132, 133
SENA, Marcelo de, 279
SERRA, Belfor, 37
SERRA, Jesuína, 37
SERRA, Joaquim, 36, 37, 39
SERRA, Lisboa, 37, 38

Índice onomástico

SERTÓRIO, Jaime, 59
SET, 134
SHAKESPEARE, William, 142, 238, 240, 244, 343, 351
SIERRA, Justo, 141
SILVA, Alberto, 59
SILVA, Antônio Avelino da, 123
SILVA, Antônio José da, 171
SILVA, Augusto Freire da, 134
SILVA, Conselheiro Pereira da, 294
SILVA, Edmir Domingues da, 281
SILVA, Firmino Rodrigues, 36, 38
SILVA, FRANCISCA JÚLIA da, 221
SILVA, João José da, 131
SILVA, João Manuel Pereira da, 296, 311
SILVA, José Maria Velho da, 36, 38
SILVA, José Pereira da, 37
SILVA, Júlio César da, 59
SILVA, Manuel Pessoa da, 36
SILVA, Pereira da, 38, 39, 233, 325, 326, 327
SILVA, Vieira da, 37, 38
SILVA, Virgulino Ferreira da, (Lampião), 270
SILVA, Vítor, 59
SILVEIRA, Sousa da, 45, 65, 102, 297, 307, 311, 329, 330, 350
SILVEIRA, Tasso da, 239, 261, 262, 326
SILVEIRA JÚNIOR, Xavier da, 59
SILVEIRA NETO, 224, 233, 262
SIMAS, Henrique, 281
SIMÕES, João Gaspar, 263
SOARES, José Carlos Macedo, 36, 308
SOARES, Orris, 235
SOBRINHO, Machado, 29, 30, 31, 33, 35
SÓCRATES, 196
SOFIA, (filha de Antônio de Sousa Bertoldo), 130, 132, 133
SOUSA, Afonso Felix de, 280
SOUSA, Alfredo de, 48, 59
SOUSA, Cláudio de, 305, 308
SOUSA, Constantino Gomes de, 36, 37
SOUSA, Gomes de, 36, 38

SOUSA, Inglês de, 295
SOUSA, marechal Xavier de, 225
SOUSA, Raimundo Brito Gomes de, 37
SOUSA, Silveira de, 42
SOUSA, Teixeira de, 38
SOUSA, Tomé de, 166
SOUSA CALDAS, padre Antônio Pereira de, 167
SOUSA JÚNIOR, Soares de, 59
SOUTO MAIOR, Aires da Serra, 37
STALIN, Joseph, 369
STRICH, Fritz, 115

T

TAINE, Hippolyte, 240
TAPARICA, (índio), 165
TAQUES, Pedro, 103
TAUNAY, Afonso, 307
TAUNAY, visconde de, (Alfredo Taunay), 295
TAVARES, Adelmar, 239, 322
TAVARES, Odorico, 279
TAVARES, Paulo, 295
TAVARES, Silva, 59
TEIXEIRA, Bento, 13, 149
TEIXEIRA, Joaquim José, 36, 38
TEIXEIRA, Lucy, 281
TEIXEIRA, Múcio, 37, 38, 51, 59
TEIXEIRA E SOUSA, Antônio Gonçalves, 36, 38, 39
TERESA, santa, 232
TERESINHA, santa, 119
THOREAU, 143
TOMÁSIA, 289
TOMÉ, S., 166
TORMES, Jacinto de, 321
TORRES, Alberto, 376
TOSTES, Theodomiro, 267
TRIGUEIROS, Melquíades, 133
TROMPOWSKI, Gilberto, 321

U

UREÑA, Pedro Henríquez, 143, 353

V

VALE, Domingos Ferreira do, 46

VALÉRY, Paul, 330

VARELA, Luís Nicolau Fagundes, 13, 36, 37, 38, 39, 48, 194, 195, 197, 199

VARGARA, Pedro, 267

VARGAS, Ângela, 322

VARGAS, Getúlio, 303

VARGAS NETO, 267

VARNHAGEN, Francisco Adolfo de, 71, 158, 160, 306

VARONA, José, 141, 332

VÁRZEA, Virgílio, 59

VASCONCELOS, Luís de, 161, 293

VASCONCELOS, Simão de, 103

VASILI, Paulo de, 139

VEGA, Lope de, 143

VEIGA, Francisco Saturnino da, 158, 159

VEIGA, Luís Francisco da, 61, 158

VELHO SOBRINHO, 305

VERDE, Cesário, 335

VERÍSSIMO, José, 38, 58, 98, 99, 103, 104, 106, 108, 109, 135, 137, 152, 153, 158, 159, 166, 168, 171, 177, 211, 293, 295, 296, 300, 301

VERLAINE, Paul, 35, 230, 231, 233, 238, 358

VICENTE, Gil, 330, 364

VIEIRA, Damasceno, 59

VIEIRA, frei DOMINGOS, 95

VIEIRA, José Geraldo, 307

VIEIRA, padre Antônio, 332

VIGNY, Alfred de, 17

VILLA-LOBOS, Heitor, 250

VILLON, François, 256

VIOLA, 312

VIRGÍLIO, 159, 330

VOLTAIRE, 83, 138

VOSSLER, Karl, 143

W

WAGNER, 356

WASHINGTON, George, 123, 133

WHITMAN, Walt, 143, 251

WORDSWORTH, William, 114, 115

X

XAVIER, Fontoura, 51, 207

Z

ZANCHI, Carlos, 135

ZOLA, Émile, 105

ZORILLA, 213

GRÁFICA PAYM
Tel. [11] 4392-3344
paym@graficapaym.com.br